经以济世
建德尚...

贺教授

...项目

...

李...
...方八

教育部哲学社會科学研究重大課題攻關項目

"十四五"时期国家重点出版物出版专项规划项目

完善社会救助制度研究

A STUDY ON THE IMPROVEMENT OF THE SOCIAL ASSISTANCE SYSTEM

慈勤英

等著

中国财经出版传媒集团

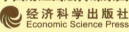

经济科学出版社
Economic Science Press

·北京·

图书在版编目（CIP）数据

完善社会救助制度研究/慈勤英等著．－－北京：
经济科学出版社，2023.11
教育部哲学社会科学研究重大课题攻关项目 "十四
五"时期国家重点出版物出版专项规划项目
ISBN 978 - 7 - 5218 - 5383 - 4

Ⅰ.①完…　Ⅱ.①慈…　Ⅲ.①社会救济－福利制度－
研究－中国　Ⅳ.①D632.1

中国国家版本馆 CIP 数据核字（2023）第 241107 号

责任编辑：孙丽丽
责任校对：隗立娜　杨　海
责任印制：范　艳

完善社会救助制度研究

慈勤英　等著

经济科学出版社出版、发行　新华书店经销

社址：北京市海淀区阜成路甲 28 号　邮编：100142

总编部电话：010 - 88191217　发行部电话：010 - 88191522

网址：www. esp. com. cn

电子邮箱：esp@ esp. com. cn

天猫网店：经济科学出版社旗舰店

网址：http：//jjkxcbs. tmall. com

北京季蜂印刷有限公司印装

787 × 1092　16 开　24.75 印张　495000 字

2023 年 11 月第 1 版　2023 年 11 月第 1 次印刷

ISBN 978 - 7 - 5218 - 5383 - 4　定价：99.00 元

（图书出现印装问题，本社负责调换。电话：010 - 88191545）

（版权所有　侵权必究　打击盗版　举报热线：010 - 88191661

QQ：2242791300　营销中心电话：010 - 88191537

电子邮箱：dbts@ esp. com. cn）

课题组主要成员

首 席 专 家　慈勤英
主 要 成 员　张建华　江立华　楼玮群　林　曾
　　　　　　　兰　剑　宁雯雯　周冬霞　李　芹
　　　　　　　侯　斌　张　强　杨晓蕾　程燕蓉

总　序

哲学社会科学是人们认识世界、改造世界的重要工具，是推动历史发展和社会进步的重要力量，其发展水平反映了一个民族的思维能力、精神品格、文明素质，体现了一个国家的综合国力和国际竞争力。一个国家的发展水平，既取决于自然科学发展水平，也取决于哲学社会科学发展水平。

党和国家高度重视哲学社会科学。党的十八大提出要建设哲学社会科学创新体系，推进马克思主义中国化、时代化、大众化，坚持不懈用中国特色社会主义理论体系武装全党、教育人民。2016 年 5 月 17 日，习近平总书记亲自主持召开哲学社会科学工作座谈会并发表重要讲话。讲话从坚持和发展中国特色社会主义事业全局的高度，深刻阐释了哲学社会科学的战略地位，全面分析了哲学社会科学面临的新形势，明确了加快构建中国特色哲学社会科学的新目标，对哲学社会科学工作者提出了新期待，体现了我们党对哲学社会科学发展规律的认识达到了一个新高度，是一篇新形势下繁荣发展我国哲学社会科学事业的纲领性文献，为哲学社会科学事业提供了强大精神动力，指明了前进方向。

高校是我国哲学社会科学事业的主力军。贯彻落实习近平总书记哲学社会科学座谈会重要讲话精神，加快构建中国特色哲学社会科学，高校应发挥重要作用：要坚持和巩固马克思主义的指导地位，用中国化的马克思主义指导哲学社会科学；要实施以育人育才为中心的哲学社会科学整体发展战略，构筑学生、学术、学科一体的综合发展体系；要以人为本，从人抓起，积极实施人才工程，构建种类齐全、梯队衔接的高校哲学社会科学人才体系；要深化科研管理体制改革，发挥高校人才、智力和学科优势，提升学术原创能力，激发创新创造活力，建设中国特色新型高校智库；要加强组织领导、做好统筹规划、营造良好学术生态，形成统筹推进高校哲学社会科学发展新格局。

哲学社会科学研究重大课题攻关项目计划是教育部贯彻落实党中央决策部署的一项重大举措，是实施"高校哲学社会科学繁荣计划"的重要内容。重大攻关项目采取招投标的组织方式，按照"公平竞争，择优立项，严格管理，铸造精品"的要求进行，每年评审立项约40个项目。项目研究实行首席专家负责制，鼓励跨学科、跨学校、跨地区的联合研究，协同创新。重大攻关项目以解决国家现代化建设过程中重大理论和实际问题为主攻方向，以提升为党和政府咨询决策服务能力和推动哲学社会科学发展为战略目标，集合优秀研究团队和顶尖人才联合攻关。自2003年以来，项目开展取得了丰硕成果，形成了特色品牌。一大批标志性成果纷纷涌现，一大批科研名家脱颖而出，高校哲学社会科学整体实力和社会影响力快速提升。国务院副总理刘延东同志做出重要批示，指出重大攻关项目有效调动各方面的积极性，产生了一批重要成果，影响广泛，成效显著；要总结经验，再接再厉，紧密服务国家需求，更好地优化资源，突出重点，多出精品，多出人才，为经济社会发展做出新的贡献。

作为教育部社科研究项目中的拳头产品，我们始终秉持以管理创新服务学术创新的理念，坚持科学管理、民主管理、依法管理，切实增强服务意识，不断创新管理模式，健全管理制度，加强对重大攻关项目的选题遴选、评审立项、组织开题、中期检查到最终成果鉴定的全过程管理，逐渐探索并形成一套成熟有效、符合学术研究规律的管理办法，努力将重大攻关项目打造成学术精品工程。我们将项目最终成果汇编成"教育部哲学社会科学研究重大课题攻关项目成果文库"统一组织出版。经济科学出版社倾全社之力，精心组织编辑力量，努力铸造出版精品。国学大师季羡林先生为本文库题词："经时济世　继往开来——贺教育部重大攻关项目成果出版"；欧阳中石先生题写了"教育部哲学社会科学研究重大课题攻关项目"的书名，充分体现了他们对繁荣发展高校哲学社会科学的深切勉励和由衷期望。

　　伟大的时代呼唤伟大的理论，伟大的理论推动伟大的实践。高校哲学社会科学将不忘初心，继续前进。深入贯彻落实习近平总书记系列重要讲话精神，坚持道路自信、理论自信、制度自信、文化自信，立足中国、借鉴国外，挖掘历史、把握当代，关怀人类、面向未来，立时代之潮头、发思想之先声，为加快构建中国特色哲学社会科学，实现中华民族伟大复兴的中国梦做出新的更大贡献！

教育部社会科学司

摘　要

中国社会保障制度经过 40 余年的建设和发展，正处于从单一制度建设到体系化、综合型制度建构的新阶段。加快建立完善的社会救助制度，充分发挥其反贫困、"兜底"保障与扶持发展的功能，是我国经济社会发展的客观需要，也是应对反贫困新形势的迫切需要。

本研究围绕党中央、国务院及相关部委对社会救助制度的安排，跟踪国际国内社会建设与民生发展特点，通过大量经验调查和比较系统地分析，全面地呈现了我国现阶段社会救助制度运行及基层执行情况、社会救助对象生活状况及诉求等。

调查发现，低保贫困群体享有最低生活保障比例高、应保尽保，基本生活有保障。受助者对基层社会救助工作满意，评价较高；低保受助群体享有教育救助、医疗救助等专项救助的比例偏少、救助金额偏低，故所获得的捆绑待遇（转化成货币计算）也不高，相应的其福利依赖倾向不明显；家庭成员健康状况和在学状况对受助者的就业有显著影响。受助者是否健康，对就业的影响较大。对受助者的就业支持能够促进其就业，其中通过提供直接就业岗位来促进受助群体就业是一种很好的方式，就业培训对就业并未发挥应有促进作用。救助福利并未对受助者的就业产生阻碍作用。

和东部经济发达地区相比，贫困地区低保受助群体能享有的救助金偏低、救助项目偏少，生活状态较差。东部经济发达地区工作的重心在非本地户籍务工人员的社会救助，注重将外来务工人群纳入社会救助网络，在社会救助的内容、标准上与户籍人口同等对待，构建完善的贫困监测网，发挥社会救助对困难务工人员的兜底保障作用。

完善了低保制度综合评估指标体系，基于调查数据的评估实证检验显示，低保制度具有一定的家庭减贫效果，社会激励效应和贫困阻断效应稍弱。低保制度绩效评估得分较高，在低保政策实践中有较好的借鉴意义。低保制度对支出型贫困的减贫效应，还需进一步深入探究。

完善社会救助制度的政策建议：

建构"以人为本"的社会救助制度体系。对救助对象一视同仁，社会救助关注特殊群体，如农民工、失地农民，在社会救助上给予他们更多帮助，助其摆脱贫困和融入社会。实行救助标准的相对公平和统一，推进城乡和区域救助标准的动态统一和相对平等，对落后地区、农村地区给予更多转移资金。建立积极救助理念，基于贫困群体的救助需求，坚持"以人为本"的价值理念，开展各项救助工作。

社会工作积极介入社会救助。坚持社会工作"助人自助"的专业理念，助推社会救助从注重物质救助转向更加关注服务救助，采用小组、社区、个案等社会工作方法与技巧，"精准识别"贫困者、"精准介入"反贫困社会救助。

强化公平公正，促进城乡社会救助立法一体化。一是救助内容及救助对象的城乡全覆盖，实现"应救尽救"以及城乡之间救助标准的公平。打破城乡二元结构体制，构建城乡一体化的监督管理机制。在统筹城乡理念下的社会救助制度体系，主要体现为城乡居民在社会救助中的机会公平、过程公平以及效果公平。在城乡地区进一步充实和完善社会救助项目，加快中国城乡社会救助体系一体化进程。

"大民政"下社会救助制度的整合与衔接。加强社会救助制度与扶贫制度的整合衔接。社会救助与社会保险、社会福利、慈善救助等衔接配合。

社会救助实现三个转变：新型社会救助制度的目标从单一的生活救助向综合社会救助转变；社会救助从底线型社会救助向改善生活、提供就业援助的发展型社会救助转变；从二元分割的制度安排向城乡统筹的社会救助转变。

Abstract

After more than 40 years of construction and development, China's social security system is in a new stage from the construction of a single system to the construction of a systematic and comprehensive system. It is the objective need of our economic and social development to speed up the establishment of a perfect social assistance system, give full play to its anti-poverty, "pockets" guarantee and support development function, and also the urgent need to deal with the anti-poverty new situation.

This paper centered on the arrangement of the social assistance system of the Party Central Committee, The State Council and relevant ministries, followed the characteristics of international and domestic social construction and the people's livelihood development, and comprehensively presented the present stage of our social assistance system operation, grassroots implementation, the living conditions and appeals of social assistance objects through a large number of empirical investigation and comparative and systematic analysis.

The paper found that a high proportion of people living on subsistence allowances are entitled to the minimum living allowance, and their basic life is guaranteed. The recipients are satisfied with the grassroots social assistance work and have a high evaluation; The proportion of recipients of the subsistence allowance enjoying special assistance such as education assistance and medical assistance is low and the amount of assistance is low, so the bundled treatment (translated into monetary calculation) is not high, and the corresponding tendency of welfare dependence is not obvious. The health status of family members and school status have significant influence on the employment of recipients. Whether the recipients are healthy or not has a great impact on employment. Employment support for recipients can promote their employment. It is a good way to promote the employment of recipients by providing direct employment, while employment training does not play its due role in promoting employment. Assistance benefits do not discourage recipients from finding work.

Compared with the economically developed areas in the east, the recipients of the subsistence allowance in the poor areas can enjoy less assistance and less assistance projects, and their living conditions are worse. The focus of the work in the economically developed eastern regions is on the social assistance for non-local migrant workers, focusing on bringing migrant workers into the social assistance network, treating the content and standards of social assistance as the same as the registered population, building a sound poverty monitoring network, and giving full play to the role of social assistance in guaranteeing the bottom for migrant workers in difficulty.

The comprehensive evaluation index system of the subsistence allowance system is constructed, the empirical test based on the survey data shows that the subsistence allowance system has a certain effect on family poverty reduction, but the social incentive effect and the poverty blocking effect are slightly weak. The performance evaluation score of the subsistence allowance system is high, which has good reference significance in the practice of the subsistence allowance policy. Further research is needed on the effect of the subsistence allowance system on the poverty reduction caused by expenditure.

Policy suggestions on improving the social assistance system.

Construct a "people-oriented" social assistance system. Recipients are treated equally. Social assistance focuses on special groups, such as migrant workers and land-lost farmers, and provides more assistance to help them get out of poverty and integrate into society. We will implement relatively fair and unified relief standards, promote dynamic unification and relative equality of relief standards in urban and rural areas and among regions, and grant more transfer funds to backward areas and rural areas. Establish the concept of active relief, based on the needs of poor groups, to achieve "people-oriented" to carry out various relief work.

Social work actively involved in social assistance. Adhering to the professional concept of "helping others and helping themselves" in social work, we have promoted social assistance from focusing on material assistance to paying more attention to service assistance, and adopted social work methods and skills such as group, community and individual cases to "accurately identify" the poor and "accurately intervene" in anti-poverty social assistance.

Strengthen fairness and justice, promote the integration of urban and rural social assistance legislation. First, the contents and objects of assistance cover all urban and rural areas to achieve "full rescue" and the fairness of the standards between urban and rural areas. Break the dual structure system of urban and rural areas and build the supervision and management mechanism of urban and rural integration. The social assistance system under the concept of overall urban and rural planning is mainly reflected in the equality of opportunity, process and effect of social assistance for urban and rural residents. Further enriching and improving social assistance projects in urban and rural areas to accelerate the integration process of China's urban and rural social assistance system.

Integration and cohesion of social assistance system under "Big civil affairs". We will strengthen the integration of the social assistance system and the poverty alleviation system. Social assistance should be coordinated with social insurance, social welfare and charity assistance.

Social assistance has achieved three changes: the goal of the new social assistance system has changed from single life assistance to comprehensive social assistance; Social assistance has changed from bottom-line social assistance to development-oriented social assistance that improves living conditions and provides employment assistance; From the binary division of the system arrangement to urban and rural overall social assistance transformation.

目　录

Contents

Contents

3

第一章

导　论

第一节　我国社会救助的现状

社会救助制度是我国社会保障体系中解决城乡居民生存危机的基础性制度安排，其对于保障贫困人口的生存权与发展权、维护社会稳定与和谐、促进经济社会可持续发展等具有十分重要的作用。民政部《2020 年民政事业发展统计公报》的统计数据显示，截至 2020 年底，全国共有城市低保对象 488.9 万户、805.1 万人。全国城市低保平均保障标准 677.6 元/人·月，比上年增长8.6%，全年支出城市低保资金 537.3 亿元；有农村低保对象 1 985.0 万户、3 620.8 万人。全国农村低保平均保障标准 5 962.3 元/人·年，比上年增长11.7%，全年支出农村低保资金 1 426.3 亿元。特困人员救助供养方面，截至2020 年底，全国共有农村特困人员 446.3 万人，全年支出农村特困人员救助供养资金 424.0 亿元；全国共有城市特困人员 31.2 万人，全年支出城市特困人员救助供养资金 44.6 亿元。2020 年全年共实施临时救助 1 380.6 万人次，全年支出临时救助资金 165.7 亿元，平均救助水平 1 200.3 元/人次。数据表明，我国对贫困群体的救助力度空前，涵盖范围和对象广泛，救助的内容也很丰富，救助体系逐步完善（见表 1 - 1）。

表 1 − 1　　　　城乡低保与特困人员救助情况（2010 ~ 2020 年）　　　单位：万人

类别	2010年	2011年	2012年	2013年	2014年	2015年	2016年	2017年	2018年	2019年	2020年
城市低保人数	2 311	2 277	2 144	2 064	1 877	1 701	1 480	1 261	1 007	861	805
农村低保人数	5 214	5 306	5 345	5 388	5 207	4 904	4 587	4 045	3 519	3 455	3 621
农村特困人员人数	556.3	551.0	545.6	537.2	529.1	516.8	496.9	466.9	455.0	439.1	446.3

资料来源：民政部《2017 年社会服务发展统计公报》与《2020 年民政事业发展统计公报》。

当前，我国正处于加快经济发展方式转变、保持经济平稳较快发展的攻坚时期，也是实现社会保障领域深化改革，及在关键环节上实现突破的关键时期，面对更加复杂的国内外经济社会发展形势，我国贫困形势出现了新的变化，弱势群体救助需求出现了新的转变，社会救助制度亟须做出调整，迫切需要构建符合我国国情和贫困新形势的社会救助制度体系。自改革开放以来，我国社会保障制度经过 40 余年的建设和发展，正处于从单一制度建设到体系化、综合型制度建构的新阶段。加快建立完善的社会救助制度，充分发挥其反贫困、"兜底"保障与扶持发展的功能，是我国经济社会发展的客观需要，也是应对反贫困新形势的迫切需要。所以，在这一背景下，加强对我国社会救助制度的研究，不仅是救助制度本身改革的内在诉求，也是顺应大环境下社会保障制度体系化建设的战略要求。实现我国社会救助制度从单一到综合，从注重"生存性"到"发展性"转向，从保障困难群体维持温饱到追求生活质量的长远发展目标，离不开社会救助制度理论创新和实践突破，更离不开制度的顶层设计与改革完善。

第二节　研究文献的回顾和综述

一、关于社会救助对象、救助范围等的讨论

（一）救助对象界定的研究

关于社会救助界定的观点基本一致，都明确指出了社会救助是国家和社会的责任，但对于救助对象的范围、侧重点有所不同，有的强调救助对象是贫困人口，有的认为救助对象比较宽泛。如郑功成指出，社会救助是政府的当然责任或义务，通过非供款制与无偿救助的方式，目的是帮助社会脆弱群体摆脱生存危机，进而维护社会秩序稳定。① 社会救助的外延，包括贫困救助、灾害救助及其他针对社会弱势群体的扶持措施。钟仁耀认为，社会救助是国家或政府对由于失业、疾病、灾害等原因造成收入中断或者收入降低并陷入贫困的人员或者家庭实行补偿的一种社会保障制度。② 刘权认为，对依靠自身努力难以满足其基本生存需求的公民，国家负有救助义务，应当给予及时的救济与帮助，以维持其基本生存需求。③

郑功成等指出，社会救助的特征包含三个方面：第一，社会救助的实施主体是国家和社会，是由国家通过立法等措施保护贫困人员，为他们提供最低生活保障，政府在这方面负有立法、财政和直接的管理与实施社会救助的责任。第二，社会救助的对象是遭受生活困境的社会弱势群体。社会救助的潜在救助对象，只要发生了生存困难的任何公民，都应享有国家和社会对其基本生活的物质帮助。第三，社会救助是为了满足社会成员的最低生活需要，为生活在最低收入标准之下的社会成员提供物质及其他方面的救助，帮助社会成员克服贫困，目标是避免社会成员陷入生存危机，确保满足社会成员的最低生活需求，维护法律赋予公民的基本生存权利。④

① 郑功成：《社会保障学》，中国劳动社会保障出版社 2005 年版，第 260～280 页。
② 钟仁耀：《社会救助与社会福利》，上海财经大学出版社 2005 年版，第 21～35 页。
③ 刘权：《社会救助审核：价值、问题与对策》，载于《中国行政管理》2017 年第 8 期。
④ 郑功成：《中国社会保障 30 年》，人民出版社 2008 年版，第 153 页。

（二）救助范围的相关研究

关信平认为，社会救助体系是指在一个国家或地区对于低收入群体及遭受不幸者进行的各种救助项目基础之上，所形成的一整套制度框架体系；其内涵包括最低生活保障制度、医疗救助、教育救助、就业救助、住房救助等多个方面。[①]不仅发达国家，世界上的很多发展中国家也逐渐建立了与经济社会发展水平相适应的社会救助体系。[②]杨爽通过国际比较研究发现，我国的社会救助体系更趋向于生产型社会救助体系，建议我国社会救助框架应包括分类设置生活救助，增加对特殊群体的专项救助，完善临时性救助。[③]我国社会救助体系的建设，体现了国家治理的底线思维，呈现出了多层次、跨部门、强基层的特征，并积极构建多元社会救助主体、复合式救助手段。[④]现阶段我国已经基本形成了以低保、农村五保为核心，以专项救助为支撑，以临时救助、慈善帮扶为补充的社会救助制度体系。[⑤]

栗燕杰、田丽娜、米勇生等认为，与西方国家不同，我国的社会救助主体主要是各级政府部门，同时提倡社会各界力量参与社会救助。但这种救助参与主体的一元化特征却导致现实生活中政府部门大包大揽，并没有充分发挥其他社会力量的作用，导致我国社会救助存在巨大缺口，形势严峻。[⑥]因此，刘喜堂主张必须走以政府为主导地位、以私人部门和第三部门为补充作用的多元化主体参与社会救助的道路。包括明确政府职责、转变政府部门的观念；完善多元化主体参与社会救助的法律法规；健全社会组织参与社会救助的激励机制；放松对社会组织的监管控制，引导其在社会救助方面发挥作用。[⑦]

在城乡二元结构下，以低保制度为核心的社会救助制度呈现出明显的城乡二

---

① 关信平：《完善我国综合性社会救助体系的基本原则和主要议题》，载于《中国人民大学学报》2010 年第 5 期。

② 李卫东：《发展中国家社会救助体系的现状、成效及挑战》，载于《行政管理改革》2018 年第 4 期。

③ 杨爽：《国际比较视角下我国社会救助制度内容与体系研究》，载于《理论月刊》2018 年第 12 期。

④ 林闽钢：《我国社会救助体系发展四十年：回顾与前瞻》，载于《北京行政学院学报》2018 年第 5 期。

⑤ 国家发展和改革委员会社会发展研究所课题组：《我国社会救助制度的构成、存在问题与改进策略》，载于《经济纵横》2016 年第 6 期。

⑥ 栗燕杰：《社会救助公众参与的原理与对策研究》，载于《云南行政学院学报》2011 年第 4 期。田丽娜：《我国社会救助主体多元化问题研究》，延安大学 2012 年硕士学位论文；米勇生：《社会救助与贫困治理》，中国社会出版社 2012 年版，第 190～197 页。

⑦ 刘喜堂：《建国 60 年来我国社会救助发展历程与制度变迁》，载于《华中师范大学学报》（人文社会科学版）2010 年第 4 期。

元趋势，在资源配置、管理体制、运行机制以及由此所产生的制度救助范围、救助水平、操作方式等方面都存在着较为明显的差异，这些差异已成为制约社会救助制度城乡统筹的主要障碍性因素。① 当前农村低保最缺乏的是制度与技术条件，应根据农村地区经济与社会发展状况，进行合理的制度设计，特别是要明确低保制度建设的基本原则，选择合理的运行机制，从而推动农村低保制度的发展。而目前研究者和政府都已经注意到，大量农村劳动力的转移正在使城乡分割的社会保障体制逐渐成为过去。在农村劳动力大量进入城市和非农产业的情况下，农村地区不应该长期维持目前纯粹的"农村社会保障"体制，而应该积极探索建立城乡一体化的社会保障制度。② 实现城乡社会救助保障机制一体化，是推进城乡基本公共服务均等化、统筹城乡健康稳定发展的重要环节，当前我国社会救助的城乡一体化仍然存在法制体系不健全、运行机制滞后、资金保障措施不足、城乡联动机制缺失等问题。③

（三）救助标准的研究

我国的社会救助主要围绕特定人群展开，社会救助的内容和项目都较单一，主要集中于自然灾害救助、五保户供养及城乡救济扶贫。最近几年也加强了对医疗、教育、住房和就业等层面救助制度的研究。确定的最低保障线标准多以绝对贫困为标准，要求发挥社会救助的反贫困兜底效用，对贫困人口应保尽保，实行低保政策与扶贫政策的衔接。④ 但也有观点指出，因救助标准过低、救助瞄偏等原因，导致社会救助"兜底作用"难以有效体现。⑤ 要解决这些问题，首先，要明确社会救助的目标，到底是以兜底救助、最低救助为主，还是适当提升救助标准，尚存在较大争议。颇具代表性的观点认为，随着我国经济与社会的发展，生存型贫困逐渐减弱，当前及未来社会救助制度应针对生活型贫困者的实际需要，重点帮助他们缩小与非贫困者的收入差距、提高其生活质量等。⑥ 其次，任何一个社会要维持正常的运行，都必须有一套主导性的价值观念和行为规范，以促进

① 王磊：《社会救助制度中的城乡统筹问题——以辽宁省为例》，载于《理论探索》2010年第4期。
② 关信平：《论建立农村居民最低生活保障制度的条件、原则及运行机制》，载于《文史哲》2007年第1期。
③ 蒋悟真、杨博文：《我国社会救助城乡一体化保障机制探究》，载于《江西财经大学学报》2016年第5期。
④ 王延中、王俊霞：《更好发挥社会救助制度反贫困兜底作用》，载于《国家行政学院学报》2015年第6期。
⑤ 郑功成：《从高增长低福利到国民经济与国民福利同步发展——亚洲国家福利制度的历史与未来》，载于《天津社会科学》2010年第1期。
⑥ 关信平：《论现阶段中国社会救助制度目标提升的基础与意义》，载于《社会保障评论》2017年第4期。

社会公平正义、增进社会成员福祉为其核心价值目标①；社会救助通过公平、国家责任的价值取向实现社会照顾的目标，通过自立自助、家庭责任与纪律行为的价值取向来实现社会控制的目标②。再次，对于救助对象的确定更要有针对性，要进一步识别和区分受助者的需求差异，改革平均施助的方式，推广分类施助和差异施助。③ 洪大用认为，不同类型、不同规模的家庭对于生活资源的需求也是不同的。④ 比如，有未成年人、老人、病人或残疾人的家庭，与那些没有这类成员的家庭相比，可能就需要更多数量和更多种类的生活资源；而人口多的家庭由于规模效应的影响，可以共享很多资源，所以其所需生活资源比人口少的家庭要节约一些。

我国反贫困研究和实践中，较多采用最低生活保障线来界定贫困。受"低保"标准的测算方式和实际工作中对受益者审核较严等因素的影响，采用"低保对象"的数字可能低估了贫困人口的实际规模。⑤ 因此，出台具体政策或政策指导原则，向贫弱群体提供医疗救助，并将其纳入城市反贫困体系中，具有不容忽视的意义。然而，建立面向城市贫困者的医疗救助体系是一个相当复杂的过程，其复杂和困难程度远超现金救助。以关信平、彭华民等为代表的学者认为，面对可能出现的代际传递、长期化和固化等新型贫困问题，社会救助还局限于为绝对贫困人口提供生存救助，并没有为普通贫困者提供抵御贫困风险的帮助，忽视从社会权利角度积极维护贫困群体的生存和发展权益，只是低水平地、消极地对抗贫困风险，受助者无法真正摆脱贫困的恶性循环。⑥ 兰剑、慈勤英的研究指出，目前初步建立的综合性救助体系还不能充分应对贫困形势的新变化，在救助理念上呈现消极救助取向，功能定位和制度设计还不够完善，救助效能还不高。⑦

---

① 马媛：《论社会救助制度的公正价值取向》，载于《北方民族大学学报》2017 年第 4 期。

② 顾海娥：《中国社会救助制度的价值取向——以最低生活保障制度为例》，载于《甘肃社会科学》2017 年第 4 期。

③ 兰剑、慈勤英：《社会救助政策的"负激励"风险及其防范》，载于《西北农林科技大学学报》（社会科学版）2016 年第 3 期。

④ 洪大用：《社会救助的目标与我国现阶段社会救助的评估》，载于《甘肃社会科学》2007 年第 4 期。

⑤ 关信平、安妮、陈卫民，等：《城市贫困人群社会救助政策及其效果研究》，载于《中国卫生经济》2003 年第 5 期。

⑥ 王磊、李晓南：《城市低保的目标重构与制度创新》，载于《理论探索》2011 年第 4 期；关信平：《朝向更加积极的社会救助制度——论新形势下我国社会救助制度的改革方向》，载于《中国行政管理》2014 年第 7 期；彭华民：《中国社会救助政策创新的制度分析：范式嵌入、理念转型与福利提供》，载于《学术月刊》2015 年第 1 期。

⑦ 兰剑、慈勤英：《中国社会救助政策的演进、突出问题及其反贫困突破路向》，载于《云南社会科学》2018 年第 4 期；兰剑、慈勤英：《后脱贫攻坚时代农村社会救助反贫困的困境及政策调适》，载于《西北农林科技大学学报》（社会科学版）2019 年第 3 期。

二、社会救助制度完善研究

应用性与现实性，是社会救助制度发展的重要特点，社会救助制度不应脱离社会现实单独存在。社会救助的思想如何贯彻到制度之中，社会救助的制度如何与社会现实相整合，社会救助体系的建构如何与政府工作有机地连接在一起，如何合理有效地对社会救助的效果进行评估，是建构完善和有效实施社会救助制度的核心内容。

（一）社会救助制度理念、制度设计原则研究

王思斌认为20多年来大陆经济体制、政治体制和社会管理体制的改革，社会问题的凸显以及社会发展和社会治理理念的变化，促使原有社会救助制度发生重大变化，新的社会救助制度在吸收国际先进理念的基础上逐渐形成，故应该具有发展学视角，建构一种适合中国国情的"发展型"社会救助政策。[①] 解玉喜指出社会救助制度在社会建构主义层面上的运作遵循着一定的社会逻辑，围绕这个逻辑，各种权力和主体会通过各种途径争取和强化自身在社会救助制度的有利位置，并通过对社会救助制度的各种界定和解释得到广泛认可，进而实现自身的合法化。社会救助制度的初衷是"帮助那些需要帮助的人"，因此制度建构的过程中就必须考虑弱势群体，尤其是社会底层群体的利益。[②] 周沛指出，社会救助是社会保障制度中最低层面的子系统，是以政府为主要责任主体的社会政策，其目标是保证被救助者的基本生活，不能只采取事后补救的方法，给予救助对象简单的维持基本生活的保障，而应该在满足弱势者基本生存需求的基础上，不断地向包括物质、精神、服务等高层面的发展型福利发展。[③] 王思斌认为社会救助制度的完善，应该通过建立农村最低生活保障制度，进行总体的制度化安排，发挥民间组织与民间力量的救助作用，对社会工作的理念与方法的接纳，走向发展型的社会救助政策等实现。[④] 朱未易从弱势群体的权利保障视角出发，分析认为应该考虑弱势群体的生存权、发展权，同时要从国家义务和社会义务两个方面来努力完善和发展我国社会救助制度，和谐社会和小康社会的实现是以工农阶级的权利和

① ④　王思斌：《转型中的中国社会救助制度之发展》，载于《文史哲》2007年第1期。

②　解玉喜：《社会救助制度的社会建构主义维度分析》，载于《黑龙江社会科学》2008年第6期。

③　周沛：《社会福利视野下的发展型社会救助体系及社会福利行政》，载于《南京大学学报》（哲学社会科学版）2012年第6期。

利益在何种程度上得到平衡、保障和增进为前提的。①

为了保障社会救助制度能够有效实施，对于社会救助制度的内容界定和原则性规定的研究必不可少，学术界在这些方面也做过不少有益的探索。周沛给出了社会救助的内容层级：第一层级，基本生活层面的社会救助；第二层级，综合层面的社会救助；第三层级，特殊层面的社会救助；第四层级，能力及服务层面的社会救助。② 丁建定认为，构建我国新型城市社会救助制度需要遵循救助主体多元化、救助内容综合化、救助标准动态化以及救助管理协调化等原则。③ 我国现行的生存型社会救助制度仍然面临着许多问题，应当由生存型救助向发展型救助转型，通过转变救助理念、改善救助方式、提高救助标准、扩大救助范围、增加救助内容等获得完善。④

应该特别注重转变对贫困问题的认识以确立积极的社会救助理念，完善社会保险制度以减轻社会救助制度的压力，采取积极促进就业以减少贫困人口的数量等措施，从而为新型社会救助制度的构建提供必要的理念基础、制度基础与社会环境。如郑功成指出，社会救助保障底线公正，应该伴随着国家经济社会的不断发展、极端贫困现象的不断减少甚至消除，以及人民生活水平的持续提升而获得不断提升，并必定从过去主要救助极端贫困人口演变成主要救助相对贫困人口。⑤ 关信平的研究指出，在新的经济与社会发展形势下我国社会救助制度改革的主要方向是朝向更加积极的社会救助制度，并提出了构建积极社会救助制度的基本要求。⑥ 考虑到当前的社会救助还存在救助理念消极、救助方式单一、就业激励不足等问题，苑晓美提出，应深入完善救助项目的齐全性和包容性，强调人力资本投资、就业激励，提升救助对象能力。⑦ 针对党的十九大提出的"弱有所扶"新目标，新时代的社会救助制度应坚持政府责任、市场责任和社会责任的统一，构建"协作型"供给模式，在强化政府供给主体责任的同时，要发挥市场机制补充供给，推动社会机制参与供给。⑧ 社会救助制度的发展和完善应该在遵循救助主

---

① 朱未易：《基于权利视角的中国社会救助制度建构之法理》，载于《江海学刊》2009 年第 2 期。

② 周沛：《社会福利视野下的发展型社会救助体系及社会福利行政》，载于《南京大学学报》（哲学社会科学）2012 年第 6 期。

③ 丁建定：《构建我国新型城市社会救助制度的原则与途径》，载于《东岳论丛》2009 年第 2 期。

④ 谢勇才、丁建定：《从生存型救助到发展型救助：我国社会救助制度的发展困境与完善路径》，载于《中国软科学》2015 年第 11 期。

⑤ 郑功成：《中国社会救助制度的合理定位与改革取向》，载于《国家行政学院学报》2015 年第 4 期。

⑥ 关信平：《朝向更加积极的社会救助制度——论新形势下我国社会救助制度的改革方向》，载于《中国行政管理》2014 年第 7 期。

⑦ 苑晓美：《发展型社会救助的理念、实践及其启示》，载于《中州学刊》2018 年第 5 期。

⑧ 陈成文、陈建平：《社会救助供给模式与新时代"弱有所扶"》，载于《甘肃社会科学》2019 年第 1 期。

体多元化、救助内容综合化、救助标准动态化和救助管理协调化的原则基础上，构建一种新型的城市社会救助制度。模式的转型是社会救助制度发展的必由之路。[①]

（二）社会救助与政府职责的关系研究

社会救助制度是一种国家政策的表现形式，它与政府的运作密切相关，完善社会救助制度，必须与政府的运作相结合来进行。社会救助是政府的重要职责，属于公共服务体系，是政府进行社会管理的重要组成部分。[②] 政府在建构社会救助制度体系中发挥主导和基础作用，应承担制度供给、监督管理和资金支撑等责任。[③] 乐章指出，在社会救助的领域中，国家和政府永远是最重要的制度主体，通过公共财政提供社会救助是现代政府的一个重要职能。[④] 曹立前在分析社会救助的概念和特点时，认为对困难的人提供救助是政府和社会的一项法定责任和义务。由此可以看出，社会救助制度是政府为维护其统治，保证社会稳定而采取的一项制度设置，社会救助制度是政府运作的一部分规范性要求。尽管政府在制定政策的过程中处于主体地位，但也需要考虑各级地方政府和社会各部分各阶层的利益。[⑤] 王思斌在分析社会救助制度的完善措施时指出，社会救助制度属于政府的总体性制度安排，社会救助制度的实施涉及很多部门，不同层级政府、不同地区政府在共担责任时难免会发生利益上的博弈，而社会救助需要政府之间、政府各部门之间更多的协调与合作。[⑥] 马广博主张在财政支持与救助制度之间需要建立平衡机制，尤其是中央与地方政府的费用分担问题。[⑦]

（三）关于专项社会救助的研究

丁建定等认为，积极社会救助的理念还应该强调综合型而不是单一型的社会救助。社会救助制度应是一种综合型救助体系，应该包括以城乡居民最低生活保障制度为核心内容的生活救助制度，也应该建立包括住房救助制度、医疗救助制

---

① 丁建定：《构建我国新型城市社会救助制度的原则与途径》，载于《东岳论丛》2009年第2期。

② 吕学静、康蕊：《社会救助中的政府责任探究——基于亚洲五地区的比较分析》，载于《领导科学》2014年第9期。

③ 项贤国：《社会救助制度体系建构中的政府职能定位研究》，载于《四川行政学院学报》2014年第1期。

④ 乐章：《社会救助学》，北京大学出版社2008年版，第19~25页。

⑤ 曹立前：《社会救助与社会福利》，中国海洋大学出版社2006年版，第2~5页。

⑥ 王思斌：《转型中的中国社会救助制度之发展》，载于《文史哲》2007年第1期。

⑦ 马广博：《澳、德、法、卢四国社会救助制度特色对比及对我国的启示》，载于《现代经济探讨》2009年第4期。

度、教育救助制度等主要内容的专项救助制度；还应该包括灾害救助制度以及流浪乞讨人员救助制度等在内的临时救助制度。① 近年来，对专项救助制度的研究逐渐增多，如对医疗救助的研究②，对教育救助的研究③，对受灾人员救助的研究④等。合理的规范生活救助制度、专项救助制度与临时救助制度之间的内在关系显得十分重要。王燊成、刘宝臣针对我国教育救助政策出现的问题，提出构建积极的教育救助，从潜在人力资源的角度设定政策对象，把激活人力资本作为政策目标，在政策手段上向经济与服务双重支持的方向转变。⑤ 向国春、陈运山等对健康扶贫和医疗救助制度的衔接进行了研究，认为健康扶贫长效机制还未形成，缺乏持续稳定的筹资来源，医疗救助筹资水平有限，贫困人口缺乏脱贫的内生动力，有陷入贫困陷阱的风险。⑥

（四）社会救助制度与社会政策整合的研究

社会救助制度作为一种上层建筑，要与其他社会政策协调执行才能获得目标效果。鲁思来认为在"全球社会政策"这个新的研究范式下，社会政策将从一种国家事务扩大成为全球事务，国际组织、社会运动以及其他的全球活动家也将因此发挥更加重要的作用。同时社会政策在空间意义上将变得更加"全球化"。⑦ 另外，社会救助制度是一项目标指向的制度安排，在制定之初就应有目标设计，尤其是与其他社会政策相配合的设计。李志明认为，社会救助的目标设计应该从几方面分析：第一，基本生活救助受助资格标准采取与当地人均可支配收入挂钩的办法，设定一个适当的替代比例，实现救助标准确定的制度化；第二，分类专项救助资格标准与基本生活救助资格标准脱钩，主要考虑支出型贫困群体的实际

---

① 丁建定、张巍：《关于我国社会救助法几个问题的思考》，载于《苏州大学学报》（哲学社会科学版）2011 年第 5 期。

② 童翎、洪业应：《从"碎片化"困境看农村医疗救助扶贫的政策调整》，载于《山东社会科学》2017 年第 9 期；姚强、谢佳、孙菊：《重特大疾病医疗救助因病致贫对象界定的理论与方法探析》，载于《中国卫生经济》2017 年第 3 期；白晨、顾昕：《中国农村医疗救助的目标定位与覆盖率研究》，载于《中国行政管理》2015 年第 9 期。

③ 袁同成：《我国教育救助制度的变迁逻辑考察——代际流动与教育干预》，载于《学术界》2016 年第 9 期；刘苏荣：《人口较少民族聚居地区教育救助的完善策略》，载于《贵州民族研究》2017 年第 10 期。

④ 郑功成：《中国综合防灾减灾的国家战略思考——背景、目标与行动方案》，载于《教学与研究》2012 年第 6 期。

⑤ 王燊成、刘宝臣：《构建更加积极的教育救助：社会投资理论的启示》，载于《社会保障研究》2019 年第 1 期。

⑥ 向国春、陈运山等：《健康扶贫与医疗救助衔接的挑战及探索》，载于《卫生经济研究》2019 年第 4 期。

⑦ 鲁思来：《全球社会政策的兴起：以社会救助制度为例》，载于《社会保障研究》2009 年第 1 期。

需要；第三，避免在甄别合乎标准的受益人的过程中出现道德风险问题；第四，要降低相对人在申请以及接受社会救助过程中存在的耻辱感。① 兰剑、慈勤英的研究指出，现行的社会救助制度只是低水平、消极地对抗贫困风险，无力化解低收入群体的深层次贫困问题，应更加注重加强贫困治理和"去救助依赖"，注重预防和化解贫困风险，加强能力和服务援助等。②

农村社会救助与扶贫开发是我国反贫困战略的重要组成部分，两项制度的减贫效果和政策优势逐步显现，但两者建立的依据、行政主管部门不同，以及两者实施过程中的碎片化，使得两项制度存在衔接困境。③ 最近几年对社会救助与扶贫政策的整合研究逐步增多，认为精准扶贫与社会救助政策作为我国重要的反贫困政策，两者既有逻辑同构的联系又有碎片分化的区别，二者有效衔接的实现，依赖于对反贫困政策框架的整体设计，也需要从信息库建设、家计调查、社会力量参与、政策评估等方面予以考虑④；应坚持功能分化、制度整合的总体性原则对两项政策进行有效整合，构建整合治理型社会保障制度⑤。另外，精准扶贫理念的提出，也给新时期社会救助政策的发展提出了新要求，应从基本价值理念、宏观福利治理和微观实施机制等层面推进社会救助政策的发展。⑥ 王蒙的研究认为，在脱贫攻坚初期，扶贫开发与农村低保由于高层级模糊性与冲突性呈现为象征性执行，两项制度表现为虚假衔接，而随着贫困治理体系化程度的提升，中央政府通过"顶层设计"削减两项制度的协同模糊性与层级模糊性，但两项制度的实质衔接仍需深化⑦；贫困人口识别、政策评价监督、干部队伍建设、部门之间协作等影响着两项制度的衔接⑧。新常态下，现有人口贫困程度更深、脱贫难度更大，要实现打赢脱贫攻坚战的目标，就需要加强对两项制度的整合力度，

① 李志明：《城乡社会救助制度研究：权利界定、目标设计与政策建议》，载于《河南社会科学》2009年第6期。

② 兰剑、慈勤英：《新时代社会救助政策运行的社会风险及其应对》，载于《青海社会科学》2018年第2期。

③ 毕金平：《论我国精准扶贫与社会救助制度的衔接和调适》，载于《学术界》2018年第7期。

④ 向阳生：《扶贫开发与农村低保制度的有效衔接及评估与改革》，载于《贵州社会科学》2013年第12期；刘宝臣、韩克庆：《中国反贫困政策的分裂与整合：对社会救助与扶贫开发的思考》，载于《广东社会科学》2016年第6期。

⑤ 匡亚林：《论精准治贫与社会救助的整合治理》，载于《华中科技大学学报》（社会科学版）2018年第1期。

⑥ 刘欣：《功能整合与发展转型：精准扶贫视阈下的农村社会救助研究——以贵州省社会救助兜底扶贫实践为例》，载于《贵州社会科学》2016年第10期；李泉然：《精准扶贫视阈下社会救助政策的发展》，载于《中州学刊》2017年第1期。

⑦ 王蒙：《扶贫开发与农村低保衔接的政策执行偏差及其矫正——基于复杂政策执行的"模糊—冲突"分析框架》，载于《中国农业大学学报》（社会科学版）2018年第5期。

⑧ 焦克源、张焱：《连片特困区农村低保与扶贫开发衔接绩效影响因素分析——基于六盘山特困区两个县的数据》，载于《中国农业大学学报》（社会科学版）2018年第5期。

消除其碎片化、交叉重叠，建立动态联动机制，建立健全大救助、大扶贫管理格局等。①

三、社会救助制度实施效果与评价研究

（一）社会救助制度实施效果的评价体系

社会救助制度对保障绝对贫困人口的基本生存、降低绝对贫困程度等领域，发挥着最直接、最明显的减贫作用。② 现有研究成果从不同的视角对社会救助制度的实施效果进行了深入研究。如在效果评价方面，郑功成认为，社会救助制度改革的成败取决于制度的目标定位、制度安排的设计与技术方案的选择三大要素。③ 中国社会救助制度建设的关键在于优化社会救助制度设计，而优化社会救助制度设计的核心任务是明确政府责任和构建合理、高效的管理体制，同时主张强化立法规范、部门配合与政策协调。马广博认为，世界各国的社会救助制度实施结果具有低层次性、地域性、家庭性、利益流动的单向性等特点，中国的社会救助制度的实施效果评价体系，应按照以上特点来建构。④ 而从社会救助制度实施效果的评价规范化角度来看，郭健美、邓大松指出应合理确定城乡低保标准和低保补助标准⑤；丁元竹从制度设计的评估入手，根据社会救助制度的运行状况对其进行评价，认为农村最低生活保障供给能力差异较大，供需缺口很大。社会救助制度的建设还处于初级阶段，覆盖面窄，救助水平低，区域间发展很不平衡。因此，社会救助制度的评价可以从过程和结果两个视角入手进行，过程重在从制度设计到制度的运行进行分析，结果重在通过调查反馈，用数据指标来进行评价，整个评价体系都需要数据支撑和完善的体系构建⑥。祝建华从政策评价的基本理论与方法出发，认为我国现行城市居民最低生活保障制度的政策效果可以分为直接效果、意外效果和附带效果三大类。直接效果在于满足对象基本的生存

---

① 汪怀君、汝绪华：《社会救助与精准扶贫有效衔接的"瓶颈问题"及其治理——基于新时代精准扶贫思想的思考》，载于《河南大学学报》（社会科学版）2018 年第 5 期。

② 杨穗、鲍传健：《改革开放 40 年中国社会救助减贫：实践、绩效与前瞻》，载于《改革》2018 年第 12 期。

③ 郑功成：《中国社会保障制度改革的新思考》，载于《山东社会科学》2007 年第 6 期。

④ 马广博：《澳、德、法、卢四国社会救助制度特色对比及对我国的启示》，载于《现代经济探讨》2009 年第 4 期。

⑤ 郭健美、邓大松：《新中国 60 年社会救助制度的演变与评估》，载于《改革与开放》2009 年第 12 期。

⑥ 丁元竹：《我国现阶段基本社会保障均等化初步评估》，载于《国家行政学院学报》2009 年第 6 期。

需要、彰显政府责任并促进社会的稳定；意外效果是道德风险问题由此而生、排斥基本生存需要之外的需求；附带效果是残疾人救助和附带福利问题的产生[①]。该视角对于社会救助制度的评价具有一定的借鉴意义。

（二）社会救助制度的实施效果

也有很多学者根据实践情况和调研数据，分析社会救助的实施效果，如对弱势群体医疗救助实施效果的评估[②]，对社会救助制度的转移支付政策目标与效率评估[③]，对中国农村低保救助制度的保护效果评估等[④]。罗文剑、王文通过对中国家庭追踪调查（CFPS 2014）数据的分析发现，城市低保对低保户的减贫效果较为显著，但对应保户和总样本的减贫效果并不理想，并且随着贫困标准的提高，城市低保的减贫效果逐渐降低[⑤]；比较不同年度的调查数据，韩华为、高琴的研究发现，获得城市低保有助于提升受助个体的主观福利水平，但获得城市低保却会显著降低受助个体的主观社会地位和未来信心程度[⑥]。邓大松、杨晶运用贵州省 2017 年贫困户微观调查数据，发现社会救助制度的帮扶效果总体良好，接受社会救助帮扶后多数（87.63%）贫困户生活状况得到改善。[⑦]

也有观点认为，社会救助的减贫效果不佳，如谭溪分析了民政部政策研究中心"中国城乡困难家庭社会政策支持系统建设项目"的调查数据，发现农村社会救助制度的扶贫效果有待提高，其主要原因在于针对支出型贫困的救助项目未得到重视[⑧]；姜宏青、李春稼的研究指出，我国农村低保制度设计、执行方面存在

---

① 祝建华：《我国城市居民最低生活保障制度的政策效果评估》，载于《经济论坛》2009 年第 24 期。

② 尹航、林闽钢：《弱势群体医疗救助实施效果评估——基于"城乡困难家庭社会政策支持系统建设项目"调查数据的分析》，载于《社会保障研究》2017 年第 1 期；钟玉英、司文晴、刘怡辰：《医疗救助有效率吗：中国省际医疗救助支出效率评估——基于考虑环境因素的三阶段 DEA 模型》，载于《学术研究》2016 年第 11 期。

③ 王增文、Antoinette Hetzler：《"软政绩"评价体系下农村社会救助及配套资源效率评估》，载于《当代经济管理》2014 年第 12 期。

④ 谢东梅：《农村低保制度瞄准执行与动态贫困减少的有效性检验——基于福建省 14 个县（市、区）28 个村庄的调研》，载于《东南学术》2016 年第 6 期。

⑤ 罗文剑、王文：《城市低保的减贫效应分析——基于中国家庭追踪调查（CFPS）的实证研究》，载于《江西财经大学学报》2018 年第 5 期。

⑥ 韩华为、高琴：《中国城市低保救助的主观福利效应——基于中国家庭追踪调查数据的研究》，载于《社会保障评论》2018 年第 3 期。

⑦ 邓大松、杨晶：《中国社会救助制度的帮扶效果及其影响因素分析——基于贵州省贫困户调研数据》，载于《经济与管理评论》2019 年第 2 期。

⑧ 谭溪：《支出型贫困视角下农村社会救助扶贫效果研究》，载于《西南民族大学学报》（人文社科版）2018 年第 8 期。

问题，农村低保并未发挥减贫效果[1]；低保制度存在较大的瞄准偏差，并且保障水平未严格执行补差标准，降低了低保制度的减贫效果[2]。

（三）社会救助制度的评估指标研究

从现有的研究成果来看，社会救助制度的实施效果评价主要表现为研究者个人的主观感受，而评估则通常在一定的客观标准之上展开。温海红等设计了几项有关社会救助制度评估的主观指标，包括信息的公开性、公平性、服务态度、申请程序、时效性等方面。此外，社会救助制度的评估维度还包括内容评价维度，即最低生活保障、廉租房救助、教育救助、医疗救助、临时救助和就业扶持等内容。[3] 王晓东等从制度覆盖面、服务递送、发展水平及标准测定，以及低保的收入标准四个方面评估了内蒙古城乡最低生活保障制度的实施情况，这对于社会救助制度的效果评估具有较好的借鉴价值。[4] 祝建华在对我国城市居民最低生活保障制度的政策效果评估进行分析时采用了四个评价指标：人均收入、消费支出、食品支出和低保标准。[5] 魏珊珊对社会救助绩效评估的指标进行了初步的探索，指出社会救助绩效评估的指标具有描述和反映功能、评价功能、指导功能等，同时还指出社会救助绩效评估指标的构建需要遵循科学性原则、可比性原则、差异性原则、可操作性原则与全面性原则；她认为评估指标应包括：社会救助对象定位，即衡量一定比例的最贫困人口所获得的社会救助资源比例指标；社会救助实施过程评估，即领取率指标；社会救助效果评估，包括贫困率、脱贫率、恩格尔系数、公众满意度几个指标。[6] 汪婷、曹艳春从政策制度、实施强度、效果评价三个层次建立城乡最低生活保障制度一体化指标体系。总的来看，学界在社会救助制度的评价与评估方面，观点多元，这方面的研究已经较为丰富，学者们基本认同社会救助制度建构过程必须考虑不同群体、不同阶层的利益，尤其是弱势群体的切身利益，以保障他们的生存权和发展权；社会救助制度的实施必须与当下

---

① 姜宏青、李春稼：《我国农村低保制度减贫效果的实证检验》，载于《财会月刊》2018年第4期。

② 宋扬、杨乃祺：《最低生活保障制度的瞄准效率与减贫效果分析——基于北京、河南、山西三地的调查》，载于《社会保障研究》2018年第4期。

③ 温海红、文成：《西安市城乡社会救助制度现状分析及其对策建议》，载于《社会保障研究》2011年第3期。

④ 王晓东、高则一：《内蒙古城乡最低生活保障制度的现状评估与对策探讨》，载于《前沿》2010年第15期。

⑤ 祝建华：《我国城市居民最低生活保障制度的政策效果评估》，载于《经济论坛》2009年第24期。

⑥ 魏珊珊：《社会救助绩效评估指标初探》，载于《内蒙古农业大学学报》（社会科学版）2010年第1期。

的社会政策相结合，协调开展才能取得较好成果。①

四、社会救助制度建设中的问题与对策研究

（一）财政投入与社会救助之间的关系问题

关信平认为，财政投入和社会救助之间的关系问题，主要体现为政府的财政投入对社会救助制度发展的约束作用。② 王思斌认为，任何社会救助制度的有效运行都必须有相对稳定的经济支持。社会救助制度作为现代国家的一项社会福利制度必须有来自政府的或政府可以直接动员的物质与经济资源。在实施社会救助的过程中，制度性的、大规模的财政开支也基本上实行不同层级政府分担的原则。③ 另外，学者也加强了关于财政转移支付对社会救助发展的影响方面的研究，如杨红燕采用泰尔指数、面板回归、斯皮尔曼秩相关等方法对于中央财政城市低保一般转移支付支出的公平性效果进行了评估，发现低保一般转移支付有效地改善了低保制度的公平性④；李鹏通过考察地方财政分权、市场化对城乡低保救助水平的影响，得出地方财政自给度、市场化水平均有助于促进低保发展，农村低保对地方财政分权和市场化的敏感度更高，科教文卫支出对低保救助支出存在非常显著的良性互动关系⑤。

（二）社会救助政策体系、法规与体制管理问题

我国现行社会救助法规主要集中在低保、居民基本医疗保险和特困家庭住房保障等方面，其他一些救助领域的政策法规还未健全，社会救助制度的运行主要依靠部门或者地方性救助法规。关信平的研究指出，目前我国社会救助制度的法治化水平比较低，其直接后果就是在经费投入、项目运行、标准确定、对象认定、管理体制等方面的任意性比较大，这不利于社会救助制度的长期稳定发展⑥。

---

① 汪婷、曹艳春：《城乡低保制度一体化指标体系的构建与评测》，载于《社会保障研究》2014 年第 1 期。

② 关信平：《中国社会救助制度建构九大议题》，载于《中国社会保障》2009 年第 9 期。

③ 王思斌：《转型中的中国社会救助制度之发展》，载于《文史哲》2007 年第 1 期。

④ 杨红燕：《财政转移支付的公平增进效果研究——以城市低保制度为例》，载于《中央财经大学学报》2014 年第 9 期。

⑤ 李鹏：《挤出还是促进——地方财政分权、市场化与低保救助水平差异》，载于《北京社会科学》2017 年第 3 期。

⑥ 关信平：《中国社会救助制度建构九大议题》，载于《中国社会保障》2009 年第 9 期。

同时，社会救助制度也存在内容不完善、专项救助相对缺失等问题，如林艳琴指出，由于我国的社会救助主要立足于最低生活保障制度，在教育、医疗、住房等方面的救助手段还存在不足。① 丁建定认为，我国目前的城市社会救助制度以低保制度为主，而低保制度只能保障困难群体的基本生活问题，不能解决其他方面的特殊困难。②

（三）社会救助目标瞄准及救助依赖的问题

社会救助对象和范围的认定问题，一直制约着该项制度的建设和发展。剧宇宏认为，由于缺乏监督机制，社会救助往往存在着较为突出的公平性问题。因此，社会救助的专业化、职业化是社会救助的发展方向。③ 林艳琴的研究支持了前者观点，认为当前中国的社会救助缺乏统筹管理，社会救助的效果有待商榷④。其中，作为社会救助的基础性制度，低保的认定成为学术界研究的重点，无论是媒体报道，还是学界研究成果，都发现低保存在认定缺陷，如对特困居民的身份识别不准确，"关系保""人情保"等仍然存在⑤；姚建平使用收入、生计资产和主观评价三种标准对中国城市低保制度瞄准率进行计算，结果发现瞄准偏误难以避免，而其原因比较复杂⑥。低保目标瞄准偏差的直接原因就是基层政策执行过程中所出现的变通，深层原因是转型与变迁中的乡土社会，通过形塑福利治理从而对农村低保对象认定产生影响⑦；也有学者指出，当前农村低保政策"走样"的原因在于：一是配额制主导的"社区瞄准"偏差，二是社会救助政策捆绑执行形成的福利叠加⑧；熟人社会作为基层治理的社会基础，致使低保政策的执行有着关系主义的人情政治烙印，难以消除这种非正式治理的弊端⑨；规则软化赋予了基层低保执行者过大的自由裁量权，地方性

---

①④　林艳琴：《论和谐社会下的社会救助制度之完善》，载于《东南学术》2011年第3期。
②　丁建定：《构建我国新型城市社会救助制度的原则与途径》，载于《东岳论丛》2009年第2期。
③　剧宇宏：《我国转型时期社会救助制度的思考》，载于《学术论坛》2012年第3期。
⑤　李春根、应丽：《指标代理法：农村低保对象瞄准新机制》，载于《社会保障研究》2014年第1期；高翔、李静雅、毕艺苇：《精准扶贫理念下农村低保对象的认定研究——以山东省某县为例》，载于《经济问题》2016年第5期。
⑥　姚建平：《中国城市低保瞄准困境：资格障碍、技术难题，还是政治影响?》，载于《社会科学》2018年第3期。
⑦　崔宝琛：《低保目标瞄准偏差的乡土逻辑》，载于《西北农林科技大学学报》（社会科学版）2019年第2期。
⑧　印子：《农村低保政策"走样"及其整体性治理》，载于《西北农林科技大学学报》（社会科学版）2019年第2期。
⑨　陈锋、朱梦圆：《技术治理下农村低保政策的实践异化——基于H市M区农村的实地调查》，载于《西南大学学报》（社会科学版）2019年第1期。

规则替代了国家规则，造成了低保目标瞄准的偏移①。对于农村低保中存在的政策执行偏差，雷望红通过对黔西南 Y 乡的研究发现，基层通过政策吸纳，导致对象认定标准泛化、政策资源严重稀释、政策目标彻底异化，农村低保政策变成基层政策配角或政策便车，使得低保政策的底层实践与中央层面的政策意图彻底分裂。②

同时，因救助瞄偏、缺乏动态管理等主客观原因导致的救助依赖问题也引起了学术界的关注，如慈勤英、兰剑通过实证分析发现，不能排除低保救助导致救助依赖的可能，给予型的低保救助福利降低了低保受助者就业的概率，弱化了失业受助者的再就业意愿。③ 刘璐婵、林闽钢认为，受助者劳动力市场参与率低，"养懒汉"问题普遍存在并长期存在，救助项目叠加导致受助者不愿意退出救助，"养懒汉"问题还将继续存在。④ 导致救助依赖问题的原因是复杂的，除了个人、市场和社会环境因素外，根源在于维生型低保给付制度的固有弊端及其负激励效应，需要进一步完善制度和政策，提升有劳动能力者的就业愿意，并创造就业机会和条件。⑤

在解决社会救助制度相关问题方面，学者们所提出的意见可以归纳为：（1）增加政府财政投入，建立稳定的社会救助财政制度。如关信平认为应该明确各级财政的责任，建立制度化的中央和地方各级财政共同负责机制⑥；米勇生认为，应积极探索建立社会救助资金随经济发展、物价指数等提高而自然增长的机制⑦。（2）整合社会救助内容，完善专项社会救助。如丁建定主张新型社会救助制度应该是一种以生活救助为主，专项救助为补充，临时救助、社会互助相配套的综合性社会救助体系。⑧（3）完善社会救助法治建设与管理体制。关信平等认为应该加快社会救助法的制订过程，始终把公正和透明作为社会救助工作的生命线，按照"健全制度、规范操作、提高素质、改善条件、促进公开"的要求抓好

---

① 安永军：《规则软化与农村低保政策目标偏移》，载于《北京社会科学》2018 年第 9 期。

② 雷望红：《政策吸纳：理解农村低保政策执行偏差的新视角——基于黔西南 M 县 Y 乡的田野调查》，载于《西南大学学报》（社会科学版）2019 年第 1 期。

③ 慈勤英、兰剑：《"福利"与"反福利依赖"——基于城市低保群体的失业与再就业行为分析》，载于《武汉大学学报》（哲学社会科学版）2015 年第 4 期。

④ 刘璐婵、林闽钢：《"养懒汉"是否存在？——城市低保制度中"福利依赖"问题研究》，载于《东岳论丛》2015 年第 10 期。

⑤ 陈翠玉：《有劳动能力城市低保人员"福利依赖"难题及其破解》，载于《探索》2016 年第 2 期；兰剑、慈勤英：《促进就业抑或强化"福利依赖"？——基于城市低保"反福利依赖政策"的实证分析》，载于《西南大学学报》（社会科学版）2016 年第 3 期。

⑥ 关信平：《完善我国综合性社会救助体系的基本原则和主要议题》，载于《中国人民大学学报》2010 年第 5 期。

⑦ 米勇生：《我国农村社会救助事业的发展》，载于《行政管理改革》2010 年第 7 期。

⑧ 丁建定：《构建我国新型城市社会救助制度的原则与途径》，载于《东岳论丛》2009 年第 2 期。

社会救助规范化管理①。李运华、叶璐认为,《社会救助暂行办法》是我国社会救助领域最重要的社会立法,但该暂行办法存在重叠、缺漏、无法衔接等问题,未来立法应从社会救助权、政府责任进行明确、细致规定②。丁建定、剧宇宏认为,可以先行在有条件的区县建立社会救助部门联合审批制度,参与社会救助管理的多种主体之间必须建立一种协调管理机制,更需要相关政府部门分工协作③。(4) 促进社会救助制度的社会化。如丁建定指出,政府在社会救助管理中应处于主导地位,其他各种社会力量为提供相关的社会救助资源而不同程度地参与④。米勇生的研究表明,随着民间对社会救助参与意识的增强以及民间组织的发展和成熟,在国家法律法规的规范和指导下,将事务性工作逐步委托事业单位和民间组织办理,并做到"费随事转",责任明确,管理到位。⑤ (5) 多元化的主体参与救助。公众参与发挥着改进社会救助机制、提升制度运行效能与规范性的工具功能,还起着维护公民权利、克服耻辱效应的价值功能⑥。构建多元化社会救助制度,应以政府主体为主导,社会主体为补充,同时发挥个人主体的主动性⑦。救助主体的多元化,既是与政府共同承担责任,减轻政府压力,也是实现救助工作的个性化,提高社会救助覆盖面。实现社会救助制度与其他救助手段、方式相结合,更好地提升社会福利水平。推动社会主体广泛参与社会救助,也成为学界研究的热门问题,如促进企业参与社会救助⑧;通过推进慈善组织的组织创新和能力建设,促进慈善力量参与社会救助⑨。

通过对社会救助的国内相关研究成果进行梳理,发现学者们紧密围绕社会救助制度这一核心,展开了有益的探索:一方面,现有研究成果有助于进一步明确社会救助的概念内涵、表现形式、基本结构等多方面的内容,从而为本研究的开展提供了必要的研究基础。而学者们对社会救助制度、体系等存在认知上的不同,对本书开展国内与国外的比较性研究而言,具有较好的启示意义。另一方

①　关信平:《完善我国综合性社会救助体系的基本原则和主要议题》,载于《中国人民大学学报》2010 年第 5 期。

②　李运华、叶璐:《我国社会救助立法评析》,载于《理论月刊》2016 年第 2 期。

③　丁建定:《构建我国新型城市社会救助制度的原则与途径》,载于《东岳论丛》2009 年第 2 期;剧宏宇:《我国转型时期社会救助制度的思考》,载于《学术论坛》2012 年第 3 期。

④　丁建定:《构建我国新型城市社会救助制度的原则与途径》,载于《东岳论丛》2009 年第 2 期。

⑤　米勇生:《我国农村社会救助事业的发展》,载于《行政管理改革》2010 年第 7 期。

⑥　栗燕杰:《社会救助领域的公众参与:原理、规范与实践》,载于《社会保障评论》2018 年第 3 期。

⑦　李薇、丁建定:《主体整合:构建中国多元化社会救助制度》,载于《社会保障研究》2013 年第 2 期。

⑧　唐果、贺翔、敖丽红:《企业参与社会救助:影响因素与政策启示——基于浙江省 11 市的调查》,载于《中国行政管理》2017 年第 9 期。

⑨　赵海林:《慈善组织参与社会救助的思考》,载于《人民论坛》2016 年第 34 期。

面，相对丰富的研究成果，凸显了社会救助制度建设与实践层面的问题较为严峻，受到学术界普遍关注这一客观现实，这也进一步表明加强对社会救助制度改革与完善的研究具有不容忽视的现实性意义，具有政治、社会与学术等多方面的价值。

第三节　研究目标、内容和研究方法

自 1978 年改革开放以来，我国社会救助事业作为社会建设的重要内容获得快速发展，建立了以城乡居民最低生活保障制度为核心，包括医疗救助、住房救助、农村五保供养救助、自然灾害救助、流浪乞讨人员救助、教育救助及临时性生活救助等项目在内的综合性社会救助体系。在新的时代背景和经济社会发展需求下，党和国家高度重视社会救助制度建设与社会救助事业发展。习近平总书记在党的十九大报告中明确提出，"按照兜底线、织密网、建机制的要求，全面建成覆盖全民、城乡统筹、权责清晰、保障适度、可持续的多层次社会保障体系"，"统筹城乡社会救助体系，完善最低生活保障制度"。党的十八大、十九大对社会救助事业发展也作出了重要指示，明确要求"完善社会救助体系，健全社会福利制度，支持发展慈善事业，做好优抚安置工作"。党的十八届三中全会也要求，"建立更加公平可持续的社会保障制度"，"推进城乡最低生活保障制度统筹发展"等，这些为深化社会救助制度改革指明了方向。

本书以党的十九大、十九届四中全会精神和党的十八大、十八届三中全会精神等为总体指导，紧扣当前我国经济社会发展新变化，紧密围绕"完善社会救助制度"这一中心问题，着力研究"我国现行社会救助制度面临什么样的问题，构建什么样的社会救助制度，怎样深化改革和完善社会救助制度"等核心问题，系统探讨新时期我国社会救助制度的改革走向与路径，包括目标原则、体系建构、路径设计、保障机制、评估监测等，力图用现实问题研究带动和促进基础理论研究，并以基础理论研究深化和拓展现实问题研究，这对于进一步丰富我国社会保障理论，提升社会救助制度设计的针对性、全局性、可持续性，以及更好地促进民生建设，充分发挥社会救助作用，提升社会救助效率与公平等具有十分重要的意义。

一、本书的研究目标

基于党的十九大、十八大等对我国社会救助制度建设提出的新要求，以及广大人民的新期盼、新需求。本书以中国经济社会转型发展、全面建成小康社会、打赢脱贫攻坚战与构建和谐社会为研究背景，在准确把握全球化语境下国际社会救助制度发展规律与改革新趋势下，尝试结合我国国情，综合运用多学科相关理论，从宏观、中观、微观等维度出发，以理论创新与实践探讨、经验总结与案例分析、制度设计与路径设计、评估与测评等为分析视角，探索完善我国社会救助制度的方式、手段、模式与保障机制，以期形成系统化的适应我国经济社会发展的中国特色化社会救助制度的政策体系；有针对性地探索完善社会救助制度的实践模型与路径，构建社会救助制度绩效评价与监控指标体系，提出解决实际问题的对策建议，为我国构建内容完整、相互协调、功能配套的社会救助制度体系提供方案与办法，为制定完善社会救助政策、开展社会救助实际工作等提供决策依据和操作模型。

二、研究的内容

改革开放以来，我国经济建设卓有成效，社会建设也取得长足进步，党和政府以保障和改善民生为重点，始终把改善民生作为改革与发展的目标指向，着力解决人民最关心最直接最现实的利益问题，进一步加大社会建设力度，"幼有所育、学有所教、劳有所得、病有所医、老有所养、住有所居、弱有所扶"的民生建设正在有效实施，社会救助事业取得巨大发展成效。党的十九大报告中首次提出了"幼有所育""弱有所扶"，为社会救助制度改革与完善提出了新要求、新关切。因此，党和国家对民生建设，尤其是社会救助及其制度体系建设的高度重视，为做好我国社会救助制度的顶层设计、战略规划与改革完善提供了良好环境。

社会救助制度是社会保障体系中基础的制度安排，它是社会成员确保基本生存的最后"安全网"，若该制度存在缺漏，将使部分贫困群体在遭遇困境时陷入绝境。伴随着国际国内经济社会发展环境的不断变化，贫困形势的不断转变，社会救助制度凸显出了一些不适，许多专项救助制度还未完全展开，社会救助覆盖面较窄，救助水平还与经济社会发展水平不匹配，制度管理和运行、执行上也有诸多不畅。2021年已稳定实现农村贫困人口不愁吃、不愁穿，义务教育、基本医疗、住房安全有保障，打赢了脱贫攻坚战。但也发现，现阶段脱贫"两不愁"基本解决了，但"三保障"还存在薄弱环节。巩固脱贫攻坚成果，脱贫之后不返贫，构建规范化、制度化、体系化的社会救助制度，建立一个牢固的社会"安全网"，加快实现社会救助"兜底线、织密网、可持续"的目标，将大大提升社会救助效率，有效解决贫困群体的生活问题，满足其基本的物质需要、精神需要，尤其是发展需要，这是全面建成小康社会、构建和谐社会的一项十分紧迫而重大的政治任务和现实课题。

从当前我国打赢脱贫攻坚战、全面建成小康社会的要求，以及社会保障制度体系内在的发展趋势看，新型社会救助制度的目标应从消极的现金救助转向积极的多元救助，从单一的生活救助转向综合的社会救助，从二元分割的制度安排转向城乡统筹的社会救助，从生存型救助制度转向改善生活、提供就业援助的发展型救助制度。

因此，本书从国家发展战略与现实背景、发展现状与比较分析、找准问题与提出对策、监督管理与评价测评等层面，以社会主义核心价值观为统领，充分考虑社会救助发展现状，紧扣经济社会发展新变化、人民发展新要求，"以问题为导向"，深入基层一线，探究新时代社会救助制度的改革走向与路径，包括目标原则、体系建构、路径设计、保障机制、评估监测等，以贫困与社会救助问题为切入点全面探讨国民生存权和发展权的实现，以及公平正义在社会救助制度层面上的实现。据此，主要包括以下研究内容。

（1）社会救助制度研究动态、发展历程与理论基础。回顾我国社会救助制度建设的历史脉络、法治化历程，阐述社会救助制度建设的理论基础。

（2）综合运用调查研究、实地研究、文献评述，掌握城乡低保及专项救助制度实施的现状，分析存在的问题与成因，探讨完善社会救助制度的关键因素。

（3）对典型地区的社会救助制度建设情况进行分析，比较发达地区、欠发达地区的救助制度实施概况，以专题的形式，分析教育救助、医疗救助、低保制度、临时救助等的现状、存在的问题及发展路径。

（4）按照社会救助的基本内容，对部分国家或地区的社会救助制度模式进行比较分析，对比分析社会救助制度实施的特点，总结归纳主要做法及其经验教训。

（5）基于社会救助的资格认定、动态管理、退出机制、制度整合与衔接配套等问题，提出有针对性的对策建议。结合新时期我国社会救助制度建设的目标指向、原则及其定位，探讨适应我国国情的社会救助制度绩效评估指标体系与评估办法。从制度设计、内容结构、管理运行和制度保障等层面探索完善我国社会救助制度的主要路径、方式方法，以及相关保障机制。

三、研究方法和数据来源

本研究结合自填式问卷、访问式问卷和结构式访谈，按照研究目标进行问卷与访谈设计。一是分别选取了东部、中部、西部地区的农村与城市，进行抽样调查与结构式访谈，实地了解我国社会救助制度实施的现状与问题。二是对相关社会救助制度研究领域的专家学者、民政干部、贫困对象等进行问卷调查与结构式访谈，了解他们对社会救助制度实施的看法与意见。对问卷调查的结果，用统计分析软件 SPSS 进行分析。

（一）研究对象的选择

课题组于 2014～2016 年在辽宁、山西、湖北、江西、广东、浙江等地进行了大规模的问卷调查，调查了贫困家庭接受社会救助的基本情况，并根据研究需要于 2017～2018 年在多个地方进行了补充资料的收集。根据低保户规模按比例确定调查人数，通过多阶段分层抽样选取调查样本，在县（区）—街道（乡镇）—村（居）—家户（个人）层面上进行随机抽样，课题组调查对象覆盖 6 个省、6 个市、13 个区（县）、39 个街道（镇/乡）和 114 个社区/居（村），受助者包括正在接受以及曾经接受过社会救助的贫困家庭成员，共收集有效样本1 503 个。

（二）主要调查方式和调查内容

本书的主要调查方式为问卷法和访谈法。一是开展大规模的问卷调查。问卷填写方式为入户访谈，由访问员到受助者家中，进行结构式访谈，访问员根据受助者的实际回答情况填写问卷信息；问卷调查的对象为正在接受或曾经接受过社会救助的贫困家庭成员，没有表达能力的受助者由其监护人代为作答。二是采用访谈法开展深入的个案研究，主要包括集体座谈和个案访谈。其中，对市、区、街道工作人员采用集体座谈的方式了解被调查地区社会救助的整体现状，及有针对性地向社区/居（村）基层工作人员了解社会救助具体执行情况；在一对一问卷调查中针对特殊受助者进行深度访谈，获取更为详细的质性资料。

（1）问卷调查内容。掌握和了解受助者及其家庭的基本信息、工作状况、家庭经济状况、社会救助与社会保险状况、社会交往与社会评价状况。一是个人及家庭成员基本信息。了解受助者个人及其家庭的人力资本状况，包括个人及家庭成员的年龄、性别、教育程度、婚姻、户籍与健康状况。二是受助者工作状况。了解个人目前的就业状况、失业原因、当前从事农业或非农业工作的状况、获得就业及再就业扶持，以及社会救助对个人就业及再就业的影响。三是家庭经济状况。了解受助者及其家庭成员的贫困程度，主要包括住房条件、基本生活设施数量、家用电器设备数量、个人及家庭的全年收入与支出、家庭是否有债务。四是社会救助与社会保险状况。了解和掌握受助者及其家庭成员接受社会救助及社会保险缴纳、领取等情况，主要包括：目前是否接受低保救助，接受时间与金额，对申请程序的了解及满意度，是否曾经退出过低保，是否履行相关责任与义务，除低保外是否还有其他补贴，最近一年接受医疗救助、教育救助、住房救助、就业救助、临时救助、慈善救助、灾害救助等基本情况，个人及其家庭成员养老保险、医疗保险缴纳及领取情况。五是社会支持状况。了解受助者及其家庭的社会关系网，主要包括：低收入家庭亲属数量及各自工作情况，遇到困难时的求助对象及他们能够给予受助者帮助的程度。六是社会评价。了解受助者对基层社会救助工作的满意度、对自我和家庭现状及未来发展的评价、对脱贫致富的认知，以及亟须获得的帮助等。

（2）访谈内容。一是对基层社会救助领导干部的访谈。通过集中座谈或个案访谈的方式了解当地社会救助工作的开展情况、工作中出现的问题、面临的困难，听取他们对完善社会救助制度的建议等。二是对低收入户、低保受助对象的个案访谈。在了解当地社会救助基本现状的前提下，通过入户走访，了解受助者及其家庭的实际情况，梳理社会救助政策、具体执行情况等。

（三）调查过程

（1）调研准备阶段。课题组组织专家设计并论证了《城乡居民基本生活状况调查》问卷，内容包括城乡低收入家庭成员的基本信息、工作生活状况、家庭经济状况、社会救助和社会保险状况、社会交往与社会评价状况；制订访谈计划与访谈提纲，了解社会救助各工作部门基本状况、遇到的困难，听取工作人员对完善社会救助制度的想法与建议；了解低收入家庭的生活、就业、经济、社会交往、满意度等状况，深入了解低收入家庭的现状，了解低收入家庭的需求。

（2）试调查阶段。根据设计的调查问卷及访谈提纲，课题组分别在城市和农村地区各收集了 50 份调查问卷和 10 余个访谈案例，城市地区选取武汉市武昌区珞珈街道，农村地区选取了武汉市江夏区金口街道，课题组根据两次试调查结果对调查问卷和访谈提纲进行了修正。

（3）实施调研阶段。课题组相继在湖北、辽宁、山西、江西、广东、浙江等地进行了问卷调查，总共收集有效样本 1 503 个。同时，选取具有代表性的低收入户（低保户或其他生活困难家庭）及基层干部进行了深入访谈。

（4）调查资料整理阶段。完成数据调研后，项目组对收集的资料进行审查、分类与编码，完成数据的输入，建立数据库并做统计分析。

（四）数据分析的地域划分

根据城乡性质，把调查样本划分成城市样本和农村样本。根据样本地年人均收入、GDP 等经济社会发展指标，把城市样本简单划分成"较落后的城镇地区、中等发达的城镇地区、发达的城镇地区";把农村样本划分成"较落后的农村地区、中等发达的农村地区、发达的农村地区"（具体分类见表1-2）。后文的样本地划分将参照此表，并分门别类地分析不同类型地域样本所呈现的基本特征。

表1-2   按经济社会发展程度划分调查地域

城乡区域	按经济发达程度划分样本	调查地
城市地区	较落后的城镇地区	辽宁省朝阳市、湖北省黄冈市英山县的城镇社区
	中等发达的城镇地区	武汉市、江西省九江市的城镇社区
	发达的城镇地区	深圳市、浙江省慈溪市的城镇社区
农村地区	较落后的农村地区	辽宁省朝阳市、湖北省黄冈市英山县、山西省运城市的农村地区
	中等发达的农村地区	武汉市、江西省九江市的郊区农村地区
	发达的农村地区	深圳市、浙江省慈溪市的农村地区

第一篇

最低生活保障
制度分析

第二章

最低生活保障救助对象的分布特征

第一节 受助者的人口结构分析

受助者的人口特征包括年龄、性别、民族、政治面貌、受教育程度、婚姻状况、户籍类型、身体状况、健康状况和居住地（见表 2 – 1）。本部分重点分析了受助者的年龄、性别和受教育程度的整体分布及区域差异。

一、受助者年龄分布特点

调查对象主体为 18 岁及以上人口，但考虑到有些地方对孤儿、残疾人实施了单独施保，为了保障样本类型的完整性，特对部分 18 岁以下人口进行了调查，缺乏表达能力者由监护人代为回答。从年龄构成看，调查对象以 40～60 岁人口为主，占总样本的 53.7%；从性别构成看，男女比例基本符合总体分布；从城乡分布看，城市样本占比 58.2%，农村占比 41.8%。从城乡救助的异质性考虑，适当增加了城市样本。因此，从基本人口特征构成看，调查样本符合总体分布，且满足研究需要。

从受助者人口特征构成看，初中及以下文化程度占比 80.3%，受助者受教育程度普遍较低。大部分受助者身体健康状况较差，但基本能够自理（占比 51.2%），

27

表2-1 受助者人口特征统计描述（N=1 503）

主要变量	分类	频数	有效百分比（%）	主要变量	分类	频数	有效百分比（%）
年龄	≤18 岁	18	1.2	宗教信仰	有宗教信仰	52	3.5
	19~30 岁	73	4.9		系统缺失	1	—
	31~39 岁	116	7.7	婚姻状况	未婚	279	18.6
	40~49 岁	418	27.8		离婚	159	10.6
	50~59 岁	389	25.9		丧偶	280	18.6
	60~69 岁	231	15.4		初婚有配偶	766	51
	70~79 岁	174	11.6		再婚有配偶	19	1.3
	≥80 岁	84	5.6	户籍类型	农业户口	686	45.7
性别	男	802	53.4		非农业户口	814	54.3
	女	701	46.6		系统缺失	3	—
民族	汉族	1 468	97.7	身体状况	身体健全	933	62.2
	非汉族	35	2.3		身体不健全，轻微残障	306	20.4
政治面貌	中共党员	38	2.5		非常不健全，严重残障	262	17.5
	非中共党员	1 465	97.5		系统缺失	2	—
受教育程度	未上过学	384	25.5	健康状况	健康	573	38.2
	小学	381	25.3		生病，但能自理	768	51.2
	初中	443	29.5		生活不能自理	158	10.5
	高中	176	11.7		系统缺失	4	—
	中专	48	3.2	居住地	城市	874	58.2
	职高技校	20	1.3		农村	629	41.8
	大学专科	38	2.5				
	大学本科	13	0.9				
宗教信仰	无宗教信仰	1 450	96.5				

有 10.5% 的被调查者生活不能自理（这部分调查对象多为监护人代答）。从受助者的身体健全程度来看，大部分受助者身体健全（占比 62.2%），但也有 20.4% 的受助者身体不健全，属轻微残障。从婚姻状况来看，被调查者总体上以在婚状态（初婚有配偶和再婚有配偶）为主（占比 52.3%），但对比全国抽样人口与低保受助人口婚姻状况，发现已婚受助者的占比较低，属于离婚（10.6%）、丧偶（18.6%）的受助者比例较大。另外，所调查的受助者大多是汉族、非党员以及无宗教信仰人士。

表 2 - 2 呈现的是不同区域受助者的年龄分布情况。从整体来看，受助者以中老年人为主，40~59 岁的受助者超过一半，60 岁及以上老年人口超过 1/3。从城乡分布来看，受助者年龄分布整体上以中老年人为主，其中，城市受助者以 40~59 岁中年人为主，农村地区以 60 岁及以上老年人为主。这同社会救助的主要受助人口基本吻合，因伴随城市化进程中经济结构的调整和市场经济体制的改革，大量城市中年人（40~59 岁阶段）出现了失业，加之教育水平和劳动技能偏低，导致这部分人口容易失业。另外，城市老年人（60 岁及以上）开始领取退休金，大多不符合社会救助的条件，因而城市受助者大多为中年人；农村中年人务农，或进城务工可补贴家用，农村老年人因劳动能力丧失、丧偶、子女分家导致生活困难，因而农村社会救助对象也多为老年人，这也使得本课题农村调研的受助者大多数为老年人。

表 2 - 2 受助者年龄结构分布 （N = 1 503）

样本地	≤18 岁（%）	19~30 岁（%）	31~39 岁（%）	40~49 岁（%）	50~59 岁（%）	60~69 岁（%）	70~79 岁（%）	≥80 岁（%）	合计	
									频数	百分比（%）
较落后城镇地区	0.9	3.2	8.4	50.0	19.1	7.8	9.0	1.7	346	100
中等发达城镇地区	1.4	6.8	11.8	31.7	34.8	8.5	2.7	2.3	483	100
发达城镇地区	0	2.2	13.3	53.3	13.3	8.9	2.2	6.7	45	100
较落后农村地区	1.4	3.5	2.6	10.8	23.9	27.4	18.3	12.2	427	100
中等发达农村地区	1.3	8.5	7.2	10.5	25.5	19.6	24.2	3.3	153	100
发达农村地区	0	0	4.1	12.2	16.3	24.5	28.6	14.3	49	100
合计	1.2	4.9	7.7	27.8	25.9	15.4	11.6	5.6	1 503	100

注：Pearson 卡方 = 432.256，Sig < 0.001。

二、受助者性别分布特点

表 2-3 的数据显示，受助者中男性占比 53.4%，女性占比 46.6%。从受助者性别分布的特点来看，城市地区女性受助者比例高于男性，农村地区男性受助者比例高于女性。从样本总体的性别分布来看，男性的比例高于女性，这是由于低保救助的审批以家庭为单位，一般男性为户主，在低保申请的过程中大多以男性名义申请，故此男性的占比高于女性。

表 2-3　　　　　　　　受助者性别分布 (N = 1 503)

样本地	男		女		合计	
	频数	百分比（%）	频数	百分比（%）	频数	百分比（%）
较落后城镇地区	145	41.9	201	58.1	346	100
中等发达城镇地区	268	55.5	215	44.5	483	100
发达城镇地区	21	46.7	24	53.3	45	100
较落后农村地区	247	57.8	180	42.2	427	100
中等发达农村地区	84	54.9	69	45.1	153	100
发达农村地区	37	75.5	12	24.5	49	100
合计	802	53.4	701	46.6	1 503	100

注：Pearson 卡方 = 33.181，Sig < 0.001。

三、受助者受教育程度分布特点

为统计描述的需要，表 2-4 将问卷中"初中""高中""中专""职高技校"合并为"中学"，将"大学专科""大学本科""研究生"合并为"大学及以上"。数据统计显示，受助者中未上过学的占 25.5%，只上过小学的占 25.3%，中学文凭的占 45.7%，大学及以上文凭的占 3.4%。

表 2 – 4   受助者受教育程度分布（N = 1 503）

样本地	未上过学		小学		中学		大学及以上		合计	
	频数	百分比（%）	频数	百分比（%）	频数	百分比（%）	频数	百分比（%）	频数	百分比（%）
较落后城镇地区	38	11.0	53	15.3	234	67.6	21	6.1	346	100
中等发达城镇地区	73	15.1	75	15.5	315	65.2	20	4.1	483	100
发达城镇地区	4	8.9	13	28.9	22	48.9	6	13.3	45	100
较落后农村地区	194	45.4	163	38.2	69	16.2	1	0.2	427	100
中等发达农村地区	60	39.2	53	34.6	38	24.8	2	1.3	153	100
发达农村地区	15	30.6	24	49.0	9	18.4	1	2.0	49	100
合计	384	25.5	381	25.3	687	45.7	51	3.4	1 503	100

注：Pearson 卡方 = 424.853，Sig < 0.001。

从城乡对比来看，城市地区未上过学的受助者占比低于农村地区未上过学的受助者，城市地区具有小学文凭的受助者低于农村地区具有小学文凭的受助者，城市地区具有中学文凭的受助者高于农村地区具有中学文凭的受助者，城市地区具有大学及以上文凭的受助者高于农村地区具有大学及以上文凭的受助者。受助者受教育程度特点表现为，1/4 的受助者没有上过小学，1/4 的受助者仅具有小学文化水平，约一半的受助者上过中学，但具有大学及以上学历的受助者极少。城市受助者的受教育水平整体高于农村地区，超过 2/3 的城市受助者具备中学及以上学历，农村不足 1/3 的受助者具备中学及以上学历。从地区经济发展水平来看，调研所在地的经济越发达，受助者的受教育程度越高。

四、受助者婚姻状态分布特点

将问卷中"未婚""离婚""丧偶"的选项合并为"不在婚"，将"初婚有配偶"和"再婚有配偶"的选项合并为"在婚"。表 2 – 5 的统计数据显示，从整体来看，受助者中未婚的占 18.7%，离婚的占 10.9%，丧偶的占 18.6%，初婚有配偶的占 50.5%，再婚有配偶的占 1.3%。从城乡对比来看，城市受助者中离婚、初婚有配偶、再婚有配偶的高于农村，农村受助者中未婚、丧偶的占比高于城市。已有研究显示，中国的离婚水平在城乡之间有很大差异，文化程度也会影响离婚水平。丧偶比例与受助者的年龄结构有关，农村受助者的年龄偏大，丧偶的可能性也大。

表 2 −5　　　　　受助者婚姻状况分布占比（N = 1 503）　　　单位：%

样本地	不在婚				在婚		
	未婚	离婚	丧偶	合计	初婚有配偶	再婚有配偶	合计
较落后城镇地区	10.4	16.2	14.8	41.0	56.8	1.7	59.0
中等发达城镇地区	23.5	14.1	11.6	48.2	49.1	1.7	51.8
发达城镇地区	17.8	26.7	8.9	53.3	44.4	2.2	46.7
较落后农村地区	18.5	2.6	28.8	50.1	49.2	0.9	49.9
中等发达农村地区	16.3	9.2	22.2	47.1	51.6	0.7	52.9
发达农村地区	38.8	6.1	22.4	67.3	32.7	0	32.7
合计	18.7	10.9	18.6	47.8	50.5	1.3	52.2

注：Pearson 卡方 = 144.783，Sig < 0.001。

第二节　受助者职业状态与就业支持分析

为保证统计分析的科学性，对于受助者就业情况的分析，把年龄在 18 ~ 64 岁的受助者作为分析对象，剔除无效样本后，符合条件的样本共 1 058 个。本部分包括四个方面的内容，分别是受助者当前从事非农工作状况、受助者当前从事农业工作状况和受助者就业支持状况。

一、受助者的就业与求职状况分析

表 2 −6 统计了城乡不同地区受助者的就业情况，从城乡整体比较来看，在 1 504 个有效样本中，城市受助者已经实现就业的有 183 人，占 24.4%，未就业的有 566 人，占比高达 75.6%；农村受助者中处于就业或劳动状态的有 123 人，占比 40.3%，未就业的有 182 人，占比 59.7%。根据卡方检验，$\chi^2 = 26.6$，p = 0.000 < 0.001，达到显著水平，说明城乡之间受助者"是否就业"有显著差异。城市地区受助者实现就业的比重不足 25%，农村地区超过了 40%，农村地区的受助者处于就业状态的比例高于城市地区，可能原因就在于农民有自己的土地，可以从事农业生产。

表 2 - 6　　　　　　　　　受助者就业情况统计

样本地	是		否		合计	
	频数	有效百分比（%）	频数	有效百分比（%）	频数	有效百分比（%）
较落后城镇地区	86	29.8	203	70.2	289	100
中等发达城镇地区	88	20.9	334	79.1	422	100
发达城镇地区	9	23.7	29	76.3	38	100
较落后农村地区	101	50.0	101	50.0	202	100
中等发达农村地区	18	21.4	66	78.6	84	100
发达农村地区	4	21.1	15	78.9	19	100
合计	306	29.0	748	71.0	1 054	100

从城乡比较来看，城市中较落后、中等发达、发达地区的就业率分别为 29.8%、23.7% 和 20.9%，就业率均未达到 30%；较落后的农村地区受助者的就业率为 50%，中等发达水平和发达农村地区受助者的就业率均在 20% 左右。根据卡方检验 $\chi^2 = 60.4$，$p = 0.000 < 0.001$，达到显著水平，说明城乡地区的受助者"是否就业"存在显著差异。

从城乡整体来看，农村受助者的就业率高于城市；从城乡内部来看，较落后的城市地区和较落后的农村地区就业率最高；从地区经济发展水平来看，城乡地区内部较落后地区受助者的就业率高于城乡较发达地区。一般来说，经济发展水平越高就业率越高，但数据结果表明，经济发展水平落后地区的就业率高于经济发展水平发达的地区，这一特殊现象可从两个方面理解：从城乡整体来看，一是城市财政资金多于农村，同等条件下，城市地区没有工作的居民相对于农村地区没有工作的居民更容易获得低保资格，农民不去工作并领取低保的情况比较少见；二是农民在农村从事农业生产可视为就业，农民就业一般不受教育水平、个人技能的限制，这两个方面的原因导致农村受助者的就业率高于城市。从不同经济发展水平来看，低保救助金的来源是中央、地方共同分担，经济越发达的地区低保资金越充裕，低保政策越宽松，在同等条件下，经济越发达的地区，受助者更容易获得低保救助，而经济落后地区的居民不去工作且领取低保会受到限制，很多地方通过制定"土政策"将工作作为低保审核的条件之一，如规定连续一段时间未就业，或多次拒绝社区推荐就业者将无法获得低保资格，经济较落后地区的受助者就业的意愿会更加强烈，就业率也更高。

二、受助者未就业的主要原因

在 1 058 个样本中，目前没有就业的有效样本为 747 个。受助者没有工作的主要原因包括 10 项，分别是正在上学、丧失劳动能力、已离/退休、毕业后未工作、料理家务照料家人、因单位原因（破产、改制、下岗、内退等）、因个人健康原因、个人技艺或能力不足、承包土地被征用、其他。为便于分析，根据样本分布的实际情况分为 5 项，分别是生理原因（包括丧失个人劳动能力和个人健康原因）527 人，占比 70.5%；技艺不足 32 人，占比 4.3%；照料家人 70 人，占比 9.4%；单位原因 76 人，占比 10.2%；其他 42 人，占比 5.6%（包括正在上学 12 人，占比 1.6%；已离/退休 12 人，占比 1.6%；毕业后未工作 6 人，占比 0.8%；承包土地被征用 5 人，占比 0.7%；其他 7 人，占比 0.9%）。

如表 2-7 所示，从城乡整体来看，城市地区未实现就业的受助者，因个人生理原因的占比 63.8%，单位原因、照料家人的受助者分别占比 13.3% 和 11.7%，其他原因和技艺不足的占比分别为 6.0% 和 5.1%。农村地区未实现就业的受助者，因个人生理原因的占比 91.3%，其他原因、照料家人、技艺不足的分别占比 4.4%、2.2% 和 1.6%。生理原因是导致城乡地区受助者未实现就业或劳动的最重要因素，但这在城乡地区存在差异，农村受助者未实现就业的原因多为个人生理健康所致，城市受助者未实现就业，还受个人技艺不足、单位原因，以及需要照料家庭成员等因素影响，经济体制改革，社区缺乏弱势群体照料机构，或技能不足都可能导致城市受助者未能实现在城市地区就业，较落后的城镇地区受助者没有工作的原因依次为生理原因（49.5%）、单位原因（22.1%）、照料家人（17.2%）、其他原因（5.0%）、技艺不足（5.5%）；中等发达的城镇地区受助者没有工作的原因依次为生理原因（74.0%）、单位原因（8.8%）、照料家人（6.3%）、其他原因（6.0%）、技艺不足（4.8%）；发达的城镇地区受助者没有工作的主要原因依次为生理原因（48.3%）、照料家人（34.5%）、技艺不足（6.9%）、其他原因（6.9%）、单位原因（3.4%）。除生理原因外，单位原因和照料家人影响较落后城镇地区的受助者就业，照料家人影响发达地区的城镇地区的受助者就业。在农村地区，受助者未能实现就业或劳动的原因主要是个人健康因素，其他因素的影响较小，这也说明在农村地区，低保救助对受助者来说是刚性需求。

表 2 - 7　　　　　　　受助者"没有工作的主要原因"统计

样本地	生理原因		技艺不足		照料家人		单位原因		其他原因		合计
	频数	有效百分比(%)	频数	有效百分比(%)	频数	有效百分比(%)	频数	有效百分比(%)	频数	有效百分比(%)	
较落后城镇地区	101	49.5	11	5.5	35	17.2	45	22.1	12	5.0	204
中等发达城镇地区	245	74.0	16	4.8	21	6.3	29	8.8	20	6.0	331
发达城镇地区	14	48.3	2	6.9	10	34.5	1	3.4	2	6.9	29
较落后农村地区	94	92.2	2	2.0	1	1.0	0	0	5	4.9	102
中等发达农村地区	58	87.9	1	1.5	3	4.5	1	1.5	3	4.5	66
发达农村地区	15	100.0	0	0	0	0	0	0	0	0	15
合计	527	70.5	32	4.3	70	9.4	76	10.2	42	5.6	747

三、受助者连续未工作的时间分布特点

表 2 - 8 反映了受助者连续未工作的时间分布，从城乡整体来看，城乡地区连续 10 年及以上未工作的受助者占比高达 40%，连续 5 年以上没有工作的受助者超过了 50%。卡方检验结果显示，受助者连续未工作的年数在城乡地区没有显著差别。从城乡内部来看，较落后的城镇地区超过一半的受助者连续 10 年没有工作，发达城镇地区连续 5 年以上没有工作的接近 90%，受助者连续未工作的年数在不同经济发展水平的城乡地区没有显著差别。

表 2 - 8　　　　　　受助者连续未工作的时间情况（年）

样本地	1 年内		1～3 年内		3～5 年内		5～10 年内		10 年以上		合计
	频数	有效百分比(%)	频数	有效百分比(%)	频数	有效百分比(%)	频数	有效百分比(%)	频数	有效百分比(%)	
较落后城镇地区	3	2.4	11	8.7	24	18.9	25	19.7	64	50.4	127
中等发达城镇地区	9	5.8	30	19.2	18	11.5	45	28.8	54	34.6	156
发达城镇地区	0	0	0	0	1	11.1	5	55.6	3	33.3	9
较落后农村地区	1	7.1	5	35.7	1	7.1	3	21.4	4	28.6	14
中等发达农村地区	2	4.3	9	19.6	7	15.2	13	28.3	15	32.6	46
发达农村地区	0	0	0	0	0	0	0	0	2	100.0	2
合计	15	4.2	55	15.5	51	14.4	91	25.7	142	40.1	354

四、受助者的求职状况分析

（一）求职意愿

求职意愿在问卷中，分三个问题进行测量，一是在找工作，二是准备自己创业，三是没有找工作也不准备创业。调查数据显示，准备自己创业的样本很少，仅有 6 个（其中因照顾家人准备创业的 1 人，因个人健康原因准备创业的 5 人），因此为方便分析，将在找工作变量和准备自己创业合并为一个变量。表 2 - 9 将城乡地区受助者没有找工作和没有工作的原因做交互分析，从城乡整体来看，农村地区有 44 人（占比 81.5%）的受助者"没有工作且没有去找工作"的原因是生理因素造成的；城市地区受助者"没有工作且没有去找工作"的原因依次为：生理原因 163 人（占比 50.3%）、单位原因 64 人（占比 19.8%）、照料家人 56 人（占比 17.3%）、个人技艺不足 24 人（占比 7.4%）。因此对城市受助者来说，在社区层面提供照料家人的服务支持，或开展职业技能培训等将可能促进受助者就业。

表 2 - 9　　　　　受助者"没有找工作"的原因统计（N = 378）

地区	生理原因		单位原因		照料家人		技艺不足		其他		合计
	频数	有效百分比（%）	频数	有效百分比（%）	频数	有效百分比（%）	频数	有效百分比（%）	频数	有效百分比（%）	
城市	163	50.3	64	19.8	56	17.3	23	7.1	17	5.2	324
农村	44	81.5	1	1.8	4	7.4	2	3.7	3	5.6	54

（二）求职途径

从表 2 - 10 可以看出，受助者找工作的首选途径是"委托亲友"，但比较城乡地区受助者求职途径，相比农村地区的受助者，城市地区受助者可利用的正式支持网络更多，如通过职业介绍所、单位招聘、网络及其他方式（包括民政局、残联、社区等）等正式支持网络求职的人数较多。通过数据分析也发现，城乡地区分别有超过 70% 和 80% 的受助者没有采用任何方式求职，即便当前有工作机会，受助者能够在两周内参加工作的比例也只有 16%，因社会、经济、个人等多种因素的影响，超过 80% 的劳动年龄段受助者无法实现就业。

表 2 - 10   适龄劳动者求职状况

主要变量		城市		农村		合计
		频数	有效百分比（%）	频数	有效百分比（%）	
是否在找工作	是	53	13.9	3	0.5	56
	否	327	86.1	57	95.0	384
找工作的途径	职业介绍所	14	3.4	0	0	14
	委托亲友	63	15.4	6	9.5	69
	利用网络信息	7	1.7	1	1.6	8
	参加单位招聘	10	2.4	1	1.6	11
	其他	21	5.1	2	3.2	23
	没有采用任何方式	295	72.0	53	84.1	348
能否在两周内工作	是	60	16.0	10	16.1	70
	否	315	84.0	52	83.9	367
期望工资分组	0 ~ 1 000 元	22	15.7	1	9.1	23
	1 001 ~ 2 000 元	96	68.6	10	90.9	106
	2 001 ~ 3 000 元	18	12.9	0	0	18
	3 001 ~ 4 000 元	1	0.7	0	0	1
	4 001 ~ 5 000 元	3	2.1	0	0	3

（三）期望工资

从期望工资来看，受助者的期望工资集中在 1 001 ~ 2 000 元，其中，城市地区受助对象期望工资的平均值为 1 842 元，农村地区受助者期望工资的平均值为 1 769.2 元。根据独立样本 t 检验的结果（$F = 1.971$，$P = 0.162 > 0.05$），说明城乡受助者的平均期望工资水平没有显著差异。城乡地区目前在找工作的受助者占比不超过 15%，其中，农村地区受助者多数因为生理原因无法就业，城市地区的受助者多数因为生理原因、单位原因、照料家人、技能不足等未能实现就业，且未积极寻找工作的受助者较多。

第三节　受助者工作的基本情况分析

一、受助者的工作类型

根据表 2 – 11 的数据可以看出，从城乡整体来看，城市地区的受助者多为从事非农工作；农村地区受助者的工作类型差异较大，除务农外，还从事其他非农业劳动，沿海发达地区的受助者已经不从事农业劳动。

表 2 – 11　　　　　　　　受助者工作类型分布

样本地	非农工作		非农为主，也务农		务农为主，从事非农		只务农		合计
	频数	有效百分比（%）	频数	有效百分比（%）	频数	有效百分比（%）	频数	有效百分比（%）	
较落后城镇地区	88	97.8	0	0	1	1.1	1	1.1	90
中等发达城镇地区	92	97.9	0	0	0	0	2	2.1	94
发达城镇地区	9	100.0	0	0	0	0	0	0	9
较落后农村地区	16	9.5	7	4.1	6	3.6	140	82.8	169
中等发达农村地区	3	8.8	1	2.9	1	2.9	29	85.3	34
发达农村地区	3	60.0	0	0	2	40.0	0	0	5
合计	211	52.6	8	2.0	10	2.5	172	42.9	401

二、受助者工作单位的基本特点

（一）工作单位的类别

将受助者工作单位分为 6 类，分别是党政机关、国有企业（包括党政机关、人民团体、军队；国有/国有控股企业；国有/集体事业单位；集体企业）、私营企业、个体工商户、社区居委会、村委会等自治组织、其他（包括社会团体/社会组织等）。整体来看，超过35%的受助者没有工作单位，没有工作单位指有工作但工作不稳定，属于打零工性质。除没有单位外，城市地区受助者工作单位类别的分布依次为个体工商户（17.7%）、党政机关/国有企业（16.6%）、私营企业（16.6%）、社区居委会（8.3%）、其他（2.8%）。农村地区受助者工作单位类别的分布依次为没有单位（36.4%）、个体工商户（24.2%）、私营企业（24.2%）、社区居委会（12.1%）、党政机关/国有企业（3.0%）。根据卡方检验，受助者工作单位的类别在城乡地区没有显著差异。

（二）工作单位的性质

表2-12可以看出，受助者的工作性质分为稳定的受雇佣工作、不稳定的受雇佣工作、打零工、个体小生意和其他，根据样本实际情况，将不稳定的受雇佣工作、打零工、其他合并为不稳定的受雇佣工作。从城乡整体来看，在城市地区，有稳定受雇佣工作的受助者有44人，占比24.3%；不稳定的受雇佣工作有122人，占比67.4%；个体小生意者有15人，占比8.3%。在农村地区，有稳定的雇佣工作的占比6.1%，超过75%的农村受助者从事不稳定的受雇佣工作。根据卡方检验，$\chi^2 = 7.4$，$p = 0.025 < 0.05$，达到显著水平，说明受助者的工作性质在城乡地区有显著差异，城乡地区受助者的工作性质以不稳定的受雇佣工作为主，但城市地区有接近1/4的受助者有稳定的雇佣工作。农村受助者进城从事非农工作受到两方面的限制，一是农村受助者需要兼顾城市非农工作和农村的农业生产，农忙时在家务农，农闲时进城务工，农民从事的大多是临时工作；二是进城务工的农民工，因文化水平、技能等限制，相对于城市居民，他们较难获得稳定的雇佣工作。

表2-12　　　　受助者工作性质的分布特点统计

城乡受助者工作性质		城市		农村		合计
		频数	有效百分比（%）	频数	有效百分比（%）	
工作单位类别	党政机关/国有企业	30	16.6	1	3.0	31
	私营企业	30	16.6	8	24.2	38
	个体工商户	32	17.7	8	24.2	40
	社区（或村）居委会	15	8.3	4	12.1	19
	没有单位	69	38.1	12	36.4	81
	其他	5	2.8	0	0	5

续表

城乡受助者工作性质		城市		农村		合计
		频数	有效百分比（%）	频数	有效百分比（%）	
工作的性质	稳定的受雇佣工作	44	24.3	2	6.1	46
	不稳定的受雇佣工作	122	67.4	25	75.8	136
	个体、小生意	15	8.3	6	18.2	21
合计		181	100	33	100	214

（三）现有工作获得途径及工作专业化程度

城乡受助者获得当前工作的基本途径有六个：亲友帮忙、自己找、自己经营小生意、政府推荐、利用网络报纸等媒体、参加用人单位招聘。从表 2-13 的统计数据可以得知，"亲友帮忙"是获得当前工作的最主要途径，在城市和农村地区分别占比 36.7% 和 45.5%，其次为"自己找"和"自己经营小生意"。城市地区受助者获得工作途径还包括政府推荐、利用媒体和参加用人单位招聘，农村地区主要依靠亲朋网络的推荐。根据卡方检验，受助者获得当前工作的途径在城乡地区没有显著差异。从工作专业性程度来看，约 60% 的受助者所从事的工作为体力劳动，约 30% 的受助者从事的工作为半技能半体力劳动，从事较高技能工作的受助者仅占比约为 6%。

表 2-13　　城乡受助者获得工作途径的基本情况统计

工作获得途径		城市		农村		合计
		频数	有效百分比（%）	频数	有效百分比（%）	
获得当前工作的途径	亲友帮忙	66	36.7	15	45.5	81
	自己找	48	26.7	8	24.2	56
	自己经营小生意	15	8.3	5	15.2	20
	政府推荐	21	11.7	3	9.1	24
	利用网络、报纸等媒体	14	7.8	0	0	14
	参加用人单位招聘	16	8.9	2	6.1	18

工作获得途径		城市		农村		合计
		频数	有效百分比（%）	频数	有效百分比（%）	
需要技能的程度	需要较高的技能	11	6.4	2	6.2	13
	半技能半体力劳动	54	31.2	10	31.2	64
	体力劳动	108	62.4	20	62.5	128
签订劳动合同类型	没有签订劳动合同	79	45.1	11	35.5	90
	固定期限劳动合同	28	16.0	1	3.2	44
	无固定期限劳动合同	11	6.3	0	0	11
	不需要劳动合同	57	32.7	14	45.2	71
	不清楚	0	0	5	16.1	5
单位缴纳保险情况	没有缴纳任何保险	138	78.4	24	85.7	162
	养老保险	32	18.2	1	3.6	33
	医疗保险	30	17.0	1	3.6	31
	失业保险	18	10.2	1	3.6	19
	生育保险	14	8.0	1	3.6	15
	工伤保险	14	8.0	1	3.6	15
	住房公积金	5	2.8	0	0	5

（四）劳动规范性及就业质量

从受助者的工作"是否签订劳动合同"，以及"是否购买社会保险"来分析当前受助者工作单位的规范性，从表2-13的统计数据可以看出，75%以上的受助者没有签订劳动合同或该工作不需要签订劳动合同，其中，城市地区受助者签订劳动合同的比例不足20%。从单位购买的社会保险来看，城市受助者有78.4%的受助者没有购买任何社会保险，农村地区的受助者没有购买社会保险的比例更高。从劳动的规范性也可以看出，受助者的就业质量总体偏低，面临着较大的失业风险，社会保障程度也很低。

三、受助者从事农业工作的基本情况分析

从事农业工作的主要为来自农村地区的样本，有效样本有104个（老年人、

残疾人等缺乏劳动力群体不包括在内），在农、林、牧、渔四大类中，受助者以从事农业生产为主业，都属于农村家庭联产承包经营的劳动者。从表 2-14 可以看出，从事农业生产的受助者，其受教育程度偏低，小学及以下的占比高达 74%；从健康状况来看，身体健全的约占 60%，轻微残疾和严重残疾的比例分别为 28.8% 和 7.7%；从年龄分布来看，年龄在 50 岁及以上的从业者占比高达 70% 以上，平均年龄为 54 岁，从事农业生产的主要为中老年人；从务农时间来看，受助者每月从事农业生产的时间约为 20 天，每年有大约 7 个月的时间从事农业生产；从务农收入来看，平均务农年收入为 4 125 元。

表 2-14　　　　　　从事农业生产受助者的基本情况统计

主要变量		频数	有效百分比（%）	主要变量		频数	有效百分比（%）
性别	男	71	68.3	身体状况	身体健全	66	63.5
	女	33	31.7		身体不健全，轻微残疾	30	28.8
教育程度	小学以下	25	24.0		非常不健全，严重残疾	8	7.7
	小学	52	50.0	年龄	30~50 岁	29	27.8
	初中	26	25.0		51~60 岁	50	48.1
	高中	1	1.0		61~64 岁	25	24.0
变量统计	均值	标准差	样本数	变量统计	均值	标准差	样本数
务农人数	1.4	0.5	102	年均收入	4 125	3 270.5	104
月务农天数	19.8	5.9	99	年务农月数	7.4	1.9	98

四、受助者的就业支持分析

表 2-15 的统计数据显示，对于是否听说过相关的就业扶持政策，城市地区听说过就业/再就业扶持政策的受助者占比不超过 25%，农村地区占比不足 8%。其中，城市地区受助者听说过的"就业/再就业扶持政策"依次为：就业培训（26.3%）、小额贷款政策（22.2%）、税收优惠政策（21.5%）、优先提供岗位（17.6%）和提供摊位（12.5%）。在是否享受过就业/再就业扶持政策方面，城市地区的受助者参加有关就业培训服务占比约为 5%，农村地区受助者享受到的优惠政策最多的为"税收优惠"，比例为 6.3%。

表 2 – 15　　　　受助者获得就业、再就业扶持政策的基本情况

获得就业、再就业扶持政策		城市		农村	
		频数	有效百分比（%）	频数	有效百分比（%）
税收优惠政策	听说过	188	21.5	48	7.6
	享受过	4	0.5	33	6.3
小额贷款政策	听说过	194	22.2	44	7.0
	享受过	0	0	6	1.2
就业培训政策	听说过	230	26.3	14	2.2
	享受过	37	4.9	2	0.4
优先提供岗位	听说过	154	17.6	6	1.0
	享受过	14	1.9	0	0
提供摊位政策	听说过	109	12.5	6	1.0
	享受过	0	0	0	0

　　根据表 2 – 16 的统计数据，城市地区受助者参加过就业培训的有 65 人，占比 6.4%，培训的内容主要是电脑、家政和家电维修；而农村中参加过就业培训的受助者仅有两人。在城市地区，不同经济发展水平下受助者接受就业培训的比例也存在差异，整体来看，经济越发达，参加就业培训的受助者占比越高。进一步分析就业培训的实施情况及实施效果可知，就业培训组织者主要是政府，培训费用由政府承担，认为"培训中学习到比较多"的受助者有 23 人，占比 37.1%；通过培训实现就业的有 11 人，占比 17.7%。可以看出，受助者享受到的就业扶持政策很少，参加技能培训的比例很低。

表 2 – 16　　　　受助者接受就业培训的基本情况　（N = 1 019）

样本地	是		否		合计	
	频数	有效百分比（%）	频数	有效百分比（%）	频数	有效百分比（%）
较落后城镇地区	15	6.1	230	93.9	245	100
中等发达城镇地区	42	11.7	317	88.3	359	100
发达城镇地区	8	33.3	16	66.7	24	100

续表

样本地	是		否		合计	
	频数	有效百分比（%）	频数	有效百分比（%）	频数	有效百分比（%）
较落后农村地区	0	0	260	100	260	100
中等发达农村地区	1	0.9	109	91.9	110	100
发达农村地区	1	4.8	20	95.2	21	100
合计	67	100	952	100	1 019	100

注：Pearson 卡方 = 67.561，Sig < 0.001。

第三章

受助家庭基本经济生活状况分析

第一节　受助者的家庭收入情况

一、受助者个人收入

对受助者个人的收入状况进行分析，问卷中设计了 11 个类别来度量，分别是工资、奖金（包括补贴等）、劳动报酬收入；兼职收入（包括各种临时帮工酬劳等）；养老保险（社会保险机构给的）；退休金（单位给的）；村集体提供的福利收入（分红、补贴等）；个人农业经营收入；个体经商、办厂等个体经营收入；出租房屋等财产性收入；亲友赠予收入；人情收入；其他收入。采取国家统计局关于居民收入的分类标准，把居民收入分为四类，分别是工资性收入、经营净收入、财产净收入、转移净收入（细分为福利性收入、养老金收入、亲友赠予与人情收入），如表 3 - 1 所示。根据城乡低保政策，申请低保必须满足"共同生活的家庭成员申请前 12 个月家庭年人均纯收入低于当地政府确定的最低生活保障标准"。因此对受助者及其家庭收入水平的考察也有助于深入了解受助对象是否符合救助条件。

表 3 – 1 收入变量及其指标说明

变量		问卷中的指标说明
收入类别	工资性收入	工资、奖金等劳动报酬收入；兼职收入
	经营净收入	个人农业经营收入（农村）；个体经商、办厂等个体经营收入（城镇）
	财产净收入	出租房屋等财产性收入
	社会救助收入	社会救助收入、村集体提供的福利收入
	养老金收入	养老保险；退休金
	亲友赠予与人情收入	亲友赠予收入；人情收入；其他收入

（一）受助者个人工资性收入

工资性收入指就业人员通过各种途径得到的全部劳动报酬，包括所从事的主要职业的工资以及从事第二职业、其他兼职和临时就业劳动得到的其他劳动收入。表 3 – 2 的数据显示，绝大多数受助对象没有固定的工作和工资维持生计，占比高达 80.2%。其中，城镇受助对象有工资收入的占比在 20% 以上，农村受助对象有工资收入的低于 17%。

表 3 – 2 受助者本人"有无工资收入"情况 （N = 1 503）

样本地	有		无		合计	
	频数	百分比（%）	频数	百分比（%）	频数	百分比（%）
较落后城镇地区	103	29.8	243	70.2	346	100
中等发达城镇地区	102	21.1	381	78.9	483	100
发达城镇地区	11	24.4	34	75.6	45	100
较落后农村地区	69	16.2	358	83.8	427	100
中等发达农村地区	9	5.9	144	94.1	153	100
发达农村地区	4	8.2	45	91.8	49	100

注：Pearson 卡方 = 49.147，Sig < 0.001。

从个人年工资收入分组分布来看（见表 3 – 3），城镇地区年工资收入"高于 9 000 元"的受助者，占比超过一半。在较落后和中等发达农村地区，受助对象个人年工资收入低于 6 000 元的占比超过 60%。从不同经济发展水平区域比较来看，在发达的城镇地区，主要集中于"高于 9 000 元"的组别，占比达 72.8%，

甚至高于 12 000 元的受助者占比达到 45.5%。较落后的城镇地区和中等发达的
城镇地区相比差异不大。在农村地区，较落后和中等发达的农村受助者，其年
工资收入多低于 3 000 元；在发达的农村地区，受助者个人年工资收入多集中
在 12 000 元以上。

表 3 - 3　　　　　　受助者本人年工资收入情况 （N = 298）

样本地	1 ~ 3 000 元 (%)	3 001 ~ 6 000 元 (%)	6 001 ~ 9 000 元 (%)	9 001 ~ 12 000 元 (%)	12 000 元 以上 (%)	合计	
						频数	百分比 (%)
较落后城镇地区	11.7	20.4	9.7	36.9	21.3	103	100
中等发达城镇地区	9.8	20.6	10.8	24.5	34.3	102	100
发达城镇地区	0	27.3	0	27.3	45.5	11	100
较落后农村地区	52.2	20.3	2.9	7.2	17.4	69	100
中等发达农村地区	55.6	11.1	0	11.1	22.2	9	100
发达农村地区	0	25.0	25.0	0	50.0	4	100

注：Pearson 卡方 = 82.262，Sig < 0.001。

（二）受助者个人经营性收入

经营性收入是通过经常性的生产经营活动而取得的收益。问卷中用"个人农
业经营收入"表示农村受助家庭经营性收入，用"个体经商、办厂等个体经营收
入"表示城镇受助家庭的经营性收入。为了解不同经济发展程度的城市和农村地
区，受助对象的个人经营性收入差异情况，按经济发展差异分地区进行描述性统
计，如表 3 - 4 所示。

表 3 - 4　　　　　　受助者经营性收入情况 （N = 1 503）

样本地	有		无		合计	
	频数	百分比 (%)	频数	百分比 (%)	频数	百分比 (%)
较落后城镇地区	2	0.6	344	99.4	346	100
中等发达城镇地区	3	0.6	480	99.4	483	100
发达城镇地区	1	2.2	44	97.8	45	100
较落后农村地区	101	23.7	326	76.3	427	100

样本地	有		无		合计	
	频数	百分比（%）	频数	百分比（%）	频数	百分比（%）
中等发达农村地区	31	20.3	122	79.7	153	100
发达农村地区	1	2.0	48	98.0	49	100

注：Pearson 卡方 = 207.186，Sig < 0.001。

由于样本中城镇地区仅有 6 人有经营性收入，样本太小不再分组描述分析，只分析农村样本。表 3 - 5 的统计数据显示，在较落后的农村地区，有 101 人有农业经营性收入，其中 80.2% 的受助对象的年农业经营收入集中在 4 000 元以内；在中等发达的农村地区，有 31 人有农业经营收入，其中 80.7% 的受助对象的年农业经营收入也集中在 4 000 元以内；而在发达的农村地区，仅有 1 人有农业经营收入。这是因为，越是发达的农村地区，农民的土地越有可能被征收或被出租，其主要谋生渠道不再是依赖农业生产。

表 3 - 5　农村地区的受助者年农业经营收入分组分布（N = 133）

样本地	1 ~ 2 000 元（%）	2 001 ~ 4 000 元（%）	4 001 ~ 6 000 元（%）	6 001 ~ 8 000 元（%）	8 001 ~ 10 000 元（%）	10 000 元以上（%）	合计	
							频数	百分比（%）
较落后农村地区	56.4	23.8	6.9	3.0	5.0	5.0	101	100
中等发达农村地区	61.3	19.4	12.9	3.2	0	3.2	31	100
发达农村地区	0	100	0	0	0	0	1	100

注：Pearson 卡方 = 45.579，Sig < 0.05。

（三）受助者个人财产性收入

财产性收入，是指受助者出租房屋等动产或不动产所获得的收入。问卷中有这项收入的只有 3 个数据样本，因此只做有无的二元分布统计，不做金额的分组分析。表 3 - 6 的数据显示，在 1 502 名受助对象中，99.7% 的受助对象无财产性收入，仅有 5 人有财产性收入。在这 5 人中，2 人来自城镇地区，且均为中等发达水平的城镇和发达的城镇地区，3 人来自较落后和中等发达水平的农村地区。由此可见，绝大多数受助对象没有财产性收入，这与贫困家庭的经济现状相一致。

表 3 - 6 　　　　　　受助者个人财产性收入分布 （N = 1 502）

样本地	有		无		合计	
	频数	百分比（%）	频数	百分比（%）	频数	百分比（%）
较落后城镇地区	0	0	346	100	346	100
中等发达城镇地区	1	0.2	482	99.8	483	100
发达城镇地区	1	2.2	44	97.8	45	100
较落后农村地区	2	0.5	424	99.5	427	100
中等发达农村地区	1	0.7	152	99.3	153	100
发达农村地区	0	0	49	100	49	100

注：Pearson 卡方 = 12.606，Sig < 0.05。

（四）受助者个人社会救助收入

社会救助收入指受助者获取的所有来自政府部门给予的救助金总额（如有实物，换算成货币）。表 3 - 7 的数据显示，在 874 名城镇受助对象中，有 798 人有社会救助收入，占比 91.3%；在 629 名农村受助对象中，有 591 人有社会救助收入，占比 94%。以上数据可知，贫困对象普遍受到了政府救助和帮扶。

表 3 - 7 　　　受助者"有无社会救助收入"情况统计 （N = 1 503）

样本地	有		无		合计	
	频数	百分比（%）	频数	百分比（%）	频数	百分比（%）
较落后城镇地区	328	94.8	18	5.2	346	100
中等发达城镇地区	430	89.0	53	11.0	483	100
发达城镇地区	40	88.9	5	11.1	45	100
较落后农村地区	407	95.3	20	4.7	427	100
中等发达农村地区	135	88.2	18	11.8	153	100
发达农村地区	49	100	0	0	49	100

注：Pearson 卡方 = 24.473，Sig < 0.001。

对受助者个人过去一年的社会救助收入进行统计分析（见表 3 - 8），数据显示，城镇地区受助者个人社会救助收入多集中在 4 000 元以上，农村地区的则多集中在 4 000 元以内。其中，在较落后的城镇地区，有 222 名受助对象的个人社会救助收入集中在 2 000 ~ 6 000 元的区间，占比 67.7%；在中等发达水平的城镇

49

地区，有309名受助对象的个人社会救助收入集中在4 000 ~ 10 000元的区间，占比71.9%；在发达的城镇地区，有26名受助对象的个人社会救助收入在8 000元以上，占比65%。在较落后的农村地区，受助者个人的社会救助收入多集中在2 000元以内，占比78.6%；在中等发达的农村地区，受助者个人的社会救助收入多集中在2 000 ~ 4 000元的区间，占比64.4%；在发达的农村地区，受助者个人的社会救助收入多集中在6 000 ~ 8 000元的区间，占比38.8%。经济发展水平越高，受助对象个人的社会救助收入相对越高，这与各地的社会救助标准、经济发展水平及财政给付能力等密切相关。

表3-8　　　　　受助者社会救助收入分布特点（N = 1 389）

样本地	1 ~ 2 000元 (%)	2 001 ~ 4 000元 (%)	4 001 ~ 6 000元 (%)	6 001 ~ 8 000元 (%)	8 001 ~ 10 000元 (%)	10 000元以上 (%)	合计	
							频数	百分比 (%)
较落后城镇地区	10.4	43.3	24.4	13.7	4.0	4.3	328	100
中等发达城镇地区	3.5	13.7	25.8	24.0	22.1	10.9	430	100
发达城镇地区	2.5	15.0	2.5	15.0	20.0	45.0	40	100
较落后农村地区	78.6	18.4	2.2	0.7	0	0	407	100
中等发达农村地区	11.9	64.4	22.2	1.5	0	0	135	100
发达农村地区	8.2	12.2	4.1	38.8	28.6	8.2	49	100

注：Pearson卡方 = 1 213.000，Sig < 0.001。

（五）受助者（老年人）养老金

在所有受助对象中，在313个正在领取养老金，其中，有268个受助对象的个人年养老退休金集中在3 000元以内，占比85.6%。城镇地区受助对象的个人年养老退休金集中在3 000元以内的比例为52.5%，农村地区受助对象的个人年养老金主要集中在3 000元以内，占比高达96.6%。这说明，无论是在农村还是城市地区，大多数有养老金的受助对象，其所领取的退休金较少，基本都集中在3 000元以内（见表3-9）。

表3-9　　　分城乡分地区的受助者年养老金收入分组分布（N = 313）

样本地	1 ~ 3 000元 (%)	3 001 ~ 6 000元 (%)	6 001 ~ 9 000元 (%)	9 001 ~ 12 000元 (%)	12 000元以上 (%)	合计	
						频数	百分比 (%)
较落后城镇地区	75.6	2.4	4.9	2.4	14.6	41	100

样本地	1 ~ 3 000 元 （%）	3 001 ~ 6 000 元 （%）	6 001 ~ 9 000 元 （%）	9 001 ~ 12 000 元 （%）	12 000 元 以上 （%）	合计	
						频数	百分比 （%）
中等发达城镇地区	19.4	6.5	0	6.5	67.7	31	100
发达城镇地区	66.7	0	0	10.0	33.3	6	100
较落后农村地区	100	0	0	0	0	165	100
中等发达农村地区	97.7	0	2.3	0	0	44	100
发达农村地区	73.1	15.4	11.5	0	0	26	100

注：Pearson 卡方 = 221.775，Sig < 0.001。

（六）受助者个人的"亲友赠予与人情"收入

将问卷中受助者的"亲友赠予收入""人情收入"两项合并成亲友赠予与人情收入。表 3-10 的统计数据显示，在 1 503 名受助对象中，有 1 166 名没有人情及其他收入，占比 77.6%，仅 22.4% 的受助对象有此项收入。在城市中，14.6% 的受助对象有人情及其他收入，低于农村中的 33.2%。表明在农村地区，地缘关系更紧密，社会交往密度强于城市地区，农村中有人情及其他收入的人的比例要高于城市地区。

表 3-10　　　受助者亲友赠予与人情收入情况（N = 1 503）

样本地	有		无		合计	
	频数	百分比 （%）	频数	百分比 （%）	频数	百分比 （%）
较落后城镇地区	53	15.3	293	84.7	346	100
中等发达城镇地区	62	12.8	421	87.2	483	100
发达城镇地区	13	28.9	32	71.1	45	100
较落后农村地区	140	32.8	287	67.2	427	100
中等发达农村地区	46	30.1	107	69.9	153	100
发达农村地区	23	46.9	26	53.1	49	100

注：Pearson 卡方 = 85.077，Sig < 0.001。

根据收集到的 337 位受助对象的亲友赠予及人情收入进行统计分析（见表 3-11），可以得知，城市地区受助者的亲友赠予及人情收入多集中在 5 000 元以内，农村地区多集中在 2 000 元以内。其中，在发达的城镇地区，69.2% 的受助对象的亲友赠予及人情收入集中在 4 000 元以上。表明发达的城镇地区，受助对象的人情及其他收入更高，这可能与当地较高的经济发展水平有关。在农村地区，73.3%的受助对象的亲友赠予及人情收入集中在 3 000 元以内；但在较落后的农村地区，受助者的亲友赠予及人情收入处于 5 000 元以上的，占比高达43.6%。这可能与较落后农村地区具备浓厚的乡土风俗和人情往来习俗有关。

表 3 - 11　　　　受助者亲友赠予与人情收入金额分布（N = 337）

样本地	1 ~ 1 000 元（%）	1 001 ~ 2 000 元（%）	2 001 ~ 3 000 元（%）	3 001 ~ 4 000 元（%）	4 001 ~ 5 000 元（%）	5 000 元以上（%）	合计	
							频数	百分比（%）
较落后城镇地区	18.9	22.6	15.1	13.2	7.5	22.6	53	100
中等发达城镇地区	21.0	11.3	17.7	11.3	8.1	30.6	62	100
发达城镇地区	23.1	7.7	0	0	23.1	46.2	13	100
较落后农村地区	36.4	19.3	16.4	5.7	8.6	43.6	140	100
中等发达农村地区	54.3	17.4	4.3	2.2	2.2	19.6	46	100
发达农村地区	17.4	34.8	21.7	17.4	0	8.7	23	100

注：Pearson 卡方 = 58.124，Sig < 0.001。

二、受助者家庭的总体收入情况

（一）受助家庭收入来源的主要类别

对于受助家庭来说，多样的收入来源可以保障家庭收入的稳定性，更好地维系家庭基本生活。本书具体考察了贫困家庭收入的所有类别（见表 3 - 12），通过对 1 503 户受助家庭的调查发现，在城镇地区，有近50%的受助家庭没有工资性收入，农村地区有70%以上的受助家庭没有工资性收入；农村地区有50%左右的受助家庭没有经营性收入，城镇地区则有95%的受助家庭没有此项收入；无论是城镇还是农村，社会救助实现全覆盖；财产性收入在受助家庭收入中占比最低，对贫困家庭收入来源来说，该项收入几乎可以忽略；养老金一项中，农村地区每年几十元的养老金相比城镇养老水平而言非常低；亲友赠与及人情收入中，拥有该项收入的农村受助家庭，远高于城市地区的受助家庭。在发达的城镇地区，有62.2%的受助家庭没有工资性收入，占比高于武汉和较落后地区，这说明发达地区的城镇家庭面临的失业问题更为严重，对他们的就业援助较为迫切。

在中等发达和发达的农村地区，没有工资性收入的受助家庭分别占比高达91%和85.7%，高于较落后的农村地区，这可能与较落后地区农村家庭外出务工比例更高有关。在城乡劳动力转移大潮中，仍然有一部分农村贫困居民主要靠粗放的农业生产维持生活，对他们的救助需要长期维持。总体而言，社会救助收入是城乡贫困家庭的主要收入来源。

表3-12   分城乡分地区的受助者家庭无收入类别分布（N=1 503）

样本地	无工资性收入		无经营性收入		无财产性收入		无养老金收入		无亲友赠予与人情收入	
	频数	百分比（%）	频数	百分比（%）	频数	百分比（%）	频数	百分比（%）	频数	百分比（%）
较落后城镇地区	153	44.2	340	98.3	346	100	294	85.0	258	74.6
中等发达城镇地区	264	54.7	472	97.7	482	99.8	385	79.7	403	83.4
发达城镇地区	28	62.2	43	95.6	44	97.8	36	80.0	31	68.9
较落后农村地区	223	52.3	244	57.3	424	99.5	238	55.9	245	57.5
中等发达农村地区	100	91	91	59.5	152	99.3	99	64.7	80	52.3
发达农村地区	42	85.7	47	95.9	49	100	21	42.9	22	44.9

（二）受助家庭的工资性收入情况

稳定的工资性收入，是家庭生活的必要保障。工资性收入指就业人员通过各种途径得到的全部劳动报酬，包括"工资、奖金劳动报酬收入""兼职收入（各种临时帮工酬劳等）"。表3-13的统计数据显示所有受助家庭中，没有工资性收入的家庭占据大多数，占比54%。其中，在城镇地区，没有工资性收入受助家庭占比51%，而在农村地区，这一比例高达58.2%。

表3-13   受助家庭"有无工资性收入"统计（N=1 501）

样本地	有		无		合计	
	频数	百分比（%）	频数	百分比（%）	频数	百分比（%）
较落后城镇地区	193	55.8	153	44.2	346	100
中等发达城镇地区	219	45.8	264	55.2	483	100
发达城镇地区	17	37.8	28	62.2	45	100
较落后农村地区	202	47.5	223	52.5	425	100

样本地	有		无		合计	
	频数	百分比（%）	频数	百分比（%）	频数	百分比（%）
中等发达农村地区	53	34.6	100	65.4	153	100
发达农村地区	7	14.3	42	85.7	49	100

注：Pearson 卡方 = 42.816，Sig < 0.001。

表 3 – 14 的统计数据显示，有 69.3% 的家庭年工资收入低于 6 000 元；有 33.6% 的受助家庭年工资性收入低于 3 000 元。其中，在城镇地区，受助家庭年工资性收入多集中在 3 000 ~ 6 000 元的区间，占比 40% 左右；在农村地区，受助家庭年工资性收入主要集中在 3 000 元以下，占比 40% 左右。从不同经济发展水平的区域来看，经济发展水平较高的城镇地区，其受助家庭年工资性收入要高于经济发展水平较低的地区。但在农村地区，不同区域受助家庭的工资性收入与经济发展水平不呈现一致性。可能的解释是随着经济发展，农村受助家庭的务工收入是家庭的主要收入来源，从而也使得工资性收入占比较高。

表 3 – 14　　受助家庭年工资性收入情况统计 （N = 691）

样本地	1 ~ 3 000 元（%）	3 001 ~ 6 000 元（%）	6 001 ~ 9 000 元（%）	9 001 ~ 12 000 元（%）	12 000 元以上（%）	合计	
						频数	百分比（%）
较落后城镇地区	35.8	44.0	15.5	3.1	1.6	193	100
中等发达城镇地区	22.8	41.1	13.2	11.9	11.0	219	100
发达城镇地区	23.5	41.2	11.8	17.6	5.9	17	100
较落后农村地区	43.1	22.8	13.9	10.9	9.4	202	100
中等发达农村地区	35.8	34.0	9.4	5.7	15.1	53	100
发达农村地区	42.9	14.0	14.3	28.6	0	7	100

注：Pearson 卡方 = 63.671，Sig < 0.001。

（三）受助家庭经营性收入情况

经营性收入是通过经常性的生产经营活动而取得的收益，在城市地区主要指个体工商等经营性活动，农村地区指从事农业生产所产生的收入纳入考察范围。问卷中用"农业经营收入"表示农村受助家庭的经营性收入，用"个体经商、办厂等经营收入"表示城镇受助家庭的经营性收入。调查结果显示，农村地区大多拥有土地，可以从事农业生产。在城市地区，没有经营性收入的受助家庭占比高达95%以上，而在农村地区这一比例是60%。但是，在发达的农村地区，有经营性收入的受助家庭占比较低，这与发达地区快速城市化带来的耕地减少、农民土地被征收或被出租等密切相关（见表3-15）。

表3-15　　受助家庭"有无经营性收入"统计（N=1 502）

样本地	有		无		合计	
	频数	百分比（%）	频数	百分比（%）	频数	百分比（%）
较落后城镇地区	6	1.7	340	98.3	346	100
中等发达城镇地区	11	2.3	472	97.7	483	100
发达城镇地区	2	4.4	43	95.6	45	100
较落后农村地区	182	42.7	244	57.3	426	100
中等发达农村地区	62	40.5	91	59.5	153	100
发达农村地区	2	4.1	47	95.9	49	100

注：Pearson 卡方 = 389.880，Sig < 0.001。

城镇地区只有19个样本家庭有经营性收入，都集中在2 000元以内。因城镇地区样本太小，不再分组描述分析，只分析农村样本的农业经营收入（见表3-16）。从数据可以看出，共计246个农村家庭拥有农业经营收入。但整体的收入水平相对较低，年经营性收入集中在2 000元以下，占比高达76.6%。农村地区家庭农业经营性收入多为从事农业生产，及零散的经商所得。

表3-16　　农村受助家庭年农业经营收入金额情况（N=246）

样本地	1~2 000元（%）	2 001~4 000元（%）	4 001~6 000元（%）	6 000~8 000元（%）	8 100~10 000元（%）	10 000元以上（%）	合计	
							频数	百分比（%）
较落后农村地区	78.6	11	3.3	3.3	1.1	2.7	182	100
中等发达农村地区	77.4	12.9	4.8	4.8	0	0	62	100
发达农村地区	100	0	0	0	0	0	2	100

注：Pearson 卡方 = 20.685，Sig = 0.710。

（四）受助家庭财产性收入

在问卷中用"出租房屋等财产性收入"表示财产性收入。总体来看，被调查的家庭只有 5 户样本有此类收入，符合贫困家庭的基本状况。反映了家庭收入水平过低，存在所谓的"无产化"特征。当然，这也与我国目前低保政策的目标瞄准一致，对拥有财产性收入的家庭不符合最低生活保障的资格（见表 3-17）。

表 3-17　　　受助家庭"有无财产性"收入统计（N = 1 502）

样本地	有		无		合计	
	频数	百分比（%）	频数	百分比（%）	频数	百分比（%）
较落后城镇地区	0	0	346	100	346	100
中等发达城镇地区	1	0.2	482	99.8	483	100
发达城镇地区	1	2.2	44	97.0	45	100
较落后农村地区	2	0.5	424	99.5	426	100
中等发达农村地区	1	0.7	152	99.3	153	100
发达农村地区	0	0	49	100	49	100

注：Pearson 卡方 = 7.105，Sig = 0.213。

（五）受助家庭社会救助收入

受助家庭社会救助收入包括获取的低保救助金额、接受的生活补贴、医疗救助、教育救助等。被调查的全部样本家庭都有社会救助收入。表 3-18 的统计数据显示，在城市地区，在过去的一年，受助家庭年人均社会救助收入主要集中在 2 000 元以上，农村受助家庭则主要集中在 2 000 元以内。这说明城乡之间社会救助标准差异性较大。从不同经济发展水平的区域来看，在较落后的城镇地区，受助家庭年人均社会救助收入主要集中在 2 000 ~ 4 000 元的区间，占比 56.4%；中等发达城镇地区，则集中在 4 000 ~ 6 000 元的区间，占比 33%；在发达的城镇地区，则集中在 10 000 元以上，占比 40%。在较落后的农村地区，受助家庭年人均社会救助收入主要集中在 2 000 元以下，占比 82.2%；在中等发达的农村地区则集中在 4 000 元以内，占比 87.8%；在发达的农村地区则集中在 8 000 元以上，占比 62.5%。以上可知，受助家庭的社会救助收入与区域性经济发展水平相一致，经济发展水平越高，往往救助标准也越高，那么社会救助水平也就越高。

表 3 - 18　　受助家庭年人均社会救助收入统计（N = 1 409）

样本地	1 ~ 2 000 元（%）	2 001 ~ 4 000 元（%）	4 001 ~ 6 000 元（%）	6 001 ~ 8 000 元（%）	8 001 ~ 10 000 元（%）	10 000 元以上（%）	合计	
							频数	百分比（%）
较落后城镇地区	20.3	56.4	16.9	5.2	0.3	0.9	344	100
中等发达城镇地区	5.7	27.0	33.0	19.0	7.6	7.8	437	100
发达城镇地区	5.7	14.3	8.6	11.4	20.7	40.0	35	100
较落后农村地区	82.2	10.1	2.5	2.0	1.3	2.0	398	100
中等发达农村地区	49.7	38.1	8.2	2.7	0.7	0.7	147	100
发达农村地区	4.2	16.7	10.4	6.2	29.2	33.3	48	100

注：Pearson 卡方 = 1 069.194，Sig < 0.001。

（六）受助家庭成员养老金统计

对于贫困家庭的老人来说，养老金是其最重要的收入来源。通过数据统计发现，在所有的受助家庭中，有养老金收入的家庭共有 429 户，占比 28.6%。表 3 - 19 对有养老金的受助家庭进行了统计分析，可以得知，在农村地区过去的一年里，受助家庭的养老金（年收入）主要集中在 3 000 元以下，其中发达地区的农村占比 75%、中等发达地区的农村占比 98.1%、较落后的农村地区占比 100%。除了中等发达城镇地区外，在落后和发达的城镇地区，受助家庭的养老金同样主要集中在 3 000 元以下，占比分别为 71.2% 和 66.7%。说明农村地区的养老金金额偏低，对老年人的养老保障效果有限。在中等发达水平的城镇地区，全年养老金总额超过 12 000 元的受助家庭，占比 41.8%，但在农村地区，仅在发达的农村地区有 3.6% 的受助家庭达到此标准。造成农村和城市家庭养老金收入差距大的原因，就在于城乡社会保障水平的差异。此外，在城市地区，养老金水平在12 000 元以上的区间，武汉比较落后的城镇地区和发达的城镇地区占比明显要高，这说明地区养老金的地域差异也很大。这主要与经济发展水平和本地区财政投入相关。

表 3 - 19　　受助家庭年人均养老金统计（N = 429）

样本地	1 ~ 3 000 元（%）	3 001 ~ 6 000 元（%）	6 001 ~ 9 000 元（%）	9 001 ~ 12 000 元（%）	12 000 元以上（%）	合计	
						频数	百分比（%）
较落后城镇地区	71.2	13.5	3.8	3.8	7.7	52	100

样本地	1 ~ 3 000 元 (%)	3 001 ~ 6 000 元 (%)	6 001 ~ 9 000 元 (%)	9 001 ~ 12 000 元 (%)	12 000 元 以上 (%)	合计	
						频数	百分比 (%)
中等发达城镇地区	9.2	14.3	20.4	14.3	41.8	98	100
发达城镇地区	66.7	11.1	11.1	0	11.1	9	100
较落后农村地区	100.0	0	0	0	0	188	100
中等发达农村地区	98.1	1.9	0	0	0	54	100
发达农村地区	75.0	7.1	14.3	0	3.6	28	100

注：Pearson 卡方 = 311.494，Sig < 0.001。

（七）受助家庭亲友赠予与人情收入

"亲友赠予与人情收入"可以反映出家庭社会交往与社会支持状况。从整体上看，有亲友赠予与人情收入的受助家庭仅占比 30.8%，有 69.2% 的家庭在过去的一年中没有任何亲友赠予与人情收入。这也侧面反映出，在贫困家庭中社会交往及社会支持体系较为薄弱和不足。但在农村地区，有亲友赠予与人情收入的受助家庭占比要明显高于城市地区。这是由于农村多为熟人社会，人际关系更为紧密（见表 3 - 20）。

表 3 - 20　　受助家庭"有无亲友赠予与人情收入"统计（N = 1 501）

样本地	有		无		合计	
	频数	百分比 (%)	频数	百分比 (%)	频数	百分比 (%)
较落后城镇地区	88	25.4	258	74.6	346	100
中等发达城镇地区	80	16.6	403	83.4	483	100
发达城镇地区	14	31.1	31	68.9	45	100
较落后农村地区	180	42.4	245	57.6	425	100
中等发达农村地区	73	47.7	80	52.3	153	100
发达农村地区	27	55.1	22	44.9	49	100

注：Pearson 卡方 = 111.375，Sig < 0.001。

结合表 3 - 21 的统计数据，从总体上看，大多数家庭的亲友赠予与人情收入集中在 2 000 元以内，占比 66.2%。只有 9.3% 的家庭亲友赠予与人情收入在 5 000 元以上。其中，在城市地区，亲友赠予与人情收入在 5 000 元以上的受助家庭占比远远高于农村地区。

表 3 – 21　　　　受助家庭亲友赠予与人情收入统计 （N = 462）

样本地	1 ~ 1 000 元 （%）	1 001 ~ 2 000 元 （%）	2 001 ~ 3 000 元 （%）	3 001 ~ 4 000 元 （%）	4 001 ~ 5 000 元 （%）	5 000 元 以上 （%）	合计	
							频数	百分比 （%）
较落后城镇地区	47.7	17.0	9.1	9.1	4.5	12.5	88	100
中等发达城镇地区	35.0	17.5	13.8	7.5	8.8	17.5	80	100
发达城镇地区	28.6	7.1	14.3	14.3	14.3	21.4	14	100
较落后农村地区	47.2	21.1	17.2	5.0	5.6	3.9	180	100
中等发达农村地区	53.4	28.8	5.5	1.4	2.7	8.2	73	100
发达农村地区	29.6	40.7	7.4	14.8	0	7.4	27	100

注：Pearson 卡方 = 52.125，Sig < 0.005。

第二节　受助者的家庭支出情况

居民消费水平是指居民在物质产品和劳务的消费过程中，对满足人们生存、发展和享受需要方面所达到的程度，通过消费的物质产品、劳务的数量和质量得以反映。为了解受助者家庭的消费支出情况，在问卷中设置了 17 个支出类别，分别是饮食支出（自产食品估价计算在内）；衣着支出（衣服、鞋帽等）；缴纳房租的支出；购房首付及分期偿还房贷的支出；房屋装修保养支出；水电燃气、物业、取暖支出；家电、家具、家用车辆等购置支出；交通支出（上下班交通费，家用车辆汽油、保养、路桥费等，不含旅游交通）；通信支出（电话、上网等）；教育支出；医疗保健支出（看病、买药等，不扣除报销部分）；生产资料支出（农药、化肥、种子等支出）；赡养或抚养不在一起生活的亲属的支出；自家红白喜事支出；人情往来支出；养老保险及医疗保险；其他支出。

按照国际分类标准，居民消费支出按照用途划分为八类：食品、烟酒、衣着、家庭设备用品及维修服务、医疗保健及个人用品、交通和通信、娱乐教育文化用品及服务、居住。国家统计局出台的"居民消费支出分类"将居民消费支出划分为三层，第一层为大类，划分为食品烟酒、衣着、居住、生活用品及服务、交通和通信、教育文化和娱乐、医疗保健、其他用品和服务 8 个类别；第二层为 24 个中类；第三层为 80 个小类。本书参考该标准把问卷调查中的 17 个消费支出重新编码划分为八类，具体见表3-22。

表3-22 受助家庭消费支出变量说明

变量名称	八个分类		问卷中的操作化指标
受助家庭消费支出	生活支出	食品	饮食支出
		衣着	衣着支出
		居住	缴纳房租的支出；购房首付及分期偿还房贷的支出（过去的一年）；房屋装修、保养支出；水电燃气、物业、取暖支出；家电、家具、家用车辆等购置支出
		交通通信	交通支出（上下班交通费，家用车辆汽油、保养、路桥费等；不含旅游交通）；通信支出（电话、上网等）
	教育		教育支出
	医疗保健		医疗保健支出（看病、买药等，不扣除报销部分）
	人情社交		自家红白喜事支出；对外人情往来支出
	其他		生产资料支出（农药、化肥、种子等支出）；赡养或抚养不在一起生活的亲属的支出；养老保险及医疗保险；其他支出

一、受助家庭食品支出及"恩格尔系数"

食品支出满足的是人的基本生理需求。计算居民家庭中食物支出占消费总支出的比重，即得出受助家庭的"恩格尔系数"（Engel's Coefficient），这是衡量家庭富足程度的重要指标。一个家庭富足程度越低，家庭收入中或者家庭总支出中用来购买食物的支出所占的比例就越大，随着家庭富足程度的增加，家庭用于购买食物的支出所占比重将会下降。国际上也通常用"恩格尔系数"来衡量一个国家和地区人民生活水平的状况，一个国家或家庭生活越贫困，恩格尔系数就越大；反之，生活越富裕，恩格尔系数就越小。根据联合国粮农组织提出的标准，恩格尔系数在59%以上为贫困，50%~59%为温饱，40%~50%为小康，30%~40%为富裕，低于30%为最富裕。为做比较分析，根据问卷数据，分组计算出了受助家庭的"恩格尔系数"。

2019年1月21日，国务院新闻办公室发布了2018年国民经济运行情况，数据显示，2018年全国居民恩格尔系数为28.4%，比2017年下降0.9个百分点；全年全国居民人均食品烟酒消费支出5 631元，占人均消费支出的比重为28.4%。表3-23数据显示，在接受了社会救助之后，城乡均有20%的受助者家庭恩格尔系数在0.59以上，处于贫困状态。10%的家庭恩格尔系数停留在0.5~

0.59 的温饱水平。从城乡三个地区分别来看，在城镇的三个区域中呈现出较大差异，中等发达水平的城镇地区仍有 48.0% 的家庭处于贫困状态，高于其他两个地区；较落后城镇地区家庭恩格尔系数大部分位于温饱小康水平；发达的城镇地区有 46.5% 的家庭恩格尔系数低于 0.3 的水平。可能的解释是恩格尔系数考察的是家庭食品支出，而处于发达城镇地区的家庭在其他方面如教育、医疗消费可能会更大，因此食品消费比例被其他大额支出挤占，在总消费比例中大大降低。在农村地区，三个区域的恩格尔系数差异不大，都有超过 20% 的农村家庭仍然处于贫困状态，10% 的家庭处于温饱水平。无论是落后的农村地区，还是中等发达水平及发达的农村地区，恩格尔系数低于 0.3 的家庭占比在 33% 以上，这是由于农村家庭拥有土地，基本能实现自给自足的粮食蔬菜等食物，因此需要花钱购买的食品较少；另外，许多因病因学致贫的家庭在其他方面支出甚大，甚至出现"吃药挤占吃饭"的现象（见表 3 - 23）。

表 3 - 23　　　　受助家庭恩格尔系数分布（N = 1 441）

样本地	0.59以上（%）	0.5~0.59（%）	0.4~0.49（%）	0.3~0.39（%）	0.3以下（%）	合计频数	合计百分比（%）
较落后城镇地区	23.3	12.4	17.5	17.2	29.6	331	100
中等发达城镇地区	48.0	15.4	12.4	12.2	12.2	469	100
发达城镇地区	18.6	7.0	18.6	9.3	46.5	43	100
较落后农村地区	22.6	9.3	14.7	20.1	33.2	407	100
中等发达农村地区	20.8	9.7	16.0	19.4	34.0	144	100
发达农村地区	21.3	12.4	14.9	14.9	36.2	47	100

注：Pearson 卡方 = 148.185，Sig < 0.001。

二、受助家庭人均生活支出情况

家庭生活支出包括家庭饮食、衣着、居住、交通和通信支出，即居民所需的吃穿住用行等支出。将问卷中受助者家庭的饮食支出、衣着支出、居住支出、交通和通信支出进行加总，得到受助家庭生活支出并进行分组描述统计，如表 3 - 24 所示。可以看出，在过去的一年，城镇家庭人均生活支出水平高于农村家庭。其中，在城镇地区，较落后和中等发达水平的城镇家庭人均生活支出主要集中在 6 000 元以内，占比达 50% 以上；发达城镇地区家庭人均生活支出主要集中在 6 000 元以上，占比达 60% 以上。城镇地区受助家庭人均生活支出与区域经济发展水平相一致，形成一定梯度变化，具体表现为低于 6 000 元的组别中，三个区域家庭人均生活支出占比随着经济发展水平递减；高于 6 000 元的组别中，三个区域的家庭人均生活支出占比随着经济发展水平递增。在农村地区，同样符合区域经济越发达家庭人均生活支出越高。其中，人均生活支出低于 3 000 元的受助家庭，较落后的农村地区占比 68.5%，中等发达的农村地区占比 54.2%，发达的农村地区占比仅有 16.3%；人均生活支出高于 6 000 元的组别，较落后和中等发达的农村地区占比均为 10% 左右，但发达农村地区占比超过 40%。

表 3 – 24　　　　受助家庭年人均生活支出分布 （N = 1 500）

样本地	0 ~ 3 000 元 （%）	3 001 ~ 6 000 元 （%）	6 001 ~ 9 000 元 （%）	9 000 元 以上 （%）	合计	
					频数	百分比 （%）
较落后城镇地区	30.9	46.2	15.0	7.8	346	100
中等发达城镇地区	15.8	40.0	24.5	19.7	482	100
发达城镇地区	4.4	28.9	33.3	33.3	45	100
较落后农村地区	68.5	23.3	7.3	0.9	425	100
中等发达农村地区	54.2	36.6	9.2	0	153	100
发达农村地区	16.3	40.8	26.5	16.3	49	100

注：Pearson 卡方 = 416.547，Sig < 0.001。

三、受助家庭教育支出情况

教育支出是一个家庭必不可少的重要项目之一，也有不少家庭因学致贫；同时，教育的支出额度也体现了一个家庭对教育的重视程度，折射出城乡的教育观念及资源的差异。从表 3 – 25 的统计数据可以看到，总体来看，绝大部分受助家庭的年教育支出都在 2 000 元以下。但是农村地区教育支出低于 2 000 元的受助家庭所占比例高于 80%，高于城市的 60%。受助家庭年教育支出在 8 000 元以上的分组中，城市地区受助家庭所占比重高于农村地区。以上数据表明，城镇地区的受助家庭教育支出明显高于农村地区，这种差异与城乡二元结构导致的教育资源分布不均衡、教育观念差异等相关。从不同经济发展水平看，年教育支出达 8 000 元以上的城镇和农村受助家庭中，较落后的地区所占比例高于中等发达及发达地区的比例。

表 3 – 25　　受助家庭在过去的一年里的教育支出（N = 1 503）

样本地	0 ~ 2 000 元 （%）	2 001 ~ 4 000 元 （%）	4 001 ~ 6 000 元 （%）	6 001 ~ 8 000 元 （%）	8 000 元 以上 （%）	合计	
						频数	百分比 （%）
较落后城镇地区	52.9	6.9	9.2	3.2	27.7	346	100
中等发达城镇地区	77.2	6.4	5.2	2.3	8.9	483	100
发达城镇地区	57.8	13.3	4.4	6.7	17.8	45	100
较落后农村地区	83.4	3.7	4.4	0.7	7.7	427	100
中等发达农村地区	88.9	3.9	2.6	1.3	3.3	153	100
发达农村地区	93.9	0	2.0	0	4.1	49	100

注：Pearson 卡方 = 165.279，Sig < 0.001。

四、受助家庭医疗支出情况

随着城乡因病致贫、因病返贫的现象越来越突出，较多低收入家庭因病致贫问题严重。表 3 – 26 的数据显示，在城镇地区，受助家庭的年医疗支出主要在 5 000 元以下，占比 70%；医疗支出在 5 001 ~ 10 000 元的家庭，占比为 14% 左右，其余各分组均有一定比例但都较小。在农村地区，受助家庭年医疗支出也主要在 5 000 元以下，占比为 55% 左右；医疗支出在 5 001 ~ 10 000 元的受助家庭，占比为 20% 左右，其余各分组均有一定比例但都较小。值得关注的是，医疗支出在 5 001 ~ 10 000 元的受助家庭中，发达的农村地区占比达 30.6%，较落后地区和中等发达水平均为 15% 左右；医疗支出在 20 000 元以上的受助家庭中，发达地区占比达 16.3%，较落后和中等发达水平的地区占比为 7% 左右（见表 3 – 26）。

表 3 – 26　　受助家庭在过去的一年里的医疗支出（N = 1 503）

样本地	0 ~ 5 000 元 （%）	5 001 ~ 10 000 元 （%）	10 001 ~ 15 000 元 （%）	15 000 ~ 20 000 元 （%）	20 001 ~ 25 000 元 （%）	25 000 元以上 （%）	合计	
							频数	百分比 （%）
较落后城镇地区	68.8	14.7	4.9	4.9	0.9	5.8	346	100
中等发达城镇地区	69.4	14.3	5.4	3.1	3.3	4.6	483	100
发达城镇地区	68.9	13.3	8.9	2.2	4.4	2.2	45	100

续表

样本地	0 ~ 5 000 元（%）	5 001 ~ 10 000 元（%）	10 001 ~ 15 000 元（%）	15 000 ~ 20 000 元（%）	20 001 ~ 25 000 元（%）	25 000 元以上（%）	合计	
							频数	百分比（%）
较落后农村地区	71.7	14.3	4.4	2.1	0.9	6.6	427	100
中等发达农村地区	66.0	15.7	5.9	3.3	1.3	7.8	153	100
发达农村地区	30.6	30.6	10.2	8.2	4.1	16.3	49	100

注：Pearson 卡方 = 56.028，Sig < 0.001。

综上所述，除食品支出外，教育、医疗支出是城乡家庭第二大支出类别。教育和医疗是受助家庭支出中最重要也是所占比例较大的两项支出，因学致贫、因病致贫是导致众多家庭陷入贫困的重要原因。从教育投入来看，城市高于农村，落后地区高于发达地区；资源聚集效应显示，经济越发达，公共教育资源越丰富，反之亦然。对贫困家庭的医疗救助政策和针对落后地区贫困家庭的教育救助均有利于减轻贫困家庭经济负担，也是帮助贫困家庭脱贫的重要途径。

五、受助家庭人情往来及其他支出情况

人情社交支出可以在一定程度上反映受助家庭的社会交往情况。贫困家庭社会交往支出体现的是贫困群体在关系网络的维系需求。这是贫困群体获取非正式支持的重要途径，也是个体脱贫的重要资源，同时也是贫困群体除了基本生活需求、自我发展需要外获取"归属"和"爱的需求"的重要途径。将问卷中的自家红白喜事支出、对外人情往来支出、生产资料支出（农药、化肥、种子等支出）、赡养或抚养不在一起生活的亲属的支出、养老保险及医疗保险支出、其他支出等合并成为"人情社交及其他支出"，分组进行描述性统计（见表 3 - 27）。数据显示，城乡贫困家庭人情及其他支出大部分集中在 3 000 元以下。在较低人情支出类别中，农村家庭所占比例高于城镇家庭，在较高人情支出占比中，城镇家庭占比明显高于农村家庭。从经济水平看，经济发达的城镇和农村地区，比其他地区的人情支出更少。从城乡分区域来看，在城镇地区，从较落后地区，到中等发达地区，再到发达地区，受助家庭人情支出处于 0 ~ 3 000 元区间的比例逐渐降低，分别为 61%、60.2% 和 51.1%；而在农村地区，从最落后地区，到中等发达地区，再到发达地区，受助家庭人情支出处于 0 ~ 3 000 元区间的比例逐渐升高，比例依次为 74%、76.5% 和 91.8%。人情支出在 9 000 元以上的城镇地区中，随经济发展水平逐渐升高，处于该区间的受助家庭所占比例逐渐升高，依

次为 10.1%、18.8% 和 26.7%；而人情支出在 9 000 元以上的农村地区中，随经济发展水平逐渐升高，但处于该区间的受助家庭所占比例却逐渐降低，比例分别为 5.9%、2.6% 和 0。对贫困对象的扶贫救助，除了关切家庭收入、支出等经济性因素外，还需帮助贫困家庭构建完善的社会网络。

表 3 - 27   受助家庭人情社交及其他支出（N = 1 503）

样本地	0 ~ 3 000 元（%）	3 001 ~ 6 000 元（%）	6 001 ~ 9 000 元（%）	9 000 元以上（%）	合计	
					频数	百分比（%）
较落后城镇地区	61.0	19.1	9.8	10.1	346	100
中等发达城镇地区	60.2	10.6	10.4	18.8	483	100
发达城镇地区	51.1	13.3	8.9	26.7	45	100
较落后农村地区	74.0	15.0	5.2	5.9	427	100
中等发达农村地区	76.5	17.6	3.3	2.6	153	100
发达农村地区	91.8	6.1	2.0	0	49	100

注：Pearson 卡方 = 108.453，Sig < 0.001。

第三节　受助家庭住房及基本生活设施情况

一、受助家庭住房情况

家庭住房是低保资格认定的重要考察依据。很多地方出台的低保救助实施条例，明确规定"拥有 2 套以上（含）房屋，且人均拥有建筑面积超过最低住房保障标准 3 倍的家庭"不符合低保救助条件。反之，对住房困难的低保对象，很多地方政府也出台相应的政策，给予相应的住房救助或货币补贴。表 3 - 28 的统计数据显示，城镇地区受助者主要以非自建住房为主，农村地区则主要以自建住房为主，均占比 87% 以上。随着农村住房帮扶政策的实施，对农村地区贫困家庭实施了较为广泛的危旧房改造，大部分农村贫困家庭能够拥有住房，其中自建住房占主体。

表 3 – 28　　　　　　　　　受助家庭住房情况（N = 1 503）

样本地	自建住房（%）	自购商品房（%）	单位福利房（%）	租借公房（%）	租借私房（%）	其他（%）	合计	
							频数	百分比
较落后城镇地区	10.7	32.9	17.3	7.8	24.6	6.6	346	100
中等发达城镇地区	22.4	9.5	25.9	15.7	15.7	10.8	483	100
发达城镇地区	26.7	15.6	2.2	0	42.2	13.3	45	100
较落后农村地区	88.1	0.7	1.2	0.5	5.6	3.3	427	100
中等发达农村地区	90.2	1.3	0	0	3.3	5.2	153	100
发达农村地区	87.8	2.0	0	0	2.0	8.2	49	100

注：Pearson 卡方 = 945.456，Sig < 0.001。

在较落后的城镇地区，受助者主要以家庭自购商品房为主，占比 32.9%，自建住房占 10.7%，单位福利房占 17.3%，租借公房占比 7.8%；租借私房占比 24.6%。在中等发达水平的城镇地区，受助者的住房以单位福利房为主，占比 25.9%，自建住房占比 22.4%，自购商品房占比 9.5%，租借私房与租借公房占比同为 15.7%。在发达的城镇地区，受助者住房主要以租借私房为主，占比高达 42.2%，自建住房占比 26.7%，自购住房占比 15.6%，单位福利房占比 2.2%，即只有 44.5% 的家庭拥有自有产权的住房，这是因为发达的城镇地区房价往往很高，高额的住房成本使得该地区的贫困居民更加无法承担住房重担，大多以"租借房屋"为主。

除了住房类别，对住房面积的考察也是低保资格认定的重要内容。根据中国社会科学院 2018 年 12 月发表的《中国住房发展报告（2018 ~ 2019）》显示，我国居民人均住房面积达 40.8 平方米；另据《中国统计年鉴》的数据显示，2016 年全国城镇人均住房面积 36.6 平方米，农村人均住房面积 45.8 平方米。表 3 – 29 对受助家庭的住房面积进行了划分（以全国城镇和农村人均住房面积为划分临界点），可以看出，大部分城市受助家庭人均住房面积低于全国城镇人均住房面积 36.6 平方米，占比达 80% 左右。农村受助家庭人均住房面积也低于全国农村人均住房面积 45.8 平方米，占比 75% 左右。但与全国人均住房面积 40.8 平方米相比较，城市地区有 85% 的受助家庭低于这一水平，农村地区有 70% 左右的家庭低于这一水平。可见，农村受助家庭人均住房面积比城镇受助家庭高，这主要原因在于农村地区自建住房比重大，且用地方面比城市地区宽裕，也就使得住房面积较大。

表 3-29　　　　受助家庭人均住房面积分布（N = 1 490）

样本地	0~36.6 平方米 (%)	36.7~40.8 平方米 (%)	40.9~45.8 平方米 (%)	45.9 平方米以上 (%)	合计	
					频数	百分比 (%)
较落后城镇地区	82.8	3.2	1.7	12.2	343	100
中等发达城镇地区	78.0	4.8	1.9	15.4	481	100
发达城镇地区	82.2	4.4	2.2	11.1	45	100
较落后农村地区	65.6	12.1	1.7	20.7	421	100
中等发达农村地区	48.3	13.2	4.0	34.4	151	100
发达农村地区	67.3	8.2	2.0	22.4	49	100

注：Pearson 卡方 = 92.447，Sig < 0.001。

二、受助家庭基本生活设施

生活设施和家用电器作为受助家庭的生活必需品，是衡量其家庭生活状态的重要媒介。英国的 Alcock 在其著作 *Understanding Poverty* 一书中提出了三种确定贫困线的方法：标准预算法（budget standard）、收入替代法（income proxy measure）和剥夺指标法（deprival indicators）。其中"剥夺指标法"中重要的指标就是生活必需品的剥夺。为了解和分析贫困家庭基本生活，问卷调查了受助家庭的生活设施和家用电器拥有情况。生活设施的具体数据分析见表 3-30。

表 3-30　　　　受助家庭拥有的生活设施情况（N = 1 444）

样本地	自来水 (%)		煤气/天然气 (%)		室内厕所 (%)		以上都没有 (%)
	有	无	有	无	有	无	
较落后城镇地区	98.3	1.7	82.6	17.4	89.8	10.2	0.6
中等发达城镇地区	99.6	0.4	84.6	15.4	71.2	28.8	0.4
发达城镇地区	100	0	86.4	13.6	77.3	22.7	0
较落后农村地区	82.0	18.0	15.9	84.1	38.7	61.3	11.9
中等发达农村地区	99.3	0.7	69.5	30.5	46.4	53.6	0
发达农村地区	100	0	93.9	6.1	44.9	55.1	0

由表 3-30 中数据可以看出，城镇地区生活设施拥有情况比农村地区更好。

具体而言，在自来水使用方面，所有城镇地区基本全部实现自来水供应，而较落后的农村地区还未实现自来水用水全覆盖，还有一部分居民存在用水问题（有自来水供应的占比为82.0%）；在天然气煤气使用上，城镇地区的天然气煤气使用均在82%以上，而在农村地区，只有发达的农村使用煤气、天然气较为广泛，占比93.9%；较落后的农村地区有煤气或天然气的仅占15.9%。可能的解释是农村地区燃料主要集中在煤炭和柴火的使用上，加上农村天然气管道铺设等基础设施较为落后，难以具备该生活设施的使用条件；在室内厕所方面，城镇地区多数拥有室内厕所，而农村地区拥有室内厕所的不到50%，大部分受助者家庭还是使用室外厕所。值得关注的是，以上生活设施都没有的组别中，较落后的农村地区占比达11.9%，落后农村地区贫困家庭的生活设施较差，应加强改善该地区贫困家庭生活设施条件，保证基本生活质量。

家用电器的种类和品质可以反映家庭生活水平。表3-31的数据显示，城镇和农村贫困家庭的电话/手机、电风扇均已得到普及性使用，其比例均在80%以上；但拥有热水器的受助家庭还较少。从城乡三个地区看，在城市地区，较落后的城镇地区居民住房中的热水器拥有占14.3%，在中等发达和发达城镇地区，占比都超过40%；在农村地区，拥有热水器的受助家庭所占比例均比城镇地区低，近九成的家庭没有热水器。

表3-31　　　　　受助家庭家电必需品拥有情况（N=1 383）

样本地	电话/手机（%）		电风扇（%）		热水器（%）	
	有	无	有	无	有	无
较落后城镇地区	94.0	6.0	75.0	25.0	14.3	85.7
中等发达城镇地区	88.2	11.8	97.3	2.7	42.9	57.1
发达城镇地区	88.4	11.6	93.0	7.0	48.8	51.2
较落后农村地区	83.5	16.5	79.3	20.7	9.5	90.5
中等发达农村地区	88.0	12.0	85.7	14.3	11.3	88.7
发达农村地区	82.9	17.1	87.8	12.2	4.9	95.1

关于城乡受助家庭家用电器非必需品的调查中（见表3-32），从电视机拥有情况看，城乡居民家中电视机拥有率基本在90%以上，电视的普及率很高；在洗衣机方面，城镇地区拥有洗衣机的受助家庭占比60%以上，而农村地区占比仅在25%左右，只有发达的农村地区占比达到50%左右；在空调拥有情况上，在中等发达和发达城镇地区，有60%左右的受助家庭拥有空调，而在落后的城镇地区，有92%的受助者家庭没有空调；在农村地区，特别是较落后和中等发

达的农村地区，受助家庭基本没有空调；从电脑的拥有来看，城乡地区受助家庭拥有电脑的比例都比较低；从家电的拥有率可以看出，无论是城市还是农村，受助家庭对于家用电器的使用与自己的需求直接挂钩。手机、电视机、电风扇、洗衣机是每个家庭必不可少的。电风扇的拥有率高除了其自身的用处之外，根本原因在于它的价格相对低廉，是大多数家庭可以负担得起的。值得关注的是，电冰箱的拥有比例远远高于空调，也就是说在居民的认知中，电冰箱的重要程度大大超过空调；可能的解释是空调费电而且大多时候闲置，而电冰箱耗能低，且可以四季使用，储存食物。随着经济的发展和网络的普及，电脑也逐步进入各家各户。作为了解外界信息的重要媒介，城乡贫困家庭还比较缺乏，但城镇地区比农村地区稍好。

表 3 - 32   受助家庭家电非必需品分布百分比（N = 1 357）

样本地	电视机（%）		洗衣机（%）		空调（%）		电冰箱（%）		电脑（%）		电暖器（%）	
	有	无	有	无	有	无	有	无	有	无	有	无
较落后城镇地区	97.0	3.0	63.1	36.9	7.6	92.4	60.7	39.3	10.4	89.6	0.9	99.1
中等发达城镇地区	96.3	3.7	78.7	21.3	60.5	39.5	78.3	21.7	16.7	83.3	1.3	98.7
发达城镇地区	100	0	63.4	36.6	56.1	43.9	75.6	24.4	29.3	70.7	0	100
较落后农村地区	98.9	1.1	24.6	75.4	5.4	94.6	36.3	63.7	3.4	96.6	0.6	99.4
中等发达农村地区	86.3	13.7	32.0	78.0	12.4	87.6	34.6	65.4	2.6	97.4	0	100
发达农村地区	93.2	6.7	52.3	47.7	36.4	63.6	50.0	50.0	2.3	97.7	0	100

三、受助家庭债务及总体经济状况评价

表 3 - 33 统计了受助家庭有无债务状况，可以得知，城镇地区有负债的受助家庭占比略低于农村地区。在受助的城镇家庭中，较落后的城镇地区有未偿还债务的受助家庭占比较高，为 49.1%；在中等发达的城镇地区，该项占比则为 29.7%；发达城镇地区则是占比 24.4%。城镇家庭有负债的占比情况与经济发展程度呈现一致关系，经济越发达，有负债的受助家庭所占比例越低。在农村受助

家庭中，中等发达水平的农村地区有未偿还债务的受助家庭所占比例最高，占比42.5%；落后的农村地区则是占比36.1%；发达的农村地区则是占比12.2%。是否有未偿还的债务，直接反映贫困家庭的财务状况及经济与生活压力，如果家庭债务较高，则使得贫困家庭难以脱贫。

表 3 – 33　　　　　受助家庭"有无债务"统计（N = 1 502）

样本地	有		无		合计	
	频数	百分比（%）	频数	百分比（%）	频数	百分比（%）
较落后城镇地区	170	49.1	176	50.9	346	100
中等发达城镇地区	143	29.7	339	70.3	482	100
发达城镇地区	11	24.4	34	75.6	45	100
较落后农村地区	154	36.1	273	63.9	427	100
中等发达农村地区	65	42.5	88	57.5	153	100
发达农村地区	6	12.2	43	87.8	49	100

注：Pearson 卡方 = 51.156，Sig < 0.001。

家庭经济状况自评是受助者对自己家庭经济条件及生活压力的主观感知。从表 3 – 34 的数据可以看出，城乡大部分受助者认为自己家庭的经济收入不够用。其中，农村地区受助者经济状况自评"完全不够用"的比例大大低于城市地区，农村地区表示"基本够用"的比例也高于城市。可能的解释是，农村生活成本远低于城市，因有土地可以从事农业生产，有住房可住，尤其是食物方面可以实现自给自足，但城市居民吃穿住用行，各方面都需要花钱购买，因此这些开支也就使得城市贫困家庭感到较大的生活与经济压力。

表 3 – 34　　　　　受助家庭经济状况自评（N = 1 502）

样本地	完全不够用		不够用		基本够用		完全够用		合计	
	频数	百分比（%）	频数	百分比（%）	频数	百分比（%）	频数	百分比（%）	频数	百分比（%）
较落后城镇地区	94	27.2	188	54.3	64	18.5	0	0	346	100
中等发达城镇地区	61	12.7	242	50.2	174	36.1	5	1.0	482	100
发达城镇地区	10	22.2	11	24.4	23	51.1	1	2.2	45	100
较落后农村地区	28	6.6	227	53.2	169	39.6	3	0.7	427	100

续表

样本地	完全不够用		不够用		基本够用		完全够用		合计	
	频数	百分比（％）	频数	百分比（％）	频数	百分比（％）	频数	百分比（％）	频数	百分比（％）
中等发达农村地区	16	10.5	68	44.4	66	43.1	3	2.0	153	100
发达农村地区	6	12.2	11	22.4	32	65.3	0	0	49	100

注：Pearson 卡方 = 134.787，Sig < 0.001。

在较落后的城镇地区，绝大部分的受助者表示家庭经济收入"不够用"或者"完全不够用"，占比达80％，没有一位受助者表示"完全够用"；而在中等发达水平的城镇地区，表示"完全不够用"及"不够用"受助者占比有所降低，有50.2％的人表示"不够用"，相比落后地区，中等发达水平的城镇家庭表示"基本够用"的占比为36.1％，发达的城镇地区的家庭表示"基本够用"和"完全够用"的家庭超过50％。在较落后及中等发达水平的农村地区，有50％以上的受助者表示家庭收入入不敷出；在落后的农村地区有39.6％的受助者表示"基本够用"，在中等发达水平的农村地区这一比例达到了43.1％；在发达的农村地区，有65.3％的受助者表示家庭经济收入"基本够用"。这说明经济发展水平越高的农村地区，受助者对家庭经济状况自评更显积极。

第四章

最低生活保障制度实施的分析

第一节 受助家庭获取低保救助情况

一、受助家庭领取低保的时长

表 4-1 的数据显示，受助家庭领取低保的年限集中在 5 年以下，受助年限在 15 年以上的家庭分布最少。这主要因为近年来政府对低保政策的执行力度增强，以及政府强有力的扶贫政策，受助家庭脱贫的概率呈现上升的趋势。受助年限在 5 年以下的家庭有 748 户，占总比例的 52.3%；受助年限在 5~10 年的家庭有 410 户，占总数的 28.7%。从城乡对比来看，农村受助家庭的受助年限在 5 年以下的家庭数量多于城市，城镇中受助年限在 5~10 年的家庭数量高于农村。受助年限高于 5 年的落后地区，城乡差异不大；在发达地区，受助家庭领取低保的年限分布在城乡间的差异并不明显。

表 4 - 1　　　　　分城乡分地区受助年限分布 （N = 1 431）

样本地	[0, 5)		[5, 10)		[10, 15)		15 年及以上		合计	
	频数	有效百分比（%）	频数	有效百分比（%）	频数	有效百分比（%）	频数	有效百分比（%）	频数	有效百分比（%）
较落后城镇地区	153	44.9	122	35.8	61	17.9	5	1.5	341	100
中等发达城镇地区	196	43.9	102	22.9	130	29.1	18	4.0	446	100
发达城镇地区	17	41.5	14	34.1	9	22.0	1	2.4	41	100
小计	366	44.2	238	28.7	200	24.2	24	2.9	828	100
较落后农村地区	278	68.3	113	27.8	13	3.2	3	0.7	407	100
中等发达农村地区	91	61.1	47	31.5	10	6.7	1	0.7	149	100
发达农村地区	13	27.7	12	25.5	19	40.4	3	6.4	47	100
小计	382	63.3	172	28.5	42	7.0	7	1.2	603	100
合计	748	52.3	410	28.7	242	16.9	31	2.2	1 431	100

注：Pearson 卡方 = 177.792，sig < 0.000。

二、受助家庭领取低保金情况

表 4 - 2 的数据显示，受助者每月领取低保金较少，其中低于 100 元的家庭占 29.9%，领取 100 ~ 200 元的家庭占 24.3%，领取 200 ~ 300 元的家庭占 19.1%，领取 300 ~ 400 元的家庭占 11.2%。从城乡对比来看，城镇地区低保金明显高于农村，其中在发达的城镇地区，低保金主要集中于在 300 ~ 400 元、600 ~ 700 元的区间，占比都是 34.5%。

表 4 - 2　　　受助者家庭每月领取低保金额统计 （N = 1 384）

样本地	100 元以内（%）	101 ~ 200 元（%）	201 ~ 300 元（%）	301 ~ 400 元（%）	401 ~ 500 元（%）	501 ~ 600 元（%）	601 ~ 700 元（%）	合计	
								频数	有效百分比（%）
较落后城镇地区	11.7	37.9	33.8	10.5	5.0	0.9	0.3	343	100
中等发达城镇地区	1.9	18.2	20.3	24.1	14.4	17.0	4.2	424	100
发达城镇地区	3.4	20.7	0	34.5	3.4	3.4	34.5	29	100

样本地	100 元以内（%）	101~200 元（%）	201~300 元（%）	301~400 元（%）	401~500 元（%）	501~600 元（%）	601~700 元（%）	合计	
								频数	有效百分比（%）
较落后农村地区	75.4	17.2	3.8	0.8	1.0	0.8	1.0	395	100
中等发达农村地区	38.1	32.7	28.6	0.7	0	0	0	147	100
发达农村地区	2.2	15.2	13.0	6.5	8.7	17.4	37.0	46	100
合计	29.9	24.3	19.1	11.2	6.3	6.3	3.6	1 384	100

注：Pearson 卡方 = 3 965.665，Sig < 0.000。

三、低保家庭受助人数

虽然目前我国社会救助要求以"户"为单位进行施救，但很多地方针对特殊人群，出台了"单独施保"的政策。表 4-3 的数据显示，家庭中只有 1 人接受救助的占比最高，达 53%，其次是 2 人接受救助的占 22.8%，再次为 3 人的家庭占 19.4%，4 人接受救助的占 4.6%，5 人接受救助的占 0.1%。从城乡对比来看，城镇更趋向于家庭受保，而农村更多的是单独施保或者独户受保。

表 4-3　　　　分城乡分地区家庭救助人数分布（N = 1 410）

样本地	1 人（%）	2 人（%）	3 人（%）	4 人（%）	5 人（%）	合计	
						频数	有效百分比（%）
较落后城镇地区	26.2	27.3	37.5	8.7	0.3	344	100
中等发达城镇地区	47.7	25.0	24.5	2.8	0	436	100
发达城镇地区	31.4	34.3	22.9	11.4	0	35	100
较落后农村地区	78.0	14.3	4.3	3.3	0.3	400	100
中等发达农村地区	66.7	22.4	6.8	4.1	0	147	100
发达农村地区	60.4	33.3	6.3	0	0	48	100
合计	53.0	22.8	19.4	4.6	0.1	1 410	100

注：Pearson 卡方 = 278.899，Sig < 0.000。

第二节　最低生活保障制度实施的分析

一、低保救助的目标瞄准

准入资格是遭受贫困风险的个人或群体获得低保救助应满足的条件和达到的要求，一旦具备低保准入的既定条件，便拥有了低保准入的受益资格[①]。近年来，伴随低保救助制度的逐步规范化，各地低保资格认定趋向合理化、规范化与制度化。《社会救助暂行办法》明确规定，国家对共同生活的家庭成员人均收入低于当地最低生活保障标准，且符合当地最低生活保障家庭财产状况的家庭，给予最低生活保障。这就确立了我国低保资格的认定，主要以"收入—财产"为主要判断标准，户籍、家庭收入和家庭财产是认定最低生活保障对象的三个基本条件。在具体实施中，主要以家庭为单位，按户主申请—乡镇（街）受理及审查—乡（居）委会调查—民主评议张榜公示—区级民政部口审批—再次公示—无异议后批准通过，有异议重新审核公示的程序办理。

二、低保救助的申请及受理

目前，我国低保申请与受理是按照属地化管理的原则进行，凡认为符合条件的城乡居民都有权向其户籍所在地的乡镇人民政府（街道办事处）提出最低生活保障申请；乡镇人民政府（街道办事处）无正当理由，不得拒绝受理；村（居）民委员会也可在申请人的委托下代为提交申请。乡镇（街道）的相关部门在收到申请人的救助申请后进行材料的初步审查，并着手安排后续的家庭经济状况调查等事宜。

从表4-4的统计数据来看，受助者了解低保政策的渠道主要是"村、社区的宣传"，占83.5%；其次是从亲朋邻里处了解低保信息，占24%；再次是乡（镇、街道）及其以上的政府部门宣传，占17.8%；通过广播、电视、报刊了解低保的受助者占8.1%；从网络了解低保的占1.2%；没听说过低保的占0.3%。这也说明，低保部门相关的宣传工作做得比较到位，受助者基本上了解国家的低

---

① 周冬霞：《城市低保目标瞄准政策的评估与完善》，武汉大学博士学位论文，2015 年。

保政策，其中基层部门的宣传成为受助者获取低保信息的主要途径。

表4-4   受访者了解低保的渠道（N = 1 471）

样本地	政府部门宣传（%）	村/社区宣传（%）	亲朋邻里（%）	网络（%）	广播、电视、报刊（%）	没听说过低保（%）	合计	
							频数	有效百分比（%）
较落后城镇地区	11.9	84.9	15.1	0	5.2	0	345	100
中等发达城镇地区	17.1	88.9	32.1	2.8	12.0	0.4	467	100
发达城镇地区	27.5	82.5	22.5	0	7.5	0	40	100
较落后农村地区	26.9	74.0	14.0	0.5	3.8	0.2	420	100
中等发达农村地区	1.3	88.9	51.0	2.0	17.0	0.7	153	100
发达农村地区	32.6	89.1	19.6	0	2.2	2.2	46	100
合计	17.8	83.5	24	1.2	8.1	0.3	1 471	100

从调查来看，大部分受助者能够自己独立提交低保救助申请，占到 46.8%。其中城镇地区可以独立提出救助申请的受助者占比明显高于农村（见表4-5）。低保申请方式与受助者自身的年龄、教育程度等密切相关。

表4-5   受助者低保申请方式（N = 1 469）

样本地	自己独立提交申请（%）	亲朋好友帮忙（%）	社区/村干部协助（%）	社区/村干部主动帮助（%）	其他（%）	合计	
						频数	有效百分比（%）
较落后城镇地区	67.5	4.6	4.6	22.9	0.3	345	100
中等发达城镇地区	52.8	11.0	6.5	29.2	0.4	462	100
发达城镇地区	23.3	2.3	25.6	46.5	2.3	43	100
较落后农村地区	36.5	3.4	10.6	49.6	0	417	100
中等发达农村地区	23.5	11.8	17.0	47.7	0	153	100
发达农村地区	26.5	0	16.3	57.1	0	49	100
合计	46.8	6.8	9.2	36.9	0.3	1 469	100

注：Pearson 卡方 = 205.728，Sig < 0.001。

低保审批过程长。低保政策规定，在居民提出低保救助申请后，经办单位经过资格审核，上报上级主管部门，批复与公示环节后，决定最终的受助者。从

"申请—审批"的用时来看，能够在1个月内完成申请流程获得救助的占比仅为39.1%；在经济水平较低的农村地区，近20%的受助者从申请到获得审批的时间需要3个月以上（见表4-6）。审批时间略长，反映了低保救助在及时性上存在一定问题。另外，在实际调查中还发现基层单位在低保人力、物力、财力配备上不能满足需求，农村未配备专门负责低保的工作人员，而城镇社区中的低保专干往往身兼数职，基层工作强度大，依靠目前资源配备难以达到救助及时性的要求。

表4-6　　　　城乡低保"申请—审批"用时分布（N=1 454）

样本地	1个月（%）	2个月（%）	3个月（%）	3个月以上（%）	合计	
					频数	有效百分比（%）
较落后城镇地区	29.2	42.9	14.9	13.1	343	100
中等发达城镇地区	59.7	16.3	15.2	8.8	454	100
发达城镇地区	74.4	7.7	10.3	7.7	39	100
较落后农村地区	23.7	24.7	29.3	22.3	417	100
中等发达农村地区	26.8	22.2	31.4	19.6	153	100
发达农村地区	60.4	18.8	16.7	4.2	48	100
合计	39.1	25.4	20.8	14.6	1 454	100

注：Pearson卡方=242.040，Sig<0.001。

三、受助家庭的经济情况核查

经济情况核查，也就是通常所说的家计调查，是指定量核查申请低保的家庭成员拥有的全部可支配收入及家庭财产。其中，收入部分主要包括工资性收入、家庭经营净（纯）收入、财产性收入、转移性收入。家庭财产包括银行存款和有价证券，机动车辆（残疾人功能性补偿代步机动车辆除外）、船舶，房屋，债权和其他财产。可采用信息核对、入户调查、邻里访问、信函索证等方式进行调查，但实践发现，家计调查面临诸多难题。如目前低保的信息比对系统是以银行账户、社保金缴纳为基础的，那么家庭收入尤其是隐性收入和灵活性收入难以核查。另外，很多地区还面临着人户分离、户口空挂等现象，造成家计调查管理工作存在许多纰漏。再者，一般政策上规定由"乡镇（街道）主导，村（社区）协助"核查，但因乡镇（干部）难有精力去一一核查申请对象的经济收入与财产情况，实际上主要由村（社区）中的低保专干完成核查工作，因此低保专干的工作效率、工作能力和责任意识极大地影响着核查工作的公平性和准确性。这可能导致有限救助资源的浪费，或因"关系保""人情保"的挤占，造成真正需要救助的贫困家庭不能及时获得救助。从调查来看，目前大多数居民在低保申请和经济核查中都能够被公平对待。整体来看，农村的低保实施自评相对更为公平；在城镇尤其是发达地区的城镇，自评遭遇过不公平对待的占比更多（见表4-7）。

表4-7　　　城乡低保申请遭遇不公平的自评（N=1 463）

样本地	遭遇过		没有遭遇过		合计	
	频数	有效百分比（%）	频数	有效百分比（%）	频数	有效百分比（%）
较落后城镇地区	5	1.5	338	98.5	343	100
中等发达城镇地区	18	3.9	444	96.1	462	100
发达城镇地区	3	7.5	37	92.5	40	100
较落后农村地区	2	0.5	415	99.5	417	100
中等发达农村地区	1	0.7	152	99.3	153	100
发达农村地区	1	2.1	47	97.9	48	100
合计	30	2.1	1 433	97.9	1 463	100

注：Pearson 卡方 = 20.959，Sig = 0.001。

四、低保实施的动态管理

在低保救助实施过程中，要求基层干部对低保家庭收入状况进行动态核查，实施灵活管理。低保实行动态管理，基本原则是有增有减，有进有出，及时跟踪。《社会救助暂行办法》规定，"最低生活保障家庭的人口状况、收入状况、财产状况发生变化的，县级人民政府民政部门应当及时决定增发、减发或者停发最低生活保障金；决定停发最低生活保障金的，应当书面说明理由"。对于不同类型的低保家庭，审核的周期也是不同的，对城市"三无"人员和家庭成员中有重病、重残人员且收入基本无变化的低保家庭，可每年复核一次。对短期内家庭经济状况和家庭成员基本情况相对稳定的低保家庭，可每半年复核一次。对收入来源不固定、有劳动能力和劳动条件的低保家庭，原则上城市按月、农村按季复核。

在实际调研中发现，有4.8%的受助者表示在领取低保后相关部门并没有定期追踪，在农村，未追踪的占比略高（见表4-8）。大多数地区的审核频率都在

6 个月以上。

表 4 – 8　　　　　　　城乡低保追踪调查情况 （N = 1 446）

样本地	有		无		合计	
	频数	有效百分比（%）	频数	有效百分比（%）	频数	有效百分比（%）
较落后城镇地区	333	96.8	11	3.2	344	100
中等发达城镇地区	437	96.3	17	3.7	454	100
发达城镇地区	38	97.4	1	2.6	39	100
较落后农村地区	387	94.2	24	5.8	411	100
中等发达农村地区	136	90.7	14	9.3	150	100
发达农村地区	46	95.8	2	4.2	48	100
合计	1 377	95.2	69	4.8	1 446	100

注：Pearson 卡方 = 11.287，Sig = 0.046。

从表 4 – 9 呈现的数据来看，有 47.8% 的受助者表示 6 个月以上时间接受一次追踪审查，12.2% 的受助者 3 个月接受一次追踪审查。从城乡对比来看，城镇追踪审查的频率要高于农村。

表 4 – 9　　　　　　　城乡低保核查时间 （N = 1 373）

样本地	1 个月（%）	2 个月（%）	3 个月（%）	4 个月（%）	6 个月（%）	6 个月以上（%）	合计	
							频数	有效百分比（%）
较落后城镇地区	0.9	8.3	22.3	1.8	47.9	18.8	336	100
中等发达城镇地区	13.4	1.8	7.1	0.5	17.5	59.7	434	100
发达城镇地区	2.8	11.1	8.3	0	13.9	63.9	36	100
较落后农村地区	0.8	1.0	14.5	0	35.8	47.9	386	100
中等发达农村地区	0.7	1.5	0.7	0.7	21.5	74.8	135	100
发达农村地区	0	0	2.2	0	43.5	54.3	46	100
合计	4.8	3.4	12.2	0.7	31.2	47.8	1 373	100

注：Pearson 卡方 = 476.966，Sig < 0.001。

在低保金额的"增减"上，受助者家庭领取的低保金大部分有过调整，以增加为主，这也侧面反映了低保救助水平的提升。低保金额的变化一方面是由于当地低保标准的调整，另一方面则是由于低保户自身收入的变化。表 4 - 10 的数据统计发现，83.7% 的受助者领取的低保金额有提高，13.5% 的受助者领取的低保金未调整过，2.8% 的受助者领取的低保金降低过。从城乡对比来看，城镇中低保金降低的占比略高于农村，提高的占比与农村近似，没调整过的占比低于农村。中等发达城市低保金额提高的占比最高，占 87.5%；其次落后的城镇地区，占 85.8%。发达地区的城镇地区低保金降低的占比最高，占 7.7%；其次是 4.8%。

表 4 - 10　　分城乡分地区低保金额调整情况分布（N = 1 448）

样本地	调整过，降低		调整过，提高		没调整过		合计	
	频数	有效百分比（%）	频数	有效百分比（%）	频数	有效百分比（%）	频数	有效百分比（%）
较落后城镇地区	9	2.6	295	85.8	40	11.6	344	100
中等发达城镇地区	22	4.8	399	87.5	35	7.7	456	100
发达城镇地区	3	7.7	32	82.1	4	10.3	39	100
小计	34	4.1	726	86.5	79	9.4	839	100
较落后农村地区	3	0.7	309	75.2	99	24.1	411	100
中等发达农村地区	2	1.3	133	88.7	15	10.0	150	100
发达农村地区	1	2.1	44	91.7	3	6.3	48	100
小计	6	1.0	486	79.8	117	19.2	609	100
合计	40	2.8	1 212	83.7	196	13.5	1 448	100

注：Pearson 卡方 = 73.034，Sig < 0.001。

第三节　低保制度实施程序评价与满意度分析

一、受助者对低保申请程序的评价

表 4 - 11 的数据显示，91.7% 的受助者认为当前低保申请程序是合理的，8.3% 的受助者认为低保申请程序不合理。从城乡对比来看，城乡受助者对于低保申请程序的认知有一定的差异。城镇中，认为合理的占比最高的是中等发达城

镇地区（占比92.9%），其次是较落后的城镇地区（占比92.7%），最后是发达的城镇地区（占比80%）；而认为不合理的地区，占比最高的首先是发达的城镇地区（占比20%），其次是较落后的城镇地区（占比7.3%），最后是中等发达城镇地区（占比7.1%）。农村中，认为合理的占比最高的首先是发达的农村地区，其次是较落后的农村地区；而认为不合理的占比最高的是中等发达的农村地区。

表4-11　　　　受助者对低保申请程序的认可（N=1 464）

样本地	合理		不合理		合计	
	频数	有效百分比（%）	频数	有效百分比（%）	频数	有效百分比（%）
较落后城镇地区	319	92.7	25	7.3	344	100
中等发达城镇地区	429	92.9	33	7.1	462	100
发达城镇地区	32	80.0	8	20.0	40	100
较落后农村地区	392	94.0	25	6.0	417	100
中等发达农村地区	124	81.0	29	19.0	153	100
发达农村地区	47	97.9	1	2.1	48	100

注：Pearson 卡方 = 36.794，Sig < 0.000。

二、受助者对低保救助标准的满意度分析

表4-12呈现的是受助者对低保金额的满意度情况，按照满意程度划分为5个选项。数据显示无论在城市还是农村，对低保金额满意的受助者人数最多，选择不满意的人数次之。城镇地区对低保金额不满意的数量多于农村。尤其是较落后的地区对低保金额的不满意程度更高。从城乡对比来看，农村受助者选择满意这一选项要高于城镇17.4%；选择不满意的城镇受助者高于农村10%左右；非常不满意这一选项，城市受助者要高于农村10.7%。这说明相较于城镇受助者，农村受助者对低保金额的不满意占比较低；在中等发达水平地区，城乡受助者对待低保金额满意度的差异并不明显，无论是城镇还是农村，选择满意的人数占比最高。在发达地区，城镇地区选择不满意和非常不满意的受助者占比略高于农村受助者。

表 4 - 12　　　受助者对低保救助金额的满意度 （N = 1 466）

样本地	非常满意（%）	满意（%）	不满意（%）	非常不满意（%）	不清楚（%）	合计	
						频数	有效百分比（%）
较落后城镇地区	3.8	41.5	41.2	12.3	1.2	342	100
中等发达城镇地区	3.9	46.9	38.7	6.1	4.4	458	100
发达城镇地区	6.9	62.8	20.9	0	9.3	43	100
较落后农村地区	3.3	58.9	31.0	1.6	5.2	426	100
中等发达农村地区	1.3	53.0	35.6	4.0	6.0	149	100
发达农村地区	10.4	58.3	29.2	2.1	0	48	100
合计	3.8	50.6	35.9	5.7	4.0	1 466	100

注：Pearson 卡方 = 91.2363，Sig < 0.001。

三、受助者对基层低保工作的满意度分析

表 4 - 13 呈现的是受助者对低保工作人员态度满意度情况，按照满意程度划分为非常满意、满意、不满意、非常不满意和不清楚 5 个选项。其中，选择满意这一选项的人数最多，占总数的 70.1%；其次，选择非常满意的人数占总数的 24.5%；选择非常不满意的人数最少，仅占总数的 0.3%。表明受助者对低保工作人员的工作态度满意程度较高，工作人员的工作态度得到肯定。从城乡差异来看，在落后地区，城镇受助者对工作人员态度的满意度高于农村 9.7%，无论是城市还是农村，对工作人员态度表示满意的受助者差异不大，均无人选择非常不满意这一选项；在发达地区，选择非常满意的受助者数量，城镇为 25.6%，农村为 16.75%。

表 4 - 13　　　受助者对低保工作人员态度的满意度 （N = 1 468）

样本地	非常满意（%）	满意（%）	不满意（%）	非常不满意（%）	不清楚（%）	合计	
						频数	有效百分比（%）
较落后城镇地区	28.0	68.1	2.3	0	1.5	342	100
中等发达城镇地区	32.0	61.4	3.9	0.9	1.7	459	100
发达城镇地区	25.6	67.4	2.3	0	4.7	43	100

续表

样本地	非常满意（%）	满意（%）	不满意（%）	非常不满意（%）	不清楚（%）	合计	
						频数	有效百分比（%）
较落后农村地区	18.3	77.2	2.3	0	2.1	427	100
中等发达农村地区	13.4	77.9	4.7	0	4.0	149	100
发达农村地区	16.7	81.3	1.1	0	2.1	48	100
合计	24.5	70.1	3.0	0.3	2.1	1 468	100

注：Pearson 卡方 = 57.2683，Sig < 0.001。

表 4 - 14 呈现的是受助者对低保公示的满意度情况，根据满意程度的不同分为非常满意、满意、不满意和非常不满意 5 个选项。大多数受助者对低保公示表示满意，其次是非常满意，少数受助者对低保公示表示不满意和非常不满意，还有一部分受助者对低保公示并不清楚，尤其是农村地区，并不了解低保公示的宣传和使用。从城乡差异来看，总体上，在相同发达程度的地区，农村和城镇对低保公示的满意度差异并不大。在落后地区，无论城市还是农村，对低保公示的满意度多为满意，其次为非常满意，无人选择非常不满意。在中等发达地区，城镇受助者对低保公示表示非常满意高于农村 13%，无论城市还是农村，对低保公示表示满意的受助者占比最多，分别为 69.6% 和 80.5%。在发达地区，城镇受助者对低保公示满意的高于农村受助者 27.6%。总体来看，城镇对低保公示的满意度低于农村，农村地区受助者缺乏对低保公示的认知。

表 4 - 14   受助者对低保公示的满意度（N = 1 463）

样本地	非常满意（%）	满意（%）	不满意（%）	非常不满意（%）	不清楚（%）	合计	
						频数	有效百分比（%）
较落后城镇地区	14.0	81.3	2.1	0	2.6	342	100
中等发达城镇地区	17.0	69.6	4.9	0.9	7.7	454	100
发达城镇地区	4.7	65.1	16.3	2.3	11.6	43	100
较落后农村地区	14.8	75.6	2.6	0	7.0	427	100
中等发达农村地区	4.0	80.5	5.4	0.7	9.4	149	100
发达农村地区	4.2	37.5	0	2.1	56.3	48	100
合计	13.5	74.0	3.8	0.5	8.2	1 463	100

注：Pearson 卡方 = 220.9860，Sig < 0.001。

第二篇

社会救助专题
研究分析篇

第五章

教育救助制度实施的分析研究

教育救助是指在特定的教育阶段，国家、社会团体、个人向贫困地区、贫困学生提供物质和资金援助，保障其基本学习与生活的专项救助制度。扶贫先扶智，教育救助制度的实施，在微观层面有利于个人文化素养、知识技能的提升，有利于实现就业，提高个人的经济收入与经济社会地位；在宏观层面，教育救助保障了公民的基本受教育权，为经济社会发展提供了高素质的劳动力后备军，有助于阻断贫困的代际传递，防止阶层固化，有利于维系和谐稳定的社会环境。纵观世界发展史，教育事业的发展有效提升了人民素质以及国家整体实力，重视教育也成为各国的普遍共识。在国家大力发展教育事业，教育法治体系不断完善的同时，为帮助贫困家庭子女接受更多教育，教育救助制度得到不断发展和强化。2015 年发布的《关于打赢脱贫攻坚战的决定》，明确要求加大教育救助力度，阻断贫困在代际间的传递，教育救助制度是"调整社会结构，防止阶层固化"的有力抓手[①]。本书通过分析调研地区的教育救助数据来探讨教育救助的实施现状及存在的问题，在此基础上提出完善教育救助制度的相关建议。

[①] 袁同成：《我国教育救助制度的变迁逻辑考察——代际流动与教育干预》，载于《学术界》2016年第 9 期。

第一节　教育救助制度实施现状

一、受助家庭教育支出情况

表 5 - 1 呈现的是受助家庭在过去的一年里教育支出情况。其中,有 68.06% 的受助家庭教育支出在 500 元以下,主要原因一方面是家庭无在读子女,另一方面是义务教育阶段的教育支出较小。另外发现,教育支出在 3 000 元以上的受助者占比 21.96%,主要原因是该家庭有子女在上大学,或接受高中学历以上的教育。

表 5 - 1　　　受助家庭教育支出情况统计（在过去的一年里）

（N = 1 503）

教育支出	频数	百分比（%）
≤500	1 023	68.06
500 ~ 1 000	29	1.93
1 000 ~ 1 500	21	1.4
1 500 ~ 2 000	47	3.13
2 000 ~ 2 500	19	1.26
2 500 ~ 3 000	34	2.26
>3 000	330	21.96
合计	1 503	100

表 5 - 2 呈现的是受助家庭教育支出占当年总支出的情况。其中,教育支出占当年总支出的比例在 10% 以下的受助家庭占比最大,为 75.18%;10% ~ 20% 的占比 7.74%;20% ~ 30% 的占比 5.14%;30% ~ 40% 的占比 4.54%;40% ~ 50% 的占比最小,为 2.8%;50% 以上的占比 4.6%。这跟前面的分析结论一致,有一部分受助家庭教育支出较大。

表 5 - 2　受助家庭教育支出占当年总支出情况统计（N = 1 499）

教育支出占当年总支出	频数	百分比（%）
≤10%	1 127	75.18

续表

教育支出占当年总支出	频数	百分比（%）
10%~20%	116	7.74
20%~30%	77	5.14
30%~40%	68	4.54
40%~50%	42	2.8
>50%	69	4.6
合计	1 499	100

表5-3呈现的是受助家庭教育支出占当年总支出比例的城乡比较。就城镇地区的家庭教育支出占当年总支出比例分布情况而言，较落后的城镇地区集中分布在10%以下的区间，占比高达52.89%；其次为10%~20%的区间，占比11.85%。中等发达水平的城镇地区集中分布在10%以下的区间，占比高达78.75%；其次为10%~20%的区间，占比8.12%。发达的城镇地区集中分布在10%以下的区间，占比高达73.33%；其次为20%~30%的区间，占比8.89%。就农村地区的家庭教育支出占当年总支出的比例分布情况而言，较落后的农村地区集中分布在10%以下的区间，占比高达82.63%；其次为10%~20%的区间，占比6.1%。中等发达水平的农村地区集中分布在10%以下的区间，占比高达88.24%；其次为10%~20%的区间，占比4.58%。发达的农村地区集中分布在10%以下的区间，占比高达93.88%；其次为30%~40%的区间，占比4.08%。

表5-3　　　　　受助家庭教育支出占当年总支出比例的
城乡比较（N=1 499）

样本地	≤10%	10%~20%	20%~30%	30%~40%	40%~50%	>50%	合计（%）
较落后的城镇地区	52.89	11.85	9.54	9.54	4.62	11.56	100
中等发达的城镇地区	78.75	8.12	4.58	3.12	3.33	2.08	100
发达的城镇地区	73.33	6.67	8.89	4.44	4.44	2.22	100
较落后的农村地区	82.63	6.1	3.05	3.29	1.17	3.76	100
中等发达的农村地区	88.24	4.58	2.61	1.31	1.96	1.31	100
发达的农村地区	93.88	0	2.04	4.08	0	0	100

二、受助家庭获得教育救助情况

在过去的一年里获得过教育救助的受助家庭占比 8.89%，绝大部分受助家庭未获得过教育救助，占比高达 91.11%。

受助家庭未获得教育救助的原因，其中，"不知道该类救助项目，所以没申请"占比最大，为 45.94%；其次是"不需要"，占比为 41.06%；"知道该类救助项目，但没有申请"占比为 10.76%；"申请了未批准"占比最小，仅占 0.75%；另外，选择"其他"的受助者占比 1.49%。由此可见，受助家庭对教育救助的知晓度比较低，而申请了未批准的情况非常少。

表 5-4 呈现的是受助家庭获得教育救助的金额分布情况。其中，教育金额在 200 元以下的受助家庭占比 11.9%；200~400 元的占比 7.6%；400~600 元的占比 6.8%；600~800 元的占比 5.1%；800 元以上的占比最大，为 68.6%。

表 5-4　　　受助家庭获得教育救助的金额分布 （N = 1 503）

获得教育救助的金额	频数	百分比（%）
≤200 元	14	11.9
200~400 元	9	7.6
400~600 元	8	6.8
600~800 元	6	5.1
>800 元	81	68.6
合计	1 503	100

三、受助家庭对子女教育的担忧状况

表 5-5 呈现的是受助家庭对子女教育问题的担忧程度。其中，表示对子女教育"很担心"的受助家庭占比为 19.46%；表示"比较担心"的占比为 12.79%；表示"不太担心"的占比为 7.34%；表示"不担心"的占比为 3.03%；表示"不清楚"的占比为 2.09%；表示"不适用"的占比 55.29%，主要原因是家庭无在读子女。

表5-5　　　受助家庭对子女教育问题的担忧态度（N=1 485）

对子女教育问题的态度	频数	百分比（%）
很担心	289	19.46
比较担心	190	12.79
不太担心	109	7.34
不担心	45	3.03
不清楚	31	2.09
不适用	821	55.29
总计	1 485	100

　　表5-6呈现的是受助家庭对子女教育问题担忧态度的城乡比较。就城镇地区的受助家庭对子女教育问题的担忧态度来看，较落后的城镇地区"很担心"子女教育的受助家庭占比高达36.55%；中等发达水平的城镇地区"很担心"子女教育的受助家庭占比21.49%；发达的城镇地区集中分布在"很担心""比较担心"，占比分别为35.56%和26.67%。就农村地区的受助家庭对子女教育问题的担忧态度而言，较落后的农村地区集中分布在"不适用"，占比70.26%，其次为"很担心"和"比较担心"，总占比17.8%；中等发达水平的农村地区集中分布在"不适用"，占比高达76.97%，其次为"比较担心"，占比为5.92%；发达的农村地区集中分布在"不适用"，占比高达91.84%，其次为"很担心"，占比为8.16%。从城乡比较来看，城市地区的受助家庭更加担心子女教育问题，这也说明了当前城市地区子女教育投入更大，对子女学习更加在乎。

表5-6　　　　　受助家庭对子女教育问题担忧态度的
城乡比较（N=1 485）

样本地	很担心	比较担心	不太担心	不担心	不清楚	不适用	合计（%）
较落后的城镇地区	36.55	11.37	5.26	3.51	2.05	36.26	100
中等发达的城镇地区	21.49	15.96	9.15	4.68	1.28	47.45	100
发达的城镇地区	35.56	26.67	4.44	4.44	2.22	26.67	100
较落后的农村地区	8.9	8.9	7.49	1.87	2.58	70.26	100
中等发达的农村地区	3.29	5.92	9.21	0.66	3.95	76.97	100
发达的农村地区	8.16	0	0	0	0	91.84	100

第二节　教育救助制度实施中面临的困难和挑战

一、投入主体单一导致救助资金相对不足

尽管政府教育财政支出的总金额呈现上升趋势，但在教育救助的投入上，我国与发达国家相比仍然相对不足。此外，我国的教育救助投入以政府为主，投入主体单一。过度依赖政府投入不仅加大了财政资金的压力，也不利于教育救助水平的提升。由于教育救助的发展和完善相对滞后，使得现实生活中的一些个人和家庭面临着"因教致贫""因教返贫"的风险。在实际教育救助过程中，因救助名额有限、参评人数较多，形成的竞评现状也反映出我国的教育救助水平还有待提高和完善。

二、制度运行过程的评估与管理机制有待完善

当教育救助对象需要再次申请时，通常会感到不如初次申请时方便，烦琐的申请程序，使得教育救助领域的"应保尽保"没有能够真正得到落实，一些应当得到保障的对象被排除在救助体系之外。同时，执行规定不够明确、具体，可操作性不强，相应的财产等信息共享平台也未完全建立，增加了各地方部门实际执行过程中的困难。在动态管理流程上，由于不能及时更新信息，不能及时掌握、跟进救助对象的情况，救助对象的瞄准、救助资金的使用精准度都有待进一步提高。此外，教育救助在实行执行过程中缺乏完备有力的评估和监管机制，关系保、人情保等现象仍然存在，专款专用未能得到完全落实，教育救助专项资金的使用效率还有待提升。

三、教育救助主体责任划分不清

当前，我国教育救助制度的实际运作中，国家政府、社会团体、企业、个人都有所参与，各自发挥了特定的作用，但来自多元主体的力量、投入整合程度还不够高，尚未形成明确统一的工作体制、领导机制。如当前面向在校学生的救助

工作主要由学校负责,来完成衔接、配置各类救助资源的具体事项,但学校并非专门性的救助机构,针对在校学生的救助可能缺乏专业性和精准性,如何有效指导学校救助工作、弥补其在专业性上的缺失值得探讨。又如企业、社会组织等社会性力量在教育救助中承担了重要职责,发挥了弥补政府职能的重要作用,但有关规范社会团体、个人参与教育救助的法制制度还不够完备,这使得一些社会性力量在参与教育救助时感到难以明确自身的功能定位,也不利于其实际作用的发挥。

四、教育救助方式重物质轻精神

我国现行教育救助的政策规定往往只涉及对需要救助对象的经济援助、物质援助,保证救助对象获得教育机会,维持基本生活水平,而对于救助对象的心理状况则相对忽略。贫困家庭的学生长期面对经济支持不足的困境和可能发生的失学风险,容易产生焦虑、困惑、迷茫、安全感缺失等心理困境,甚至产生情绪问题与行为问题。在学校中,贫困学生也可能感到融入困难,在人际交往中面对更多的不适应,产生自卑、自怜等负面情绪。实际工作中,对救助对象心理与精神需求的忽视一方面容易造成救助方式的相对粗放,使得救助工作在实际中产生了标签化的负面效应;另一方面,也造成了心理咨询与社工服务在教育救助中的长期缺位,使得救助对象的心理与情绪困境难以得到应有的重视与及时、适当的疏导。

五、教育救助城乡差距大与区域发展不平衡

我国"希望工程"等公益事业的开展源自20世纪80年代对农村基础教育落后的反思,尽管政府的高度重视和资金的大力投入在一定程度上缓解了农村教育基础设施落后的现状,但总体来说目前我国农村教育在整体水平上与城市间仍存在较大差距。如师资力量的分布上,教育程度高、文化水平高的教师通常倾向于向上流动,获取更好的工作待遇和工作环境,农村教育中优质师资力量流失严重,教育水平难以提升,教育质量难以保障。在教育救助的内容上,农村目前以基础教育设施的完善、校舍的建设、办学条件的改善等基本项目为主要导向,更加需要来自国家和社会的经济资助;而在城市,与更高的教育发展程度相对应,其教育救助制度也更为完备,教育环境和教育设施更有保障,救助对象获得的救助水平也好于农村。

第三节　完善教育救助制度的政策建议

一、拓展教育救助资金来源

稳定教育救助的资金来源，一方面需要政府明确自身责任，开设教育救助专项资金，将教育救助放在社会救助中的重要地位。加大财政资金投入，并且进行相应资金的年度公示，加强社会监督；另一方面，面对国大校多的现实，也要积极动员社会力量，制定政策法规，给予财政、税收优惠，鼓励社会力量设立救助贫困生的奖助学金、专项基金，建立多元资金汇入教育救助体系的渠道，运用社会合力缓解政府的资金压力，增加受助学生的福利获得，这也是全社会关心教育、支持教育的重要体现[①]。政府为主、多元主体共同参与的筹资模式既能体现教育救助的公益性，保证教育救助投入的稳定性，又能拓展资金来源渠道，使教育救助制度拥有更为雄厚的资金保障。与此同时，应扩大教育救助覆盖面，避免因名额有限而致使部分需要保障的对象无法进入保障体系的问题，做到"应保尽保"，让所有需要被救助的学生得到全覆盖；逐步提高教育救助标准，根据社会经济发展水平以及财政配额来调整教育救助的相关支出，保障社会中需要救助的对象都能够享有公平的教育权利。

二、健全教育救助制度与优化运行程序

结合各地试点的实际执行情况，政府部门可以出台更加具体翔实的救助细则，简化申请程序，合理确定教育救助对象，逐步完善教育救助的制度体系，形成兼具持续性和发展性的教育救助制度；保障专项资金专项用途，完善教育救助的审核、评估细则，加强对教育救助工作的监督和评估，从申请到资助环节实行全过程的科学有序监督；在针对救助对象进行审核时，学校、社区等可以进行充分的信息交换，共同搭建信息平台，实行动态管理，保障审核过程的公平、透明，确保将救助资金真正用于最需要的人；提高资金的使用效率，注意教育救

---

① 郭涛：《论美国大学教育救助制度与镜鉴》，载于《郑州大学学报》（哲学社会科学版）2010年第4期。

助长效机制的搭建，避免教育救助对象因离开学校，突然失去救助而遭遇生活风险。

三、政府与社会力量积极承担救助责任

政府应该积极承担教育救助的责任，运用国家力量保障教育资源分配的公平性、合理性。在坚持政府主导作用的同时，也要注重动员社会力量，开发社会资源，鼓励学校、社区发挥相应作用，对需要救助学生的人数、基本信息等进行筛查、统计以及及时跟进，调动个人、企业积极性，鼓励多元主体共同参与社会救助体系的建设。只有引导政府、社会、个人同向同行，形成协同效应，才能充分发掘各项资源，用于教育救助事业，帮助贫困学生摆脱困境，真正使教育救助的作用落到实处。

四、实行多样化救助方式和救助手段

经济援助有助于直接解决救助对象上学难的问题，帮助救助对象解决燃眉之急。但教育救助不应只限于经济资助，还应包括多样化的救助形式和救助手段。贫困学生在融入学校、社区、同辈群体中可能面临着更多的负性情绪和人际交流困境，产生敏感、焦虑等情绪，因此，有必要关注教育救助对象的心理和精神需求，建立完善的心理干预机制，在学校或社区开设心理咨询室或社会工作服务站，做好潜在服务对象发掘、及时介入提供服务、结案评估及服务跟踪等工作，帮助救助对象克服心理、情绪问题，形成积极向上的生活和精神面貌。

五、因地制宜开拓区域教育救助新路径

在对城市和农村教育现状深入研究的基础上，剖析教育救助的城乡差异。在制度建设上，允许教育救助制度因地制宜、因时制宜、因事制宜，结合当地实际，最大限度帮助教育救助对象摆脱教育上的贫困境地。建设农村教育财政保障机制，加强农村师资建设，畅通师资力量在不同地域间的流动，充分发掘农村本土资源，开发有当地特色的教学模式，提高教学水平，建立更具公平性的城乡教育救助体系，注意区域统筹，加大教育救助力度，继续落实"两免一补"政策，在农村和城市间寻找教育救助的平衡点与突破点，使用新的方式和方法开拓农村和城市教育救助的新路径。

六、发展具有持续性的教育救助制度

现代社会，科技进步日新月异，信息更迭速度越发加快，终身学习已逐渐成为现代人的重要需求。与此相对应，教育救助制度不应止步于毕业，而是应当与时俱进，进一步拓展教育救助的内涵，将教育救助与就业帮扶相接轨，针对低收入、低教育水平的社会群体，开展社会性教育救助计划，以提升他们的职业能力与专业技术水平。在这一方面，美国"职业团"——弱势青年教育救助计划取得了良好的成绩。借鉴其成功经验，我国应当更加重视将教育救助引入社会化再教育过程，加大资金投入，向弱势青年提供免费的就业培训和技能指导课程，建立全国性的就业培训网络，广泛吸纳来自工会、企业、高校、社会组织的力量，邀请多元主体共同参与，在社会调研、充分讨论的基础上，深入了解、分析劳动力市场的需求与未来发展趋势，科学规划培训课程，优化培训项目，不断提高社会化再培训的针对性和吸引力[1]，力争建立具有持续性、职业化的教育救助体系。

---

[1]　徐岩辉、郭玉辉：《美国弱势青年的教育救助及其启示——以美国职业团为例》，载于《外国教育研究》2010 年第 7 期。

第六章

医疗救助制度实施的分析研究

中共中央、国务院印发并实施的《"健康中国 2030"规划纲要》，是当前及今后十几年推进健康中国建设的行动纲领，其进一步强调"预防为主""防治结合""中西医并重""转变服务模式"等观念。党的十九大明确提出了"实施健康中国战略"，强调"人民健康是民族昌盛和国家富强的标志""要完善国民健康政策，为人民群众提供全方位全周期的健康服务""坚持预防为主，深入开展爱国卫生运动，倡导健康文明生活方式，预防控制重大疾病"。在"健康中国"建设背景下，完善医疗救助制度对于保障贫困群体健康具有更加重要的意义。医疗救助制度从理念层面做出改变，对政策设计进行修正，是为困难群众提供全方位、全周期健康服务的重要举措。基于此，梳理现有医疗救助制度的相关研究，并结合调研数据分析医疗救助运行中存在的问题，提出相关建议。

第一节 医疗救助实施的现状分析

早在 2002 年《中共中央 国务院关于进一步加强农村卫生工作的决定》就提出，"建立以大病统筹为主的新型合作医疗制度和医疗救助制度，使农民人人享有初级卫生保健，主要健康指标达到发展中国家的先进水平"。紧接着的《民政部 卫生部 财政部关于实施农村医疗救助的意见》将农村医疗救助制度定位为

97

"政府拨款和社会各界自愿捐助等多渠道筹资，对患大病农村五保户和贫困农民家庭实行医疗救助的制度"。可见，我国的医疗救助制度目标主要定位于大病救助，推行的是"大病救助"制度模式①。各地根据中央文件精神，自行确定医疗救助对象范围，不尽一致。一般而言，救助对象主要包括城乡低保、五保、孤儿等低保制度救助对象，有些地方救助对象涵盖了低保边缘户。医疗救助对象的确定普遍存在与低保救助捆绑挂钩的现象，实际上是侧重从收入因素确定救助对象。因病致贫是一种支出型贫困，以收入因素确定救助对象不能有效涵盖需要救助的群众，导致一部分亟须救助的群众被排斥在医疗救助之外。而无论以收入因素还是支出因素确定救助对象，实际上都是着重强调经济因素在疾病致贫中的作用，背后支撑的理论仍然是停留在以经济因素来界定贫困，用经济收入作为区分贫困与否的标准。

主要是对经各种形式报销以及社会互助帮困后，个人负担超过一定金额的医疗费用或特殊病种医疗费用给予一定比例或一定数量的补助。资助城乡贫困群体参加医疗保险，也是医疗救助的一种形式。此外，各地结合服务对象救助需求、政府财政能力等，探索医疗救助的创新形式，如上海市探索"四医联动"基本医疗保障模式应对医疗支出型贫困②，广州市资助困难群众购买商业医疗保险③等。但总体而言，疾病和贫困仍然处于恶性循环中难以破解，困难群众健康需求突出，医疗救助以"大病救助"为主的理念已经滞后，很难满足困难群众的医疗救助诉求。

一、受助者及家庭成员身体健康状况

对被调查者个体的健康状况进行简要分析。采用自评健康测量贫困人口健康状况，包括"很健康""基本健康""不健康，但能自理""生活不能自理"四个指标。数据分析显示，有 38.2% 被调查者表示身体健康（包括很健康和基本健康），超半数被调查者认为处于不健康但能够自理状态，另外还有 10.5% 被调查者生活不能自理（见表 6-1）。总体来看，受助者中身体不健康者占比达 61.7%，受助群体的健康状况总体不佳。

---

① 顾昕：《城市医疗救助体系建设的战略选择——从救济型向发展型模式过渡》，载于《学习与实践》2006 年第 8 期。

② 梁德阔、徐大慰：《上海支出型贫困家庭的救助模式分析》，载于《人口与发展》2012 年第 4 期。

③ 文燕媚：《广州：政府兜底 商业医疗保险再加一重保障》，载于《中国社会报》2014 年 9 月 24 日。

表 6 - 1   受助者健康状况 （N = 1 503）

健康状况	频率	百分比（%）	有效百分比（%）	累积百分比（%）
很健康	56	3.7	3.7	3.7
基本健康	517	34.4	34.5	38.2
不健康，但能自理	768	51.1	51.2	89.5
生活不能自理	158	10.5	10.5	100
合计	1 499	99.7	100	—
系统缺失	4	0.3	—	—
合计	1 503	100	—	—

进一步分析被调查家庭成员的健康状况，发现家庭中有身体不健康者的占比非常高，高达 74.2%（见表 6 - 2）。健康和医疗问题是贫困家庭面临的突出问题，也很可能是家庭陷入贫困的最主要原因。

表 6 - 2   受助家庭成员健康状况 （N = 1 503）

是否有不健康者	频数	百分比（%）
否	388	25.8
是	1 115	74.2
合计	1 503	100

二、受助家庭医疗支出情况

国际上关于卫生公平性的研究中，将家庭现金支付的医疗费和家庭消费支出相互联系进行分析，灾难性卫生支出被定义为家庭现金支付的医疗卫生费（out of pocket，OOP）占家庭消费的比例超过一定的界定标准[①]。由于食品支出具有较强的刚性，所以一般会将非食品支出作为衡量指标[②]。由于不同国家或地区经济发展状况和家庭经济条件差距较大，卫生筹资政策各异，居民医疗支出占家庭经济消费支出比例差距较大，因此难以有一个通行的衡量标准。不同研究者根据研究需要采用 10%、20%、40% 等不同标准进行研究，而 40% 标准是使用比较

[①] 陶四海、赵郁馨、万泉等：《灾难性卫生支出分析方法研究》，载于《中国卫生经济》2004 年第 4 期。

[②] 闫菊娥、郝妮娜、廖胜敏等：《新医改前后农村家庭灾难性卫生支出变化及影响因素——基于陕西省眉县的抽样调查》，载于《中国卫生政策研究》2013 年第 2 期。

广泛的标准。表 6-3 显示了受助家庭医疗支出占家庭非食品支出的比值。如果以医疗支出占家庭非食品支出比值超过 10% 来衡量灾难性卫生支出，则 77.4% 的受助家庭发生了灾难性卫生支出。如果以 20% 标准作为衡量，则 68.6% 的受助家庭发生了灾难性卫生支出。如果以 40% 标准来测量，受助家庭发生灾难性卫生支出的比值占到 55.4%。

表 6-3　　受助家庭医疗支出占家庭非食品支出比值统计（N = 1 484）

医疗支出占家庭非食品支出	频数	百分比（%）
10% 以下	336	22.6
（10%，20%]	129	8.7
（20%，40%]	196	13.2
（40%，100%]	717	48.3
100% 以上	106	7.1
合计	1 484	100

三、受助家庭总体健康状况评价

从以上对低保受助者个体、家庭健康状况的分析，以及受助家庭发生灾难性卫生支出的分析中可以发现，低保家庭的健康状况不容乐观，对家庭经济带来严重影响。贫病循环是一个恶性循环，贫困和疾病是相伴相生的问题。低保人口由于处在社会经济地位中的不利处境，经济上的贫困使他们长期处于营养摄入和医疗保健相对缺乏的状态，从而使他们在健康方面也处于不利境地。一方面，教育机会的不公平加剧了他们在社会经济地位底层的固化，同时由于受教育水平低，他们获得健康相关知识和资源的机会也受限，从而影响到他们的健康观念、健康行为进而面临更高的患病风险。另一方面，疾病尤其是重特大疾病对低保家庭的冲击，首先是以高额的医疗费用负担给家庭带来巨大经济冲击为表现，同时有可能使低保家庭由于劳动能力丧失或者家庭成员劳动时间的损失以及由此引致的对家庭投资不足带来的家庭贫困脆弱性。由此可见，低保家庭的健康问题比较突出，低保群体的健康形势较为严峻，具有比较广泛的医疗救助需求，更需要得到政策的支持以避免家庭陷入贫病循环的境地。

四、受助家庭获得医疗救助情况

对被调查家庭获得医疗救助的情况进行分析，表 6-4 数据显示，受助家庭在过去的一年里曾获得过医疗救助的比例仅为 12.2% ，87.8% 的低保家庭未获得过医疗救助。如前对受助家庭健康状况的分析显示，受助家庭中有不健康者的比例达 74.2% ，在一定程度上说明贫困群体有较高的医疗救助需求，但他们实际上获得过医疗救助的比例却很低。

表 6 - 4　　　被调查家庭获得医疗救助情况统计（N = 1 331）

是否获得医疗救助	频数	百分比（%）
是	163	12.2
否	1 168	87.8
合计	1 331	100

进一步分析受助家庭获得医疗救助的金额，表 6 - 5 统计数据显示，在获得医疗救助的受助家庭中，38.0% 的家庭获得医疗救助金额在 1 000 元以下，47.5% 的家庭获得的医疗救助金额在 1 000 ~ 5 000 元，获得 5 000 ~ 10 000 元医疗救助金额补助的家庭占 7.0% ，获得 10 000 元以上医疗救助金额补助的家庭占 7.6% 。总体来看，绝大多数家庭获得医疗救助补助金额在 5 000 元以下。

表 6 - 5　　　被调查家庭获得医疗救助金额情况统计（N = 158）

获得的医疗救助金额分组	频数	百分比（%）
1 ~ 1 000 元	60	38.0
1 000 ~ 5 000 元	75	47.5
5 000 ~ 10 000 元	11	7.0
10 000 元以上	12	7.6
合计	158	100

在从来没获得医疗救助的被调查家庭中，因为不知道有医疗救助项目而没有申请的家庭占比 53.6% ，表明受助家庭未能充分了解医疗救助政策信息，一方面在于低保家庭获取信息的能力有限，未充分发挥主观能动性了解医疗救助政策信息；另一方面是医疗救助政策宣传不够充分。知道医疗救助而没有申请的受助家庭占比 20.6% ，申请了但未获得批准的占比 1.7% ，不需要医疗救助且未申请的受助家庭占比 21.9% ，如表 6 - 6 所示。

表6-6　　被调查家庭未获得医疗救助原因统计（N = 1 167）

未获得医疗救助原因	频数	百分比（%）
不知道该类救助项目，所以没申请	626	53.6
知道该类救助项目，但没有申请	240	20.6
申请了未批准	20	1.7
其他	25	2.1
不需要	256	21.9
合计	1 167	100

　　分析被调查家庭医疗支出占家庭非食品支出的比值与贫困家庭是否获得医疗救助的关系，统计结果显示，两者的卡方检验结果显著，具有统计上的显著意义。获得医疗救助的家庭，家庭医疗支出占家庭非食品支出的比值较高。绝大多数家庭（83.5%）医疗支出占家庭非食品支出的比值在40%以上（见表6-7），也即比较普遍意义的发生了灾难性卫生支出的家庭。这一结果体现了医疗救助制度的政策指向性，即医疗救助对象优先考虑那些医疗支出过高超过家庭承受能力的家庭。数据结果也表明，从制度目标而言，医疗救助制度能够依据政策指向性有针对性地救助需要救助的人群。

表6-7　　　　是否获得医疗救助与家庭医疗支出关系统计
（N = 1 315）

家庭医疗支出比	获得过医疗救助		没有获得过医疗救助	
	频数	百分比（%）	频数	百分比（%）
10%以下	4	2.50	275	23.90
（10%，20%]	7	4.30	97	8.40
（20%，40%]	16	9.80	149	12.90
（40%，100%]	95	58.30	567	49.20
100%以上	41	25.20	64	5.60
合计	163	100	1 152	100

第二节　医疗救助制度运行的困境及现实诉求

对于社会福利模式的选择，一直存在补缺型和制度型模式的争论①，大多"补缺型"社会福利主张者认为，当前中国仍是发展中国家，考虑到经济和财政实力有限，且人口众多，社会均质性差，认为中国目前只能构建一种底线公平的"补缺型"社会福利保障模式。而"普惠型"社会福利主张者则认为，当前我国经济社会已经进入新的历史发展阶段，再以改革之初的国情来迟缓覆盖城乡的社会福利体系建设已不合时宜。相当多的研究将目前中国的社会福利制度认定为补缺型制度，我国现行的医疗救助制度具有典型的补缺型福利模式特征，这也使得医疗救助制度在运行中存在一些问题。

一、医疗救助面临的困境

（一）医疗救助供需矛盾比较突出

从医疗救助制度供给角度来看，贫困家庭实际获得医疗救助的比例较低，在一定程度上说明当前医疗救助政策的覆盖面较窄，而获得医疗救助的贫困家庭绝大多数是发生了灾难性卫生支出的家庭，表明医疗救助制度能够优先救助那些最亟须救助的困难人群。在为数不多的获得医疗救助的贫困家庭中，他们获得的医疗救助金额大多在 5 000 元以下。大多数被调查家庭没有获得医疗救助，对他们未获得医疗救助的原因进行分析发现，因为不知道医疗救助而没有申请医疗救助是最主要的原因。在一定程度上说明当前医疗救助的政策宣传还不够到位，医疗救助在贫困群体中知晓率不高，进一步影响了他们没能获得医疗救助政策的帮助。

总体而言，当前医疗救助的供需矛盾比较突出。医疗救助政策是针对无力支付医疗开支的贫困群体的制度安排。从医疗救助需求角度来看，贫困群体由于处于社会经济地位底层，经济条件差，社会资本不足，多重弱势积累导致他们更容易遭受疾病冲击，给家庭带来难以承担的医疗支出，因此贫困群体具有比较广泛

---

① 陈永生：《"社会福利"概念的探析及我国社会福利模式的选择》，载于《学术动态》2009 年第 1 期。

的医疗救助需求。从制度供给角度来看，当前我国医疗救助制度发展还不完善，存在政策覆盖面不足、救助标准低等问题。此外，医疗救助政策还存在政策宣传不够到位的情况，导致需要救助并且符合救助条件的人群因为不了解政策而得不到政策的帮助，但更多的是救助资源还比较匮乏，导致有需求的人难以得到足够的医疗救助支持。

（二）救助理念呈事后补救型消极福利模式

我国医疗救助制度在试点探索阶段，有"大病救助"和"综合救助"的制度选择，"大病救助"是被主要采用的模式。综合救助模式致力于改善家庭的能力，防止其因病致贫，而且受益面宽，有助于多重政策目标的实现，是发展型社会政策思路的一个具体体现。大病救助模式是一种传统型的救济思路，能起到扶贫济困的作用，但是对贫困家庭改善自身能力从而减贫脱贫并无多大助益。社会政策的研究和实践表明，扶贫济困仅仅是消极型社会救助的一种功能，救助思路和理念上是一种自上而下的方式，施救者和受助者之间权利不对等，没有把接受救助视为受助者的权利[①]。我国现行的医疗救助制度在政策设计上属于扶贫济困式的事后补救型消极福利模式，这决定了其注重疾病经济补助忽视健康服务，注重事后补救缺乏健康风险预防，注重提供大病救助忽视慢性病、心理健康救助，以致救助对象范围小、救助形式单一，难以保障困难群众的健康需求。

（三）医疗救助范围与病种受到较多限制

从救助对象看，主要包括城乡低保对象、重点优抚对象、重度残疾人、"三无人员"和农村五保户等特殊困难群体，部分地区把低保边缘户纳入救助对象范围，而不少地区不属于低保制度救助对象范畴的灾难性卫生支出人群，仍难以享受到医疗救助政策的支持。另外，从病种范围来看，出于救助能力、疾病是否可治愈、治疗费用大小等因素[②]，全国各个地区在制定医疗救助政策时确定了病种范围，病种范围之外的贫困人口被排斥在了医疗救助支持之外。医疗救助制度在救助对象和救助内容上的选择性，使符合政策救助条件的困难人群比较有限，政策受益对象范围过于狭窄。

① 王保真、李琦：《医疗救助在医疗保障体系中的地位和作用》，载于《中国卫生经济》2006 年第 1 期。

② 刘芳、李跃平：《从医疗救助的本质看医疗救助政策的设计》，载于《福建医科大学学报》（社会科学版）2009 年第 4 期。

（四）基本医疗卫生服务保障不足

生命健康权是与生俱来的，医疗救助政策不能只关注医疗费用负担，更应关注公平健康权的实现[①]。社会保障本身是以实现社会公平为目的的社会安全机制，作为社会保障体系中的重要组成部分，医疗救助制度在促进社会公平中负有重要的使命。医疗救助政策目标应该是定位于为低收入人群提供最基本的医疗服务，提高卫生服务在经济上的可及性，促进卫生服务利用的公平性。即一方面保证贫困人群不至于陷入没钱看病的困境，实现"病有所医"；另一方面要使处于贫困边缘的人群不会因疾病而陷入贫困的陷阱，即避免"因病致贫"和"因病返贫"。而当前医疗救助主要定位于大病救助，对困难人群的基本医疗卫生服务未能涵盖，困难人群在因病致贫、因病返贫、贫病交加的怪圈中难以脱困。医疗救助应关注贫困人口健康权的实现，注重培养贫困人群的健康意识，开发其健康脱贫能力。由于贫困人口很难独立地实现脱贫，这使得贫困人群在利用卫生资源的机会方面同非贫困人群相比处于不公平状态。因此，有必要通过医疗救助制度帮助贫困人口增强利用医疗卫生资源的能力，提高对卫生服务的利用率，缩小贫困人群在健康方面同非贫困人群的差距，以促进社会公平目标的实现。

二、发展型医疗救助制度的现实诉求

长期以来，人们借助健康的对立面"疾病"来定义健康，习惯于将健康等同于身体"无病"或"不虚弱"。这种理解不尽确切，一是没有把表面"健康"而实际上已经潜伏着某种病理性缺陷的状况涵盖进来；二是这种理解只考虑了人的生物属性，却忽略了社会属性和人的心理状态。世界卫生组织（WHO）在1946年提出的健康定义，即"健康不仅是没有疾病或不受伤害，而且还是生理、心理和社会幸福的完好状态"。该定义综合考虑了人的生物学和社会学特征，将人的生理、心理状态以及社会适应性三者兼容起来。随着人力资本理论的兴起，健康作为一种人力资本投资的理念被提出来。在人力资本投资的各种方式中，通过投资于健康来改善人力资本存量的质量，是提高人口素质，同时也是促进经济增长的主要动力。

一些研究表明，单纯强调直接导致疾病的生物原因是远远不够的，目前WHO对"健康社会决定因素"概念的界定受到广泛认同，即在那些直接导致疾

[①] 刘亚孔、方鹏骞、张霄艳：《健康贫困视角下医疗救助政策目标转型分析》，载于《中国卫生经济》2017年第10期。

病的因素之外，由人们居住和工作环境中社会分层的基本结构和社会条件不同所产生的影响健康的因素，它们是导致疾病的"原因的原因"，包括人们生活和工作的全部社会条件，如贫穷、社会排斥、居住条件等。基于伦理与人权主义的观点，致病的最主要因素可能是贫困，贫穷的病人经常陷入恶性循环中，因此医疗系统不仅要对贫困人口提供改善其健康水平的服务，而且要帮助其改变产生贫穷的环境，减少社会弱势群体成为健康人机会的不平等性，减少社会弱势群体或边缘人群有系统联系的健康差异，意味着基于价值判断解决健康与贫穷问题①。

（一）贫困与疾病恶性循环难以破解

贫困和疾病是相伴相生的问题，贫困人口由于处在社会经济地位中的不利处境，经济上的贫困使他们长期处于营养摄入和医疗保健相对缺乏的状态，从而使其在享有健康方面也处于不利境地。教育机会的不公平加剧了他们在社会经济地位底层的固化，同时低受教育水平使他们获得健康相关知识和资源的机会也受限，从而影响到他们的健康观念、健康行为进而面临更高的健康风险。另外，疾病尤其是重特大疾病对贫困家庭的冲击，首先是以高额的医疗费用负担给家庭带来巨大经济冲击为表现，同时有可能使贫困家庭由于劳动能力丧失或者家庭成员劳动时间的损失以及由此引致的对家庭投资不足带来的家庭贫困脆弱性。由此，疾病和贫困形成难以破解的恶性循环。王保真等研究认为，贫困既是患病的原因又是患病的结果，这是一种危险的互动，它损害了人的基本权利，对人口可持续发展和社会发展成果的积累带来致命的打击。医疗救助制度作为切断贫病恶性循环链条的制度安排，无疑应当成为社会政策的一个重要内容。它对于缓解贫困，进而实现社会公平，实现社会和谐进步具有重要作用。医疗救助制度理应在阻断贫病恶性循环中起重要作用，而实际上，医疗救助仅从经济上对因疾病遭遇困难的群众提供经济上的补助，虽然有助于暂时缓解他们经济上的医疗费用负担，但难以有效阻断贫困和疾病间的恶性循环，因病致贫、因病返贫仍然是威胁困难家庭陷入长期性贫困的因素。

（二）贫困人口健康诉求中供需矛盾突出

贫困人口的健康诉求较为迫切，健康状况不佳，患重特大疾病和慢性病的比例高，医疗费用支出占家庭支出的比例大，家庭难以承担。贫困群体具有比较迫切的医疗救助需求。我国医疗救助制度的供给效能不足，表现在：一是困难家庭获得医疗救助的比例小。如前调查数据分析结果显示，仅有12.8%的困难家庭曾

---

① 侯剑平、邱长溶：《健康公平理论研究综述》，载于《经济学动态》2006年第7期。

经获得医疗救助。另外的 1 168 户从未获得医疗救助，他们中因为"不需要"而未申请医疗救助的比例为 21.9%，也即存在很大一部分需要医疗救助的家庭实际上并未获得救助。他们中因为"不知道医疗救助而没有申请医疗救助"的比例也很高，占到 53.6%，而与此同时，存在医疗救助资金绝对不足与相对过剩的矛盾，一方面是医疗救助资金无法满足医疗救助需要，另一方面是医疗救助资金大量沉淀，不能及时作用到救助对象[1]。需要救助而得不到救助，或资金结余未能有效实施救助，医疗救助制度的救助效能不足，进一步加大了医疗救助的供需矛盾。

（三）导致健康受损的社会因素未受足够重视

当前，很大程度上受社会因素影响的慢性病已经成为人们健康最主要的威胁。唐钧的研究认为，20 世纪以前，传染病是人类的头号杀手，到了 20 世纪中期，慢性病取代了传染病成为健康的主要威胁，人类从此迈进了"慢性病时代"。慢性病的重要致因是社会环境和生活方式，且具有只能控制而难以治愈的特征。20 世纪前半期形成的"治疗至上论"已经与以慢性病为主要威胁的当代社会实际情况不相符合。然而中国社会显然对健康服务领域的这一深刻变化认识不足。90 年代以来的医疗体制改革中"治疗至上"观点仍然占据主导地位，而导致健康受损和疾病的社会因素仍然被忽视。当前普遍施行"以大病为主"的医疗卫生政策，其基本理念就是"治疗至上"的一个最明显的例子[2]。医疗救助制度走"大病救助"模式而非"综合救助"模式，同样是治疗至上观点之下的政策选择，显然难以适应社会因素对健康影响的社会变化。

第三节 医疗救助制度从补缺型向发展型模式转变的对策

一、发展型医疗救助制度模式的设计思路

发展型医疗救助制度模式设计思路基于发展型社会政策。20 世纪 80 年代美

[1] 刘亚孔、李硕、袁立超：《积极福利理念下的中国医疗救助反思与重构》，载于《社科纵横》2015 年第 3 期。
[2] 唐钧：《关于健康社会政策的理论思考》，载于《江苏社会科学》2008 年第 4 期。

国加州大学伯克利分校公共社会服务学院的詹姆士·梅志里正式提出发展型社会政策概念。20 世纪 90 年代中期以来，经济合作与发展组织（OECD）国家实施了一系列新的社会政策，包括儿童教育和服务等，这些政策使失业率下降，依靠社会救助的人数显著减少，收入差距扩大的趋势得到明显缓解，因而这些政策被称为积极的社会政策，即我们所说的发展型社会政策，是指政府和社会组织为全面提升公民的社会参与能力、意愿和机会，而以社会投资和积极干预的方式建构和实施的社会政策类型①。即逐渐从传统的"事后补救型"的干预方法向着积极、"生产性"、注重社会投资的方式转变。发展型医疗救助制度模式的政策设计理念基于发展型社会政策，转变"事后补救型"救助为关注"事前预防性"救助，注重培育贫困人口获取和保持健康的知识和能力，主要有以下特征。

第一，摆脱济贫助困的救助思路，强调国家对贫困人口提供健康救助服务，保障他们的健康需要是国家应承担的责任。贫困人口获得健康救助是他们享有的权利，有权获得保障其健康的医疗救助服务。

第二，强调对贫困人口健康的投资是一种人力资本投资，贫困人口维持和获得更好的健康状态是对健康人力资本投资的回报，当他们能够拥有更好的健康状态时，有利于创造更多的财富。而不是把对贫困人口的健康投资视为国家和社会的负担，视为对社会财富的纯粹消耗。

第三，强调对贫困人口健康风险的预防，着眼于提高贫困个体及家庭应对健康风险的能力。发展型医疗救助模式凸显发展型社会政策"早期识别""重视预防""上游救助"的取向，在贫困群体没有受到不健康状态困扰前就开始救助，而不是等到他们遭受重特大疾病重创，个人和家庭无法自救时才开始干预。这样做的意义在于，代替传统的风险事后弥补和再分配机制，可以有计划地帮助贫困人群面对健康风险，而不是简单地"修复"结果。

第四，强调全过程干预，从整体层面进行介入。不再仅仅关注人生的低谷和尾声，而是扩展到人生的所有阶段。面向整个家庭、所有贫困人群提供健康服务。如对贫困女性注重提供生殖健康服务，加强优生优育知识培育，育儿教育知识培训等，使贫困家庭的儿童在人生起点上拥有更利于健康的状态。对贫困家庭的儿童，注重培育他们形成良好的卫生习惯，更健康的生活方式和生活习惯，增强体质，并注重对他们健康心理的培育。对贫困群体的成年人，增加健康知识和疾病预防知识的传输等。

第五，发展型医疗救助模式关注贫困人口的"健康能力"，注重贫困群体能

①　胡位钧：《社会政策的"积极"转型：OECD 的经验及其启示》，载于《复旦学报》（社会科学版）2010 年第 6 期。

力的提升和自我责任的唤醒。体现在服务内容上，为贫困群体提供更全面的服务。服务内容不再停留在只是针对大病提供经济补偿和资助购买基本医疗保险上。从健康状态到不健康状态的转化受很多因素的影响，所以从身体健康、心理健康和社会关系调适进行多维度的干预，注重提升贫困群体维持身心健康和社会关系和谐的能力。

第六，发展型医疗救助模式将社会服务作为重要手段。扭转社会政策"重现金给付，轻社会服务"的倾向，将社会资源投入到对贫困人口健康能力的培育上。通过社会服务，将国家福利资源输送给贫困人口，让他们获得更好的健康服务。因此，整合当前的社会福利资源，例如发展并与医务、社会工作等社会服务进行整合，有助于培育贫困人口的健康能力。

二、医疗救助制度从补缺型转向发展型模式的建议

（一）发展型医疗救助是在现行医疗制度基础上进行的政策调整

发展型医疗救助模式并非是对现行补缺型医疗救助制度的彻底颠覆，而是从救助理念转变出发，根据社会发展方向和救助对象需求的变化，对现行医疗救助制度所做的政策调整。从目前医疗救助的"大病救助"模式走向综合性救助模式，并根据发展水平与其他社会政策进行整合，探索有利于贫困人口身心健康的救助模式。有研究者曾对城市医疗救助制度走向"综合性"模式所需资金进行测算，作出了"占全国地方政府财政开支总额的0.53%"的判断，认为"与功效有限的大病医疗救助模式相比，建立一个综合型、发展型的医疗救助体系，的确需要政府投入更多资金。只要各级政府能够投入不超过地方政府财政支出1%的资金，就可以做到让所有贫困家庭在自付20%医疗卫生费用的水平上享受各种医疗服务。这样的支出水平，对各地的政府来说，应该在可承受范围之内，而其效果却极其显著"。发展型医疗救助模式与这种综合救助模式有异曲同工之处，由此认为在当前制度模式的基础上与各项制度进行整合衔接，具有可行空间。

（二）救助理念从消极补救到积极发展转变

当前大病医疗救助模式实际上是秉持传统扶贫济困式的社会救助方式，尽管能为贫困人群减轻一定经济困难，但是对于帮助他们提升其改善健康的能力效果甚微。近年来，社会政策研究与实践表明，扶贫济困仅仅是消极型社会救助的一种功能；积极型社会救助不但要扮演社会安全网的角色，而且还能在促进受益者

改善其生计的能力上体现"发展型"功能①，对贫困人口的健康救助同时也是一种人力资本投资，在促进其生活境况改善方面具有重要意义。因此，发展型医疗救助不仅要为因大病已经致贫的民众提供接济，而且注重对未患病的困难群众提供综合性帮助，让他们能够享受更健康状态。

（三）救助对象覆盖范围扩大

当前医疗救助制度覆盖面过小，发展型医疗救助模式出于政策理念的不同，将大大规避该问题。发展型医疗救助的救助对象不再局限于患上大病、家庭无力负担医药费用的贫困家庭，而是扩展到对全体贫困家庭提供健康服务。通过运用社会服务的方式，根据服务对象的不同需要，开展有针对性的服务，受益范围大大扩展，突破现行医疗救助制度对象覆盖范围过窄的局限。

（四）从事后救助向事前预防性救助转变

发展型医疗救助体现了"上游干预"的发展型救助特征，从身体还处于健康状态时就开始进行预防性救助，而非等到因重病致贫家庭经济生活失灵后才开始救助。贫困人口有自身的群体特征，社会经济地位低，容易陷入精神贫困，这些因素的综合作用使贫困人口面临更高的健康风险，因而对贫困人口健康的救助应该与面向一般社会成员的健康促进区别开来。健康促进是针对普通社会成员，医疗救助是面向贫困群体。补救型医疗救助制度模式的救助起点是在贫困人口患病后，并且带来家庭难以承受的医药费用负担，严重影响家庭正常生活的情况下才开始救助。发展型医疗救助模式的救助起点是在贫困人口患病前，身体还处于健康状态时，对社会经济地位处于底层的贫困人口，以提升他们的家庭发展能力为手段对他们采取相应的救助措施，以降低他们陷入"贫—病"循环怪圈的风险。

---

① 安东尼·海尔、詹姆斯·梅志里著，顾昕译：《发展型社会政策》，社会科学文献出版社 2006 年版。

第七章

"救急难"社会救助制度的研究

第一节 "救急难"社会救助问题的提出

一、社会救助制度"救急难"问题提出的背景

社会救助制度的"救急难",是对因遭遇突发性、意外性事件,或生活必须支出急剧增加,在现有社会保障和救助实施后仍然严重超出家庭经济承受能力、基本生活难以为继的贫困家庭进行救助的行为。在新的历史时期,国务院颁布的《社会救助暂行办法》赋予社会救助"救急难"的重任,在"托底线""可持续"的基础上,对社会救助在实施效果和实施方式上提出的新要求,是对社会救助功能的再深化。全面建立专门应对群众突发性、临时性、紧迫性困难问题的"救急难"救助制度,让生活在困境中的人群得到及时救助,对于进一步构筑基本民生安全网,守住人民群众基本生活安全底线等意义重大。临时救助制度承担着"救急难"的主要职能,《国务院关于全面建立临时救助制度的通知》明确指出,"建立临时救助制度是填补社会救助体系空白,提升社会救助综合效益,确保社会救助安全网网底不破的必然要求"。

但是目前来看,该项制度在制度设计、对象范围、保障标准,特别是经费筹

措方面还存在一些局限，需要继续研究实现突破。在经济全球化与信息社会迅速发展的当今社会，风险的扩散性与不可预测性，深刻地影响着人类的生存与发展[①]，社会公众切身地感受到生活在因市场经济、先进科技和官僚行政等现代性带来的风险之下，以及由此对人类社会产生的巨大挑战[②]。近年来，全国各地相继实施了"救急难"救助，取得良好效果，但也存在一些急需解决的问题，例如，"救急难"的资格认定与实施程序、制度衔接与监督管理等，需要进一步明确"救急难"的范围、事项和标准，妥善解决困难群众遭遇的突发性、临时性和急难问题。另外，明确"救急难"的功能定位，许多战略性、前瞻性、实践性问题需要进行深入研究和科学阐释，一些基本原则需要细化、实化，以及还需要深入研究"救急难"制度的内涵外延、行为干预、财力支撑等问题。本章紧扣当前我国社会救助"救急难"改革的核心问题，思考和探究如何充分发挥临时救助的"救急难"功能，以湖北省武汉市实践探索为例，基于资格认定、资金筹集、工作机制、制度衔接、监督管理、保障条件等层面进一步完善临时救助制度，从制度设计与改革趋势等方面探索如何完善"救急难"救助制度，为推动"救急难"救助工作走向更高水平、更加公平公正、可持续性发展等提供参考建议。

二、社会救助制度"救急难"的研究回顾

通过对新闻报道、网络信息，以及 CNKI、维普等学术期刊数据库的搜索，发现对社会救助"救急难"的研究成果不是很多。但是，自《社会救助暂行办法》颁布以来，该领域的研究成果逐步增多。对于最能发挥社会救助"救急难"功能的临时救助制度、重大疾病医疗救助、突发性灾难救助等已有一些成果。归纳起来，主要有以下特点。

（一）关于临时救助制度概念、问题及对策的研究

临时救助实施至今，取得诸多成效，但也存在一些问题亟待解决。程学佳认为，临时救助立法的分散性、片面性以及滞后性，导致临时救助立法缺乏整体性[③]。胡仙贵的研究指出，临时救助存在救助对象难以审核、制度衔接不够、因病救助对象范围偏小、未能分层分类救助等问题[④]。秦加加指出，我国临时救助

---

① 兰剑、慈勤英：《现代风险社会与"急难"风险的应对——兼论社会救助救急难的常态化机制构建》，载于《青海社会科学》2015 年第 4 期。

② Ulrich Beck. *Risk Society：Towards a New Modernity*［M］. London：Sage Publications, 1992.

③ 程学佳：《浅析临时救助制度问题》，载于《法制与社会》2011 年第 33 期。

④ 胡仙贵：《临时救助制度实施中的问题与对策》，载于《中国民政》2013 年第 3 期。

制度存在着救助对象认定模糊、救助资金有限、定位不清等问题，提出要建立健全临时救助法律体系，简化审批程序，引导社会力量参与等对策[①]。也有学者对一些特殊群体的临时救助制度进行了研究，如张妤婕（2016）以贵州省毕节市发生的 4 名儿童服农药中毒死亡事件为研究背景，针对临时救助制度出现的问题，提出应从改变救助思路、改进工作机制、设置专门救助机构、丰富救助内容等领域完善困境儿童临时救助制度，为困境儿童织造一张结实牢固的救助保护网[②]。

（二）关于重特大疾病医疗救助的研究

重特大疾病因为支出大，极易导致低收入群体突发性生存困难，各地为解决一些低收入群体因医致贫问题提出了一些政策。在学术层面，主要从医疗救助范围、工作成效、资金筹集等方面进行，如程斌等研究了如何提高农村居民重大疾病医疗保障水平[③]；毛立坡等对重特大疾病医疗救助试点进行了评析[④]；向国春等测算了不同救助模式下，重特大疾病医疗救助的筹资规模，分析重特大疾病医疗救助达到不同救助水平的筹资压力[⑤]。

（三）关于社会救助"救急难"工作的研究

"救急难"是社会救助制度的基本方针之一，做好这项工作，与当前经济社会发展的新常态息息相关，是全面深化改革和全面建成小康社会的现实需要。时任民政部副部长宫蒲光指出，"救急难"工作在快速回应救助诉求、积极引导社会力量参与、实施综合救助等领域的成绩显著，但也存在不少理论、政策、法律、体制和实践等方面的问题亟待破解[⑥]。很多学者对"救急难"的社会参与机制进行了研究，如顾晶提出，"救急难"社会参与机制的主要形式有社区、社区慈善超市、民间社会组织、志愿者、大众传媒，但当前社会参与"救急难"面临着政府政策限制多、培训体系不专业、扶持资金不足、媒体舆论难甄别等问题[⑦]。也有学者对脱贫攻坚战下的救急难工作进行了研究，如封志武等对救急难在打赢

---

① 秦加加：《现行临时救助制度存在的问题及对策研究》，载于《内蒙古科技与经济》2015 年第 22 期。

② 张妤婕：《论我国困境儿童临时救助制度的完善——以毕节儿童自杀事件为例》，载于《中国青年政治学院学报》2016 年第 3 期。

③ 程斌、应亚珍：《提高农村居民重大疾病医疗保障水平策略探讨》，载于《中国农村卫生事业管理》2012 年第 6 期。

④ 毛立坡、张琳等：《重特大疾病医疗救助试点评析》，载于《中国医疗保险》2013 年第 8 期。

⑤ 向国春、顾雪非等：《重特大疾病医疗救助模式选择及筹资测算研究》，载于《卫生经济研究》2014 年第 3 期。

⑥ 宫蒲光：《关于"救急难"工作中几个问题的思考》，载于《中国民政》2015 年第 12 期。

⑦ 顾晶：《"救急难"社会参与的主要类型及其问题分析》，载于《中国民政》2015 年第 18 期。

脱贫攻坚战的大扶贫开发形势下，所面临的问题进行了深入探讨，指出必须做好
"救急难"工作，规避脱贫攻坚过程中一些冲击社会道德和心理底线的事件发
生[1]。在地方，各地也对"救急难"工作进行了诸多探索，如湖北省各地相继制
定出台临时救助制度，另外也对重特大疾病医疗救助进行了探索，2012 年出台
了《湖北省提高农村居民重大疾病医疗保障水平试点工作实施方案（试行）》。
这些工作有效地缓解了城乡困难群众各种临时性、突发性困难，而且减轻了低保
制度压力，促进了社会和谐稳定。但是，也存在一些问题。例如，一些地方还存
在申请审批程序烦琐、资金发放不及时的问题，少数地方存在随意救助、重复救
助、遗漏救助现象，一定程度影响了"拾遗补阙"和"救急解难"功能发挥。
今后该领域的工作重点就在于巩固已有成绩，通过改革和完善相关政策，进一步
发挥社会救助"救急难"功能。

第二节　社会救助"救急难"的实证数据分析与讨论

选取武汉市武昌区、洪山区、江夏区、青山区四个行政区的调查样本，共
618 份，探析武汉市临时救助"救急难"政策执行情况（见表 7 - 1）。通过访谈
研究，充分了解社会救助"救急难"政策执行情况，听取基层工作人员及低收入
群体的意见，选取生活困难群体或急难救助对象、民政部门工作人员为访谈对
象，深入访谈，探究现实情况。同时，通过对已经出台的相关政策、文件等进行
梳理，进一步了解武汉市救急难工作开展情况。

表 7 - 1　　　　　　　　各个行政区的调研问卷样本量

样本地	样本量	有效百分比（%）	累积百分比（%）
武汉市洪山区	120	19.4	19.4
武汉市江夏区	170	27.5	46.9
武汉市青山区	70	11.3	58.3
武汉市武昌区	258	41.7	100
合计	618	100	—

---

① 封志武、黄忠敏、黄双：《脱贫攻坚新形势下贫困地区推进"救急难"工作的思考——以广西百
色市为例》，载于《桂海论丛》2018 年第 2 期。

一、调查对象接受"救急难"救助的基本情况

（一）最近一年获得过临时救助的人口比例

从调查数据来看，回答"是"的样本量有 16 个，回答"否"的样本量为 602 个，最近一年获得过临时救助的人数占总体样本的比例为 2.6%（见表 7 - 2）。

表 7 - 2 　　"是否获得过临时救助"统计情况（N = 618）

是否获得过临时救助	样本量	有效百分比（%）	累积百分比（%）
是	16	2.6	2.6
否	602	97.4	100
合计	618	100	—

（二）未获得临时救助原因的调查统计

从调查数据的统计结果来看，绝大多数人不知道有临时救助，有 425 人回答了"不知道该类救助项目，所以没申请"，占比 68.8%；回答"知道该类救助项目，但没有申请"选项的人数为 49 人，占比 7.9%；回答"不需要"的选项为 143 人，占比 23.1%（见表 7 - 3）。从中可以看出，临时救助在人民群众当中的知晓程度还不高，还需加大政策宣传力度。

表 7 - 3 　　"未获得临时救助的原因"统计情况（N = 618）

未获得临时救助的原因	频数	有效百分比（%）	累积百分比（%）
不知道该类救助项目，所以没申请	425	68.8	68.8
知道该类救助项目，但没有申请	49	7.9	76.7
申请了未批准	1	0.2	76.9
不需要	143	23.1	100
合计	618	100	—

（三）接受临时救助次数的情况

97.4%的受助者在过去的一年里没有接受过临时救助。在接受过临时救助的人当中，有12人接受过1次临时救助。另外，还有2人接受过2次，1人接受过5次，1人接受过6次（见表7-4）。总体而言，接受临时救助的次数比较少，总体人数所占比例也比较低。

表7-4　　　　　　接受临时救助的次数统计（N=618）

接受临时救助次数	频数	有效百分比（%）	累积百分比（%）
0	602	97.4	97.4
1	12	1.9	99.4
2	2	0.3	99.7
5	1	0.2	99.8
6	1	0.2	100
合计	618	100	—

（四）接受临时救助的金额情况

从表7-5数据统计的情况来看，接受临时救助金额主要分布在100～3 000元；但总体上接受的救助标准都比较低，多数金额是在500元以下，接受500元以上的救助次数只有2次（见表7-5～表7-7）。

表7-5　　　　　　第一次接受临时救助的金额（N=618）

第一次接受临时救助的金额（元）	频数	有效百分比（%）	累积百分比（%）
0	602	97.4	97.4
100	3	0.5	97.9
200	2	0.3	98.2
300	3	0.5	98.7
350	2	0.3	99.0
450	1	0.2	99.2
500	3	0.5	99.7
1 000	1	0.2	99.8
3 000	1	0.2	100
合计	618	100	—

表 7 - 6　　　　　第二次接受临时救助的金额 （N = 618）

第二次接受临时救助的金额（元）	频率	有效百分比（%）	累积百分比（%）
0	614	99.4	99.4
100	1	0.2	99.5
200	1	0.2	99.7
300	1	0.2	99.8
400	1	0.2	100
合计	618	100	—

表 7 - 7　　　　　第三次接受临时救助的金额 （N = 618）

第三次接受临时救助的金额（元）	频数	有效百分比（%）	累积百分比（%）
0	616	99.7	99.7
100	1	0.2	99.8
500	1	0.2	100
合计	618	100	—

二、社会救助“救急难”政策建设与基层执行情况

（一）各市县相继出台临时救助政策文件

早在 2009 年初，湖北省各市、县、区等就相继制定出台了临时救助的政策文件，这标志着湖北省已全面建立起覆盖城乡困难群众的临时救助制度。通过对湖北省武汉市城市和农村地区的实际调查，相关文献资料的搜索，对相关国家政府政策文件的梳理，对政府民政事业统计数据的分析，可以发现：湖北省各地已经建立了比较完备的临时救助制度，基层民政部门对临时救助制度也进行了较好的实施。可以说，在社会救助“救急难”的工作领域取得良好成绩。但是也发现，对临时救助资金来源、社会力量参与等领域规定不甚明晰，比较笼统，还需进一步细化和完善。

（二）基层干部对“救急难”救助的认识与执行情况

课题组成员就社会救助救急难工作对基层民政干部进行了访谈，包括 22 名街道（乡镇）民政干部，28 名负责社区（村）民政工作的干部。当问到民政干

部"介绍一下本区的救急难救助工作"时，只有59.1%街道（乡镇）民政干部能比较详细地阐述辖区内的救急难工作，其余的干部对该类工作含糊其辞，其中有6人（27.3%）表示"目前还没有处理过相关的救急难案件"，也表示"不清楚救急难救助工作体现在哪些地方"。这说明当地多数民政干部比较清晰地认识和了解救急难救助，但也有一部分基层民政干部对相关业务还不熟悉，了解还不够深层次，仍需要进一步加强对救急难救助相关知识的学习，提升对救急难救助的认知水平，以及处理相关案件的能力。

同时，对28名负责民政工作的社区（村）干部进行访谈时，当问到"请您介绍一下本社区（村）的一些救急难救助工作"，其中有多达22人（78.6%）表示"不是很了解救急难救助"，"目前还没有处理过相关的救急难案件"，并表示"重点工作是做好低保申请与核查工作"，对救急难工作接触较少。只有6人（21.4%）在访谈中表述"很了解救急难救助"。这说明社区（村）干部不太了解救急难救助工作，接触的相关案件也比较少，这亟须加强对救急难救助知识的学习，提升认知水平，这样才能更好地协助基层政府及民政部门开展好救急难救助工作。

三、社会救助"救急难"工作面临的主要问题

近年来，湖北省在社会救助救急难领域加大了投入，不断强化民政干部救急难意识，已经初步建立了比较完善的救急难体系，临时救助、临时补贴等承担和体现着救急难救助职能的救助制度逐步步入规范化的轨道。但是，总体而言，在救急难救助的资格认定、救助标准、审批周期、资金筹措等领域还有待进一步完善。

（一）救助程序还有待规范化

因救急难救助属于紧急性、应急性救助，在救助程序上需要规范化，但也需要简化。在实际调查当中发现，因社区（村）一级的干部比较了解申请对象的具体情况，往往由他们进行入户调查，评议确定是否继续向上一级民政部门提交申请材料。其中，社区（村）干部的主观意志、个人积极性往往影响着该临时救助审批结果。救助审批权过度下放，由社区（村）层面干部决定的"审批权"，需要有其他的制衡措施，确保客观、公平、公正。临时救助的申请程序和审批决定权需要更加规范，确保整个申请、审批过程的公开与公正，而不能让所有的审批审核工作过度依赖于社区（村）干部。

（二）救助过程有待高效化，救助审批时间有待缩短

多数地方对临时救助的审批期限仍然比较长，少则 10 天，多则数月。如规定"城市临时救助待遇每月审批一次，农村临时救助待遇每季度审批一次"。这种审批期限往往导致受困者不能得到及时的救助，从而引起不可想象的负面后果。因此，临时救助的审批时间应该缩短，审批程序应该简化。对于特别紧急的情况，街道（乡镇）民政部门可以立即发放一定额度的救助款物，以保障困难者最基本的生活，事后再补充相关手续，或再决定给予其他方面的救助。

（三）救助标准还有待合理化

各地一般规定一年内最多只能享受一次临时救助，并且救助金额一般是根据困难程度、城乡等分成几个级别，但对临时救助标准并无特别具体的规定。并且救助标准的制定，也是根据拨款资金情况进行确定，各地差异比较大，从几百元到几千元不等。但是，对于临时救助的标准如何确定，以及目前实行的临时救助标准是如何确定的，都没有详细论及。

（四）民政干部"救急难"意识和能力还有待提升

负责基层民政事业的街道（乡镇）干部，以及社区（村）干部是"救急难"工作的主力军，他们在发现救助对象，调查、审核申请对象材料等方面起着非常重要的作用，其工作效率与素养，解决困难群体问题的能力，深刻影响着救急难救助效率。例如，很多生活困难者并不十分了解申请程序，需要提交哪些材料等，但是基层干部对此指导不够，导致申请对象三番五次来提交材料。基层干部对于救急、救难的紧迫性还需要提升，对于困难群众的生活问题还有待更加重视。另外，基层干部在与申请对象沟通、解决相关问题的能力还需要提升，要能换位思考，做好"急群众之所急，想群众之所想"，让群众信服、信赖基层干部的民政工作。

第三节　完善社会救助制度"救急难"的对策

研究发现，经过多年的努力，湖北省各地已经相继建立了比较完备的以临时救助为依托的救急难救助体系，基层民政部门对救急难救助也进行了较好的实

施。但在新的历史发展时期，随着各地经济社会的不断发展与进步，面对更加错综复杂的社会建设与管理局面，救急难救助工作要更好地服务和谐社会构建，服务经济社会更好更快发展，还有一些地方亟须提升。按照主动、及时发现救助对象，充分发挥社会参与作用等基本要求，构建完善的社会救助"救急难"制度与政策体系。

一、遵循社会救助"救急难"的基本原则

（一）应救尽救，筑好民生最后的"安全网"

救急难是社会救助的新要求，旨在为因突发事件、意外事件导致生活困难的家庭或个体提供最基本的生活救助，通过提供维持最低生活的资金或物质，帮助生活困难者渡过暂时的难关，防止冲击社会道德和心理底线的事件发生。因此，对待该种类型的突发性生活困难者，应确保"应救尽救"，兜底保障困难群众的最基本生活，筑好民生最后的"安全网"。

（二）"救急难"程序规范化与高效化相结合

要使救急难救助制度真正发挥作用，就需要进一步规范救急难救助的申请与审核机制，但必须简化整个程序，确保救助过程的高效化，使受困者能够及时获得救助。需要确保整体救助程序的规范化，各部门、各级民政干部要各负其责，人尽其才。非常了解基层群众生活情况的社区（村）干部要及时将突遇困难者相关情况上报，上级民政部门要及时对所反映的情况，立即进行处理，对于提交的申请材料要及时组织审核、审批，能否给予救助要及时答复，不能给予救助的，要给出书面说明，能给予救助的，要及时发放救助款物。建立救急难救助申请一门受理的综合性服务平台，委派专人负责受理或转办工作，确保困难群众求助有门。形成"一门受理、协同办理"的联合工作机制，完善部门之间分办、转接流程，及时受理、转办救助申请事项，实现救助申请人与相关救助部门高效衔接。办理临时救助的整个程序要简化，过程要高效，确保受困者第一时间获得救助。

（三）确保及时救助，缩短救助审批时间

"急难"的一个重要考量是"急"，对"急难"事件本身需有一个时间限定，这就要求在解决一些遭遇突发性、紧迫性、临时性生活困难群众的救助问题方

面，要及时发放救助款物，充分发挥社会救助的救急、救难功能。按照"公开、公正、公平"的原则，坚持规范与便捷、快速相统一，充分发挥社会救助"救急难"的作用。目前，一般申请临时救助，需要经过多个层级的申请、审核、审批，要经过向居（村）委会申请并提供多项材料、入户调查、审批表填写与上报、网上审批等系列流程，整个过程所需时间比较长，有时导致救助时机错过、效率大为降低。因此，在程序上应尽量简化，如遇到特殊情况，应该采取特事特办，先救助，再行使相关手续。实施救助也需要设定标准和进行评估，根据不同情形，决定救助的周期与标准。总体上，救助的申请程序要简化，审核时间要缩短，特事特办，甚至对于一些非常紧迫性的困难，可以先救助，事后再补充申请材料。赋予基层民政部门一定的自主权，对于特殊的突发和紧急情况，可以对受困者先发放一定数额的救助款物，然后再按照正常程序提交申请材料，对最终的救助标准进行核定。但是，对于超过特定救助标准的情况，仍需要按照正常程序，进行申请、审核，最终再下发。

二、明确社会救助"救急难"的范围与对象

"救急难"救助对象是任何遭遇意外事故、突发性事故，就医就学等阶段性支出巨大，导致突发性的、紧急性的生活困难家庭，主要救助范围包括：一是突发性的生活困难家庭，因意外伤害事件、突发重大疾病等导致生活困难；二是生活必需品支出、教育支出急剧增加，并远远超过家庭经济承受能力，造成家庭生活出现暂时性严重困难；三是遭遇其他特殊困难的家庭。非本地户籍的流动人员，因财物失窃、走失等原因，导致基本生活难以维持的，可以向各地的救助管理者求助，救助管理者按照规定给予临时救助。

三、建立规范的社会救助"救急难"实施程序

受困者向户籍所在地或常住地的街道（乡镇）民政部门提出书面申请，填写《救急难救助申请表》，并提供相关证明材料。受申请人委托，村（居）民委员会或其他单位、个人可以代为提出临时救助申请。为保障救急难救助的及时与高效，自接到救急难申请之日算起，应该在5个工作日（不包括公示时间）内完成所有的核查与审批工作。街道（乡镇）民政部门在接到救急难救助申请之时算起，应在2个工作日内开展并完成相关的调查、核实工作。对于具有本地户籍的申请者，由申请对象所在的社区（村）负责民政事业的干部协助进行入户调查，核实申请人的困难情况、家庭经济情况等，申请组织民主评议，提出审核意见，

并在申请人所居住的村（居）民委员会张榜公示后，立即报给街道（乡镇）人民政府民政部门审批，并在 1 个工作日内给出初步审批决定，并上报上级民政部门。上级民政部门需要在 2 个工作日内作出最终审批决定。对符合条件的，应及时予以批准，并发放救助款物；不符合条件不予批准的，需要书面向申请人作出解释，说明缘由。对于不持有当地居住证的非本地户籍人员，县级人民政府民政部门、救助管理机构可以按生活无着人员救助管理有关规定审核审批，提供救助。对于情况紧急、需立即采取措施以防止造成无法挽回的损失或无法改变的严重后果的，区县民政部门可授权乡镇人民政府（街道办事处）直接审批，先行采取救助措施，发放较小金额的救助款或基本生活物资。先行救助结束后，应按规定补齐相关材料，完成正常程序的审核审批手续，并作出救助标准的最终决定，对于事先救助低于最终审批救助标准的，应立即补齐救助差额。

四、确定科学合理的"救急难"救助标准和方式

（一）救急难救助标准

救急难救助标准应根据当地经济与社会发展水平，以及造成家庭生活难以维持的紧迫性、突发性困难严重程度来确定。可以参照当地全额低保标准，按照"家庭人口数量"乘以"低保全额标准金额"，再乘以"困难严重程度系数"进行发放。不同的困难类型，发放不同标准的救助金额。

（1）因火灾、交通事故等意外事件，除去保险赔付资金，家庭仍然损失惨重，家庭基本生活难以为继的，符合：

财物损失或事故净支出≥过去 12 个月家庭总收入×10，"困难严重程度系数"确定为 3，给予的临时救助标准为：实际临时救助金额＝家庭人数数量×低保全额标准×3。

过去 12 个月家庭总收入×10＞财物损失或事故净支出≥过去 12 个月家庭总收入×6，"困难严重程度系数"确定为 2，给予的临时救助标准为：实际临时救助金额＝家庭人数数量×低保全额标准×2。

过去 12 个月家庭总收入×6＞财物损失或事故净支出≥过去 12 个月家庭总收入×3，"困难严重程度系数"确定为 1，给予的临时救助标准为：实际临时救助金额＝家庭人数数量×低保全额标准×1。

（2）家庭成员突发危重病，所需或已花医疗费数额巨大，直接导致家庭基本生活难以维持的家庭，符合：

实际医疗支出≥过去 12 个月家庭总收入×10，"困难严重程度系数"确定

为 3，给予的临时救助标准为：实际临时救助金额 = 家庭人数数量 × 低保全额标准 ×3。

过去 12 个月家庭总收入 ×10 > 实际医疗支出 ≥ 过去 12 个月家庭总收入 ×6，"困难严重程度系数"确定为 2，给予的临时救助标准为：实际临时救助金额 = 家庭人数数量 × 低保全额标准 ×2。

过去 12 个月家庭总收入 ×6 > 实际医疗支出 ≥ 过去 12 个月家庭总收入 ×3，"困难严重程度系数"确定为 1，给予的临时救助标准为：实际临时救助金额 = 家庭人数数量 × 低保全额标准 ×1。

（3）因子女义务阶段教育生活支出，或高中教育经帮扶后仍然难以维持生计的，或子女上大学导致教育费用严重超出家庭承受能力的家庭，符合：

本年度子女实际教育支出（除去已经帮扶的金额）≥ 家庭人数数量 × 低保全额标准 ×3，"困难严重程度系数"确定为 3，给予的临时救助标准为：实际临时救助金额 = 家庭人数数量 × 低保全额标准 ×3。

家庭人数数量 × 低保全额标准 ×3 > 本年度子女实际教育支出（除去已经帮扶的金额）≥ 家庭人数数量 × 低保全额标准 ×2，"困难严重程度系数"确定为 2，给予的临时救助标准为：实际临时救助金额 = 家庭人数数量 × 低保全额标准 ×2。

家庭人数数量 × 低保全额标准 ×2 > 本年度子女实际教育支出（除去已经帮扶的金额）≥ 家庭人数数量 × 低保全额标准 ×1，"困难严重程度系数"确定为 1，给予的临时救助标准为：实际临时救助金额 = 家庭人数数量 × 低保全额标准 ×1。

（4）城乡生活困难家庭，因物价上涨等原因，除去已经救助的款物外，基本生活仍然难以为继的特困家庭，可以发放临时救助，"困难严重程度系数"确定为 1，给予的临时救助标准为：实际临时救助金额 = 家庭人数数量 × 低保全额标准 ×1。

（5）非本地户籍的流动人员，因财物失窃、走失等原因，导致基本生活困难者，向各地的救助管理者求助，救助管理者按照规定给予帮助，提供临时性的饮食、住宿、购买车票帮助回乡等。

（二）救急难救助资金筹集与救助方式

救急难救助，充足的救急难资金储备是关键，主要通过政府财政、彩票公益金和社会募捐等渠道筹集。对于需要多少救急难资金储备，可以参考全国的模式，一般按照上年度低保资金的 3%～5% 比例进行资金筹集。筹集资金主要有以下渠道：一是财政分级负担，各级政府每年都要安排一定的资金用于临时救助。二是在实现低保对象应保尽保的基础上，每年安排部分低保结余资金用于救急难救助，使救助资金真正用在"刀刃"上。三是充分发挥社会力量，鼓励社会组织和个人为救急难救助提供支持。对于财政拨款，县（市、区）民政部门应建立贫困家庭救急难救助资金专户，财政部门应提前预拨部分救助资金。救急难资金实行财政专账管理、专款专用，当年结余部分可转下年度使用，不得以任何形式挤占、截留、滞留和挪用，不得擅自扩大支出范围。

救急难救助金原则上采取社会化发放形式，并在审批结束后 2 个工作日内发放到位。此外，还可以采取以下几种方式进行救助。

（1）现金救助。立足救急救难的紧迫、应急程度，可先以现金发放的形式解决困难群众的基本生活燃眉之急；或者因申请对象不具备社会化发放条件的，由民政部门直接进行现金救助。

（2）实物救助。根据救助标准和救助对象基本生活需要，及时发放基本生活所需的物资。例如，对于行动不便、残障的家庭，基层民政部门给予生活必需的生活资料等实物进行救助。实物帮助的类别可根据实际需求情况确定。对于采取实物发放形式的，除紧急情况外，要严格按照政府采购制度的有关规定执行。

（3）提供服务。对生活不能完全自理的老年人、残疾人或存在心理障碍的人员，民政部门要为其提供生活帮扶、心理疏导等个性化服务；或者由政府部门购买社工机构服务。

五、建立健全社会救助"救急难"的工作机制

（一）建立救急难救助对象主动发现机制

主动及时发现需要临时救助的贫困人口，做到对困难人口情况心中有数，早发现、早救助、早干预，让突遇不测、突然陷入生存困境的困难群众得到及时有效救助：一是在村和社区设立由社区（村）干部、居民代表的信息汇报制度。社区（村）干部负责在第一时间内将发现的急难对象与相关信息及时汇报给街道（乡镇）民政部门，并由基层干部协助受难者申请各级救助，并做好急难对象应急救援的组织和转移工作。二是街道（乡镇）及其以上人民政府、民政部门在接到急难对象救助报告后第一时间组织工作力量赴现场调查了解情况，并上报调查结果，组织群众开展帮扶和自救工作。三是充分发挥社工、志愿者，以及其他社会组织、个人的作用，依托统一的民政电话，及时把发现的受难受困者报告给民政部门。

（二）建立救急难救助快速响应机制

对于一经发现的救急难对象，要及时处理，各部门各司其职，互相配合，做

到响应启动迅速有效、救助措施客观有力、工作职责分工明确，确保在接到"急难"报告或求助申请后，能够及时采取应急措施，积极组织开展救助。对遭遇突发事件、意外事故、自然灾害的，村（社区）工作人员或驻村（社区）干部要立即上报街道（乡镇）人民政府，街道（乡镇）人民政府接到报告后立即安排核实情况，开展临时性救助的同时，立即将情况报告上级民政部门，并以文件形式上报基本情况，提出初步救助意见。民政部门接到报告后应及时处理、转办救助申请和急难报告，协同有关社会救助管理部门组织工作人员赴现场调查核实，制定救助方案，安排救助工作。对于罹患重特大疾病陷入生活困境的家庭，村（社区）工作人员或驻村（社区）干部及时上报乡（镇）人民政府，乡（镇）人民政府接到报告后，以文件形式上报上级民政部门，并提出初步救助意见，民政部门接到报告后协同有关社会救助管理部门组织工作人员赴现场调查核实，制定救助方案，安排救助工作。对于重大事项或无法解决的事项，由区县级政府民政部门牵头协商，及时有效地救助贫困人口。

（三）建立"一门受理、协同办理"机制

做好各项制度和救助资源的衔接配合，使困难群众"求助有门，受助及时"建立健全"救急难"一站式服务机制。一是全面建立统一的"社会救助服务窗口"，设置"专门受理"窗口，统一受理群众提出的医疗、临时、受灾、教育、住房等所有救助请求。二是在做好和处理各项救助申请受理的基础上，拓展窗口服务功能。涉及未进驻大厅部门的救助请求，认真做好笔录，研究后及时将求助事项转相关部门办理，坚决杜绝"踢皮球"现象发生，对申请人难以确定社会救助管理部门的，积极帮助办理或者转介其他社会救助管理部门办理。本部门不能处理或办理的事项，明确办结时限和对"不能办"事项书面告诉来访人，并提供转介服务。三是进一步简化审批程序，畅通基层救助渠道，对急需接收办理的"急难"事项及时进行受理、转办，为解决困难群众"求助有门"打造"绿色通道"。对急难求助资金需求大、超过规定标准，或对面临急难问题错误认识甚至极端行为的，要在主动干预的同时，及时向有关部门通报情况，提出解决方案，明确支持条件，确保及时解决问题，或采取必要工作措施，防患于未然。

（四）建立健全社会力量参与机制

积极鼓励社会力量参与"救急难"，充分发挥慈善救助方法灵活、形式多样的特点，鼓励、引导、支持社会力量开展慈善救助。对于参与扶贫济困、救孤助残、助老扶弱、赈灾救援、助医助学等公益类、城乡社区服务类救助的企事业单位、社会组织、个人等，给予精神鼓励和物质奖励，给予相关企事业单位税收减

免等鼓励措施。通过委托、承包、采购等方式向公益慈善组织、社会工作服务机构和企事业单位、志愿者队伍等社会力量购买服务，鼓励、支持其参与社会救助。同时，加强"救急难"慈善救助的服务与监管，主动解决社会力量参与"救急难"慈善救助中遇到的困难和问题，有针对性地做好政策解读、业务培训、救助信息对接和基础数据统计等服务工作，及时总结宣传推广社会力量参与"救急难"慈善救助的好典型、好项目、好做法，自觉接受社会监督、舆论监督、媒体监督，促进社会力量参与"救急难"慈善救助工作健康、有序发展，使之真正成为社会救助体系中不可或缺的组成部分。

六、强化"救急难"救助的各项保障措施

（一）建立救急难救助统筹协调机制

救急难工作涉及多个部门，要做好该项工作，重在组织领导，加强各部门之间的统筹协调。各部门要各司其职，积极配合形成综合协调有序、部门协作有力、社会协同有效的"救急难"工作局面。首先，需要建立由各相关部门组成的统筹协调领导小组，主要由各地方政府主要负责人牵头，民政部门执行，有关部门配合、社会力量参与的救急难工作协调机构；其次，建立"救急难"工作统筹协调常态机制，明确工作任务，定期召开联席会和协调会，统筹解决难点问题、突出问题，确保各项工作任务有效落实；最后，将救急难救助作为重要的评价指标体系，列入地方领导班子和领导干部政绩考核体系，并合理确定权重；考核结果作为干部选拔任用、管理监督的重要依据。

（二）规范化管理救急难救助各项工作

建章立制，是进一步规范化管理救急难工作的基础。以"托底线、救急难"为目标，完善救急难救助的各项规章制度。根据当地实际情况，制定或完善与本地经济社会发展水平相适应的救急难工作实施办法。首先，制定救急难的受理、审核、审批及发放程序，科学制定救助标准，合理确定救助对象和救助范围。其次，规范性管理与特事特办相结合，对于特别紧急和特别迫切的情形，作出额外规定。最后，建立长效监督管理制度，进一步严格操作和监督管理，最大限度地减少经办人员自由裁量权和审批随意性，强化居民群众的参与和监督。

（三）强化基层民政工作者能力建设

救急难工作的紧迫性、应急性，对基层民政工作者提出了新的更高的要求，

要科学部署、合理统筹，建设完备的救急难应急队伍体系。提高民政工作者服务大局、服务人民的意识和能力，牢记"以民为本、为民解困、为民服务"的民政工作本质特性。民政工作者要用心了解社情民意，把群众的事情看得比泰山还重，诚心诚意帮助群众解决困难。一是始终把民政工作放在党和政府工作的大局去思考、去谋划，以大局为重，切实为民服务，积极主动做好各项民政工作，深入关心困难群众的冷暖，多为群众办好事、办实事，解决人民群众的难题，让社会各界真切感受到民政事业的成就。二是安排业务能力强、服务热情高的同志专职负责办理救急难事务，明确工作责任主体，领导负责、副职和职员协调推动。三是充实加强基层民政服务和社会救助工作力量，按照保障对象数量、动态管理工作量、工作程序、服务时效和服务半径等核定配备工作人员。四是加强培训，提高救急难管理与服务水平，提升基层民政工作效率，可考虑通过在现有编制总额内调剂、政府购买、设置公益位等方式，在每个街道（乡镇）配备 2～5 名专业化社工人才。

（四）加强救急难政策宣传力度

依托新型媒体与传统媒体，加强救急难政策宣传，强化正面舆论引导。一是充分利用网络平台、广播电视、报纸杂志等宣传媒体，从政府作用、个人权利、家庭责任、社会参与等方面，多角度宣传开展"救急难"的作用意义、范围标准和工作情况。二是各地民政部门结合本区域实际，制定相关工作指导方案，印制救急难宣传册，发放到广大干部、群众手中，在社区（村）的公告栏、张贴栏宣传救急难政策，让广大人民群众知晓政策标准和救助范围，切实做到家喻户晓、人人皆知，不断提高政策知晓率和社会满意率，加强舆论引导。三是积极与其他基层部门沟通，帮助宣传救急难救助政策，让广大党员干部、群众了解政策，合理利用政策，及时救助符合条件的贫困人口。

在新的历史时期，经济社会的不断发展与进步，社会结构的变化和治理模式的转变，人民群众对社会救助工作提出了新的发展要求。救急难救助正是对遭遇突发事件、意外伤害、重大疾病或其他特殊原因致贫的贫困人口，给予应急性、过渡性救助。全面建立和不断完善救急难救助制度，切实发挥社会救助"兜底"保障作用，织密织好社会保障安全网，帮助群众应对突发性、紧迫性、临时性生活困难，守住人民群众基本生活安全的底线。新形势下，经济社会发展新的要求与人民群众应对社会风险新的需求，既给救急难救助提出了新的挑战，也提供了新的发展机遇。救急难救助需要更加规范化、高效化，能够为遭遇突发事件、意外伤害、重大疾病等原因导致生活陷入困境的困难家庭，及时给予救助。进一步发挥社会救助的"救急难"功能，深入完善救急难的对象范围、资格认定、程序、制度衔接等，从而更好地实现解决群众生活中可能遭遇的突发性、临时性、紧迫性困难问题，进一步织密编牢社会救助安全网。这也是救急难救助工作几个重点问题，"救谁""谁救""钱从哪里来、钱怎么花""怎么救"。

第一，对于"救谁"的问题，就是明确救急难救助的范围和对象。救急难救助的范围，主要包括两种情况：一是支出型贫困，重特大疾病、子女教育支出特别巨大等导致的家庭贫困；二是急难性贫困，因意外事故导致家庭出现的暂时性、阶段性贫困。

第二，对于"谁救"的问题，就是明确救急难救助的各级责任主体。基层政府及其民政部门承担着救急难救助的发现、核查与初步审批等责任，基层自治组织协助基层民政部门做好急难情况的调查与核实等工作，并积极主动发现、帮助受困群众。

第三，对于"钱从哪里来、钱怎么花"的问题，就是明确救急难救助的筹资渠道与救助标准。救急难救助资金纳入财政预算，实行分级负担。对于上一年有剩余的低保资金，纳入救急难救助范畴。鼓励、引导、支持社会组织、企事业单位和爱心人士等开展慈善救助，开辟多元化筹资渠道。救助标准的建立应符合本地区经济社会发展水平，并保证对困难群众摆脱困境有直接的帮助作用。

第四，对于"怎么救"的问题，就是救急难救助的程序与协调工作。及时了解核实辖区居民遭遇突发事件、意外事故、罹患重病等情况，按照"村（居）民申请、村（居）委会协助调查与核实、乡镇（街道）审核、区县民政部门审批"的程序办理。属于特殊情况的，若不立即采取救助措施，将酿成重大后果的，应立即发放救助款物，事后依据正常程序再补充相关材料。建立急难求助"首问负责制"和"转办"工作制度，着力推进"一门受理、协同办理"和信息共享机制。

救急难救助的最终目标是"应救尽救"，确保突遇困难的群众能获得及时救助。社会救助"救急难"工作的着眼点在于对因突发性困难导致基本生活困难的家庭及成员，进行临时性、紧迫性、补救性的救助，在普遍的制度之外采取一事一议的特殊救助措施，以防止突破道德底线和社会心理底线的事件发生。由政府和社会对生活突然陷入困境的任何家庭或个人给予帮助，强调了困难的突发性、不可预知性和紧迫性。作为一项兜底线的救助措施，"救急难"救助的对象应面向全体有"急难"的贫困人口，既包括低保对象，也包括非低保对象，既包括户籍人口，也包括非户籍常住人口。因此，全面建立"救急难"救助制度，在"托底线""可持续"基础上，对社会救助功能的再深化，通过"救急"防止遭遇急难的弱势群体陷入绝望无助境地，这也是民政事业的终极目标。通过规范的救助程序，确定合理的救助标准，各责任部门各司其职，积极主动、快速响应救急难情况，做到"应救必救、施救及时"，构建救急难救助工作的长效工作机制，做到救急难救助的公开、公平、公正，为建设人民满意的服务型现代民政奠定基础。

第八章

社会救助下就业行动逻辑研究

伴随着我国市场经济体制改革的不断深入，一些人力资本或竞争能力较低的工商业者因企业重组或破产导致下岗，且无法应对科技进步、市场化改革以及社会转型带来的冲击，上岗再就业面临很多困难。下岗、失业、待岗、无业人员等成为城市贫困者，为解决该部分贫困群体的生活问题，开始逐步试点和推广最低生活保障制度，并在此基础上，发展和推进各项专项救助制度。救助对象能否实现就业，是能否摆脱贫困的重要因素，到底哪些因素影响着救助对象的就业行为，以及救助对象的就业行动逻辑如何，本章专门对救助对象的就业状态和就业质量进行分析，探讨影响就业的因素，并绘制就业行动逻辑图。

第一节　受助者就业状况与就业质量分析

本章选取湖北省武汉市、黄冈市、辽宁省朝阳市等城市地区的调研数据进行分析。经过汇总统计和问卷筛选，选取正处于劳动年龄段，且有劳动能力的被调查者样本，最终得到有效问卷数 596 份。主要分析变量包括以下方面。

第一，就业。从两个层面来考察：一是"就业状态"，由受访者回答当前的就业情况。二是"就业质量"，操作化为职业类型、工作性质、就业保护三个变量。职业类型通过受助者的职业描述来进行归类，根据职业分类表来进行转化和赋值。工作性质通过雇佣状况、稳定性来进行分类。就业保护主要通过分析劳动合同签订情况、用人单位代缴的社会保险状况来衡量。

第二，家庭福利。把以家庭为核心形成的社会网络纳入考察范畴，认为家庭能够提供的资源越多，家庭福利状况越好。具体操作为家庭内部因素和家庭社会资本。主要将家庭内部因素限定在家庭照料上，家庭照料负担重意味着家庭能够给予劳动人口的支持少。考虑到指标的可获得性，将社会资本操作化为网络规模、网络异质性、"网顶"。其中，网络规模指过年拜年走亲戚（以下简称"拜年网"）包含的亲属与朋友数量之和；网络异质性用网络密度、职业类型数、单位类型数等来表示。网络密度衡量的是网络中亲属所占的比例，由此估计"拜年网"的交往半径。职业类型数指"拜年网"中涉及的亲朋好友及其他经常往来者所从事的职业个数。"网顶"即"拜年网"涉及的亲朋好友及其他经常往来者的最高职业得分，采用国际标准职业社会经济指数（ISEI）进行赋值①。

第三，国家福利。主要包括社会救助（国家救助福利）和就业支持。对于社会救助，从救助时长、救助水平和救助结构三个方面来测量。其中，低保是社会救助的主体，救助时长主要通过低保领取的时间来测量；救助水平采用"人均家庭社会救助收入自然对数"来测量；救助结构反映的是家庭领取的各项社会救助项目之间的关系，特别是低保与其他社会救助之间的关系。对于就业支持的研究包括两部分，首先是是否享受过就业支持，其次是享受过哪些就业支持。

第四，人力资本。主要从教育、健康状况两个层面进行操作化：（1）教育，主要通过教育年限（接受各类教育的年限）、教育层次水平来测量。（2）健康状况，采用主客观相结合的方法，将健康状况操作化为健康自评与发病状况两个指标。

变量指标设置如表 8-1 所示。

表 8-1　　　　　　　　　　　变量指标设置

一级指标	二级指标	三级指标	变量解释
就业	总体就业状况	就业状况 1	1 = 是，0 = 否
		就业状况 2	1 = 有工作；2 = 没工作，在找工作；3 = 没工作，不打算找工作
	职业类型		1 = 办事人员；2 = 商业服务业人员；3 = 农民；4 = 工人；5 = 打零工

① 宁雯雯：《国家、家庭、市场：城市低保受助者就业研究》，武汉大学博士学位论文，2015 年。

一级指标	二级指标	三级指标	变量解释
就业	工作性质		1 = 稳定的受雇佣工作；2 = 不稳定的受雇佣工作；3 = 个体、小生意
	就业保护	劳动合同状况	1 = 是，0 = 否
		社会保险状况	1 = 是，0 = 否
家庭福利	家庭人口结构	劳动人口数	连续数值型，家庭 16~64 岁人口数
		家中有少儿	1 = 是，0 = 否
		家中有老人	1 = 是，0 = 否
	被照顾者状态	在学者最高教育层次	0 = 无在学者；1 = 义务教育及以下；2 = 高中；3 = 大学及以上
		医疗支出比	连续数值型，家庭除受助者外其他成员的自付医疗支出占家庭净支出比
	家庭社会资本	网络规模	连续数值型，网络包含人数
		网络异质性	连续数值型，网络密度
			连续数值型，职业类型数
			连续数值型，单位类型数
		网顶	连续数值型，最高职业得分
国家福利	社会救助	救助水平	连续数值型，家庭年社会救助收入
		救助结构	连续数值型，低保占社会救助百分比
		救助时长	连续数值型，低保领取时长（年）
	就业支持	就业支持	1 = 是，0 = 否
		小额贷款	1 = 是，0 = 否
		税收减免	1 = 是，0 = 否
		就业培训	1 = 是，0 = 否
		提供就业岗位	1 = 是，0 = 否
		提供摊位	1 = 是，0 = 否
人力资本	教育资本	受教育水平	1 = 小学及以下；2 = 初中；3 = 高中；4 = 中专/职高技校；5 = 大专及以上
	健康资本	健康自评	1 = 健康；2 = 不健康但能自理；3 = 不能自理
		慢性病	1 = 是，0 = 否

一、救助对象总体就业状况

数据显示，正处于就业状态的受助者占比较小，失业、无业贫困成为主体，其中，只有24.37%的受访者有工作，11.43%的受访者没有工作，但正在找工作；而高达64.2%的受访者既没有工作，也没有找工作的打算，如表8-2所示。

表8-2 受助者工作状况（N=595）

就业状况	救助对象	
	频数	百分比（%）
有工作	145	24.37
没有工作，在找工作	68	11.43
没有工作，不打算找工作	382	64.20
合计	595	100

二、救助对象的总体就业质量

分析处于就业中的受访者职业状况，发现有46.21%的就业者从事的是不稳定的零工、小时工，31.72%的就业者从事商业服务业，11.03%的就业者属于工厂工人。只有10.34%的就业者为办事人员（见表8-3），并且还发现其中大部分为安保人员，虽然工作地点在机关或企事业单位，但就业岗位的专业性水平较低，另外一部分从事的多为非技术性的公益性岗位工作。从就业者的职业状况可以发现，受访者即使实现就业，从事的也多为低层次、低工资岗位。

表8-3 受访者职业类型（N=145）

职业类型	频数	百分比（%）
商业服务业人员	46	31.72
办事人员	15	10.34
工人	16	11.03
农民	1	0.69
打零工，小时工	67	46.21
合计	145	100

统计分析已就业者的工作性质发现，69.93%的就业者认为自己从事的工作属于"不稳定的受雇佣工作"，而仅有 22.38%的就业者认为自己的工作稳定。另有 7.69%的就业者属于自雇者，从事个体经商，但这些主要是没有雇员的小本经商，稳定性较低，盈利性不高，如表 8 - 4 所示。

表 8 - 4　　　　　　受访者工作性质统计（N = 143）

工作性质	频数	百分比（%）
稳定的受雇佣工作	32	22.38
不稳定的受雇佣工作	100	69.93
自雇者	11	7.69
合计	143	100

三、救助对象未就业的原因

表 8 - 5 数据显示，受访者多认为未就业的原因是"不可抗因素"，占比高达 72.38%。其中，有 36.75%的受访者认为是个人健康原因导致未就业，22.49%的认为是已经"丧失劳动能力"，两者总占比 59.23%，可以视为因身体健康原因导致的未就业。但从实地调研观察得知，有一部分自认为"丧失劳动能力"的受访者，主要表现在身体有病痛，可以视为具备部分劳动能力者。认为因下岗、企业破产、改制，承包土地被征用等原因导致未就业的受访者，占比 15.59%。但认为是自身"技能不足"导致未就业的受访者占比并不高，仅有 6.01%。从统计数据分析结果来看，多数未实现就业的受访者认为自身健康、身体条件等因素导致未就业，但现实情况是否果真如此，还有很大疑问。课题组调研员通过观察受访者的身体状态，自认为身体健康不佳的未就业者，或多或少可以从事一些劳动强度低的岗位，但他们应种种原因，并未去工作，即使是社区推荐就业，也往往做一段时间就辞职。从低保干部的口里得知，存在部分受助者在推荐就业后，工作了一段时间后，往往会以身体原因辞职或在工作中表现不佳被辞退。因此，这也引起我们的更多思考，要求受访者对自身健康进行真实表达，并就失业责任与工作能力进行更多探讨。

表 8 - 5　　　　　　受访者未就业的原因分析

未就业原因		百分比（%）	合计（%）
不可抗因素	丧失劳动能力	22.49	72.38
	料理家务，照顾家人	13.14	
	个人健康原因	36.75	

续表

未就业原因		百分比（%）	合计（%）
体制因素	单位原因	15.37	15.59
	承包土地被征用	0.22	
个人技能不足		6.01	6.01
离退休		1.78	1.78
其他		4.23	4.23

　　同时也发现，受访家庭中男性和女性因家庭分工导致的"是否就业"存在很大差异。虽然男性、女性在未就业的原因上均以不可抗因素为主（其中，女性占比73.68%，男性占比71.04%），以及健康因素也是主要原因（其中，女性占比51.32%，男性占比67.42%）。但是当对不可抗因素进行细分，发现性别之间存在显著差异（P = 0.000），22.37%的女性因"料理家务，照顾家人"导致未就业，而男性选择该选项的仅有3.62%，其更多是因个人身体健康因素导致未就业。从而发现，性别差异下的家庭社会分工，使得部分女性需要照顾家庭，阻碍了其外出就业，如表8-6所示。

表8-6　　　　　　　　性别差异下的救助对象未就业原因分析

未就业原因	女（%）	男（%）	未就业原因	女（%）	男（%）
不可抗因素	73.68	71.04	因个人健康原因	28.95	44.8
			丧失劳动能力	22.37	22.62
			料理家务，照顾家人	22.37	3.62
体制因素	13.6	17.65	因单位原因	13.6	17.19
			承包土地被征用	0	0.45
个人技能不足				5.7	6.33
离退休				2.19	1.36
其他				4.83	3.62
n				228	221
Pearson chi^2				2.1887	41.3827
Pr				0.701	0.000 ***

　　注：＊表示在0.05水平（双侧）上显著相关；＊＊表示在0.01水平（双侧）上显著相关；＊＊＊表示在0.001水平（双侧）上显著相关。

第二节 救助对象就业的影响因素分析

一、"家庭福利"对救助对象就业的影响分析

分析家庭福利对救助对象就业的影响，首先考察家庭照料与家庭社会资本因素是否影响受访者的就业（模型 1A）。表 8-7 结果显示，"家庭自付医疗支出比""在学者最高教育阶段"，以及家庭社会资本（"拜年网包含的单位类型数""拜年网网顶"）对救助对象就业有显著影响。其中，相比家中无在学者，家中有高中阶段在学者的救助对象就业的可能性显著提高；相比家中无在学者，家中有大学及以上阶段在学者就业的可能性更大；家庭自付医疗支出比越大，就业的可能性越小；"拜年网"的单位类型数越多，就业的可能性越大。把控制变量（性别、年龄、婚姻等个人基本特征）加入模型，继续观察自变量对因变量的影响（模型 1B），结果显示，"家庭自付医疗支出比""在学者处于高中阶段、大学阶段""网顶"仍然对救助对象的就业存在显著影响。

表 8-7 家庭福利对救助对象就业影响的二元 logistic 回归模型

变量		模型 1A	模型 1B
		OR（系数）	OR（系数）
家庭照料	家中有老人	0.290（-1.239）	0.315（-1.155）
	家中有少儿	1.385（0.326）	1.567（0.449）
	劳动力人口数	1.028（0.027）	1.065（0.063）
	家庭自付医疗支出比	0.110（-2.209）**	0.109（-2.212）**
	在学者最高教育阶段（参照组：无在学者） 义务教育及以下	1.774（0.573）	1.324（0.281）
	高中	2.857（1.050）***	2.407（0.878）**
	大学及以上	2.506（0.919）**	2.017（0.702）*
家庭社会资本	拜年网规模	0.991（-0.009）	0.990（-0.010）
	拜年网密度	1.016（0.015）	0.907（-0.097）
	职业类型数	0.807（-0.214）	0.851（-0.162）
	单位类型数	1.344（0.296）*	1.281（0.247）
	网顶	1.013（0.013）**	1.014（0.013）**

续表

变量		模型 1A	模型 1B
		OR（系数）	OR（系数）
控制变量	男性（参照组：女性）		1.447（0.370）
	已婚有配偶（参照组：未婚）		4.334（1.466）*
	年龄		0.980（−0.020）
	丧偶单身		10.075（2.310）**
	离婚单身		5.684（1.738）**
	朝阳市（参照组：武汉市）		1.150（0.140）
	深圳市		0.246（−1.401）*
截距		0.134（−2.011）***	0.071（−2.649）**
n		590	590
Pseudo R^2		0.0973	0.1295
LR chi^2		63.94***	85.12***

注：* 表示在 0.05 水平（双侧）上显著相关；** 表示在 0.01 水平（双侧）上显著相关；*** 表示在 0.001 水平（双侧）上显著相关。

通过考察家庭福利因素对救助对象的影响发现：（1）家庭成员健康状况和在学状况对受访对象的就业有显著影响。（2）家庭医疗支出占当年家庭净支出比越大，受访对象就业的可能性越小，说明因有家庭成员患病需要照顾，影响了受访对象的就业。（3）家庭中有在学者更可能就业，有非义务阶段比义务阶段在学者就业的可能性更大。主要原因是小孩平时在学校上学，无须专门在家照顾，受访对象已有机会外出工作。（4）家庭社会资本的质量比数量更重要，家庭中是否有掌握高质量资源的关键人物才是核心。这些结论表明，应深入受助家庭内部，发现隐藏在深层次的家庭结构与形态，高质量有效的社会网络对受访家庭来说更加重要，但这些正是贫困家庭所缺乏的，在扶贫策略上应更加注重培育贫困家庭的社会资本，扩大家庭成员的有效社会交往网络。

二、"国家福利"对救助对象就业的影响分析

分析国家救助福利和国家就业支持对救助对象就业的影响，首先考察国家救助福利和国家就业支持对就业的影响（模型 2A）。表 8−8 结果显示，"家庭社会救助收入对数"变量对就业有显著影响，家庭人均年社会救助收入每增加 1%，就业的可能性降低 0.582 倍；优先提供就业岗位政策对救助对象的就业存在显著

影响，使用过国家优先提供就业岗位政策的受助者，其就业的可能性是未使用过该政策者的 3.226 倍。加入控制变量后，进一步考察国家福利对救助对象就业的影响（模型 2B），结果显示，"家庭社会救助收入对数"变量在 P 值 0.05 水平上未通过显著性检验，以及其他国家救助福利相关变量都未对救助对象的就业产生显著影响。提供就业岗位、税收减免等有助于救助对象就业。从就业支持来看，通过就业培训提升人力资本效果几乎没有。

表 8-8　国家福利对救助对象就业影响的二元 logistic 回归模型

变量	模型 2A	模型 2B
	OR（系数）	OR（系数）
低保领取时长（年）	1.010（0.010）	1.007（0.007）
低保金占总救助比例（%）	1.004（0.004）	1.003（0.003）
家庭人均年社会救助收入对数	0.582（-0.542）**	0.857（-0.155）
税收减免	1.947（0.667）	2.507（0.919）*
就业培训	0.578（-0.548）	0.435（-0.832）
提供岗位	3.226（1.171）***	3.093（1.129）***
年龄		0.961（-0.040）*
男性（参照组：女性）		1.507（0.410）
已婚有配偶（参照组：未婚）		7.854（2.061）***
丧偶单身		17.590（2.867）***
离婚单身		8.424（2.131）***
朝阳市（参照组：武汉市）		1.627（0.487）
深圳市		0.403（-0.908）
截距	13.986（2.638）	0.359（-1.025）
N	582	582
Pseudo R^2	0.0674	0.1152
LR chi^2	43.71***	74.77***

注：* 表示在 0.05 水平（双侧）上显著相关；** 表示在 0.01 水平（双侧）上显著相关；*** 表示在 0.001 水平（双侧）上显著相关。

因此，通过构建国家福利因素对救助对象就业影响的回归模型，可以得出以下结论：（1）救助福利并未对救助对象的就业产生阻碍作用。（2）对救助对象的就业支持能够促进就业，其中通过提供直接就业岗位来促进受助群体就业是一种很好的方式，就业培训对就业并未发挥应有促进作用。总体而言，因被调查者从事的就业质量较低，如果无法提升就业能力和就业待遇，其将长期处于贫困，并出现"工作中的贫困"。

三、"人力资本"对就业的影响分析

分析受访者自身人力资本要素对就业的影响，首先只考察人力资本相关变量对救助对象就业的影响（模型3A），表8-9结果显示，受访者个人的教育资本对就业影响较弱，其中上了中专/职高技校者的受访者，其就业的可能性显著高于未上者。健康自评对救助对象的就业有显著影响，相比自感不健康者，自感健康者就业可能性更高，各类慢性病也对救助对象的就业有显著抑制作用。加入控制变量后，继续考察人力资本对就业的影响（模型3B），结果显示，救助对象的教育因素对其就业无显著影响，主要原因在于受访者的总体教育水平较低，多为初中及以下，这对其就业影响不大，因为多数受访者从事的是体力劳动，只要身体健康，都可以从事该类工作。

表8-9　　　　　　教育资本对就业影响的二元 logistic 回归模型

变量	模型 3A	模型 3B
	OR（系数）	OR（系数）
初中（参照组：小学及以下）	1.777（0.575）	1.366（0.312）
高中	1.233（0.209）	0.967（-0.034）
中专/职高技校	2.381（0.867）*	1.964（0.675）
大专及以上	1.139（0.130）	0.951（-0.050）
健康自评	3.644（1.293）***	3.379（1.218）***
骨骼类疾病	2.072（0.728）*	2.036（0.711）*
心血管疾病	0.982（-0.018）	0.865（-0.146）
肿瘤类疾病	0.612（-0.491）	0.609（-0.496）
年龄		0.972（-0.028）
男性（参照组：女性）		1.619（0.482）*
已婚有配偶（参照组：未婚）		8.005（2.080）***
丧偶单身		17.302（2.851）***
离婚单身		8.830（2.178）***
朝阳市（参照组：武汉市）		1.197（0.180）

续表

变量	模型 3A	模型 3B
	OR（系数）	OR（系数）
深圳市		0.399（−0.919）
截距	1.161（0.150）	0.505（−0.684）
n	596	596
Pseudo R^2	0.0775	0.1212
LR chi^2	51.28***	80.17***

注：*表示在 0.05 水平（双侧）上显著相关；**表示在 0.01 水平（双侧）上显著相关；***表示在 0.001 水平（双侧）上显著相关。

该部分的分析发现：（1）救助对象的总体受教育水平较低，他们多在次级劳动市场就业，对于教育的要求较低。（2）救助对象是否健康，对就业的影响较大。救助对象能否实现就业，一是受到市场、家庭等条件的影响，二是更受到救助对象主观决策和就业意愿的影响，对自身健康状况的评估是其中重要的部分，即使患有同类疾病，不同人的感知和对患病程度的评估存在差异，从而出现部分患病者自我感觉健康，而部分未患病者却自感不健康，受访者对自身健康的评估在一定程度上决定了其对就业能力的判断。

第三节　救助对象的就业行动逻辑及政策建议

以上研究分别考察了福利三角（家庭福利、国家福利、个体人力资本）对救助对象就业的影响，分别构建了回归模型。本部分将综合考察家庭福利、国家福利和个体人力资本对救助对象就业的影响，把三者纳入同一分析框架，构建三个主要的回归模型。一是综合考察国家、家庭与市场（就业）之间的影响关系，构建模型 4A；二是把人力资本要素纳入模型，探讨在教育资本、健康资本的影响下，之前构建的模型影响关系是否仍然存在，构建模型 4B；三是加入控制变量，降低区域差异、个体差异对模型的影响，观察之前构建的模型影响关系如何变化，构建模型 4C。通过以上三个模型的构建，深入探讨福利三角理论视野下，国家、家庭与市场三方面因素对救助对象就业的影响，从而探究受访者就业行动的基本逻辑。

一、家庭照料负担、社会资本质量影响就业

在受访家庭照料领域，救助对象的照料负担对其就业产生抑制作用，从回归模型的结果来看，一是家中"是否有老年人"对受访者就业影响很大，因为有老年人的家庭，往往需要受访者进行照顾，那么这就降低了救助对象就业的可能性。二是"家庭自付医疗支出比"这一变量对救助对象就业产生抑制作用，医疗支出占家庭支出的比例高，说明家庭成员中有人患病，这一方面加大了家庭的经济负担，另一方面也需要有健康的家庭成员对患病者进行照料，从而也在一定程度上影响了救助对象的就业。三是子女上学对救助对象产生促进作用，尤其是家庭中有高中生、大学及以上子女的救助对象，就业可能性显著提升。一方面是子女接受较高阶段的教育，意味着不需要专门在家照顾；另一方面子女接受更高阶段的教育，需要更多教育支出，也成为救助对象就业的动因。四是受访者的社会资本对其就业影响不大，主要原因就在于救助对象的关系网络有效性较低，只有高质量的社会资本，才能帮助受助者就业，如家庭中有某个亲戚经商很成功，利用该经商网络，可以很容易地帮助救助对象实现就业。这也说明，家庭社会资本不在于多，而在于质量，需要有能力及有意愿的某个亲属给予帮助，那么救助对象实现就业的可能性将大大提升。因此，家庭照料需要，社会资本的欠缺，将导致救助对象就业的困难，那么如何平衡家庭照料与外出工作，以及提升救助对象的社会资本质量，成为能否促进就业的关键因素，如表8-10所示。

表8-10　　　　各因素对就业影响的二元 logistic 回归模型

变量			模型 4A OR（系数）	模型 4B OR（系数）	模型 4C OR（系数）
家庭 福利	家庭 照料	家中有老人	0.228 (-1.480)*	0.186 (-1.646)*	0.216 (-1.491)*
		家中有少儿	1.497 (0.404)	1.449 (0.361)	1.744 (0.570)
		劳动力人口数	0.816 (-0.203)	0.806 (-0.180)	1.007 (0.071)
		家庭自付医疗支出比	0.146 (-1.922)*	0.232 (-1.458)*	0.211 (-1.572)*

续表

变量				模型 4A	模型 4B	模型 4C
				OR（系数）	OR（系数）	OR（系数）
家庭福利	家庭照料	在学者最高教育阶段（参照组：无在学者）	义务教育及以下	1.369 (0.314)	1.268 (0.182)	1.047 (0.000)
			高中	3.357 (1.211)***	3.287 (1.168)***	2.771 (1.002)**
			大学及以上	2.425 (0.886)**	2.198 (0.760)*	1.703 (0.504)*
	社会资本	拜年网规模		0.991 (-0.009)	0.990 (-0.010)	0.983 (-0.017)
		拜年网密度		1.029 (0.028)	1.116 (0.087)	0.971 (-0.059)
		职业类型数		0.838 (-0.176)	0.801 (-0.224)	0.853 (-0.161)
		单位类型数		1.320 (0.277)	1.312 (0.269)	1.264 (0.234)
		网顶		1.015 (0.015)**	1.017 (0.017)	1.016 (0.016)**
国家福利	救助福利	低保领取时长（年）		1.020 (0.019)	1.018 (0.014)	1.006 (0.001)
		低保金占总救助比例（%）		1.005 (0.005)	1.004 (0.003)	1.003 (0.002)
		家庭人均年社会救助收入对数		0.546 (-0.605)*	0.606 (-0.482)	0.847 (-0.161)
	就业支持	税收减免		1.987 (0.687)	1.589 (0.471)	1.865 (0.632)
		提供岗位		3.252 (1.179)***	3.048 (1.137)***	3.149 (1.170)***
		就业培训		0.468 (-0.759)	0.439 (-0.830)	0.370 (-1.012)

变量			模型 4A	模型 4B	模型 4C
			OR（系数）	OR（系数）	OR（系数）
个体人力资本	教育资本	初中（参照组：小学及以下）		1.459 (0.363)	1.232 (0.196)
		高中		0.865 (−0.140)	0.751 (−0.279)
		中专/职高技校		1.844 (0.621)	1.637 (0.519)
		大专及以上		0.588 (−0.525)	0.497 (−0.682)
	健康资本	健康自评		0.375 (−0.959)***	0.369 (−0.983)***
		骨骼类疾病		2.091 (0.734)*	1.911 (0.637)
		心血管疾病		1.070 (0.074)	1.000 (0.001)
		肿瘤类疾病		0.931 (−0.100)	0.918 (−0.119)
控制变量		年龄			0.979 (−0.019)
		男性（参照组：女性）			1.730 (0.570)*
		已婚有配偶（参照组：未婚）			2.714 (0.936)
		丧偶单身			6.844 (1.930)*
		离婚单身			3.749 (1.332)*
		朝阳市（参照组：武汉市）			1.163 (0.121)
		深圳市			0.289 (−1.247)

续表

变量	模型 4A	模型 4B	模型 4C
	OR（系数）	OR（系数）	OR（系数）
截距	12.357	17.229 (2.695)	0.747 (-0.442)
n	577	577	577
Pseudo R^2	0.1541	0.1940	0.2161
LR chi^2	99.26***	124.92***	139.13***

注：＊表示在 0.05 水平（双侧）上显著相关；＊＊表示在 0.01 水平（双侧）上显著相关；＊＊＊表示在 0.001 水平（双侧）上显著相关。

资料来源：宁雯雯：《国家、家庭、市场：城市低保受助者就业研究》，武汉大学博士学位论文，2015 年。

二、直接干预为主的国家福利

因家庭照料负担及社会资本匮乏所导致的"家庭失灵"，迫切需要政府救助的有效供给，从供给方式看，当前以政府救助为主导的国家福利，主要是基于物质、现金干预的直接干预。无论是回归模型所反映的结果，还是实地调查，都发现大部分受访者长期领取救助金，且就业的主观意愿不强烈，这是一种"福利依赖"的表现，但这与救助水平、时间时长等不存在显著性的影响关系。模型 4A、模型 4B 和模型 4C 的分析结果都显示，为救助对象提供就业岗位，显然可以促进其就业。这种就业岗位，就是通常所说的公益岗位，如交通协管、清洁卫生、社会治安等岗位，工资水平不高，虽然解决了受访者的就业问题，但远不能帮助被救助家庭脱贫，进入"工作中的贫困"的陷阱。救助方式的单一性，反映了国家福利供给的单一性和不足性，但无论从现金救助、物质救助还是就业岗位推荐，都很难从根本上改变救助对象贫困的事实，从反贫困效率的角度来看，这种福利供给方式不能说是成功。但是，如果没有这些救助，贫困群体将面临更难的生活处境。

三、个体健康显著影响就业

救助对象人力资本的不足，严重制约着就业，尤其是身体健康状况，对救助对象的就业产生非常直接的影响，但受教育水平对救助对象的就业却没有产生显著影响，这是因为救助对象总体教育水平较低，多为初中及以下学历，这一层次的受教育水平，并不能从根本上帮助救助对象就业。从救助对象就业的行业、岗位等也发现，多为低层次、重体力的劳动，这些劳动并不需要多高的教育水平，而是更加需要健康的身体。以上进一步说明：在低质量、低层次的行业或岗位中，衡量工作适合度的主要标准是身体健康状况，从而将不健康的救助对象排除在就业市场外，因此这也是出现"因病致贫"与"因贫致病"恶性循环的原因所在。二是掌握一项非常实际的工作技能，同样意味着可以获得更多就业机会，如电工、修理、安装等工种，掌握这些技能将帮助救助对象更容易找到工作。

四、救助对象的就业行动逻辑

为更清晰地认识救助对象的就业影响因素，以下将从行动目标、行动资源、行动情境、价值规范等层面对救助对象的就业逻辑进行梳理。如图 8 - 1 所示，救助对象作为行动者，其就业目标在于实现总体福利最大化，而非就业福利的最大化。"是就业"还是"不就业"，是救助对象理性选择的结果，这个结果要受到行动资源（救助福利）和价值规范（就业意愿）的影响，面临国家和家庭的结构性制约。在这一行动系统中，救助对象遵循一定的价值规范，在救助、就业与家庭之间进行综合权衡。

图 8 - 1　行动逻辑简图

图 8 - 2 呈现了受访者的就业行动逻辑。救助对象具备一定的工作技能和身体健康条件，是实现就业的必要因素。家庭成员之间承担着照料和互助责任，在"行动者—家庭—就业"的情境下，救助对象的就业行为受到家庭责任的约束，当家庭照料与就业发生冲突时，救助对象更可能选择"不就业"，以完成家庭照料责任；社会资本欠缺进一步导致救助对象缺失非正式的就业资源，降低了就业可能性。从社会保护层面来看，国家是贫困群体基本生活的保障者，政府从两个方面发挥作用：一是以直接经济支持的方式，帮助救助对象摆脱贫困，保障基本生活。其中，低保是社会救助的主体，医疗救助、教育救助、临时救助等专项救助也帮助贫困群体克服一些专门性困难。二是政府对救助对象的就业给予直接干预，如提供就业岗位、就业培训等，其中，直接提供就业岗位，是推动就业的最有效方式。但就业培训本可以帮助救助对象提高工作技能，使其更好地适应劳动力市场，但因就业培训流于形式，实际效果并不佳，这些正式就业支持表现出单一性和很大的不足，对救助对象的就业帮助效果非常有限。[1]

---

[1]　宁雯雯：《国家、家庭、市场：城市低保受助者就业研究》，武汉大学博士学位论文，2015 年。

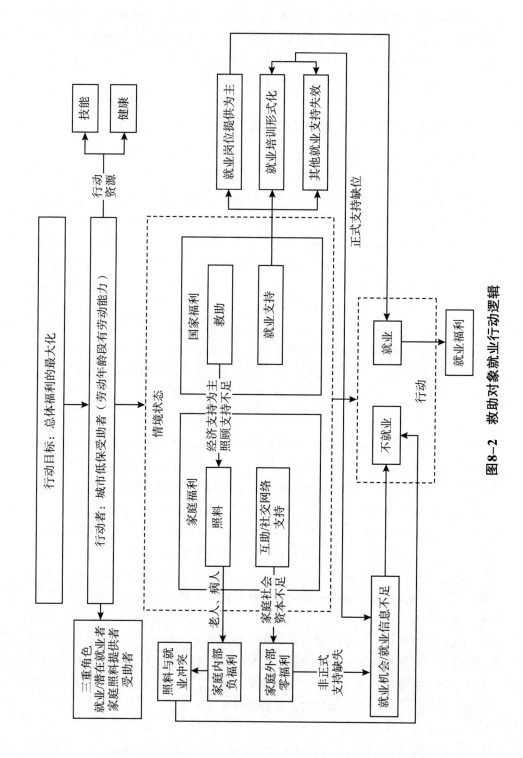

图8-2 救助对象就业行动逻辑

第九章

社会救助制度下福利
依赖的分析研究

第一节　受助者专项救助及其他补贴享有情况

一、受助者专项救助享有情况

表9-1呈现的城乡受助者专项救助享有情况，总的来看，受助者获得专项救助的人数较少，并且具有城乡差异，一般城市地区受助者获得专项救助的概率要高于农村地区，这也与城乡救助资源的多寡密切相关。其中，在享有医疗救助的受助者中，城市占7.5%，农村占4.75%；在享有教育救助的受助者中，城市占7%，农村占1.89%；在享有住房救助的受助者中，城市占2%，农村占1.01%；在享有就业救助的受助者中，城市占0.6%，农村占0.17%；在享有临时救助的受助者中，城市占1.9%，农村占0.33%；在享有慈善救助的受助者中，城市占0.9%，农村占0.56%。

| 表 9 - 1 | 受助者专项救助享有情况分布 | | 单位：% |

主要专项救助	是		否
	城市	农村	
医疗救助	7.50	4.75	87.75
教育救助	7.00	1.89	91.11
住房救助	2.00	1.01	96.99
就业救助	0.60	0.17	99.23
临时救助	1.90	0.33	97.77
慈善救助	0.90	0.56	98.54
其他救助	1.26	0.08	98.66

表 9 - 2 呈现的是受助者各专项救助总金额分布情况，总体而言，受助者获得专项救助的金额并不多。其中，医疗救助集中分布在 200 元以下的区间，占比高达 93.2%；教育救助集中分布在 800 元以上的区间，占比为 68.6%，其次为 200 元以下的区间，占比为 11.9%；住房救助集中分布在 200 元以下的区间，占比高达 95.8%；就业救助全部分布在 200 元以下的区间，占比 100%；临时救助集中分布在 200 元以下的区间，占比高达 99.1%；慈善救助集中分布在 200 元以下的区间，占比高达 98.3%。除教育救助外，绝大部分受助者享有的其他各专项救助总金额均在 200 元以下。

表 9 - 2	受助者各专项救助总金额分布					单位：%
主要专项救助	≤200 元	200 ~ 400 元	400 ~ 600 元	600 ~ 800 元	>800 元	合计
医疗救助	93.2	0	0	0	6.8	100
教育救助	11.9	7.6	6.8	5.1	68.6	100
住房救助	95.8	0.8	0	0	3.4	100
就业救助	100	0	0	0	0	100
临时救助	99.1	0	0	0	0.9	100
慈善救助	98.3	0	0	0.8	0.8	100
其他救助	99.1	0	0	0	0.9	100

二、受助者除低保外的其他补贴享有情况

表 9 - 3 呈现的是受助者除低保外其他补贴享有情况，数据显示，在过去的

一年里，有66.39%的受助者获得过除低保外的其他补贴。这可以看出，大部分受助者还同时享有其他补贴。

表9-3　　受助者除低保外其他补贴享有情况统计（N=1 434）

选项	频数	百分比（%）
有	952	66.39
无	428	29.85
不清楚	54	3.77
合计	1 434	100

分别统计分析城乡地区受助者享有除低保外的其他补贴情况，表9-4显示，就城镇地区而言，较落后的城镇地区有73.84%的受助者在过去的一年里获得过除低保外的其他补贴，中等发达水平的城镇地区有85.65%的受助者获得过，发达的城镇地区有76.92%的受助者获得过。就农村地区而言，较落后的农村地区仅有37.07%的受助者获得过除低保外的其他补贴，中等发达水平的农村地区有50.98%的受助者获得过，发达的农村地区有91.84%的受助者获得过。这可以发现，城市地区受助者获得除低保外补贴的比例明显高于农村地区，主要原因是城乡地区救助资源的差异，城市地区救助资源投入明显高于农村地区。

表9-4　　　　受助者获得除低保外其他补贴的城乡比较　　　单位：%

样本地	有	无	不清楚	合计
较落后的城镇地区	73.84	22.97	3.20	100
中等发达的城镇地区	85.65	12.66	1.69	100
发达的城镇地区	76.92	15.38	7.69	100
较落后的农村地区	37.07	61.87	1.07	100
中等发达的农村地区	50.98	30.72	18.30	100
发达的农村地区	91.84	8.16	0	100

对受助者获得除低保外其他补贴金额进行分段，并进行城乡比较，表9-5显示，就城镇地区而言，较落后的城镇地区受助者获得除低保外其他补贴金额集中分布在"200元以下"和"800元以上"两个区间，占比分别为47.4%和39.02%；中等发达的城镇地区集中分布在"200元以下"的区间，占比高达

61.08%，其次为"200~400元"的区间，占比为17.39%；发达的城镇地区集中分布在"800元以上"的区间，占比高达55.56%，其次为"200元以下"的区间，占比为37.78%。就农村地区而言，较落后的农村地区受助者获得除低保外其他补贴金额集中分布在"200元以下"的区间，占比高达86.42%，其次为"200~400元"和"400~600元"两个区间，占比均为4.68%；中等发达的农村地区集中分布在"200元以下"的区间，占比高达94.77%；发达的农村地区集中分布在"800元以上"的区间，占比高达83.67%，其次为200元以下的区间，占比为12.24%。这同样可以看出城乡救助资源的供给差异，城市地区救助资源明显多于农村地区。

表9-5　　　　　受助者获得除低保外其他补贴金额
（分区间）的城乡比较　　　　　　单位：%

样本地	≤200元	（200，400元]	（400，600元]	（600，800元]	>800元	合计
较落后的城镇地区	47.4	6.65	4.34	2.60	39.02	100
中等发达的城镇地区	61.08	17.39	4.76	5.80	10.97	100
发达的城镇地区	37.78	4.44	0	2.22	55.56	100
较落后的农村地区	86.42	4.68	4.68	0.23	3.98	100
中等发达的农村地区	94.77	1.96	1.31	0.65	1.31	100
发达的农村地区	12.24	4.08	0	0	83.67	100

三、受助者个人全部社会救助收入情况

社会救助收入是指低保、专项救助及各项补贴的总和。表9-6呈现的是受助者个人在过去的一年里社会救助收入分布情况。其中，受助者个人年社会救助收入在"1 000元以下"（含1 000元）的占比11.51%，在"1 000~2 000元"的占比22.82%，在"2 000~3 000元"的占比14.84%，在"3 000~4 000元"的占比9.85%，在"4 000~5 000元"的占比8.72%，在"5 000~6 000元"的占比6.79%，在"6 000元以上"的占比最大，为25.48%。由此可知，受助者个人年社会救助收入集中分布在"6 000元以上"和"1 000~2 000元"两个区间，总占比达48.3%。

表 9 - 6 　　　　　受助者个人在过去的一年里社会救助收入
分布（%）（N = 1 503）

个人年社会救助收入（元）	频数	百分比（%）
≤1 000	173	11.51
(1 000, 2 000]	343	22.82
(2 000, 3 000]	223	14.84
(3 000, 4 000]	148	9.85
(4 000, 5 000]	131	8.72
(5 000, 6 000]	102	6.79
>6 000	383	25.48
合计	1 503	100

表 9 - 7 呈现的是分城乡分地区受助者个人年社会救助收入分布情况。就城镇地区而言，较落后的城镇地区受助者个人在过去的一年里社会救助收入集中分布在"2 000 ~ 3 000 元"和"6 000 元以上"两个区间，分别占比 21.68% 和 20.52%；中等发达的城镇地区集中分布在"6 000 元以上"的区间，占比高达 50.72%，其次是"1 000 元以下"的区间，占比为 12.84%；发达的城镇地区集中分布在"6 000 元以上"的区间，占比高达 60%，其次是"1 000 元以下"的区间，占比为 17.78%。就农村地区而言，较落后的农村地区受助者个人在过去的一年里社会救助收入分布在"1 000 ~ 2 000 元"的区间占比最大，为 66.74%，其次是"1 000 元以下"和"2 000 ~ 3 000 元"两个区间，均为 14.05%；中等发达的农村地区集中分布在"2 000 ~ 3 000 元""3 000 ~ 4 000 元"和"4 000 ~ 5 000 元"三个区间，分别占比 37.91%、18.3% 和 18.3%，该地区在"2 000 ~ 5 000 元"的区间占比高达 74.51%；发达的农村地区集中分布在"6 000 元以上"的区间，占比高达 71.43%，其次是 2 000 ~ 3 000 元的区间，占比为 10.2%。这也同样发现，城市地区的救助标准远远高于农村地区，经济社会越发达的地方，受助者获得的社会救助收入越高。

表 9 - 7 　　　　　受助者个人在过去的一年里社会救助
收入分布的城乡比较 　　　　单位：%

样本地	≤1 000元	(1 000, 2 000元]	(2 000, 3 000元]	(3 000, 4 000元]	(4 000, 5 000元]	(5 000, 6 000元]	>6 000元	合计
较落后的城镇地区	6.65	8.38	21.68	19.94	11.27	11.56	20.52	100

续表

样本地	≤1 000元	(1 000, 2 000元]	(2 000, 3 000元]	(3 000, 4 000元]	(4 000, 5 000元]	(5 000, 6 000元]	>6 000元	合计
中等发达的城镇地区	12.84	1.24	4.55	7.66	11.8	11.18	50.72	100
发达的城镇地区	17.78	6.67	6.67	4.44	4.44	0	60.00	100
较落后的农村地区	14.05	66.74	14.05	2.34	0.94	1.17	0.70	100
中等发达的农村地区	12.42	10.46	37.91	18.30	18.30	1.31	1.31	100
发达的农村地区	2.04	8.16	10.2	4.08	2.04	2.04	71.43	100

表 9-8 呈现的是分城乡地区受助者个人在过去的一年里社会救助收入占年总收入比重分布情况。就城镇地区而言，较落后的城镇地区受助者个人年社会救助收入占年总收入比重主要分布在"50%以上"的区间，占比高达 65.48%，其次为"30%~40%"的区间，占比为 8.04%；中等发达的城镇地区集中分布在"50%以上"的区间，占比高达 72.47%；发达的城镇地区集中分布在"50%以上"的区间，占比高达 51.16%。就农村地区而言，较落后的农村地区受助者个人年社会救助收入占年总收入比重集中分布在"50%以上"的区间，占比高达 50.47%，其次为"20%~30%"的区间，占比为 12.56%；中等发达的农村地区集中分布在"50%以上"的区间，占比高达 72.41%；发达的农村地区集中分布在"50%以上"的区间，占比高达 71.43%，其次为"10%~20%"的区间，占比为 8.16%。无论是城镇地区还是农村地区，无论发展水平如何，受助者个人年社会救助收入占年总收入百分比均达到 50%以上，是受助者总收入的最重要组成部分。

表 9-8   **受助者个人社会救助收入占年总收入**

比重分布的城乡比较

单位：%

样本地	≤10%	(10%, 20%]	(20%, 30%]	(30%, 40%]	(40%, 50%]	>50%	合计
较落后的城镇地区	5.65	7.74	7.14	8.04	5.95	65.48	100
中等发达的城镇地区	10.32	2.80	5.81	5.38	3.23	72.47	100
发达的城镇地区	13.95	6.98	0	13.95	13.95	51.16	100
较落后的农村地区	10.90	10.19	12.56	9.48	6.40	50.47	100
中等发达的农村地区	6.90	5.52	5.52	6.90	2.76	72.41	100
发达的农村地区	2.04	8.16	6.12	6.12	6.12	71.43	100

四、受助家庭全部社会救助收入情况

表 9-9 呈现的是受助家庭在过去的一年里社会救助收入分布情况。其中，受助家庭社会救助收入在 "2 000 元以下" 的占比 15.5%，在 "2 000 ~ 4 000元" 的占比 13.71%，在 "4 000 ~ 6 000 元" 的占比 10.84%，在 "6 000 ~ 8 000元" 的占比 14.9%，在 "8 000 ~ 10 000 元" 的占比 17.9%，在 "10 000 ~ 12 000元" 的占比 8.52%，在 "12 000 元以上" 的占比最大，为 18.63%。由此可知，受助家庭年社会救助收入集中分布在 "12 000 元以上" "8 000 ~ 10 000 元" 和 "2 000 元以下" 三个区间，总占比 52.03%。

表 9-9　　　　　　受助家庭在过去的一年里社会救助
收入分布 （N = 1 503）　　　　　单位：%

家庭年社会救助收入 （元）	频数	百分比 （%）
≤2 000	233	15.50
(2 000, 4 000]	206	13.71
(4 000, 6 000]	163	10.84
(6 000, 8 000]	224	14.90
(8 000, 10 000]	269	17.90
(10 000, 12 000]	128	8.52
>12 000	280	18.63
合计	1 503	100

表 9-10 呈现的是分城乡地区受助家庭在过去的一年里社会救助收入分布比较。就城镇地区而言，较落后的城镇地区受助家庭年社会救助收入集中分布在 "6 000 ~ 8 000 元" 和 "4 000 ~ 6 000 元" 两个区间，占比分别为 31.21% 和19.08%；中等发达的城镇地区集中分布在 "12 000 元以上" 和 "8 000 ~ 10 000元" 两个区间，占比分别为 33.75% 和 28.36%；发达的城镇地区集中分布在 "12 000 元以上" 的区间，占比高达 64.44%，其次是 "8 000 ~ 10 000 元" 的区间，占比为 24.44%。就农村地区而言，较落后的农村地区受助家庭年社会救助收入分布在 "2 000 元以下" 的区间占比最大，为 53.4%，其次是 "2 000 ~ 4 000元" 的区间，占比为 22.25%；中等发达的农村地区集中分布在 "2 000 ~ 4 000元" 和 "4 000 ~ 6 000 元" 两个区间，占比分别为 39.22% 和 26.14%；发达的农村地区集中分布在 "12 000 元以上" 和 "8 000 ~ 10 000 元" 两个区间，占比

分别为 42.86% 和 20.41%。

表 9-10　　　　　受助家庭在过去的一年里社会救助
　　　　　　　　收入分布的城乡比较　　　　　单位：%

样本地	≤2 000元	(2 000, 4 000元]	(4 000, 6 000元]	(6 000, 8 000元]	(8 000, 10 000元]	(10 000, 2 000元]	>12 000元	合计
较落后的城镇地区	0.29	11.56	19.08	31.21	18.50	8.38	10.98	100
中等发达的城镇地区	0.21	1.45	4.35	14.91	28.36	16.98	33.75	100
发达的城镇地区	0	0	2.22	4.44	24.44	4.44	64.44	100
较落后的农村地区	53.40	22.25	7.49	4.22	7.03	0.70	4.92	100
中等发达的农村地区	1.96	39.22	26.14	15.03	11.11	1.31	5.23	100
发达的农村地区	0	8.16	6.12	2.04	20.41	20.41	42.86	100

　　表 9-11 呈现的是分城乡地区受助家庭在过去的一年里社会救助收入占年总收入比重分布情况。就城镇地区而言，较落后的城镇地区受助家庭年社会救助收入占年总收入比重集中分布在"50%以上"的区间，占比高达 52.03%，其次为"30%~40%"的区间，占比为 15.7%；中等发达水平的城镇地区集中分布在"50%以上"的区间，占比高达 56.98%；发达的城镇地区集中分布在"50%以上"的区间，占比高达 82.86%，其次为"40%~50%"的区间，占比为11.43%。就农村地区而言，较落后的农村地区受助家庭年社会救助收入占年总收入比重集中分布在"10%以下"和"50%以上"两个区间，占比分别为29.25% 和 28.75%；中等发达水平的农村地区集中分布在"50%以上"的区间，占比为 41.5%；发达的农村地区集中分布在"50%以上"的区间。这可以得知，城乡地区受助家庭都很依赖社会救助收入，经济社会越发达，其依赖性越强。

表 9-11　　　　　受助家庭社会救助收入占年总收入
　　　　　　　　比重分布的城乡比较　　　　　单位：%

样本地	≤10%	(10%, 20%]	(20%, 30%]	(30%, 40%]	(40%, 50%]	>50%	合计
较落后的城镇地区	1.45	9.59	9.88	15.70	11.34	52.03	100
中等发达的城镇地区	2.29	8.92	11.21	11.21	9.38	56.98	100
发达的城镇地区	0	0	5.71	0	11.43	82.86	100
较落后的农村地区	29.25	13.00	16.25	7.25	5.50	28.75	100

续表

样本地	≤10%	(10%, 20%]	(20%, 30%]	(30%, 40%]	(40%, 50%]	>50%	合计
中等发达的农村地区	6.80	13.61	13.61	13.29	10.20	41.50	100
发达的农村地区	0	6.25	4.17	8.33	0	81.25	100

第二节 社会福利依赖现象的定量数据检验

从以上统计数据来看，发现低保受助对象接受救助的时间较长，就业率低，救助收入占家庭收入比例很高等，这些问题侧面反映了福利依赖现象的存在。本部分将通过定量数据构建回归模型，探究处于适龄劳动阶段的受助者，其就业是否受社会救助影响，分析社会救助实施中是否形成"福利依赖"现象。选取处于适龄就业阶段，且有劳动能力的城市低保受助者作为数据分析对象，经过筛选，符合条件的样本量为525个。

一、定量研究框架设计

对于"福利依赖"的认定，虽然目前尚未形成统一的观点，但基本呈现两类判断标准（张浩淼，2014）[1]：一是主观认定，即救助对象出现就业意愿下降、消极就业或不就业等情况，主要依赖社会救助维持基本生活；二是客观判断，即救助对象长期依赖社会救助，救助收入占家庭总收入比重非常高。但对救助期限是多长，救助收入占家庭总收入的比重具体多少，还没有统一的定论。结合当前学者已有的研究，对救助对象是否构成福利依赖，可以从主观心理和客观依赖两个层面进行判断：一是在客观上接受社会救助的时间已经超过一定期限，或超过较大比重的收入来源于社会救助；二是救助对象在主观心理上形成消极就业或不就业的倾向。

本书以能否促进就业，作为判断社会救助执行中是否形成福利依赖现象。以"就业情况"作为因变量，低保救助资金给付水平、受助者个人与家庭特征等作为自变量。假设社会救助会对受助者的就业行为产生正面或负面影响，或者无相

---

① 张浩淼：《救助、就业与福利依赖——兼论关于中国低保制度"养懒汉"的担忧》，载于《兰州学刊》2014年第5期。

关性：假设救助能够提升受助者就业可能性，或者产生一定的"福利依赖"，救助降低受助者就业的可能性；或者救助与受助者就业行为无关。另外，把受助对象的性别、年龄、健康、受教育程度、家庭人口特征等也纳入模型，观察其对就业行为的影响，如表9-12所示。

表9-12　　　　　　　　主要变量特征及其描述

变量	均值	标准差	变量操作化
就业情况	0.27	0.447	目前处于就业中=1，未就业=0
低保金额（月）	365.80	180.133	连续型变量
除低保救助外的补贴总额（年）	0.42	0.493	低保补贴800元及以上=1，低于800元=0
个人社会救助收入占总收入比例	0.56	0.497	个人社会救助收入占个人总收入比例80%以上=1，占比低于80%=0
健康状况	1.63	0.596	不健康=1，健康一般=2，很健康=3
受助者年龄	2.55	0.589	30岁及以下=1，31~45岁=2，46岁及以上=3
受教育年限	0.78	0.414	6年及以上=1，6年以下=0
性别	0.49	0.500	男=1，女=0
家里是否有老年人	0.11	0.307	家有老年人=1，无老年人=0

二、Logistic 回归模型检验

在构建回归模型之前，先分析主要变量之间的相关性，主要判断自变量与因变量之间的相关度，以及自变量之间是否存在共线性问题。从分析结果来看，自变量与作为因变量的"就业情况"之间有显著的相关；且8个自变量之间相关系数都较低，不存在共线性问题，可以进一步构建回归模型，如表9-13所示。

三、模型回归结果与分析

以救助对象的"就业情况"作为因变量，以社会救助资金给付、受助对象个人与家庭的基本特征作为自变量，构建Logistic回归模型。从模型回归结果来看，低保金额、受助对象的社会救助占比情况、健康状况、家中是否有老年人等因素对救助对象的就业产生显著影响，如表9-14所示。

表 9 - 13

主要分析变量 Pearson 相关分析表

变量	1	2	3	4	5	6	7	8	9
1. 就业情况	—								
2. 人均低保金	-0.207**	—							
3. 低保外补贴	0.028	0.087*	—						
4. 个人社会救助占比	-0.603**	0.171**	0.084	—					
5. 健康状况	0.223**	-0.186**	-0.024	-0.177**	—				
6. 年龄	-0.011	-0.017	-0.141**	-0.056	-0.193**	—			
7. 受教育年限	0.078	-0.125**	0.035	-0.061	0.129**	-0.098*	—		
8. 性别	0.039	0.029	-0.013	-0.056	-0.079	0.149**	0.095*	—	
9. 家有老年人	-0.176**	0.123*	0.084	0.007	-0.021	-0.006	-0.206**	-0.084	—

注：* 表示在 0.05 水平（双侧）上显著相关；** 表示在 0.01 水平（双侧）上显著相关；*** 表示在 0.001 水平（双侧）上显著相关。

表 9 - 14   劳动年龄受助者"就业"的 logistic 回归模型结果

变量	B	S. E.	Wals	df	Sig.	Exp（B）
人均低保金额	- 0.002 *	0.001	4.847	1	0.028	0.998
低保外补贴（≥800 元）	0.630	0.325	3.771	1	0.052	1.878
个人社会救助所占比例（≥80%）	- 3.590 ***	0.375	91.701	1	0.000	0.028
健康状况	0.568 **	0.219	6.713	1	0.010	1.765
受助者年龄	0.121	0.173	0.491	1	0.484	1.129
受教育年限	- 0.213	0.369	0.333	1	0.564	0.808
性别	- 0.041	0.304	0.018	1	0.892	0.960
是否有老年人	- 2.941 ***	0.792	13.789	1	0.000	0.053

注：*表示在 0.05 水平（双侧）上显著相关；**表示在 0.01 水平（双侧）上显著相关；***表示在 0.001 水平（双侧）上显著相关。

（一）"社会救助给付"因素对救助对象的就业影响情况

一是每月低保金额对救助对象的就业产生显著的负向影响。从回归系数来看（B = - 0.002，P < 0.05），低保金额（月均）每增加 1 元，救助对象处于就业的概率就会下降 0.2%（Odd Ratio 为 0.998）。二是除低保以外的补贴，对救助对象的就业影响不显著，可能的原因就在于各地补贴政策基本一致，只要获得低保救助，那么相同条件下的补贴是基本一致的。三是救助对象个人救助收入占个人年总收入的比重，对受助者的就业呈负向影响，说明救助对象个人收入越依赖于社会救助，那么其就业的可能性也就越低。从以上几个变量来看，受助者的就业行为受到每月低保金额、"个人社会救助收入占比"等因素的影响，且是负面影响，在一定程度上表明有劳动能力的救助对象存在一定程度的"福利依赖"。

（二）救助对象及其家庭等因素对其就业的影响情况

一是救助对象的健康状况对其就业呈正向影响，健康程度每提升一个级别，其就业的概率将提升 76.5%（Odd Ratio 为 1.765）。二是救助对象的年龄、受教育年限、性别对其就业影响不显著，说明两个问题：（1）救助对象的自身健康状况深刻影响就业，而其他个体特征不影响就业；（2）"福利依赖"下的失业行为（失业样本量占比 72.6%），处于一种普遍行为，已经不受年龄、教育、性别等的影响。（3）"家里是否有老年人"对救助对象的就业呈现负向影响，家里有老年人的救助对象，其就业可能性要明显低于家里没有老年人的救助对象，可能的原因在于老年人需要受助者照顾，降低了救助对象就业的可能性；另外，一般城市老年人拥有养老金，且其养老金比低保救助标准高很多，那么照顾好家里的老年人，其养老金也可以补贴家用。

从以上回归模型分析的结果来看，"每月低保救助金"降低了受助者就业概率；救助对象个人收入越依赖于社会救助，其就业的概率也越低。这说明，没有足够的证据排除低保救助导致"福利依赖"的假设。另外，救助对象个体健康程度显著影响就业行为，健康状况越好，其就业概率也越高；家里有老年人的救助对象，其就业可能性明显低于家里没有老年人的救助对象。

第三节　社会救助下福利依赖的政策分析

目前我国已经形成以最低生活保障制度为基础、其他专项救助制度为补充的较为成熟的社会救助制度体系。最低生活保障制度是我国社会救助体系的核心，也是发挥兜底性作用的社会保障制度。其他专项救助制度也在各自领域发挥着不同的功能。改革开放以来，尤其是城乡低保制度建立以来，我国的最低生活保障制度发挥了"救急难、托底线"的重要功能，但在最低生活保障制度城乡发展的实践过程中出现了社会救助制度执行中的"政策捆绑"现象及其伴随而来的福利依赖趋势。因此，注意关注制度执行之外的意外后果，研究政策执行偏差所带来的问题，有助于社会救助制度更好地发挥自身的功能与作用。

根据现有政策，获得低保资格的家庭享受的救助待遇要远高于非低保家庭，于是出现了福利的"断崖效应"。非低保家庭的家庭收入在低保线以下就可以获取低保资格从而获得更多的福利待遇。于是就在社会救助实践的过程中产生悖论：为何现在人人争抢贫困户，本来带有救助色彩的低保身份为何变成人人争抢的"唐僧肉"？其中的重要影响因素就是社会救助制度的多重政策捆绑，一方面是社会救助制度内部的福利叠加，另一方面则是低保制度与其他扶贫政策的捆绑。扶贫政策、其他部门的救济政策与低保身份简单挂钩，获得低保身份的家庭自动享受其他扶贫政策，也使得低保制度出现了溢出效应。在低保制度的实践过程中及早发现福利依赖的苗头，做好政策安排，对于完善社会救助制度十分重要。

159

一、关于社会救助制度执行中的政策捆绑问题的研究

社会救助制度执行中的"政策捆绑"是指获取低保资格的受助者可以凭借低保身份获得其他多项救助，包括廉租住房救助、教育救助、就业救助、医疗救助等。低保身份与其他专项救助挂钩，出现了"一保俱保，一退尽退"的"政策捆绑"。社会救助制度执行中的"政策捆绑"也被称作低保的福利捆绑或低保的身份化①。贫困者一旦拥有了低保这一身份，不但可以享受最低生活保障救助，还会获得低保身份所赋予的其他待遇。这些救助待遇具有一定的排他性，并以诸如医疗补贴、教育补贴等一系列优惠及福利政策体现出来。这导致低保制度实践过程中产生的延伸效果，使它逐渐由满足贫困家庭最低生活保障的目标转向一种可以借此获取多种优惠和福利的身份标签。

有了社会救助制度执行中的"政策捆绑"，获得低保资格家庭的生活水平要明显高于处于贫困边缘的家庭。设置低保制度的初衷是为了解决有困难的家庭基本生活问题，而教育、医疗、住房等专项社会救助是为了解决低收入家庭的特殊困难，但这些专项救助制度缺乏严格的资格认定和程序，于是就将低保资格的认定看作是对这些专项救助制度对象的认定。社会救助制度执行中的"政策捆绑"在一定程度上会造成福利依赖，也会产生很多问题②。许多退出低保的家庭并不意味着只要一退出低保就可以买得起房、看得起病，但是政策规定的是他们只要退出低保就无法享受相关福利待遇。于是他们就将享受低保作为维持生活的权宜之计，尽可能长时间地延续享受低保的年限。

归纳以往研究成果可以发现，社会救助政策的"政策捆绑"可以从三个方面去看待：一是骗取低保。为了得到低保及其附带的救助待遇，不少处在低保边缘的家庭会采取多种手段得到低保资格，包括老人分户、隐瞒家庭实际收入等。这在一定程度上影响低保公平性，同时也使得低保本身的目的发生了扭曲。二是福利依赖。这是社会救助制度执行中的"政策捆绑"产生的一个重要后果：有劳动能力的受助者不想退出低保，因为他们的工作收入不是稳定，甚至可能出现工作后的收入不如低保补偿及其捆绑救助待遇高的情况。三是低保退出困难。通过各种非常规方法得到低保的受助者在短时间内很难退出低保，在农村地区尤其明显。此外社会救助制度执行中的"政策捆绑"还具有稳定性、不劳而获性和随意性等特点。稳定性是指一旦获得低保资格就有享有除了低保金之外的其他福利或

---

① 崔凤、杜瑶：《城市最低生活保障"身份化"探析》，载于《江海学刊》2010 年第 6 期。
② 闫西安：《完善低保政策，避免福利依赖》，载于《光明日报》2012 年 9 月 14 日。

政策优惠，且这种救助待遇是相对稳定的；不劳而获性是指因管理体制漏洞，以及低保制度本身的模糊性，具有劳动能力的受助者一般只享受权利而无需履行义务；随意性是指与低保伴随而来的各种配套福利是各地自主决定的，而无中央的统一管理和规划。

20世纪五六十年代以来，伴随着西方发达国家福利制度的全面推行和福利水平的不断提升，"福利依赖"问题不断凸显，成为福利政策改革与调整的重点内容，国外学者对"福利依赖"的理论起源、判定标准与形成原因、政策改革等进行了较多研究。但从以往研究的情况来看，对是否存在"福利依赖"的问题具有较大争议，很多学者认为没有足够的证据和数据表明福利依赖现象的存在。不过，随着越来越多的福利依赖现象被爆出，以及高水平慷慨的福利给付给很多国家财政带来巨大负担，以及福利养懒汉问题对大众的冲击越来越严重，因此，国外社会呈现出一个基本相同的特点，"基于一个不证自明的预设前提，即暗示了福利依赖的客观存在"①。

关于"福利依赖"现象的认定，国外学者主要从"受助者接受救助后能否重新就业""失业时长"以及"接受救助时长"等因素，来综合衡量"福利依赖"②。如美国健康和人类服务部规定若一个家庭年收入中有50%以上来源于社会救助项目，则可以认为这个家庭产生了福利依赖，其内部成员即为福利依赖者③；又如瑞典学者在研究本国的福利依赖时，将一年中有10~12个月依靠领取救助来生活的家庭划定为"福利依赖的家庭"④。此外，福利依赖也被看作一种消极的态度，一种流行于底层阶级的"依赖文化"，即宁可依赖救助生活也不愿寻找工作，谋求自我供养等⑤。

从最近几十年西方发达国家福利政策改革来看，各国福利政策调整多为基于预设"福利依赖"的客观存在。针对福利领取设计了很多限制条件，提出了一系列的"反福利依赖"要求，如推行"权责统一"的救助理念，强制推行"工作福利制"⑥，通过工作换取福利，以促进就业与赋予个人责任为目标，促

---

① 徐丽敏：《国外福利依赖研究综述》，载于《国外社会科学》2008年第6期。

② M. Melkersson, J. Saarela. Welfare Participation and Welfare Dependence Among the Unemployed [J]. *Journal of Population Economics*, 2004, 17 (3).

③ U. S. Department of Health and Human Services 2014. < Welfare Indicators and Risk Factors >. Thirteenth Report to Congress. http://aspe. hhs. gov/hsp/14/Indicators /rpt. cfm.

④ Mood, C.. Lagging behind in good times: immigrants and the increased dependence on social assistance in Sweden [J]. *International journal of social welfare*, 2011 (20): 55–65.

⑤ Mead, L. *Beyond Entitlement* [M]. New York: Free Press, 1986.

⑥ Judith M. Gueron. *Patricia Auspos Encyclopedia of Social Work*, 18th Edition [M]. Maryland, NASW Press, 1987: 896.

使福利受助者重新进入劳动市场①。如美国在 1996 年出台的《个人责任与工作机会调和法案》中，将福利制度从"资格机制"改为"工作优先"模式，对福利获取采取时间限制②；英国政府从 1990 年开始，在失业保障中引入"工作福利制"③。

受西方"福利依赖"问题的影响，近年来国内学者也对社会救助是否引发"福利依赖"表达了诸多担忧。目前国内学术界对社会救助的"福利依赖"问题尚存较大争论。

首先，围绕"福利依赖"是否存在所展开的讨论。在这一议题上，有些学者持肯定态度，认为当前受助家庭劳动供给的减少与社会救助制度的缺陷有关，出现了"救助依赖"现象④；有学者指出，在城市低保制度中，"养懒汉"问题已普遍、长期地存在，受助者接受救助的时间很长，其劳动力市场参与率低，并且由于救助项目的叠加会削弱受助者的退保意愿⑤；此外，洪大用提出受具体情境的影响，救助制度在实施过程中会产生延伸效果，而低保对象的制度依赖正是其中之一⑥；慈勤英、兰剑（2015）在湖北省、辽宁省对低保群体开展的调查也发现，给予型的救助福利降低了受助者的再就业意愿，提升了其失业的可能性，支持了城市低保在一定程度上出现了"救助依赖"现象的观点等⑦。与此同时，另一些学者则否定"福利依赖"的存在，认为低保制度的产生与特定历史时期，"国家—市场"制度性转型有关，低保制度所具有的补偿性及救济性特点，基本决定了该项制度中福利依赖的判断是一种理论的想象和对现实问题的"错位"归因⑧。有研究者指出，低保群体并未形成"依赖文化"，其中最有力的佐证就是很多低保受助者通过隐性就业获取一定收入作为低保金的补充以维持生活⑨；

① G. Gilder. *Wealth and Poverty* [M]. New York, Basic Books, 1981.

② Ybarra, M. Should I Stay or Should I Go? Why Applicants Leave the Extended Welfare Application Process [J]. *Journal of Sociology and Social Welfare*, 2011, 38 (1).

③ Jochen Clasen, Daniel Glegg. *Unemployment Protection and Labour Market Reform in France and Great Britain in the 1990s: Solidarity Versus Activation?* [M]. Cambridge University Press, 2003, Inl Soc. Pol. 32 (3): 361 – 381.

④ 王增文、邓大松：《倾向度匹配、救助依赖与瞄准机制——基于社会救助制度实施效应的经验分析》，载于《公共管理学报》2012 年第 2 期。

⑤ 刘璐婵、林闽钢：《"养懒汉"是否存在？——城市低保制度中"福利依赖"问题研究》，载于《东岳论丛》2015 年第 10 期。

⑥ 洪大用：《试论中国城市低保制度实践的延伸效果及其演进方向》，载于《社会》2005 年第 3 期。

⑦ 慈勤英、兰剑：《"福利"与"反福利依赖"——基于城市低保群体的失业与再就业行为分析》，载于《武汉大学学报》（哲学社会科学版）2015 年第 4 期。

⑧ 高功敬、高灵芝：《城市低保的历史性质与福利依赖》，载于《南通大学学报》（哲学社会科学版）2009 年第 3 期。

⑨ 张浩淼：《救助、就业与福利依赖——兼论关于中国低保制度"养懒汉"的担忧》，载于《兰州学刊》2014 年第 5 期。

"当前我国城市低保制度的确存在弱化救助对象劳动激励的制度性因素，但是这种'依赖现象'仅仅是救助水平较低，救助对象希望依靠低保制度进而获得更多保障而采取的一种策略"①。另外，韩克庆、郭瑜基于"中国城市低保制度绩效评估"项目的实地调查数据所进行的定量、定性研究也发现，低保金在起到重要救助作用的同时，并未妨碍受助对象展现出较强的就业与改善生活意愿，从现实层面表明城市低保尚不存在福利依赖②。

其次，在承认"福利依赖"存在的前提下，为寻求这一问题的破解之道而展开的多维度探讨。如利用博弈论的方法分析不同模式下政府与低保对象之间关于救助—就业的博弈问题，尝试寻找城市低保制度中救助与就业的最佳平衡点，并提出应建立促进积极就业的利益导向机制，在保障贫困群体生存的基础上，鼓励其实现个人发展③；又如从社会工作的视角出发，论证专业社工介入反福利依赖的必要性和可能性，研究社会工作以"助人自助"理念介入反福利依赖，协助福利依赖者回归主流社会的理论与手法，尤其是强调社会工作在宏观层面的介入，包括"规范学习的制度化建构和制定重视工作的社会政策"④；再如对负所得税机制设计与实施的倡导，认为该机制将有助于激励有劳动能力受助者的就业积极性，从而解决现有"补差制"所造成的"就业负激励"以及"贫困陷阱"下的福利依赖问题⑤；或是基于微观视角，从个体层面入手，揭示再就业福利、失业责任认知对失业者再就业行为的影响，从而指出鼓励再就业的制度设计能更加有效地发挥促进作用等⑥。

通过调查数据可以发现城乡受助者享有低保附带专项救助的比例较小，所获得的捆绑待遇（转化成货币计算）也不高，但对于贫困人口及家庭而言，这也是一笔不小的收入，对其家庭基本生活影响很大。调查结果呈现的获得专项救助的受助者占比不高，主要的影响因素是：一方面如调查数据显示的大部分受助者对专项救助的了解不多，所以没有申请；另一方面是专项救助资源较少，覆盖面较小。社会救助制度实践过程中产生的"政策捆绑"问题，这一问题产生的非预期

① 彭宅文：《最低生活保障制度与救助对象的劳动激励："中国式福利依赖"及其调整》，载于《社会保障研究》2009 年第 2 期。
② 韩克庆、郭瑜：《"福利依赖"是否存在？——中国城市低保制度的一个实证研究》，载于《社会学研究》2012 年第 2 期。
③ 王磊：《城市低保对象救助与就业问题博弈分析》，载于《财经问题研究》2009 年第 5 期。
④ 周昌祥：《当前社会福利依赖与反福利依赖的社会工作介入研究》，载于《华东理工大学学报》（社会科学版）2005 年第 2 期。
⑤ 边恕：《解决城市低保制度就业负激励问题的方案探讨——基于"补差制"与"负所得税制"的分析》，载于《中国软科学》2014 年第 10 期。
⑥ 慈勤英、王卓祺：《失业者的再就业选择——最低生活保障制度的微观分析》，载于《社会学研究》2006 年第 3 期。

后果可以从以下几个方面去看待。

第一，强化"等靠要"观念导致就业惰性。社会救助不仅要保障"三无人员"的基本生活，更重要的是帮助有发展潜力、有劳动能力的贫困人口和家庭摆脱困境。救助政策的简单叠加，无疑强化了他们的"等靠要"观念，使原本具有劳动能力的受助者失去脱贫和就业的动力。把低保资格和其他专项救助进行捆绑，成为抑制受助者就业的重要因素。获得低保资格的家庭"等、要、靠"思想明显，福利依赖观念逐渐形成。同时，低保与其他专项救助制度的捆绑，使得低保户和低保边缘户看到巨大的利益和多重救助待遇，于是他们并不再认为"吃低保"是没有面子的事情，相反出现了争抢低保资格的现象。"等要靠"思想形成后，还将导致家庭责任的弱化，有些家庭为了拿到低保资格，采取分户等办法，将老人与自己分开，这在无形中助长了子女不赡养老人的风气。

第二，造成相对剥夺感与助长福利侵占行为发生。社会救助制度执行中的"政策捆绑"会使得那些收入超过救助标准但生活仍存在困难的低保边缘群体产生心理落差。受助者凭借其低保身份获得的救助收入，可能远高于低保边缘群体的收入，长此以往他们会产生强烈的相对剥夺感，同时也会对社会公平产生消极影响。而福利侵占是指低保制度中对申请人资格审查条件和程序的有关设计存在漏洞，致使部分申请人借机获得低保资格，侵占低保资源①。由于低保身份带来的救助资源较多，不少人不惜通过走关系、隐瞒财产等非正常手段获得低保资格。

第三，滋生基层腐败与易致权力滥用。有关救助资源的争夺容易造成基层干部滥用权力，滋生基层腐败。如在低保评定的过程中，有些地方会出现关系保、人情保等现象。这种现象的产生就与基层工作人员滥用权力有关，他们通过手中权力让与自己存在一定关系的人获得低保资格，享受低保救助，这种现象在过去的很长一段时间里经常被新闻媒体报道或提起，在一定程度上降低了救助制度的权威性，变成基层干部滥用权力和滋生腐败的重要领域。

许多人争抢低保不只是为了获得低保救助金，更是为了获得低保资格及其与之捆绑的其他专项救助或政策待遇。如今低保资格的审核成为农村村干部的重要工作，处理不当不仅会影响村民之间的关系，还会造成干群关系紧张。争抢低保资格也在一定程度上破坏了农村熟人社会中互帮互助的传统。此外，争抢低保资格的背后蕴含的是成为低保受助者后退保的被动态度，失去低保意味着生活失去保障。关于社会救助制度执行中的"政策捆绑"更重要的问题在于，要审视政策

---

① 王爱华、陈彬：《低保福利侵占问题分析》，载于《辽宁经济》2008 年第 9 期。

捆绑造成的福利依赖问题。

二、政策捆绑和政策依赖的原因分析

第一，专项救助资格和低保资格合一。社会救助中的专项救助制度的受益对象没有明确的衡量和确定标准，它简单地将受益对象与低保受助对象挂钩，评定工作简单，将其他有需要的但又在低保边缘的群体排除在外。如在调研中发现享有低保救助的受助者同时也可以享有多种专项救助，如教育救助、医疗救助、住房救助等。有些专项救助提供的帮扶可能并不是受助者平时生活中最为需要的，但是因为这些救助是与低保资格捆绑在一起，因此，获得低保资格的同时也就意味着享有了一些专项救助。

第二，低保制度附加利益较多。从各地出台的社会救助文件中就可以看到与低保捆绑的专项救助政策，低保资格成为获得一些救助项目的前提，或者说，获得低保资格的贫困人口，一般可以比较容易地获得一些其他专项救助或扶持政策。农村有些地方的精准扶贫政策也是如此，许多低保户即是精准扶贫户，他们除了享受低保政策扶持外，还可以享受精准扶贫政策带来的教育扶贫、医疗扶贫等政策优惠。

第三，社会救助政策定位模糊及执行异化。社会救助制度体系中的最低生活保障制度主要着眼于应对困难家庭的收入贫困问题，但目前我国的教育、医疗和住房等救助制度还不健全，对专项救助的定位不清晰，对救助范围、程序等规定还比较模糊和简单。很多地方重视低保救助，而能给予专项救助的财政投入、人力投入却严重不足，为降低行政成本，简单地把专项救助制度与低保进行挂钩。如把医疗救助、教育救助和住房救助等专项救助的受益对象简单地界定为"最低生活保障家庭成员，或特困供养人员"，或"政府部门认为符合条件的贫困家庭"。虽然一般政策文件中都会有规定，对"政府部门认为符合条件的贫困家庭"也应给予相应专项救助，但实际执行中往往忽略和简化了救助程序，更多地以低保资格为前提，从低保对象中选择专项救助或其他附加待遇的对象。

一般而言，从国外福利依赖现象的特点来看，较高水平和慷慨的福利政策较易引起福利依赖问题，但当前我国较低水平的救助也产生了一定程度的救助依赖现象，这往往让人们难以理解。但分析背后的原因可以发现，有些地方的救助对象在面对家计调查时，往往有"报低"收入、"报高"支出的倾向，通过隐瞒收入和夸大支出的方式来表述自身的贫困。如隐性就业现象，其本质是隐瞒收入，以获取低保救助资格或更多低保金，但这与"养懒汉"又有着本质区别。"养懒汉"是指救助对象在接受救助后，有就业能力但无就业意愿，处于事实上的长期失业状态，并完全依赖社会救助以维持基本生活。事实证明，现阶段低水平的救助并不足以保障救助对象的基本生活，受助者还需要通过亲戚支持、政府额外补贴等方式来保障生活。正因为很大一部分低收入群体自身能力有限，自我脱贫能力不足，难以依靠自身力量摆脱贫困，只能寄希望于通过社会救助以提升家庭收入水平；那么对于那些有劳动能力的救助对象，或许通过隐性就业以获得救助资格，成为其应对贫困风险的一种"理性选择"，从而形成了独特的"中国式救助依赖"现象。

因此，救助对象自身脱贫能力不足、救助政策不健全及执行不力等因素综合导致了"中国式救助依赖"现象的产生，但这种"救助依赖"与西方国家的"福利依赖"有很大区别。从救助水平来看，现行较低水平的救助并不能保证贫困者的基本生活，但却能为处于贫困状态的低收入群体带来额外生活保障。这与西方发达国家建立在高水平福利给付上的"福利依赖"有很大区别。从受助者脱贫和发展能力来看，救助对象难以通过自身力量摆脱"贫困旋涡"，其缺乏规避生存风险的有效资本，从而采取长期依赖社会救助的方式来规避陷入极度贫困，降低经济风险。救助对象的救助依赖问题，本质上是因受助对象失业风险高、身体状况差等因素导致的救助依赖。从救助对象个人角度来看，通过隐性就业获得社会救助，是其规避贫困风险的"理性选择"，但从社会发展和社会救助制度健康运行的角度而言，受助者隐性就业，虽然没有达到"养懒汉"的恶劣程度，却也导致新的不公平问题。

三、防范社会救助政策捆绑和福利依赖的对策

（一）科学合理设置低保制度认定实施环节

首先是家庭收入核查的科学合理，做到信息共享化、家庭经济收入的明晰化、同时坚持应保尽保、应退尽退的原则。其次是加强低保制度的管理，严格低保制度的申请程序。严把低保申请、入户调查、收入核查、公开讨论、审核审批等低保评定环节，杜绝"关系保"和"人情保"，将不符合低保资格的家庭排除在低保评定之外。此外加强对低保制度的监督和检查力度。最后是财产审核要宽严有度。现在对低保的动态审核主要是统计其家庭收入，有一份收入就计入一笔财产，累计超过低保标准就要退出低保。这样会使获得临时性工作收入的低保家庭担心自己无法领取低保而拒绝继续工作。因为临时性收入是不稳定收入，低保则是相对稳定的收入。

（二）完善具有梯次格局的社会救助制度体系

首先是分门别类制定专项救助标准。低保是社会救助制度的基础性制度，其他专项救助应有自身的救助范围，而不仅包括低保户，还要涵盖低保边缘户、农村建档立卡户和其他低收入人群。其次是建立有梯次的社会救助体系。根据不同家庭的困难程度划分不同救助等级，对经济条件并未得到根本改善的低保边缘户或其他低收入户，应给予一定的救助，降低低保户和低保边缘户之间的救助"悬崖效用"。最后是完善临时救助制度，凸显救助制度的综合性。加强对因灾因病等发生支出性贫困以及低保边缘户等家庭临时救助力度，完善临时救助的救助标准和内容，降低低保救助的含金量。

（三）将社会救助政策与劳动就业政策紧密结合

首先是完善适龄劳动阶段救助对象的就业培训和激励机制。社会救助制度与就业政策实现联动，加强就业培训，为救助对象拓宽就业渠道。对符合条件的低保创业人员给予无息贷款、租金补贴、税费优惠等就业激励政策优惠。其次是树立工作福利思想和观念，权责统一，将工作与福利结合，积极整合劳动市场，防范福利依赖。目前我国的社会救助制度改革也应借鉴这一思路，注重救助策略由收入维持转向劳动促进。同时，加强对受助者的道德和精神救助，鼓励有劳动能力但暂时处于低保线水平的对象增能，通过提升工作技能等达到自强自立的目的，推进社会救助由以提供实物救助和现金救助的单一救助向以提供物质、现金与服务救助为主的多元救助转变。

（四）合理安排专项救助并将政策解绑

将专项救助项目与低保制度进行解绑，加快完善专项救助制度，细化救助对象、标准、程序、退出等方面的规划。考虑到当前各项社会救助制度发展不均衡，社会救助制度体系未发挥出综合扶持效用，因此改革的方向和重点应是推进新时期社会救助制度的"减负、整合、创新"。减负是对低保制度的减负，要为其他专项社会救助制度的发展营造空间。在社会救助制度体系中各项救助项目要边界清晰，既要相互衔接配合，又要相互区别。整合是指清理功能相同或过时的救助政策，加强社会救助体系内部的制度整合，以及与社会保障其他制度或项目的整合衔接，如有些救助项目明显带有福利性质，对此要进行内部整合同时要厘清社会保障体系中救助、保险和福利的边界。创新是指完善反贫困治理体系，进一步发挥社会救助制度体系的综合扶持作用。

167

第三篇

社会救助比较
研究分析篇

第十章

贫困地区社会救助制度建设研究

经过改革开放四十余年的发展，我国经济社会各方面发生了翻天覆地的变化，人民生活水平大幅提升，社会保障体系不断完善，贫困人口大规模减少。尤其是自党的十八大以来，精准扶贫与脱贫政策的强力推行，我国现阶段的绝对贫困问题基本得到解决。但我国区域性发展不平衡问题突出，在部分地区贫困问题依然严峻，并呈现出新的发展特点和趋势，主要体现在：绝对贫困人口总量减少，但阶层收入差距扩大，收入型贫困与支出型贫困的问题并存，绝对贫困减少与相对贫困加深并存，贫困地区贫困人口集聚以及由城乡差异到区域差异等。当前我国主要的贫困地区集中在东北老工业区、中部偏远山区以及西部广大农村地区。社会救助作为反贫困的重要举措，在解决贫困问题、保障困难群体基本生活和促进社会和谐稳定方面起到了极大的作用。然而，由于我国贫困人口基数大，很多地区经济发展底子薄以及现行社会救助制度的财政分摊办法，贫困地区社会救助水平和理念远远落后于经济较为发达的地区。因此，本章分析贫困地区社会救助制度的实施现状及存在的问题，探讨贫困地区社会救助制度的完善路径。

第一节 贫困地区经济社会发展概况及特征

一、经济社会发展概况

湖北省黄冈市英山县地处大别山南麓鄂皖交界处，是一个集革命老区、大别山区、库区于一体的贫困山区县。该县是湖北省 25 个国家级贫困县、9 个深度贫困县之一。黄冈市英山县耕地资源少，有"八山一水一分田"之说，田瘠地贫，人均耕地不足 0.04 公顷，劳动力素质低下，文盲、半文盲率高，思想保守落后，不具备将资源优势转化为产业优势的能力。此外，英山县交通不便，信息闭塞，山区内虽然县际公路早已修通，但路况较差，县乡间公路更差，各乡镇间的人员往来、物资进出极为不便，与外界往来的时间成本高。电话、电视和网络等普及率低，信息不畅[①]。

朝阳市是辽宁省最贫困的地区之一，是脱贫攻坚的主战场，自然环境较差，"七山一水二分田""十年九旱"，年均降水量 460 毫米左右，仅为全省平均降水的 69%，属严重缺水地区，耕地面积 40 万公顷，有效灌溉面积仅占耕地面积的 1/5。朝阳市所属的 5 个县（市）都是辽宁省省级贫困县，占全省省级贫困县的 1/3；省市两级贫困村 662 个，约占朝阳市行政村的 1/2，其中省级贫困村 413 个，占全省省级贫困村的 1/4。贫困范围广，贫困人口多，贫困程度深，脱贫难度大。2017 年，朝阳市城镇常住居民人均可支配收入 23 926 元，农村常住居民人均可支配收入 11 893 元。2016 年初经精准识别，朝阳市贫困人口 17.16 万，占全省贫困人口的 1/5。2017 年 5.25 万贫困人口脱贫后，因病、因残致贫户仍有 8.75 万人，占全省因病、因残致贫人口的 79.4%[②]。

二、数据选取及基本特征

根据调研地的经济社会发展情况，从总数据库中筛选出湖北省黄冈市英山县、辽宁省朝阳市的调研数据作为分析对象。筛选出的样本总量为 753 个，其中黄冈市 396 人，占比 52.6%，朝阳市 357 人，占比 47.4%；城镇人口 346 人，占 45.9%，农村人口 407 人，占 54.1%，样本的基本特征见表 10-1。从表中可以看出，贫困地区受助者的性别分布比较均衡，年龄多数在 40 岁以上，其中 60 岁以上的老人占受助者的 40.5%。受助者的文化程度多为初中以下，占比 84.8%，其中未上过学的占比 30.7%。在贫困地区的受助家庭中，受助者多属初婚有配偶，占比 52.5%，值得关注的是未婚和丧偶也占了较大比重，分别是 15.1% 和 22.7%。

① 马宗文等：《"科技挺进大别山" 30 年科技扶贫经验——以湖北省英山县为例》，载于《湖北农业科学》2017 年第 4 期。

② 郭文力：《辽宁朝阳市多种扶贫措施助推脱贫攻坚的启示》，载于《沈阳大学学报》（社会科学版）2017 年第 12 期。

表 10 –1 贫困地区受助者基本特征（N = 753）

基本特征	类别	频数	百分比（%）
性别	男	375	49.8
	女	378	50.2
年龄	≤18 岁	9	1.2
	19～30 岁	25	3.3
	31～39 岁	40	5.3
	40～49 岁	216	28.7
	50～59 岁	158	21.0
	60～69 岁	140	18.6
	70～79 岁	109	14.5
	≥80 岁	56	7.4
教育程度	未上过学	231	30.7
	小学	209	27.8
	初中	198	26.3
	高中	63	8.4
	中专	21	2.8
	职高技校	9	1.2
	大学专科	14	1.9
	大学本科	8	1.1
婚姻状况	未婚	114	15.1
	初婚有配偶	395	52.5
	再婚有配偶	8	1.1
	离婚	65	8.6
	丧偶	171	22.7

第二节　贫困地区受助家庭特征及其接受社会救助状况

一、受助家庭基本经济状况

恩格尔系数是国际上通用的衡量居民生活水平高低的一项重要指标，由食物支出金额在总支出金额中所占的比重决定。根据联合国粮农组织提出的标准，恩格尔系数在"0.59 以上"为贫困，"0.50 ~ 0.59"为温饱，"0.40 ~ 0.50"为小康，"0.30 ~ 0.40"为富裕，"低于 0.30"为最富裕。根据国家统计局的历年统计数据发现，近十年我国城乡居民恩格尔系数迅速下降，2018 年全国居民恩格尔系数已经降至 28.4%。表 10 - 2 统计分析了样本家庭的恩格尔系数，总体来看，有 33% 贫困家庭恩格尔系数在 0.50 以上，即他们的生活水平处于温饱水平或者在温饱线以下，有 22.5% 的贫困家庭恩格尔系数在 0.59 以上，即处于温饱问题尚难解决的贫困阶段。采用食品支出占家庭消费总支出的比重测度家庭的生活水平，而食品支出具有刚性特征，在社会经济状况没有过大波动的情况下并不会有太大变动。当家庭出现因灾、因教、因病等支出急剧增加，家庭面临非常困难的境地，但反而会拉低恩格尔系数。50.3% 贫困家庭的恩格尔系数在 0.4 以下，这一数据也提示我们，应当进一步关注贫困地区困难家庭支出性贫困问题。

表 10 - 2　　　　　贫困家庭恩格尔系数分布 （N = 752）

恩格尔系数	城镇		农村		总计	
	频数	百分比 （%）	频数	百分比 （%）	频数	百分比 （%）
0.59 以上	77	22.3	92	22.7	169	22.5
0.50 ~ 0.59	41	11.8	38	9.4	79	10.5
0.40 ~ 0.50	62	17.9	64	15.8	126	16.8
0.30 ~ 0.40	65	18.8	90	22.2	155	20.6
0.30 以下	101	29.2	122	30.0	223	29.7
总计	346	100	406	100	752	100

纵观家庭支出收入比，样本地区大部分困难家庭入不敷出，支出远远大于收入。从表 10 - 3 可以看出，仅有 9.2% 的家庭，其支出占家庭总收入比例在 50% 以下；29% 的家庭，其支出占总收入的比例在 50% ~ 100%。总的来看，经济入不敷出的受助家庭占比高达 61.8%，甚至有 26.9% 的家庭支出超过家庭收入的两倍以上。

表 10 - 3　　　　　受助家庭支出收入描述统计表（N = 751）

家庭支出收入比	频数	百分比（%）
50% 以下	69	9.2
(50%，100%]	218	29.0
(100%，200%]	262	34.9
(200%，400%]	134	17.8
400% 以上	68	9.1
总计	751	100

关于家庭负债情况，有研究指出，家庭应对医疗等负担一开始的策略是减少消费，动用现金和储蓄。当存款不足时，会继而求助于亲戚朋友的借贷，当背负沉重债务或已经借贷无门，但仍不能解决困难时，则只好变卖资产以换取收入，维持生计，这将对家庭经济安全产生长期负面影响，加大经济贫困的脆弱性[①]。调查数据显示，42.2% 的受助家庭有未偿还的债务。

二、受助家庭接受社会救助的基本情况

（一）受助家庭获得低保救助情况

1. 低保申请方式

受助家庭申请低保救助的方式主要是"独立提交申请"，占比 49.9%，其次为社区/村干部主动提供帮助协助受助家庭申请，占比 38.3%（见表 10 - 4）。值得一提的是，尽管低保申请的程序不断简化和优化，但对困难家庭来说还是难以申请低保，原因在于困难群众的文化水平很低，获取信息渠道有限，有很多人甚

---

① 洪秋妹：《健康冲击对农户贫困影响的分析》，南京农业大学博士学位论文，2010 年。

至还是文盲、不会写字认字。调查数据显示，困难群众了解低保的渠道主要是通过村/社区宣传。

表 10 – 4　　　　　　　申请低保救助方式（N = 753）

低保申请方式		频数	百分比（%）	有效百分比（%）	累积百分比（%）
有效	自己独立提交申请	370	49.1	49.9	49.9
	亲朋好友帮忙	27	3.6	3.6	53.5
	要求社区/村干部协助申请	60	8.0	8.1	61.6
	社区/村干部主动提供帮助	284	37.7	38.3	99.9
	其他	1	0.1	0.1	100
	小计	742	98.5	100	
缺失	系统	11	1.5	—	—
合计		753	100	—	—

2. 低保申请程序及审批时长

统计数据显示，贫困地区申请低保审批过程比较漫长，能够在 1 个月内完成申请流程获得救助的仅占比 26.6%，而近 20% 的受助者从申请到获得审批的时间需要 3 个月以上，有的甚至超过半年或一年。低保申请过程中，绝大部分受助者认可低保程序的合理性，他们中 93.3% 认为低保申请程序合理，小部分认为低保申请程序不合理，其主要是认为低保审核时间过长，申请程序也相对复杂。在低保申请过程中受助者基本能够获得合理对待。

3. 低保的动态管理

低保制度实行动态化管理，要求基层干部对低保户家庭收入状况进行动态核查，根据不同类型的低保家庭，按相应周期和规定进行经济状况核查，以决定增发、减发或者停发最低生活保障金。实证调查数据显示，93.4% 的受助者在申请成功后相关部门有进行定期追踪审查，32.6% 受助家庭一年审查一次，42.5% 的家庭半年审查一次，18.6% 的家庭三个月审查一次（见表 10 – 5）。对于不同类型的低保家庭，规定的审核周期不同，对城市"三无"人员和家庭成员中有重病、重残人员且收入基本无变化的低保家庭，可每年复核一次。对短期内家庭经济状况和家庭成员基本情况相对稳定的低保家庭，可每半年复核一次。对收入来源不固定、有劳动能力和劳动条件的低保家庭，原则上城市按月、农村按季复核。

表 10 – 5　　　　　　低保救助追踪审查周期（N = 753）

低保救助追踪审查周期		频数	百分比（%）	有效百分比（%）	累积百分比（%）
有效	一个月	6	0.8	0.9	0.9
	两个月	32	4.2	4.6	5.4
	三个月	131	17.4	18.6	24.0
	四个月	6	0.8	0.9	24.9
	六个月	299	39.7	42.5	67.4
	一年	229	30.4	32.6	100
	小计	703	93.4	100	—
缺失	系统	50	6.6	—	—
合计		753	100	—	—

4. 受助者对低保救助的满意度

从受助者对低保救助效用的满意度情况来看，对低保救助感到非常满意的占比 13%，感到满意的占比 77%，而不满意的占比 9.8%，只有一位受助者表示对低保救助的效用感到非常不满意（见表 10 – 6）。由此可以看出，绝大部分受助者都认可低保救助对改善其生活起到了重要的实际作用。

表 10 – 6　　　受助者对低保救助实际效用的满意度（N = 753）

低保救助实际效用的满意度		频数	百分比（%）	有效百分比（%）	累积百分比（%）
有效	非常满意	94	12.5	13.0	13.0
	满意	555	73.7	77.0	90.0
	不满意	71	9.4	9.8	99.9
	非常不满意	1	0.1	0.1	100
	小计	721	95.8	100	—
缺失	不清楚	28	3.7	—	—
	系统	4	0.5	—	—
	小计	32	4.2	—	—
合计		753	100	—	—

调查数据显示，81.1% 的受助者表示家庭领取的低保金额有过调整，调整有

升有降，大多数是因为低保标准提高而上调，18.9%的受助者表示没有调整过。也有一部分受助家庭，由于领退休金收入增加、再婚后生活条件改善、外出打工或投亲等原因退保，但鲜有主动申请退保的家庭，退保方式仍然是依靠基层干部在核查工作中根据受助家庭生活条件的变化，"通知不再符合条件的受助家庭退保"。如表10-7所示，其中56.1%的受助者表示对现在救助金额感到满意，不可忽视的是，仍有37%的受助者表示对现在救助金额感到不满意，认为现在救助金额过低，对改变家庭经济情况有一定帮助但希望能够提高救助标准。值得注意的是，有6.8%的受助者表示对当下低保救助金额非常不满意，认为低保应该按家庭人口救助而不是按户救助。

表10-7　　　　受助者对低保救助金额的满意度（N=753）

低保救助金额的满意度		频数	百分比（%）	有效百分比（%）	累积百分比（%）
有效	非常满意	27	3.6	3.7	3.7
	满意	379	50.3	52.3	56.1
	不满意	268	35.6	37.0	93.1
	非常不满意	49	6.5	6.8	99.9
	其他	1	0.1	0.1	100
	小计	724	96.1	100	—
缺失	不清楚	25	3.3	—	—
	系统	4	0.5	—	—
	小计	29	3.9	—	—
合计		753	100	—	—

另外，从对受助者态度和认知的调查来看，贫困地区工作人员的态度得到了大部分人的认可。其中23.3%的受助者表示对低保工作人员的态度感到"非常满意"，而74.3%的人表示对低保工作人员的态度感到"满意"。在受助者中，仅18人对低保工作人员的态度感到"不满意"，认为里面存在关系保、人情保的情况。

（二）受助家庭成员的健康状况与医疗救助

1. 受助家庭成员的健康状况

受助者的健康状况主要从健康自评、慢性病、重特大疾病三个方面来考察。首先对受助者的健康作简要分析。调查数据显示，37.4%的受助者中自评身体很

健康或基本健康，超过半数的受助者处于身体不健康但能自理状态，另有9.3%
的受助者属于生活不能自理。其中，身体不健康的受助者占比高达62.6%，贫困
群体的总体健康状况欠佳，如表10-8所示。

表10-8   受助者健康状况统计（N=749）

健康状况	频数	有效百分比（%）	累计百分比（%）
很健康	31	4.1	4.1
基本健康	249	33.2	37.4
不健康，但能自理	399	53.3	90.7
生活不能自理	70	9.3	100
总计	749	100	—

根据以上情况，进一步对贫困对象患慢性病情况进行统计分析，结果显示，
贫困地区受助者患慢性病情况较为普遍，有50.4%的受助者自感患有慢性病。进
一步询问受助者所患慢性病的种类，并对受助者回答的疾病类型作词频统计，通
过词频统计的词汇云结果发现，贫困地区受助者患有的慢性病类型种类繁多，最
主要慢性病种类有心脏病、高血压、糖尿病、风湿类风湿性关节炎、支气管炎、
胃病等。当前慢性病已经成为威胁贫困群体健康最主要的疾病，这些慢性疾病会
长期影响贫困群体的生活，但目前慢性病救助还未受到足够重视。

此外，对受助者有无患重特大疾病状况进行统计，数据显示，有22%的受
助者自感患有重特大疾病。对受助者回答的重特大疾病类型进行词频聚类发现，
受助者所述的重特大疾病类型被提及最多的有：严重的1型糖尿病、瘫痪、胃
癌、重型精神病、急性心肌梗死、肺癌、严重帕金森病等，各类癌症、尿毒症等
重特大疾病也有提及。

2. 受助家庭医疗支出情况

"灾难性卫生支出"是学界考量疾病对家庭产生严重影响的指标，被定义为
家庭现金支付的医疗卫生费占家庭消费的比例超过一定的界定标准[1]，由于食品
支出具有刚性，所以一般会将非食品支出作为衡量指标[2]，由于不同国家、地区
经济发展状况和家庭经济条件差距较大，卫生筹资政策各异，居民医疗支出占家
庭经济消费支出比例差距较大，因此难以有一个通行的衡量标准，医疗卫生支出

---

[1] 陶四海、赵郁馨、万泉等：《灾难性卫生支出分析方法研究》，载于《中国卫生经济》2004年第
4期。

[2] 闫菊娥、郝妮娜、廖胜敏等：《新医改前后农村家庭灾难性卫生支出变化及影响因素——基于陕
西省眉县的抽样调查》，载于《中国卫生政策研究》2013年第6期。

占家庭非食品支出比例超过40%，是目前衡量灾难性卫生支出使用最广泛的标准。表10-9呈现了受助家庭医疗支出占家庭非食品支出的比例，有14.1%的家庭基本没有发生医疗支出，18.8%的家庭"医疗支出占家庭非食品支出"的比例在20%以下，48.5%的家庭"医疗支出占家庭非食品支出"比例在40%以下，也即这部分家庭未发生灾难性卫生支出。相应地，发生了灾难性卫生支出的家庭比例高达51.5%，其中甚至有36.2%的家庭"医疗支出占家庭非食品支出"比例在60%以上，这样的家庭面临着极其沉重的医疗费用负担，这一比例与前述有负债的家庭比例接近，可以推测因病致贫是困扰贫困群体的主要问题。

表10-9　　　　　受助家庭医疗支出统计（N=744）

医疗支出	频数	有效百分比（%）	累计百分比（%）
0	105	14.1	14.1
20%以下	140	18.8	32.9
(20%，40%]	116	15.6	48.5
(40%，60%]	114	15.3	63.8
60%以上	269	36.2	100
总计	744	100	—

3. 受助家庭获得医疗救助的情况

数据显示，受助家庭中曾获得过医疗救助的仅占比10.2%。如前面对受助家庭健康状况及医疗支出负担的分析，受助者健康状况不佳，半数以上受助家庭发生了灾难性卫生支出，42.2%的受助贫困家庭负有外债，在一定程度上说明贫困家庭有较高的医疗救助需求，而他们实际上获得过医疗救助的比例却很低。进一步分析受助贫困家庭获得医疗救助的次数，在61个曾获得医疗救助的贫困家庭中，绝大部分获得医疗救助次数是1次，占比86.89%，另有9.84%的家庭获得过2次医疗救助，获得3次和4次医疗救助的贫困家庭各占1.64%。

对受助家庭在过去的一年里获得的医疗救助金额作统计分析，获助金额最低为100元，最高为10万元，贫困家庭获得医疗救助金额均值为5 526元。对获得的医疗救助金额进行分组统计，发现大部分获得医疗救助的贫困家庭获助金额低于10 000元，其中有21.67%的家庭获得过500元以下的医疗救助金，23.33%的家庭获得过501~1 000元的医疗救助金，35%的家庭获得过1 001~3 000元的医疗救助金，11.67%的家庭获得过3 001~10 000元的医疗救助金，仅8.33%的受助贫困家庭获得10 000元以上的医疗救助金额资助，如表10-10所示。

表 10 - 10　　　　　受助家庭获得医疗救助金额统计（N = 60）

获得医疗救助金额	频数	有效百分比（%）	累计百分比（%）
1 ~ 500 元	13	21.67	21.7
501 ~ 1 000 元	14	23.33	45.0
1 001 ~ 3 000 元	21	35.00	80.0
3 001 ~ 10 000 元	7	11.67	91.7
10 000 元以上	5	8.33	100
总计	60	100	—

对未获得医疗救助的原因进行统计分析，数据显示，贫困家庭因"不知道医疗救助项目而未作出医疗救助申请"在各类原因中最突出，达到 72.6%。另外，也有 14.7% 的家庭知道医疗救助项目但没有作出申请，有 1.6% 的家庭申请了但未被批准，有 10% 的家庭因为不需要所以没有提出申请。总体而言，因为"不知道医疗救助"而没有获得医疗救助是贫困家庭没有获得医疗救助的一个重要原因，某种程度上反映了医疗救助制度实施中的信息不对称与宣传不到位等问题。

为考察受助家庭"是否获得医疗救助"与家庭医疗支出的关系，对家庭医疗支出占家庭非食品支出的比值与贫困家庭是否获得医疗救助作交叉表分析。统计结果显示，两者的卡方检验结果显著，具有统计上的显著意义。获得医疗救助的家庭中，家庭医疗支出占家庭非食品支出的比值较高。大多数家庭（75.4%）医疗支出占家庭非食品支出的比值在 40% 以上（见表 10 - 11），也即比较普遍意义的发生了灾难性卫生支出的家庭。这一结果体现了医疗救助制度的政策指向性，即医疗救助对象优先考虑那些医疗支出过高、超过家庭承受能力的家庭。数据结果也表明，获得医疗救助的家庭集中在家庭医疗支出占家庭非食品支出 60% 以上的家庭，从制度目标而言，医疗救助制度能够依据政策指向性有针对性地救助需要救助的人群。

表 10 - 11　　　　　是否获得医疗救助与家庭医疗支出
比例交叉情况（N = 628）

医疗救助与家庭医疗支出比例	是		否		总计	
	频数	百分比（%）	频数	百分比（%）	频数	百分比（%）
0	0	0	88	15.6	88	14.0
20% 以下	4	6.2	95	16.9	99	15.8
(20%, 40%]	12	18.5	83	14.7	95	15.1

医疗救助与家庭医疗支出比例	是		否		总计	
	频数	百分比（%）	频数	百分比（%）	频数	百分比（%）
（40%，60%]	6	9.2	96	17.1	102	16.2
60%以上	43	66.2	201	35.7	244	38.9
总计	65	100	563	100	628	100

注：Pearson 卡方 = 31.043，Sig < 0.000。

（三）受助家庭的教育状况与教育救助

1. 受助家庭子女在学情况

对家庭在学情况及不同教育阶段在学状况进行统计分析，结果显示，有在学者的家庭会产生教育支出，较没有教育支出的家庭负担更重；在受助家庭中，家有在学者占 42.6%，其中有幼儿园阶段在学者占 4.4%，义务教育阶段在学者占 17.8%，高中阶段在学者占 12.2%，大学阶段在学者占 13.4%，如表 10 - 12 所示。

表 10 - 12 　　　受助家庭在学情况统计 （N = 753）

在学情况	有		无	
	频数	百分比（%）	频数	百分比（%）
在学者	321	42.6	432	57.4
幼儿园阶段在学者	33	4.4	720	95.6
义务教育阶段在学者	134	17.8	619	82.2
高中阶段在学者	92	12.2	661	87.8
大学阶段在学者	101	13.4	652	86.6

2. 受助家庭教育支出状况

总体而言，与有在学者家庭比例接近，39.8% 的受助家庭产生教育支出。进一步了解有在学子女的家庭教育支出负担，数据显示，有在学者家庭大部分（86.6%）产生了教育支出，平均年总支出是无在学家庭的两倍，平均年教育支出超过无在学家庭的 18 倍。由此可见，相对于无在学子女的贫困家庭来说，有在学子女的家庭教育支出相当沉重，与此同时，有在学子女家庭的平均年总收入虽然高于无在学子女的家庭，但仍然避免不了教育支出在家庭收入或支出中占比较大的事实。

　　为了解贫困家庭有不同阶段在学者的教育支出状况，对调查数据处理成幼儿园在学、义务教育在学、高中在学、大学在学等几种情况，以了解有不同阶段在学者的教育支出负担。从数据来看，有不同教育阶段在学者的家庭产生教育支出比例都较高，有高中和大学阶段在学者的家庭产生教育支出比重最高。从家庭平均年教育支出来看，教育支出由低到高依次为幼儿园阶段、义务教育阶段、高中阶段和大学阶段，其中有大学在学者的家庭教育支出远远高于其他阶段在学者家庭，年均教育支出达 1.157 万元。从教育支出占家庭总支出和总收入的比重来看，都是有大学在学者的家庭占比最高，高中次之，义务教育和幼儿园随后。不可忽视的是，家有大学在学者的教育支出占家庭收入的比重达到 51.16%（见表 10-13），家庭超过一半的收入用于支付教育费用，有高中阶段在学者的家庭，教育支出也占到了家庭收入的 42.42%。总体而言，国家义务教育阶段学杂费的减免，大大减少了贫困家庭义务教育阶段的教育支出，但高中阶段和大学阶段的教育支出仍然在贫困家庭难以承担的范围。贫困家庭要实现脱贫，阻断贫困的代际传递，依靠教育是一个非常重要的途径，高中教育和大学教育对促进贫困家庭脱贫又十分关键，因而在教育救助政策的设计上，很有必要加大对贫困地区高中和大学阶段教育对象的救助。

表 10-13　　　　受助家庭教育支出状况统计 （N = 753）

教育支出	受助家庭户数	有教育支出的家庭比例（%）	平均年总支出（万元）	平均年教育支出（万元）	平均年教育支出占家庭总支出的比例（%）	平均年总收入（万元）	平均年教育支出占家庭总收入的比例（%）
总体	753	39.80	2.199	0.33	14.99	1.72	19.20
有在学	321	86.60	3.034	0.721	23.77	2.428	29.70
无在学	432	5.10	1.578	0.039	2.44	1.34	3.25
幼儿园在学	33	63.60	4.336	0.428	9.87	4.128	10.36
义务教育在学	134	84.30	3.187	0.512	16.05	2.696	18.98
高中在学	92	93.50	2.887	0.839	29.07	1.979	42.42
大学在学	101	92.10	3.225	1.157	35.88	2.262	51.16

3. 受助家庭获得教育救助状况

　　在家有在学者的贫困家庭中，只有 15.2% 的家庭（在过去的一年里）曾经获得过教育救助。其中，61% 的家庭仅获得过 1 次教育救助，22% 的家庭获得过 2 次，12.2% 的家庭获得过 3 次，4.8% 的家庭获得了 4 次以上教育救助。从获得教育救助的金额来看，获助最小金额为 200 元，最大金额为 12 000 元，平均获得救助金 2 799 元。有在学者家庭的年平均教育支出约为 7 210 元，教育救助在很大程度上能够缓解贫困家庭的教育负担。

进一步对有在学者贫困家庭获得的教育救助金额进行分组统计，数据显示 48.8% 的贫困家庭获得救助金额在 2 000 元以下，仅有 9.3% 的受助家庭救助金额在 4 000 元以上，如表 10 - 14 所示。

表 10 - 14　　　　　　受助家庭获得教育救助金额 （N = 43）

获得教育救助金额（元）	频数	有效百分比（%）	累计百分比（%）
1 ~ 1 000	9	20.9	20.9
1 001 ~ 2 000	12	27.9	48.8
2 001 ~ 4 000	18	41.9	90.7
4 000 以上	4	9.3	100
合计	43	100	—

分析受助家庭未获得教育救助的原因，数据显示，73.4% 的家庭因为"不知道该类救助项目，所以没有申请"，另有 13.5% 的家庭知道可以申请教育救助但未作出申请，0.9% 的家庭属于"申请了未批准"，因为不需要而没有申请的占比 10%。未能有效获取救助政策信息，信息不对称问题在教育救助工作中同样广泛存在。

（四）就业状况与就业救助

1. 受助家庭的就业状况

就业是家庭获得收入的重要来源，家庭成员的正常就业，也是保障家庭具备可持续发展能力的重要条件。有 39.9% 的受助家庭是零就业家庭，表明这样的家庭几乎丧失了经济自给能力，需要依赖外部支持保障家庭维持基本生活，但家庭在缺乏收入来源的情况下，基本不具备抵御健康、意外的外部风险的能力，非常容易陷入绝境。从家庭自我发展角度出发，提高零就业家庭的就业能力是走出贫困的关键。

受助者目前没有工作的比例非常高，没有工作的比例达到 67.8%。在目前没有工作的受助者中，超过半数是由于丧失劳动能力而没有就业，17.4% 是个人健康原因，而 7.4% 因为需要照料家庭而选择不去工作，这三类原因几乎占了未就业受助者的 80%。此外，毕业后未工作、因单位原因、因个人技艺能力不足、承包土地被征用，因这几类原因合计占比14.9%，这几类人群是最可发掘的就业救助的目标人群，需要调动起就业创业的积极性，避免因为长期不就业习惯性依赖于制度保障，丧失自我发展能力。

2. 受助家庭获得就业救助状况

调查数据显示，只有0.3%的受助者及其家庭获得就业救助。未获得就业救助的受助者，其中63.6%是由于不知道该类项目所以没有申请，因为不需要而没有申请的比例也高，占24.3%，有11.3%的受助者知道该类项目，但没有申请，如表10-15所示。

表10-15　　　　受助家庭未获得就业救助的原因（N＝638）

未获得就业救助的原因	频数	有效百分比（%）
不知道该类救助项目，所以没申请	406	63.6
知道该类救助项目，但没有申请	72	11.3
其他	5	0.8
不需要	155	24.3
总计	638	100

对受助者对各类就业/再就业扶持政策的了解情况与享受情况进行统计分析发现，各类就业/再就业扶持政策在贫困地区普及率较低。对于税收减免、小额贷款、就业培训、优先提供就业岗位、提供摊位等就业/再就业扶持政策，受助者均有不同程度的了解，税收减免、小额贷款、就业培训这三项政策受助者了解程度相对较高。在上述各项就业/再就业扶持政策中，较多被救助对象享受的是税收减免政策，其次是就业培训政策，但享受的人数都不多，分别是19人和12人，在受助人群中的占比很低。

（五）受助家庭的住房状况与住房救助

1. 受助家庭住房状况

贫困地区受助家庭住房情况中，家庭自建住房占比最高，达到52.6%，其次是家庭自购商品房，占比15.5%，租借私房占14.3%，单位福利房占8.6%，而租借公房的仅占3.9%（见表10-16）。受助家庭的住房面积最小5平方米，最大240平方米，平均有71.7平方米。住房卧室数量最小为0，最多有10间卧室，平均有2.1间卧室。

表 10 – 16 受助家庭住房情况 （N = 753）

家庭住房情况	频数	有效百分比（%）
家庭自建住房	396	52.6
家庭自购商品房	117	15.5
单位福利房	65	8.6
租借公房	29	3.9
租借私房	108	14.3
其他	38	5.0
总计	753	100

就住房的基本条件而言，95.6% 的受助家庭住房内有自来水，分别有 69.4% 和 50.8% 的受助家庭住房有室内厕所和煤气/天然气，此外有 37.5% 的受助家庭有暖气/土暖气。就住房的电器设施而言，受助家庭的电器拥有率非常低，仅 20% 的家庭有电话/手机、电视机、电风扇等必备电器，此外有 11% 的受助家庭有洗衣机，其余电器的拥有比率均在 5% 以下，如表 10 – 17 所示。

表 10 – 17 受助家庭住房电器设施

住房电器设施	频数	有效百分比（%）
现在住房中有电话/手机	597	23.4
现在住房中有电视机	648	25.4
现在住房中有洗衣机	281	11.0
现在住房中有电风扇	518	20.3
现在住房中有空调	44	1.7
现在住房中有电冰箱	318	12.5
现在住房中有电脑	41	1.6
现在住房中有微波炉	19	0.7
现在住房中有热水器	81	3.2
现在住房中有电暖器	3	0.1

统计分析受助者对家庭现在住房的满意程度，数据显示，67.9% 的受助者对现在住房表示基本满意，有 5.5% 的受助者表示非常满意，而有 25.2% 的受助者对现在住房表示不满意，仅有 1.5% 表示很不满意。

2. 受助家庭获得住房救助状况

受助家庭获得住房救助的占比极低，在 640 个有效样本中仅有 10 户受助家庭曾获得过住房救助，有效百分比为 1.6%，贫困地区住房救助的普及率极低。获助金额从 1 000~10 000 元不等，平均获助金额为 5 920 元。从受助家庭未获得住房救助的原因来看，64.4% 的受助家庭是因为"不知道该类救助项目，所以没申请"，13.2% 的是"知道该类项目，但没有申请"，另有 21.1% 的受助家庭因为不需要而没有申请，也有少数受助家庭是因为申请了未获得批准。

第三节　贫困地区现行社会救助制度实施的基本情况

一、贫困地区社会救助制度实施的总体特征

当前，我国贫困地区社会救助主要面临以下挑战：一是贫困地区贫困问题突出，庞大的贫困人口和当地落后的经济状况以及缺乏效率的社会救助，难以有效缓解贫困居民的生活困境；二是我国贫困人口所处地区大多数为国家级贫困市县，社会经济发展水平落后，经济收入来源渠道匮乏，社会救助的保障资金严重不足，当地政府财政收入低，救助政策难以落实；三是贫困地区社会救助制度不健全，监督管理机制紊乱，社会救助对象的确定和动态管理问题尤其突出，导致社会救助的有效性和覆盖面双重降低。贫困人口由于自身能力的局限性，很难在现有经济水平和社会救助下提高能力和财产积累，难以改变这种被动状态，一旦面临疾病、家庭重大变故或自然灾害时，很容易陷入贫困或脱贫后再次返贫。

（一）社会救助在保障贫困家庭基本生活需求中起到了至关重要的作用，也直接体现了我国社会救助事业经过多年来的改革与发展取得的重大成就

一方面，社会救助的财政投入不断增加，救助标准逐年提高。以黄冈市英山县为例，政府加大财政投入，民生保障明显加强。黄冈市人民政府下发的《关于调整我市城乡低保标准、农村五保供养标准的通知》中确定，"城市低保标准为 345 元/月、月人均补助水平达到 224 元；农村低保标准为 2 440 元/年、月人均补助水平达到 122 元"。而到 2015 年这一标准则提高到"城市低保标准统一调整为 370 元/月、月人均补助水平为 240 元，农村低保标准统一调整为 3 080 元/年、

月人均补助水平为 154 元"。另一方面，社会救助工作逐年规范，获得了救助对象的认可。根据调研数据显示，有 98.1% 的低保对象对低保办事人员的态度表示满意，99.5% 的低保对象认为低保申请程序比较合理；有 64.1% 的低保对象是在村（社区）干部的协助或主动帮助下申请低保；有 94.4% 的低保对象对"低保的救助效果"表示满意。然而，在当今经济飞速发展以及社会正在转型的过程中，贫困地区社会救助制度在实施过程和制度建设中仍然存在诸多不足和问题。

（二）社会救助人口覆盖面逐年扩大，政府财政投入逐年增加，但保障水平仍然明显偏低

从低保标准可以看出，贫困地区的低保救助水平依然抵不过当地物价指数上涨的速度，也跟不上同期当地居民收入增长速度。调查数据显示，英山县低保对象家庭的人均年支出为 7 656.3 元，而低保对象人均年收入却只有 5 680.7 元。支出与收入之间的差距使得低保对象中有 36.4% 的低保家庭负债。有 58% 的低保对象认为家庭收入不够用。大部分低保对象认为低保金不高，满足不了基本生活需求。具体而言，有 61.9% 的低保对象认为"低保金额太低"；有 44.7% 的低保对象不同意"低保能满足家庭的基本生活"；34.1% 的低保对象对目前的低保金额表示不满意，近 60.2% 的低保对象希望能够提高低保金额。

（三）贫困地区的社会救助以低保为主，医疗救助、教育救助、住房补贴等专项救助并未得到落实

有 89.8% 的受助贫困家庭从未获得过医疗救助，而教育救助也仅停留在义务教育阶段，高中的学费成了贫困家庭的一项重大开支，救助对象家庭仍存在就医、就学困难以及救助对象健康状况堪忧等情况。如英山县城乡低保调研的统计数据中，身体不健康的人数比例高达 80.1%，患有慢性病的比例达 62.3%。残疾对象占总人数的 32.4%。在对有无工作的统计数据中，低保对象中有 73.3% 的人没有工作，其中没有工作的原因中有 85.2% 是丧失劳动能力或个人健康原因。对低保家庭的入学人数统计得知，有 35.5% 的低保对象家庭中有 1 名及以上孩子在学。有教育支出的家庭中，需要负担每年 5 000 元及以上教育费用的家庭占比 35.08%。这说明贫困家庭子女供养压力大，家庭负担沉重。在对英山县低保对象的调研中，特别发现，年龄在 35～59 岁的低保对象占总数的 38.4%，这一部分低保对象正是处于"上有老、下有小"的人生阶段，他们在家庭中不仅需要抚育下一代，供子代上学，还要负担起赡养老一辈的责任。而很多受助对象自身健康开始走下坡路，再加上工作能力不足等问题让整个家庭在面临社会风险时，容易陷入困境。

二、贫困地区社会救助制度的瞄准机制

从救助内容体系上来看，样本地区社会救助制度的落脚点仍然是集中在最低生活保障上面，当地政府对低保的操作规程有很多具体明确的规定，其余的专项救助制度，如医疗救助、住房救助等，相关政策文件较少。从救助对象来看，样本地都有明确的规定。社会救助资金主要来自各级政府财政拨款、福利彩票销售与公益金提取和社会捐赠，其中占比最大最稳定的来源是各级人民政府的财政拨款。而贫困地区由于经济较为落后，社会救助资金最主要来源于从中央至省市县的各级财政拨款，也因为各地经济发展和人口结构都有很大差异，其社会救助标准是由当地政府按照居民生活必需的费用来确定的，并根据当地经济社会发展水平和物价变动情况适时调整。经济发展水平越低的地区，由于财政有限，社会救助水平越低（这也考虑到当地生活成本也越低）。现行社会救助都需要进行家庭经济收入审查，贫困地区因为资源有限及受助人口规模较大，在救助资格的认定审查上面十分详尽严格。如朝阳市低保资格需要审查家庭经济状况（家庭收入和家庭财产），赡养费用、抚（扶）养费，对这些都有非常明确具体的规定。对于家庭经济状况的详尽审查出发点是极好的，以免出现骗保的情况，将赡养费纳入审核理论上是可行的，但结合我国国情，可能会出现老人既没有得到赡养费用又不能申请低保，使得老年人面临着生活困境。

三、贫困地区社会救助制度的动态管理机制

社会救助动态管理，要求加强对受助者"救助生涯"的管理，包括从申请、领取、退出、再申请等整个过程的管理。从样本地动态管理的情况来看，英山县侧重政府内部的监督管理，包括实行各级负责制和责任追究制、政策公开、资金专项管理、社会救助工作人员规范和程序规定等方面。而朝阳市侧重对救助对象的动态管理，管理机制较为详尽和完整，并要求实行低保工作的信息化管理。包括省、市级民政部门建立低保信息数据中心，实现信息传递、审核审批、跟踪监测、数据查询联网管理；建立低保审批档案和日常管理档案，实行低保动态管理，对符合保障条件的及时纳入保障范围，对不符合保障条件

的及时停止保障，对需要重新核定救助金额的及时调增（减）保障金，接受低保救助的家庭定期报告，并对低保家庭实行分类管理，定期复核，有劳动能力的要接受就业培训等。从政策文本中可以看到样本地在救助管理上面各有优点，值得相互借鉴。

四、贫困地区社会救助制度的就业激励与退出机制

样本地在社会救助对象的就业激励方面，都做了比较明确的政策规定，但在实际调查中发现，相关执行单位并没有将规定具体落实到位，不少低保领取者均表示对就业培训项目和就业介绍没有了解，有 63.6% 的受助者由于不知道该类项目所以没有申请。就业激励往往成了摆设，实质上难以起到帮助就业的作用。社会救助要求做到应保尽保、应退尽退，退出政策中包括资格排除清退方法、救助标准抵扣和渐退。样本地在现行社会救助实施办法中，关于退出机制的表达较为模糊，以朝阳市为例，仅说明对已经不再符合低保救助条件的低保家庭，县级人民政府民政部门应及时办理停保手续，并委托乡镇人民政府（街道办事处）书面告知该家庭，说明理由，收回有关证件。在退出的评审机制上没有做具体的说明，例如对家庭经济状况的核实、家庭收入支出情况的了解等，而且是清退后告知该家庭，没有给予申辩的途径。

五、贫困地区社会救助制度的监督机制

社会救助制度的监督机制关乎社会救助的成效，尤其在受助者申请救助后的监督十分重要。主要包含对受助者申请救助成功后的受助资格和受助金发放情况的事实监督，以及对社会救助管理部门及工作人员的职权监督。朝阳市的监督政策主要在于，要求各级民政部门和乡镇人民政府（街道社会救助管理服务中心）公开低保监督咨询电话，主动接受社会和群众的监督、咨询和举报。对实名举报，应逐一依法及时核查，并自受理之日起 60 日内向举报人反馈核查处理结果。同时，还规定了低保工作人员具体行为准则，不符合准则的，依法给予批评教育、行政处分，有违法犯罪行为的，依法追究其刑事责任。英山县的监督较为全面，包括行政体系内的监督、群众的监督、专项资金管理以及工作人员应遵守的规范，同时其监督还包括对救助对象的监督。

第四节　完善贫困地区社会救助制度建设的对策

一、社会救助制度的完善

一是调整社会救助制度的设计理念。贫困地区的社会救助制度建设应立足于，从保障基本生活到解决主要困难再到提高生活水平，在制度设计的理念上促使社会救助由生存性保障向发展性保障转型。二是细化社会救助各项制度的目标群体。当前，贫困地区社会救助制度十分重视最低生活保障制度，其救助目标集中在绝对贫困人口的保障，但对于低收入群体、支出型贫困家庭关注较少，应进一步分层分类考虑困难群众的实际贫困情况，有针对性地开展各项救助。三是明确社会救助制度建设原则。坚持政府主导与社会力量广泛参与，制定多样化筹资机制，充分发挥个人、社会组织、慈善团体等的作用。坚持可持续发展原则，在资金来源层面和运行机制层面进行逐步优化完善。坚持公正、公平、公开的原则，社会救助制度所设立的条件要惠及每个生活困难者，所设立的救助程序适用于每一个需要救助的人。

二、社会救助制度实施的政府作为

一是健全社会救助资金分配及监督机制。确立合理的各级财政救助资金分担机制，针对贫困地区财政能力有限的现实状况，调整现有贫困地区县市财政投入分担比例，加大中央、省级层面对贫困地区救助资金的支持力度。推进各级政府对社会救助资金投入的持续增长，社会救助水平应与当地经济发展相适应，确保贫困群体有机会共享经济发展的成果。严格规范和完善社会救助专项资金的监督机制，防止救助款项被挪用。二是加强贫困地区社会救助工作队伍建设。贫困地区社会救助工作存在着人员不足、专业水平低下和工作经费不够的问题。应该建立专业性的社会救助队伍，提高基层社会救助工作人员待遇，积极吸纳高校社会工作专业人才加入基层社会救助人才队伍，加强开展服务型救助。三是建立统一的社会救助动态信息管理系统。利用信息技术建立社会救助信息数据库，实现覆盖民政、银行储蓄、房管、工商监管等部门的信息共享系统，完善贫困群体家庭成员、经济核查、就业等方面信息。

三、社会救助制度的基层执行

(一) 有针对性地开展专项救助和临时救助

贫困对象的救助需要是多方面的，要综合考虑生活救助、生产帮扶、就业支持、教育与医疗救助，对贫困人口实行全方位、多层次覆盖的社会救助网络，有效帮助贫困人口脱贫。同时，关注的不仅是低保对象本人，更要关注其家庭系统，拓展社会救助辐射范围，建立多层次的救助服务对象网络。加强对贫困家庭子女的教育救助。从调研数据得知，低保对象及其家庭比较重视子女教育问题。低保家庭的脱贫致富非常困难，如果子女因家庭贫困得不到良好教育，那么很有可能出现贫困的"代际传递"。如此看出，子代的教育对于低保家庭来说，是脱贫的一个重要出路。加强对贫困群体子女就读小学、初中、高中（包括职业高中）、大学的补助或奖励力度。二是完善临时救助制度，对遭遇重大疾病、意外事故导致的突发性、临时性困难群体，给予及时救助，主动发现救助对象。

(二) 改变单一现金救助，进一步完善救助方式，激励就业

当前的救助方式主要是现金救助，但这种救助方式并不能满足救助对象的需要。而且，单纯发放现金，只能起到输血作用，没有造血功能，不利于困难群体从根本上摆脱困境。建议开展以下两种形式的社会救助：一是生活照料。通过社区发动低收入家庭中失业人员对生活比较困难的老年人和残疾人开展救助服务，社会救助基金中提供适当的资金作为奖励和补偿，既解决一部分老年人和残疾人生活困难问题，也解决部分失业人员的就业问题。二是以工代赈。让低收入家庭中的失业人员和有劳动能力的低保对象参加必要的社会公共工程建设，以劳动报酬的形式获得救助金，一方面可以提高这些家庭的收入，另一方面也让他们有回报社会的机会。

(三) 进一步加强救助管理，提升工作绩效

救助工作涉及民政、劳动、财政、教育、房管等多部门和工会、妇联等群众组织，以及残联、慈善机构等社会组织。完善动态管理机制，建立收入比对机制，部门联动建立公共信息平台，录入身份证号即可查询相关信息。既可以相对准确地核查低保申请者及低保对象的收入状况，增加收入核算工作的准确性，也可以动态调整低保，及时清退生活变好的低保对象。开发低保管理应用软件，实

现市、区、街道办事处、社区四级联网，及时收集更新救助对象的基本信息，全面系统地反映贫困群体的经济发展与社会网络，并进一步收集其家庭状况、身体情况、个人特长、就业意向等数据，力争做到只要在办公桌上用鼠标点击，每个特困人员及其家庭情况即可在信息系统里查询。加强社会救助业务培训，建立定期培训和全员分层分批培训机制，并对培训效果进行评估，确保社会救助工作者业务熟练，政策把握准确。

第十一章

东部经济发达地区社会
救助制度建设研究

伴随着城乡低保制度的相继建立和不断发展，"分类施保"和"分类救助"理念被提出，建立起包括住房、医疗、教育、法律等在内的一系列专项救助制度，2014 年《社会救助暂行办法》的出台意味着社会救助制度向着立法进程迈出了重要一步。我国的社会救助体系正处于从全面覆盖到朝更高水平发展的关键时期，如何在我国经济转型和社会发展进入新阶段的情况下，发展与之相匹配的社会救助制度，建立起多层次的社会保障体系，成为必须要思考的问题。我国现代型社会救助事业的开展是从东部经济发达地区逐步扩展到中西部城市再到广大农村地区，因此，相比之下，东部经济发达地区社会救助制度建设与发展有着起步早、经验足、资金雄厚等优势。但在经济发达地区社会救助水平不断提高的同时，也面临着不少新问题和新挑战，如经济发达地区有着大量流动人口，如何保障外来务工人员的救助权力，以及如何核查非本地户籍人员的经济收入状况；经济发达地区物价水平相对较高，贫困线也较高，并应与物价、房价等相匹配。因此，东部发达地区在社会救助制度设计的理念和具体实施上，既要打破传统又要结合现实，进一步发挥社会救助在反贫困领域的作用。研究并完善发达地区的社会救助制度，使其在全国范围内起到标杆性作用，对我国社会救助事业尤其是中西部经济落后地区社会救助制度的发展有着十分重要的借鉴意义。在经济发达地区，接受社会救助的弱势群体是生活得更好，还是拥有更加沉重的负担，能否通过社会救助而实现脱贫脱困，新时代的社会救助转型如何具体实施？为回答这一系列问题，本章将运用来自宁波市慈溪和深圳市龙华新区的数据，分析经济发达

地区社会救助群体的需求及社会救助现状，并为推动社会救助制度的长远发展和
具体实施提出改革建议。

第一节　东部经济发达地区的基本情况概述

一、样本地基本概况

深圳市龙华新区成立于 2011 年底，经济发展水平较高，贫困人口相对分散。
2017 年正式挂牌成立行政区。下辖观湖、民治、龙华、大浪、福城、观澜 6 个街
道，50 个社区工作站和 108 个社区居民委员会。深圳市龙华区秉承民生、民利、
民治、民享的发展理念和基本原则，坚持政府主导、社会协同、公众参与，广泛
调动并充分发挥多元主体在社会保障事业建设和发展中的作用。

宁波市慈溪位于浙江省东部，是长三角地区大上海经济圈南翼重要的工商名
城，也是国务院批准的沿海经济开放区之一，辖 14 个镇、5 个街道，297 个行政
村、27 个居委会、58 个社区。慈溪市致力于推动社会事业和公共服务的均衡发
展，2016 年末全市低保家庭 5 079 户共计 6 982 人，全年共发放低保资金 4 275.1
万元，发放困难群众基本生活价格补贴 512.9 万元，覆盖困难群众 3.33 万人次；
积极落实助医、助学、助房、助老等救助制度，2016 年累计助医 25.3 万人次、
助房 73 户、助学 728 人次。

相较于其他地区，东部发达地区一方面经济发展水平相对较高，社会服务理
念较先进，具备建设、完善高水平社会救助制度的充分条件；另一方面，发达的
经济吸引了更多外来务工人口，也为社会救助制度的发展提出了新挑战。

二、数据选取与基本特征

因样本地总体经济发展水平较高，贫困人口较少，且社会救助范围主要针对
本地户籍人口，使得当地领取低保的贫困人口较少。通过分街道走访，总共在深
圳市龙华区、宁波市慈溪获得问卷调查样本 93 份，受助者的基本特征如表 11 – 1
所示。

表 11 - 1 样本基本特征 (N = 93)

基本特征	类型	频数	百分比 (%)
性别	男	57	62.0
	女	35	38.0
年龄	19 ~ 30 岁	1	1.1
	31 ~ 39 岁	8	8.6
	40 ~ 49 岁	30	32.3
	50 ~ 59 岁	14	15.1
	60 ~ 69 岁	16	17.2
	70 ~ 79 岁	16	17.2
	≥80 岁	9	9.7
教育程度	未上过学	18	19.4
	小学	37	39.8
	初中	20	21.5
	高中	8	8.6
	中专	2	2.2
	职高技校	1	1.1
	大学专科	7	7.5
婚姻状况	未婚	28	30.1
	初婚有配偶	34	36.6
	再婚有配偶	3	3.2
	离婚	13	14.0
	丧偶	15	16.1

第二节 东部地区受助家庭基本特征及其接受社会救助状况

一、受助家庭经济状况与低保救助

(一)受助家庭经济状况

从家庭整体收支比(家庭年总支出/家庭年总收入)来看,大部分家庭(累积百分比为85%）支出比在50%~400%。其中，仅有5.4的家庭收支比低于50%，家庭收入有所结余；40.9的家庭收支比在50%~100%，收入基本没有结余；44.1%的家庭收支比在100%~400%，收入不能维持家庭所需开支；还有9.7%的家庭收支比超过400%，支出远远大于收入，入不敷出情况十分严重。由表11-2可以发现，尽管社会救助为贫困家庭提供了经济救济，在一定程度上缓解了救助对象的生活困难，但与此同时，仍存在较大比例的入不敷出家庭。当地较高的生活成本可能给他们带来更大的经济负担。

表11-2   受助家庭收支比分布情况（N=93）

家庭支出/收入比	频数	百分比（%）
50%以下	5	5.4
（50%，100%]	38	40.9
（100%，400%]	41	44.1
400%以上	9	9.7
合计	93	100

对家庭生活必需品支出（主要为食物支出）在家庭总支出中所占比例进行分析，发现该项比例集中分布在20%~60%的区间内。其中，32.3的家庭生活必需品支出占家庭总支出的20%~40%；28%的家庭生活必需品支出占家庭总支出的40%~60%（见表11-3）。值得关注的是，除维持基本生活所需外，贫困家庭的其他支出主要用于医疗、子女教育等必要支出项目。这意味着即使在发达地区，贫困家庭的消费结构仍然处于较低层次，他们通常将钱花在最为紧急的生活事件上，而对于社会发展所带来的各种"发展型""享受型"消费项目则较少。

表11-3   受助家庭生活必需品支出比分布情况（N=93）

生活必需品支出比	频数	百分比（%）
20%及以下	20	21.5
（20%，40%]	30	32.3
（40%，60%]	26	28.0
（60%，80%]	10	10.8
（80%，100%]	7	7.5
合计	93	100

在受助的贫困家庭中，18.3%的家庭有负债。在有负债的受助家庭中，负债

金额集中分布在 1 万 ~ 5 万元，其中欠债 5 万元以上的贫困家庭占比 23.5%（见表 11 - 4）。这一负债水平远远高于贫困地区的家庭。对于贫困家庭来说，本来就有一半的家庭入不敷出，即使是有一定结余的家庭经济状况也十分紧张，需要将大部分收入用于维持基本生活，还清负债的难度较大。

表 11 - 4　　　　受助家庭负债金额统计（N = 93）

家庭负债金额	频率	百分比（%）	有效百分比（%）	累积百分比（%）
1 万元及以下	5	31.3	31.3	31.3
1 万 ~ 5 万元	7	43.8	43.8	75.1
5 万 ~ 10 万元	3	17.6	17.6	92.7
10 万元以上	1	5.9	5.9	100
合计	16	17.2	100	—

（二）受助家庭获得低保救助情况

如表 11 - 5 所示，社会救助对象家庭月人均低保集中分布在 501 ~ 750 元，占比 34.4%。月人均低保在 1 000 元以上的家庭也较多，累积百分比达到 35.6%。同时，还有 14% 的社会救助对象月人均低保在 500 元以下。最低生活保障金是以"差额补贴"的形式确定，领取的金额越多，说明相比于当地确定的贫困线，其家庭收入越少，经济困难情况越严重。考虑到该地区经济发达，物价水平高企，经济困难的社会救助对象实际生活水平可能更不理想。

表 11 - 5　　　　家庭月人均社会救助收入分布状况（N = 82）

社会救助月人均收入分布	频数	百分比（%）	有效百分比（%）	累积百分比（%）
0 ~ 250 元	8	8.6	9.8	9.8
251 ~ 500 元	5	5.4	6.1	15.9
501 ~ 750 元	32	34.4	39.0	54.9
751 ~ 1 000 元	4	4.3	4.9	59.8
1 001 ~ 1 250 元	10	10.8	12.2	72.0
1 251 ~ 1 500 元	14	15.1	17.1	89.0
1 501 元及以上	9	9.7	11.0	100
合计	82	88.2	100	—

在贫困家庭中，大多数家庭享受了一定的生活补贴，有 86.2% 的家庭获得了

除低保以外的补贴，说明在经济发达地区，补贴补助的覆盖面较广，政策的宣传普及也比较到位。

从补贴金额来看，受助家庭获得其他补贴的数额集中分布在 2 001～3 000元，占总调查对象的 37.8%；其次是 1 001～2 000 元、1 000 元以下及 3 001～4 000 元，分别占比 18.9%、14.9% 及 14.9%（见表 11-6）。总体来看，受助家庭能够获得一定的生活补贴，但金额数量并不高，平均每月是 200～300 元。

表 11-6　　　　受助家庭其他补贴获得金额统计（N=74）

其他补贴获得金额	频数	百分比（%）	有效百分比（%）	累积百分比（%）
1 000 元以下	11	14.9	14.9	14.9
1 001～2 000 元	14	18.9	18.9	33.8
2 001～3 000 元	28	37.8	37.8	71.6
3 001～4 000 元	11	14.9	14.9	86.5
4 001～5 000 元	3	4.0	4.0	90.5
5 000 元及以上	7	9.5	9.5	93.5
合计	74	100	100	100

二、受助家庭成员的健康状况与医疗救助

（一）受助家庭的健康状况

如表 11-7 所示，大多数受助者健康状况为基本健康或不健康，但能自理，这两项的累积百分比达到 85%；同时，还有 6.5% 的社会救助对象生活不能自理。受助者中很健康的人占比较小，仅 8.6%。整体来看，社会救助对象的健康状况一般，大多数处于亚健康或不健康状态。

表 11-7　　　　　　　受助者健康状况（N=93）

受助者健康状况	频数	百分比（%）	有效百分比（%）	累积百分比（%）
很健康	8	8.6	8.6	8.6
基本健康	41	44.1	44.1	52.7
不健康，但能自理	38	40.9	40.9	93.5
生活不能自理	6	6.5	6.5	100
合计	93	100	100	—

在受助者中，最近一年曾患重大疾病的有 28 人，有效百分比达到 31.1%。在总样本中，共有 44 人表示自己身体不健康，如果以这个数字作为基准，患有重大疾病者在不健康的受助者中所占比例更高，达到 63.6%。贫困受助者中存在较大比例的身体极度不健康者。

受助者中患有慢性病的人数更多，占总样本数的 53.9%。其中，高血压、糖尿病、肺部疾病、腰部疾病等是常见慢性病。从不同年龄分组来看，随着年龄的增加，慢性病的患病率整体呈上升趋势。其中，40 岁以下人群患慢性病的比例仅有 14.3%；60 岁以后，慢性病患病率在各年龄组均达到 60% 以上（见表 11-8）。这说明慢性疾病是中老年贫困者面对的普遍问题，医疗与保健是他们的普遍需求。

表 11-8　　　　受助者不同年龄分组患慢性病情况（N=89）

不同年龄是否患慢性病			年龄分组						合计
			31~39 岁	40~49 岁	50~59 岁	60~69 岁	70~79 岁	≥80 岁	
有无慢性病	有	频数	1	10	7	10	13	7	48
		年龄分组中的百分比（%）	14.3	35.7	50.0	62.5	86.7	77.8	53.9
	无	频数	6	18	7	6	2	2	41
		年龄分组中的百分比（%）	85.7	64.3	50.0	37.5	13.3	22.2	46.1
合计		频数	7	28	14	16	15	9	89
		年龄分组中的百分比（%）	100	100	100	100	100	100	100

从家庭成员的健康结构来看，14% 的社会救助家庭中有身体不健康，或不能自理的成员。家庭成员患病一方面会增加医疗支出，加重家庭经济负担；另一方面，患病者需要日常照顾，会限制其他家庭成员的就业。健康和医疗问题是社会救助家庭面临的重要问题。

（二）受助家庭获得医疗救助状况

在受助的贫困家庭中，有 15.8% 的家庭在过去的一年里获得过医疗救助。是否接受过医疗救助与受助者的身体健康状况有一定关联。调查发现，在身体很健康的受助者中，没有人获得过医疗救助；在不健康的受助者中，获得过医疗救助的比例均高于平均比例，其中表示不健康、但能自理的受助者接受医疗救助的比例最高，达 20%。

在获得过医疗救助的贫困家庭中，90.9% 的受助家庭获得过一次救助，仅有

一户家庭接受过两次救助。从救助金额来看,获得的救助金在 1 000 元及以下、
4 000 元以上的家庭占比最大,均是 25% ;其他各金额段受助家庭所占比例均为
16.7% 。整体来看,救助款发放额度有限,如表 11 - 9 所示。

表 11 - 9 发达地区贫困家庭获得医疗救助金额 (N = 12)

获得医疗救助金额	频数	有效百分比 (%)	累积百分比 (%)
1 000 元及以下	3	25.0	25.0
1 001 ~ 2 000 元	2	16.7	41.7
2 001 ~ 3 000 元	2	16.7	57.4
3 001 ~ 4 000 元	2	16.7	74.2
4 000 元以上	3	25.0	100
合计	12	100	—

在未获得医疗救助的家庭中,不需要是最主要的理由,有效百分比达 58.3% 。
不知道该项目所以未申请,知道但没有申请的受助家庭数次之,分别占比 20% 、
15% ;申请了未批准,及其他原因未获得救助的贫困家庭占比大致相当,有效百
分比均为 3.3% 。整体上看,一部分受助家庭对医疗救助缺乏了解,医疗救助的
宣传工作还需加强,如表 11 - 10 所示。

表 11 - 10 发达地区受助家庭未获得医疗救助原因 (N = 60)

未获得医疗救助原因		频数	百分比 (%)	有效百分比 (%)	累积百分比 (%)
有效	不知道,所以没申请	12	12.9	20.0	20.0
	知道,但没申请	9	9.7	15.0	35.0
	申请了未批准	2	2.2	3.3	38.3
	其他	2	2.2	3.3	41.7
	不需要	35	37.6	58.3	100
	合计	60	64.5	100	—

三、受助家庭的受教育状况与教育救助

(一) 受助家庭教育状况

教育对于提高个人能力,帮助贫困家庭摆脱贫困有着重要意义,但子女教育

201

支出也可能成为贫困家庭难以承受的负担，加剧家庭贫困。数据显示，39.8%的受助家庭有在学者。在学者中，5.4%处于幼儿园阶段，48.7%处于义务教育阶段，27%处于高中阶段，18.9%处于大学阶段（见表11-11）。除义务教育外，其余各教育阶段均需要缴纳学费，教育救助是家庭社会救助的重要需求。

表11-11　　发达地区受助家庭在学成员分布状况（N=37）

在学者分布	频数	百分比（%）	累积百分比（%）
幼儿园阶段在学者	2	5.4	5.4
义务阶段在学者	18	48.7	54.0
高中阶段在学者	10	27.0	81.0
大学阶段在学者	7	18.9	100
合计	37	100	—

数据显示，61.3%的受助家庭没有教育支出。在有教育支出的受助家庭中，教育支出占年总支出的比例集中分布在20%以下，有66.7%；另外，有13.9%的家庭教育支出比超过40%（见表11-12）。结合医疗支出比的情况来看，医疗、教育是贫困家庭支出的两大重要部分。

表11-12　　发达地区受助家庭教育支出比分布状况（N=36）

教育支出比	频数	百分比（%）
(0，20%]	24	66.7
(20%，40%]	7	19.4
(40%，60%]	5	13.9
60%以上	0	0
合计	36	100

（二）有在学者家庭获得教育救助状况

在受助的贫困家庭中，25.6%的家庭获得过教育救助。目前，我国教育救助政策依据救助对象所处教育阶段的不同而有所不同。义务教育阶段主要实行杂费（如书本费、资料费等）全免；高中和大学则通常有就读学校给予诸如学费减免、助学金、勤工俭学等救助支持。从调查结果来看，有子女处于大学阶段的贫困家庭，获得教育救助的比例最高，达到83.3%；高中和义务教育阶段次之，分别占比66.7%、61.5%，如表11-13所示。

表 11 - 13 　　　　发达地区受助家庭分教育阶段获得救助情况（N = 25）

教育阶段是否获得救助			是否获得过教育救助		总计
			是	否	
在学	有幼儿园在学者	频数	1	1	2
		百分比（%）	50.0	50.0	100
	有义务阶段在学者	频数	8	5	13
		百分比（%）	61.5	38.5	100
	有高中阶段在学者	频数	6	3	9
		百分比（%）	66.7	33.3	100
	有大学阶段在学者	频数	5	1	6
		百分比（%）	83.3	16.7	100
总计		频数	16	9	25

在获得过教育救助的贫困家庭中，有 53.3% 的家庭在过去的一年里获得过一次救助（见表 11 - 14）。从救助金额来看，获得的救助金在 1 000 元及以下和 3 000 元以上的家庭数最多，占比例均是 35.3%；获得救助金额在 2 000 元及以下的家庭累积百分比达到 47.1%（见表 11 - 15）。可以发现，救助金额整体不高，体现出临时性和救急的特点。

表 11 - 14 　　　发达地区贫困家庭获得教育救助次数（N = 15）

获得教育救助次数	频数	有效百分比（%）	累积百分比（%）
1	8	53.3	53.3
2	3	20	73.3
3	2	13.3	86.6
4	1	6.7	93.3
12	1	6.7	100
合计	15	100	—

表 11 - 15 　　　　受助家庭获得教育救助金额（N = 93）

获得教育救助金额	频数	有效百分比（%）	累积百分比（%）
1 000 元及以下	6	35.3	35.3
1 001 ~ 2 000 元	2	11.8	47.1
2 001 ~ 3 000 元	3	17.6	64.7

203

续表

获得教育救助金额	频数	有效百分比（%）	累积百分比（%）
3 000 元以上	6	35.3	100
合计	93	100	—

在未获得教育救助的家庭中，近八成的家庭表示不需要，有效百分比达到 79.7%，不知道所以未申请、知道但没有申请及其他原因未获得救助的贫困家庭占比大致相当，有效百分比均在 6.8% 左右（见表 11-16）。整体上看，大部分贫困家庭对教育救助有所了解。对于表示不需要教育救助的贫困家庭，主要是无在学子女，或者是子女未接受高中或大学及其以上阶段的学习。

表 11-16   发达地区贫困家庭未获得教育救助原因（N = 59）

未获得教育救助原因	频数	百分比（%）	有效百分比（%）	累积百分比（%）
不知道所以没有申请	4	4.3	6.8	6.8
知道但没有申请	4	4.3	6.8	13.5
其他	4	4.6	6.8	20.3
不需要	47	50.5	79.7	100
合计	59	63.4	100	—

四、受助家庭的就业状况与就业救助

（一）受助家庭就业状况

73.1% 的家庭是"零就业"家庭，"零就业"家庭可以被认为丧失了经济自给能力，只能完全依赖于外界救助，这不仅降低了家庭应对风险和突发状况的能力，更可能导致贫困循环和福利依赖，增加脱贫的难度。从助人自助的理念出发，为家庭增能，提高社会救助家庭在劳动力市场的竞争能力是关键。

分析受助者未就业的原因，数据显示有 87.3% 的受助者因不可抗因素，包括丧失劳动能力，个人健康原因和照料家人而未就业，其他各项因素，如体制原因、个人技能不足等总共占比 12.7%（见表 11-17）。由此可见，贫困家庭的就业问题与健康问题密切相关，个人或家人的身体不健康是限制就业的重要因素。

表 11 – 17   发达地区受助者未就业原因统计 （N = 79）

目前没有工作原因	频数	百分比（%）
不可抗因素	69	87.3
体制因素	1	1.3
个人技能不足	3	3.8
离退休	4	5.1
其他	2	2.5
合计	79	100

（二）受助家庭获得就业救助状况

贫困家庭成员零就业情况严重，但获得过就业救助的贫困家庭却很少，原因主要在于发达地区工商业、服务业发达，只要愿意就业和健康的贫困群体，可以很容易地找到工作。从未获得就业救助的原因来看，83.3%的家庭表示不需要，这也说明了发达地区贫困群体找工作是比较容易的。不知道所以未申请、知道但没有申请的贫困家庭占比大致相当，有效百分比均在7.6%左右（见表 11 – 18）。在调查中，表示不需要就业救助的贫困家庭较多，这部分家庭可能是因为身体原因或伤残失去了就业能力，也可能是因为缺乏自我效能感，对社会救助产生了一定的依赖心理。

表 11 – 18   发达地区贫困家庭未获得就业救助原因 （N = 66）

未获得就业救助原因		频数	有效百分比（%）	累积百分比（%）
有效	不知道，所以没申请	5	7.6	7.6
	知道，但没有申请	5	7.6	15.2
	其他	1	1.5	16.7
	不需要	55	83.3	100
	合计	66	100	—

除直接的就业救助外，目前我国还向失业贫困者提供扶持就业或创业的服务措施，如税收减免、小额贷款、优先提供工作岗位、就业培训等。调查发现，该类就业扶持政策的实施效果并不理想。一是政策的认知程度较低，各项就业支持政策的知晓率均未超过20%，其中就业培训知晓率相对较高，占19.4%。二是税收减免（11.8%）和小额贷款（10.8%），提供摊位政策的知晓率最低，仅

为 5.4% 。与此同时，政策的利用率普遍较低，各项政策的利用率多在 10% 及以下（见表 11 - 19）。

表 11 - 19　　　　　　　发达地区对贫困群体的就业支持状况

听说过	税收减免	就业培训	优先提供岗位	小额贷款	提供摊位
是	11.8	19.4	9.7	10.8	5.4
否	88.2	80.6	90.3	89.2	94.6
使用过	税收减免	就业培训	优先提供岗位	小额贷款	提供摊位
是	1.4	10.8	3.1	1.5	0
否	98.6	89.2	96.9	98.5	100

要求受助者就业是强调义务和责任的重要方式。受助者在享受救助权利的同时，应当履行一定义务。目前，社会救助制度中对于责任的强调不足，更多的还是以义务劳动的形式进行。这种形式受到了很多研究者的诟病，认为它不具有促进家庭收入增长的意义，以义务劳动的提供作为享受救助的前提条件也容易在实践中产生"标签"效应。除此以外，以工代赈是强调受助者责任的另一种常见形式。这种形式要求受助者就业，肯定了工作的意义。从数据分析结果来看，提到政府或社区明确要求受助期间需要积极就业，或向受助者介绍工作的比例在 30% 左右。而更多的受助者或是没有被要求工作，或是不了解、不清楚此项要求。这反映出当前社会救助理念仍在很大程度上停留于传统的"施与受"层面，将受助者看作单纯的接受者，而忽视其个人潜能的开发和再就业的促进。

五、受助家庭的住房状况与住房救助

（一）受助家庭住房状况

表 11 - 20 数据显示，受访家庭的基本住房问题能够得到保障，其中 67.7% 的受访家庭拥有自己的住房。但仍有 21.5% 的社会救助家庭租房住；10.8% 的家庭通过其他方式，包括借住父母、兄弟姊妹的住房或朋友宿舍等方式来满足居住需求。对于这部分没有属于自己家庭住房的贫困群体，特别是借住在别人家中的，一方面，居住状况很不稳定，住房需求没有得到满足；另一方面，也容易产

生心理上的不安定感，不利于其生活幸福感提升。

表 11 – 20　　　　　　发达地区受助家庭住房类型 （N = 93）

住房类型	频数	百分比（%）
自建、自购、单位福利房	63	67.7
租公房	0	0
租私房	20	21.5
其他	10	10.8
合计	93	100

调查显示（见表 11 – 21），受助家庭人均住房面积集中分布在 10～30 平方米，两项累积百分比达 51.6%。人均住房面积在 10 平方米及以下或 40 平方米以上的家庭较少。以 3 口之家的家庭规模来估算，大多数受助家庭住房面积在正常范围内。

表 11 – 21　　　　发达地区受助家庭人均住房面积 （N = 93）

人均住房面积		频数	百分比（%）	有效百分比（%）	累积百分比（%）
人均住房面积	10 平方米及以下	10	10.8	10.8	10.8
	10.01～20 平方米	25	26.9	26.9	37.6
	20.01～30 平方米	23	24.7	24.7	62.4
	30.01～40 平方米	17	18.3	18.3	80.6
	40.01～50 平方米	7	7.5	7.5	88.2
	50 平方米以上	11	11.8	11.8	100
	合计	93	100	100	—

整体上看，近八成的贫困家庭拥有 1 间或 2 间卧室。其中，43% 的贫困家庭拥有 1 间卧室，拥有 2 间或 3 间卧室的贫困家庭占比较小，分别占比 32.3% 和 21.5%，3.2% 的家庭拥有 4 间卧室（见表 11 – 22）。从住房类型来看，自建、自购、单位福利房或租房的贫困家庭以 1～2 间卧室为主。

表 11 - 22　发达地区贫困家庭分住房类型的卧室数量（N = 93）

分住房类型的卧室数量			现在住房有几间卧室				合计
			1	2	3	4	
住房情况	自建、自购、单位福利房	频数	29	22	10	3	63
		住房情况中的百分比（%）	46.0	34.9	15.9	4.8	100
	租房	频数	9	7	4	0	20
		住房情况中的百分比（%）	45.0	35.0	20.0	0	100
	其他	频数	2	2	6	0	10
		住房情况中的百分比（%）	20.0	20.0	60.0	0	100
合计		频数	40	30	20	3	93
		住房情况中的百分比（%）	43.0	32.3	21.5	3.2	100

　　从家用电器拥有情况来看，87.1%的家庭有电视机，其次是电风扇、电话或手机，比例分别为80.6%和77.4%。拥有电冰箱、洗衣机、空调的家庭比例有所降低，各项拥有率均在50%左右。热水器、电脑、微波炉的拥有比例则更低，其中，有微波炉的受助家庭最少，仅占比7.5%。值得注意的是，还有4户家庭表示上述家用电器均没有。整体来看，受助家庭一般有3~5件电器，且在选择电器时，优先考虑其实用性与性价比，这与贫困家庭消费支出结构偏重实用性的特点一致。

　　大部分受助者对当前的住房状况表示满意，占总样本数的71%，但仍有29%的受助者表示不满意。此外，在表示满意的受助者中，表示"非常满意"的比例较低，仅占5.4%；超过六成的家庭表示基本满意。从调查过程来看，这种基本满意的表述在一些时候是对于现实状况的无奈接受和婉转表达。因此，总体来看，社会救助家庭住房满意程度一般，存在可提升空间。

（二）受助家庭获得住房救助情况

　　在受助的贫困家庭中，仅有8.8%的家庭在过去的一年里获得过住房救助，未接受过住房救助的家庭占比达到91.2%。在获得过住房救助的6户受助家庭中，3户表示接受过1次救助，还有3户表示接受过12次救助。在救助金额上，接受过1次救助的3户贫困家庭获得的救助金分别是4 500元、20 000元、20 000元；接受过12次救助的3户贫困家庭每次获得的救助金额均是600元。

在未获得住房救助的家庭中，八成的家庭表示不需要，有效百分比达80.6%，不知道所以没申请、知道但没有申请、申请了未批准及因其他原因未获得救助的受助家庭占比均不高，有效百分比在10%以下。

第三节　东部地区社会救助制度实施的分析

总体来看，慈溪市与深圳市两地的社会救助制度已经较为完善，涵盖最低生活保障制度和医疗、教育以及临时救助等专项救助制度都有具体明确的规定。在文件上明确提出就业激励政策，鼓励社会力量参与。但也还存在一定不足，如对外来人口获取救助的限制，贫困线与经济发展水平的匹配度等。

一、社会救助制度的瞄准机制

从社会救助内容来看，两地的社会救助体系完善，能较好地为贫困群体提供相应的救助和扶持，除各种保障最低生活水平的项目外，政府还给贫困者提供了住房补助、医疗补助和教育补贴等来保障贫困人口的基本生活。除了对居民给予日常生活救助，还给予了强力的临时救助，如深圳市出台了关于交通意外事故的救助办法。在救助对象上，原则上把户籍人口作为主要的救助对象，对于规模较大的外来务工人员，一般将其纳入临时救助的范畴。又如，深圳市对于持有居住证的非本市户籍低收入居民，要求在当地连续工作生活一年以上，且申请前连续在深圳市缴纳社会保险费超过一年，因重大疾病、突发意外造成困难的，可向居住证发放地申请临时救助；对于外来人口在该地上学的可申请减免学杂费。但总体而言，在社会救助层面仍然区别对待本地户籍人口和外来务工人员。对救助资格的审核，主要以家庭财产状况为审查标准，但与其他地方不同的是，两地在社会救助制度上已经从关注收入型贫困转向关注支出型贫困，如慈溪市相关政策规定，本地户籍家庭在规定的期限内，家庭总收入扣除家庭支出的医疗费用后，共同生活的家庭成员人均月收入低于本市最低生活保障标准的，给予一定的医疗救助。

二、社会救助制度的动态管理机制

两地在社会救助对象的认定上没有太大的突破，对于救助申请的管理，值得学习的地方在于慈溪市要求在低保的申请过程中要签署诚信承诺书，对于较为复杂的情况要进行民主评议会，对于审核结果有异议的，给予申诉机会。在社会救助的管理层面，建设了救助对象网络信息管理平台，并实现了多部门的信息共享，协同办公。如慈溪市在 2015 年就已完成"一门受理、协同办理"窗口机制建设，服务标准实行"一明显三公布"，开发"慈溪市镇（街道）社会救助窗口转办信息管理系统"，实现社会救助申请和转办等有关电子信息实时显示和跟踪，各镇（街道）均配备 1 名社会救助专职工作者。两地对于部门的职责规定明确，如深圳市规定了街道办事处、民政部门等具体履行的职责，无论是对救助对象的管理还是对救助工作实施层面的管理，两地都在制度上进行了明确分工，确保职责清晰。

三、社会救助制度的就业激励与退出机制

慈溪市与深圳市都高度重视就业激励机制的建设，两地均要求公共就业服务机构要为具有劳动能力的低保人员举办就业培训，并为其提供就业推荐服务，并明确要求救助对象需参加社区公益劳动。但根据实地调研情况来看，多数受助家庭表示不需要就业救助，主要原因在于发达地区就业岗位充足，救助对象可以比较容易地实现就业。在退出机制方面，两地没有出台特别详细的规定，但是对于骗保的打击非常严厉，在制度层面对虚报、隐瞒、伪造等手段骗取最低生活保障金的现象，给予严厉惩处，如将骗保者有关信息记入个人征信系统。

四、社会救助制度的监督机制

深圳市与慈溪市的社会救助监督机制较为完善，集中在对受助人员的监督和对整个救助工作的监督。对受助人员的监督主要体现在：是否符合救助标准实际情况的监督、对其家庭消费是否有不符合规定的情况以及是否存在虚报骗保的情况，这种监督来自三个方面，一是开展救助工作相关部门的定期核查；二是群众的监督举报；三是受助人员对于不公平现象的反映。对于整个救助工作的监督，主要体现在工作流程的规范和办事人员的监督上面，这种监督包括政府内部的监督管理，以及群众的监督举报。如慈溪市规定民政部门和镇街政府应当"建立健全投诉举报核查制度，公开低保监督咨询电话，接受社会和群众的监督、投诉和举报"；深圳市规定要"建立低保人员档案，加强档案资料的保存、管理，并接受有关部门的查询、检查和监督"。

五、社会救助制度实施的总体特征

深圳市与慈溪市基本形成了以最低生活保障制度为基础，教育、医疗、住房

等专项救助制度全面发展的救助体系，对困难群众实施综合救助，在制度建设方面走在全国前列。如对低收入家庭分类施保、特困对象困难补助、对非户籍人口的临时救助作出试点，力求构建分层次分类别的救助体系。值得学习的地方主要体现在以下几个方面：一是对专项救助制度都有明确的规定并落实到位，专项救助工作开展细致，如深圳市对于意外交通事故的救助；二是发达地区对于困难群体的界定有了重大变化，从传统的低收入到将重大支出致贫纳入其中，如对于医疗型贫困的明确规定；三是发达地区社会救助资金的来源更加多元化，社会力量成为救助支持体系的重要组成部分；四是监督管理层面实现信息共享和动态管理，既有利于对贫困群体经济状况的跟踪管理，又有效整合了多部门信息。

但是，两地的社会救助体制也有不完善之处，如低保救助对贫困家庭的刚性支出考量不足；教育、医疗等专项救助的范围还不够，救助标准还不高，对因病、因学致贫的贫困家庭给予的救助有限；对于外来流动人口的救助，未给予和本地户籍人口同等对待；对社会救助的退出机制也没有明确的流程，在防止福利依赖、养懒汉情况方面的监督机制尚未建立。

在未来的救助制度改革完善方面，应立足于发达地区经济社会发展水平，建立和形成满足不同群体多元化需求的综合型社会救助服务体系。以充分的需求评估和调研为基础，建立和实施分类分层救助办法；促进社会救助资源整合，理顺体制关系，分清各自职能，建立医疗救助、社会救济、失业救助等相衔接、各部门相协调的救助机制。引导社会组织参与生活救助，搭建慈善超市、社区服务中心、社会组织孵化基地等服务平台，构建了慈善服务体系，并落实四项慈善服务，推动慈善救助服务有序开展；制定相关政策鼓励和吸纳社会工作专业人才充实基层社会救助服务力量，为贫困人口提供心理、技术、人际关系等多层次的社会救助服务；着手建立城市贫困监测体系，摸清贫困家庭动态。

第四节　完善东部地区社会救助制度建设的对策

一、扩大救助范围确保"应保尽保"

探索将低保资助范围由本地户籍人口向常住人口、就业人口（包括外来务工人员）延伸。户籍在本地的生活困难人员，以家庭为单位，由户主本人向街道居委会或受委托的社区提交书面申请，并如实提供就业、收入和财产证明等相关材料。在本地居住满 2 年、就业满 1 年，基本生活遭遇巨大困难的非户籍流动就业人员，可直接向现居住地街道居委会提交书面申请，并提供就业与收入证明等相关材料。对于不符合以上条件的非户籍人口，但生活确实困难，基本生活无法保证的情况下，可参照相关标准给予临时救助。在开展分类救助的同时，对低保家庭中的特殊人群进行强化救助，如 80 岁以上老年人、未成年人、重病患者、重度残疾人、孕产妇等提供特殊生活补贴，扩大最低生活保障制度救助范围。

二、建立和完善困难务工人员救助保障机制

务工人员为发达地区经济社会发展作出重要贡献，理应在遭遇生活困境时获得应有的救助。针对困难务工人员，建立社会救助配套帮扶政策，逐步拓展救助领域，对外来务工人员的基本生活、子女上学、医疗、就业、维权、技能培训、突发事故等方面提供综合援助；严格监督当地企业必须为务工人员购买必要的社会保障，对因各种原因未参加工伤保险的务工人员提供必要的保险缴纳救助，对因工伤残导致生活困难的务工人员提供伤残救助。同等对待本地户籍和非本地户籍的务工人口，注重将外来务工人群纳入社会救助网络，在社会救助的内容、标准上同等对待，构建完善的贫困监测网，发挥社会救助对困难务工人员的兜底保障作用。

三、健全低收入家庭经济信息核对机制

在充分调研和数据分析的基础上，成立居民家庭经济信息核查中心，开发相应的信息平台，建立跨部门、多层次、信息共享的救助申请家庭经济信息核对机制，逐步实现社会救助信息化核对、网络化管理，实现核对信息资源共享。人社、住建、银行、房管、税务、保险、户籍、车辆管理等部门要通过信息化手段提供详尽、客观的数据信息。细化核对操作流程，明确规定核对内容、核对方式、核对程序、内部管控与结果应用，量化要求核对事项、管理权限、数据更新周期等。完善核对工作跨部门协作机制，加快推进核对平台建设，有条件的地方一步到位建成低收入家庭经济信息核对信息平台。

四、加快构建社会大救助体系

深化"最多跑一次"改革，发达地区的社会救助工作应加快推进社会救助政

策融合，打破部门条块分割，构建社会大救助体系。一是进一步明确各类救助制度的功能定位及救助范围，建立健全分层分类的梯度救助制度体系，推进分类分档精准救助；二是民政部门承担起需求—供给系统的中介，从需求出发，统筹供给资源，协调相应部门职能；三是优化简化救助流程，完善"一门受理，协同办理"的社会救助工作机制。面向基层设立社会救助综合救助窗口，统一受理救助需求；并通过专业需求评估配置社会救助资源，对应社会救助资源供给部门，完成需求与供给的匹配，从而缩短社会救助需求者与社会救助资源供给部门距离，提高救助效率。建立统一的救助大数据库和工作网络平台，实现"救助对象统一认定、经济状况统一核对、救助资金统筹使用、救助事项一门办理"。

五、加强社会救助能力建设和社会服务供给

提升社会救助工作者能力素质，建立入职考核机制，加强社会救助业务培训，建立定期培训和全员分层分批培训机制，并对培训效果进行评估。通过事前控制和事中控制，确保社会救助工作者业务熟练，政策把握准确。加强社会救助资源投入，特别是针对基层社会救助的人员、资金、设备的投入。采用政府购买服务等方式提供必要的社会救助服务，如医疗服务、居家照料服务、就业服务、心理辅导等领域。改变目前重物质、轻服务的救助状况，满足困难群众多样化的服务需求。探索引入专业化社工服务，如在心理辅导方面，购买社会工作服务为有需要的贫困群体提供必要的心理辅导、资源链接、子女教育心理辅导等。

第十二章

社会救助制度发展的横向比较研究

作为社会保障中基础性制度，社会救助制度从萌芽至今已有数百年历史。最初由个人或组织通过互助共济的方式对遭遇饥寒、疾病或灾难的人施以援手，以维持其基本生计。进入工业社会后，伴随着机器大生产和社会进步，经济的增长并没有促使贫困问题自动消解。西方各国为保障贫困人口的最低生活水准，相继建立了社会救助制度。受政治、经济、文化、社会等因素影响，各国各地区的社会救助制度模式呈现截然不同的特点，并伴随着经济社会的发展而不断作出调整。发达国家和地区长期以来所积累的社会救助制度建设经验和举措对我国构建完善的社会救助制度具有重要的启示意义。从总体上看，发达国家和地区都把社会救助制度视作一种重要的社会政策和制度安排，承担着"最后的安全网"作用，但是因政治制度、经济发展水平、文化观念、民族心理、风俗习惯等方面的差异，仍不同程度影响了各国各地区社会救助制度的发展态势。从社会救助制度的发展历程来看，社会救助制度同样经历着"困境—调整—适应—再困境—再调整"的循环过程。

我国社会救助制度最早源于乡绅救助，即由科举及第未仕或落第士子、当地较有文化的中小地主、退休回乡或长期赋闲居乡养病的中小官吏、宗族元老等一批在乡村社会有影响的人物，主要通过设立"社仓"和"粥厂"的形式，向社会中因灾贫困者及其家庭提供基本的生活救济。新中国成立后，政府开始关注收入低、生计难以维持的群体，但并未建立相关的救助措施和制度。改革开放后，我国开始尝试建立新的符合我国国情的社会救助制度，经过多年的发展至今已经初步形成一套独特的制度体系。例如，国务院 2014 年 2 月颁布的《社会救助暂

214

行办法》对我国社会救助制度体系做出了具体的要求和明确的条文规定。本章从国内外制度比较的视角出发，研究典型国家和地区社会救助的制度模式，以及制度改革规律与发展趋势，对比分析社会救助制度的差异性、趋同性，总结归纳经验，以期为我国社会救助制度的改革完善，构建具有中国特色的社会救助制度模式等提供参考和借鉴。

第一节　社会救助瞄准机制的比较研究

社会救助的瞄准机制可以划分为救助的内容、救助的对象和目的、救助标准和资金来源、救助的原则以及资格审查等方面，以下对瑞典、美国、日本的社会救助瞄准机制进行横向比较研究。

一、社会救助制度建设原则

总的来说，由于部分国家实际社会情况和发展的差异性，其社会救助制度具有各自特色的建设原则，例如瑞典的个人主体原则、美国的社会帮助原则以及国家优惠原则、日本生活保护法中保护的补足性原则等。现对以上几个特殊原则进行说明。

（一）瑞典的个人主体原则

与其他国家以家庭为主要单位发放救助金的方式不同，瑞典的"个人主体原则"注重把个体作为社会救助发放的单位，这是瑞典社会救助制度设计中比较独特的内容之一。

（二）美国的社会帮扶与国家优惠原则

美国的社会救助原则体现在，立法始终把"社会帮扶"作为政府救助的重要辅助力量，极大地强调了社会力量在贫困救助中发挥作用，社会组织等非正式机构能够给社会救助带来新的活力，也有助于解决政府无法解决的贫困问题。"国家优惠原则"体现在国家其他方面政策的设计中也包含了对社会救助政策的支持，例如在财税与工作激励手段方面，为受助者提供就业或者创业奖励，鼓励其进入劳动力市场；通过降低雇主社会保险缴费或为雇主提供财税补贴，降低受助者进入劳动力市场的门槛。

（三）日本的保护补足性原则

日本在社会救助制度的设计中独特的"保护补足性原则"，是指被保护者应首先利用自己的资产、能力等手段以及其他法中规定的救助方法进行自我救助，在这种情况下仍然不能维持最低限度的生活时，对于其不足部分再由国家进行救助。这一原则的提出要求受助者在享受国家救助权利的同时也积极履行自己应尽的责任和义务。

上述国家社会救助制度建设原则的比较见表 12-1。

表 12-1　　　　　**部分国家社会救助制度建设原则的横向比较**

国家	救助原则
瑞典	国家责任原则；平等原则；个人主体原则
美国	政府责任原则；保障生存原则；公正平等原则；社会帮助原则；国家优惠原则
日本	国家责任原则；无差别平等原则；最低生活保障原则；保护的补足性原则；家庭单位原则

二、社会救助制度的目的和救助对象

社会救助是国家和社会对依靠自身资产、能力难以维持基本生活的公民提供的帮助，其制度的目的和救助对象的确认，决定了是否能发挥作用，成为社会保障体系中"最后一道安全网"。

（一）瑞典社会救助制度：保护个人及其家庭、预防和恢复社会功能

瑞典社会救助制度主要出于两个目的：保护个人及其家庭、预防和恢复社会功能。瑞典社会救助的对象是家庭收入无法满足其最低生活需要，且没有能力以其他方式来生存的居民，具体来说社会救助的对象主要包含以下七项：低于一定收入水平的家庭；失业者；无法负担医药费的患病者；得不到正常收入者；抚养孩子无法寻找工作者；单身老人及单亲家庭；移民。

（二）美国社会救助制度：帮助困难家庭脱离贫困，获得更多发展机会

与瑞典的社会救助制度目的不同，美国《为自立而工作的法案》倡导通过就业自食其力，减少福利依赖，以及改善家庭结构，强化健康的婚姻关系。综合来说，美国社会救助制度是为了使穷人、盲人、永久性重残人士、低收入的老人、失业者、合法移民、孕妇和多子女家庭等有困难的家庭脱离贫困，获得更多发展的机会，从而达到自立。美国的社会救助主要以项目的形式进行，现行最主要包含 7 个社会救助项目，每个项目都有各自偏重的救助对象和目的。具体来说，贫困家庭临时救助计划的救助目的是给有需要的家庭提供援助，使儿童在家能够得到照顾，减少贫困父母对福利的依赖，促进就业准备，帮助这些家庭实现自给自足。该项目的救助对象为单亲或父母双方中有一人无法参与劳动或长期失业的家庭。补充性保障收入计划的救助目的是向真正低收入、无收入的 65 岁以上老人、盲人以及永久性重残人士提供帮助，主要是以现金的形式进行救助[1]。医疗救助计划的目的是向低收入的老人、盲人、多子女家庭等特殊困难群体提供医疗方面的物质或服务帮助，其救助对象为穷人、伤残者以及能维持日常生活但收入来源却不足负担其全部医疗费用的人。住房补助计划是政府为缓解低收入阶层的住房短缺问题和居住环境较差问题而建立的援助计划。补充营养援助计划是一项重要的反饥饿项目，其基本目标是帮助低收入人群购买保障他们健康和营养所需的食物，救助对象为无收入和低收入的特殊人群、失业者和合法移民。贫困家庭子女教育项目是各级政府和基金会资助穷困学生的救助计划，其目的是为贫穷子女和其他人接受高等教育提供机会。一般扶助计划主要是针对不符合其他救助方案资格的人，由各州对他们提供紧急援助来维持基本生活[2]。

（三）日本社会救助制度：满足穷困者物质需求，积极帮助其实现自立

与其他国家相比，日本社会救助制度的救助对象有其特殊性。日本的《生活保护法》第 1 条宗旨指出："国家对所有生活贫困的国民进行救助，根据其贫困的程度进行必要的救援，在保障其最低限度生活的同时，以促进其自立能力为目

---

① 唐政洪：《美国社会的救助和福利政策》，载于《中国民政》2016 年第 10 期。

② 刘瑞叶：《揭阳市弱势群体社会救助管理效能提升对策研究》，华南理工大学硕士学位论文 2010年；吴潇：《美国里根政府的社会救助政策改革探究》，山东师范大学硕士学位论文 2012 年。

的"①。由此可知，生活保护法的最主要目的，首先是满足生活穷困者的物质需求；而"促进其自立的能力"则是在保障其最低生活的同时，积极地帮助受助者实现自立②。日本政府规定陷入要保护状态的人，不受其年龄和其他资格限制，都可以受到保护。这也说明了日本社会救助的对象是普通的一般贫困者。而1950年颁布的《新生活保护法》具有十分浓厚的战后处理色彩，因此追加了生活显著穷困的失业者、战灾者、从海外撤退归国者、在外者留守家属和负伤军人、家属以及军人的遗属五类特殊人群作为救助对象，这是日本社会救助对象不同于其他国家之处。

总的来说，从社会救助的对象来看，部分国家首先都对收入低于一定水平的穷困者进行了最低水平的物质救助，在此基础上，再分别对老人、残疾人、儿童等弱势群体进行特殊的社会救助。但是在特殊人群的选择上，各个国家的不同项目会有不同的偏重。在救助目的上，都希望能够通过社会救助制度来解决一定程度的贫困问题，进一步维持社会稳定（见表12-2）。另外，帮助受助者"自立"，不依赖社会福利和社会救助，现在也成为了社会救助制度发展的一个趋势，各个国家都制定了相应的政策来促进受助者进入就业市场，依靠工作自力更生，最终实现摆脱困境。

表12-2　　　部分国家社会救助制度的目的和救助对象比较

国家	目的	救助对象
瑞典	保护个人及其家庭；预防和恢复社会功能	收入低于一定水平者；无失业保险金者；无法得到正常收入者；因疾病、残疾或抚养孩子而陷入困境者；移民
美国	增加有需求的家庭实现自给自足的机会，并获得有质量的儿童照顾以及其他目的	穷人、盲人、永久性重残人士、低收入的老人、失业者、合法移民、孕妇和多子女家庭
日本	满足生活穷困者最低限度生活的同时帮助其达到自立	一般生活穷困者以及以下生活显著穷困者：失业者；战灾者；从海外撤退归国者；在外者留守家属；负伤军人、家属以及军人的遗族

三、社会救助制度的资格审查

社会救助中资格审查要求对救助对象家庭情况和背景做详细调查，经审核其条

① 孟薇：《浅析战后日本"生活保护法"及社会保障制度》，载于《现代日本经济》1994年第5期。
② 韩君玲：《战后日本新生活保护法的特征》，载于《华东政法学院学报》2005年第2期。

件符合规定和要求后给予救助。对于救助对象的资格审查，基本都采取申请和调查相结合的办法，一般需要经过两个步骤，即资格审核与家庭经济资源和财产调查。

（一）瑞典社会救助资格审查：财产调查

瑞典的社会救助资格审查叫作财产调查，社会补贴项目要求申请者主动申报其住房补贴和社会保险情况后再进行财产调查，将申请者所获得的其他社会保障支付在内的全部收入计算在内。瑞典的贫困线标准定为中等收入水平的一半，该标准也会随着中等收入水平的变化而变化，以这种方式计算的收入低于贫困线标准者即可获得社会补贴。除此之外，政府在发放社会补贴之前会要求申请人先使用其自有资源，包括受助者的银行存款的使用和现有财产的变卖，这体现了瑞典的社会救助制度中的补充性保障原则。

（二）美国社会救助资格审查：经济调查

美国的社会救助资格审查叫作经济调查。经济调查是指对受助者的资产、劳动收入和其他收入进行调查。一般来说，家庭收入低于联邦政府所定贫困线的家庭即可获得救助，但是由于美国社会救助项目繁多，联邦政府也将很多权力下放到各州政府，州政府拥有很大的自由权来决定受助资格和标准，因此不同的计划和扶助项目在不同的州都有不同的资格审查标准。例如，补充性保障收入项目的申请者必须满足收入低、财产少这两大基本条件，在受助者提交申请之后，还需要接受进一步的严格的资格审查。受助者所拥有的个人财产，除了住房，如果有私家车，其现行市价必须低于 4 500 美元，人寿保险单总面值必须低于 1 500 美元，单个人自助性财产价值不得超过 2 000 美元，夫妇不得超过 3 000 美元[①]。

（三）日本社会救助资格审查：收入认定

日本社会救助除了对申请者的家庭状况进行调查外，还要对申请者的抚养义务者进行家庭收支调查，因此有了收入认定一说[②]。收入认定是指对需要保护者的家庭收入和财产状况进行调查，通过对其资产进行确认和评价，以决定是否实行保护以及保护的程度[③]。日本社会救助的救助收入额认定原则是：收入认定一

① 刘瑞叶：《揭阳市弱势群体社会救助管理效能提升对策研究》，华南理工大学硕士学位论文，2010 年。

② 李家喻：《社会救助制度的国际比较研究——以英美德日等国家为例》，载于《中山大学研究生学刊》（社会科学版）2015 年第 3 期。

③ 韩君玲：《日本生活保护制度中收入认定的现状与问题》，载于《比较法研究》2011 年第 4 期。

般以月额为准，特殊情况下，也可适当进行调整，以 3 个月或者是更长时间的一个标准来进行认定。可以发现，日本生活保护制度能够根据实际情况进行适时调整，更符合受助者需求，在具体施行中也更具有可行性。收入认定的对象主要分为工作收入和工作以外的收入，对于这两类收入的具体内容也作了规定和说明，基本涵盖了绝大部分的工作和非工作收入内容。收入认定除外的对象主要包括不宜作为收入认定的对象、劳动扣除及实费扣除三大种类。

上述国家社会救助制度的资格审查比较见表 12 - 3。

表 12 - 3   部分国家社会救助制度的资格审查比较

国家	社会救助资格审查
瑞典	财产调查
美国	经济调查
日本	收入认定

由此可见，各个国家的社会救助资格审查没有一个固定且统一的标准，大部分国家都会先由上级政府制定统一的标准，再由各地方政府根据总则来制定更能适应本地经济与社会发展的资格审查标准，而这一审查标准也会随着经济的发展而发生变化。在日本，资格审查甚至是可调节的，审查机构会根据受助者的具体情况做一定的调整。各个国家的社会救助资格审查都是围绕最低生活水平情况的综合测定来展开，但是考虑的范围有所不同。如可支配所得是指除去必要开支（例如，税收、保险等）之后所剩下的可以自由支配的收入，大多数国家在制定标准线时只以收入为衡量标准来考虑。

四、社会救助制度的内容

从社会救助制度的内容来看，各个国家的社会救助制度都以建立多元的社会救助支持结构体系为最终目的，不仅致力于保障受助者最基本的生活，还努力通过各项救助计划和政策提升受助者及其家庭的生活质量。具体如下。

（一）瑞典社会救助制度的内容：住房补贴、社会补贴等

瑞典的福利制度由社会保险、公共资助和社会救助三个部分组成[1]。社会救

---

① 王卫平：《社会救助学》，群言出版社 2007 年版，第 97 页。

助单纯是指收入低于一定水平的居民经过财产调查合格后可以得到的帮助，在瑞典属于这一类的救助只有住房补贴和社会补贴。特定人群补贴是瑞典政府针对老人、妇女、儿童等弱势群体专门设立的带有社会福利性质的社会救助项目。主要包括老年津贴、残疾人及其家属津贴、孕妇补贴、儿童补贴、失业者补贴。移民群体救助是瑞典对于外来移民特有的救助项目。住房补贴的目的是帮助尚还处于工作年龄且有抚养子女①义务的生活困难家庭拥有足够的居住面积。社会补贴项目则是给收入低于居住地最低生活标准并有工作收入的人，保障他们的基本生活水平。社会补贴主要包含三类：日标准生活费的补贴、常规但非标准费的补贴以及必要开支的补贴。

（二）美国社会救助制度的内容：家庭临时援助计划、补充性保障收入等

美国历史上的社会保障②相关正式政策和法案起始于 1935 年罗斯福总统推行的《社会保障法》。在此之前美国政府对社会救助持有的是"让市场自行调节、绝不干预"的态度。但 20 世纪 30 年代的经济危机冲击了美国，美国政府开始意识到市场已经无法调节经济危机。在这种情况下美国政府出台了第一部《社会保障法》。为了将老人、儿童、妇女、盲人以及失业人群等弱势群体纳入保护范围，建立了三个公共援助计划。这一时期，社会保障法在一定程度上缓解了经济危机时期贫困群体的生活问题。随着美国经济社会的不断发展和变化，《社会保障法》也不断被修正和改进。在历史上有重大变化的时期有：肯尼迪和约翰逊总统对《社会保障法》做出了调整，尼克松总统做出的对社会保障的紧缩政策，1996 年克林顿总统推行的《个人责任与就业机会调整法案》以及 2002 年由布什总统推行实现并一直使用至今的《为自立而工作的法案》。在社会保障政策和法案不断发生变化和改进的过程中，各类社会救助项目也随着社会发展不断发生变化。美国现有的社会救助项目主要为：贫困家庭临时援助计划、补充性保障收入、住房补助、医疗救助、补充营养援助项目、一般扶助和贫困家庭子女教育项目③。

（三）日本社会救助制度的内容：涵盖生活、住宅、教育救助等多领域

在日本生活保护法制发展史上，1874 年的《恤救规则》、1929 年的《救护

---

① 指年龄处于 19 岁以下。
② 美国的社会保障分为三个部分：社会救助、社会保险和社会福利。此处虽然以社会保障政策为依据进行研究，但是只考虑社会保障中的社会救助部分。
③ 李东杰：《中国城市弱势群体社会救助研究》，山东大学硕士学位论文，2008 年。

221

法》和 1946 年的《生活保护法》都在救助贫困人口这一方面起到了很大作用。1950 年出台的新《生活保护法》一直使用并延续至今，它将日本的社会救助内容概括为以下八个方面：生活补助、住宅补助、教育补助、医疗补助、分娩补助、创业补助、丧葬补助和护理补助。

综上所述，研究发现除了各种保障最低生活水平的项目比如社会补助、综援、低保之外，政府还给贫困者提供了住房补助、医疗补助和教育补贴等各种各样的补贴项目来满足贫困人口的需求。从大环境来看，社会救助制度除了对居民的日常生活救助，还考虑到了紧急或临时情况发生时的救助方法，在一定程度上体现了社会救助制度对所有公民的救助。但是各个国家和地区对于社会救助项目的分类又有所不同，瑞典的社会救助是针对人群来设立的，体现了以人为本的设计理念。日本的社会救助则主要以项目设立，有针对性地支出。美国的一般救助是针对不符合地方社会救助领取资格的人群的补充救助，这类救助项目可以解决突发特殊情况导致家庭陷入贫困的情况（见表 12 – 4）。

表 12 – 4　　　　　　　　部分国家社会救助制度的内容比较

国家	社会救助制度的内容
瑞典	住房补贴；社会补贴；特定人群补贴；移民群体救助
美国	贫困家庭临时援助计划；补充性保障收入；医疗救助；住房补助；补充营养援助计划；贫困家庭子女教育项目；一般扶助
日本	生活补助；住宅补助；教育补助；医疗补助；分娩补助；创业补助；丧葬补助；护理补助

五、社会救助制度的救助标准和资金来源

福利国家因强调国家责任，政府积极参与社会保障相关事务的管理，社会救助资金全部或大部分由国家承担，主要来源于国家税收[①]。

（一）瑞典社会救助制度的救助标准和资金来源

瑞典是典型的福利国家，其用于社会救助的资金来源主要是中央政府的财政拨款。瑞典的全国性社会救助标准线由国民健康和福利委员会制定，并且每年都会根据物价水平和工资水平重新修订一次，而各地政府也拥有本地区社会救助标

① 朱一丹：《社会救助制度的中外比较研究》，东北师范大学博士学位论文，2015 年。

准线的制定自主权，一般来说地方社会救助标准会高于国家社会救助标准线。

（二）美国社会救助制度的救助标准和资金来源

美国主要采用综合型社会救助模式的资金投入，而不是对单个项目投入资金，这一点与瑞典的救助资金投入模式相似。美国社会救助资金以联邦政府与州政府拨款为主、社会捐助为辅。社会救助标准由社会保障总署制定，各州具有较高的自由裁量权。贫困家庭临时救助计划通常提供收入补助、儿童看护、教育等来帮助受到虐待和忽视的儿童。补充性保障收入为单身老人提供的资助达到贫困线收入的74%，为老年夫妇提供的资助达到贫困线水平的88%[①]。医疗救助除了现金补助之外还会给受助者提供住院和家庭医疗服务。住房救助项目中公共住房只能供当地收入不超过中等收入水平的80%的家庭购买或租用，而住房补贴是指由政府给受助者提供价格低于市场价格的公共住房，提供房租、住房贷款利息补贴，还会给妇女、婴儿和儿童等特殊人群提供额外的住房补贴。贫困家庭子女教育项目除了由联邦政府向学生提供基本教育补助和低息、无息贷款，还有民间团体设立的各种奖学金和助学金。一般扶助的救助方式为各州给受助者提供现金给付、医疗给付以及其他物质救助。

（三）日本社会救助制度的救助标准和资金来源

日本的社会救助资金主要来自中央和地方政府，其中中央财政承担3/4左右。新《生活保护法》[②] 中提道："国家财政应该负担的费用为生活保护费、保护设施管理费和各项委托事务费的75%，保护设施的建筑费、设备费的50%，地方财政应该负担的费用为生活保护费、保护设施管理费和各项委托事务费的5%，保护设施的建筑费、设备费的50%"[③]。日本采用与国民消费动向的变动做相应调整的水准均衡方式[④]来发放满足日常衣食住行等需要的生活扶助金。生活扶助金金额的计算方式是由最低生活费减去认定收入[⑤]。新《生活保护法》规定，不同时期的最低生活水准是经政府和有关研究机构的研究、论证而确定的。日本劳动科学研究所对最低生活费的计算是以"实际生活费"为依据，对各项生活费用逐项加以计算[⑥]。日本的补助发放标准也是走过了一个不断改革的很长过

---

① 王卫平：《社会救助学》，群言出版社2007年版，第305页。
② 指1950年颁布的新法。
③ 于秀丽：《日本生活保护制度的经验、困境及对我国的启示》，载于《东北亚论坛》2006年第15期。
④ 水准均衡方式：以政府经济预测下年度国民消费支出的增长率为依据来制定最低生活标准。
⑤ 方洁：《日本社会救助制度中的财政责任问题研究》，载于《群文天地》2012年第18期。
⑥ 孟薇：《浅析战后日本"生活保护法"及社会保障制度》，载于《现代日本经济》1994年第5期。

程，从最开始施行的标准生活费方式，到现在所施行的水准均衡方式，中间还经历了菜篮子方式、恩格尔系数方式和差距缩小方式等过渡方式。

第二节　社会救助动态管理机制的比较研究

社会救助动态管理，是指在综合考虑复杂社会经济背景、个人特征和福利系统的前提下，通过合理的制度安排，对社会救助对象的社会救助生涯进行干预，以顺利实现社会救助制度政策目标的管理实务。首先，动态管理的对象是社会救助对象的"救助生涯"，包括从申请—领取—退出—再申请的整个过程的管理，而不只是其中的某个步骤；其次，救助对象动态管理的实质是对救助生涯整个过程的系统干预；再次，动态管理对象不仅包括身体正常的低保者，还包括其他类型有劳动能力的低保人员（如有一定劳动能力的残障人士）；最后，社会救助生涯是社会经济背景、个人特征、福利系统和救助制度安排相互作用的结果。因此，社会救助对象动态管理的范畴不仅局限基本救助制度，还包括相配套的专项救助，以及相关的其他社会保障项目，甚至包括家庭、社区、志愿部门和低保对象本身的影响①。

一、救助对象的申请核查

社会救助中救助对象的申请核查是整个社会救助工作的基础和首要环节，也是与百姓关系最密切的。群众对错救、漏保、关系保、人情保等不合理现象是零容忍的。如果没有合理的手段和办法准确认定对象家庭收入和财产情况，这就很容易导致舆论指责，甚至带来对经办人员的问责，有损民众对国家的信任感、安全感和权威感。不同国家采取的申请核查方式方法，体现了国家社会救助工作的侧重点差异。

瑞典社会福利法案第四章规定了个体有获得社会救助的权利，无法满足生活需要的人有权向社会福利办公室申请社会救助，地方当局有义务为家庭出现财政问题的人提供社会救助，地方政府不得以资源不足为由拒绝社会救助申请。需要

---

① 黄晨熹：《城市低保对象动态管理研究：基于"救助生涯"的视角》，载于《人口与发展》2009年第6期。

获得社会救助的人，向社会福利办公室提出申请①。不同大小的城市拥有不同数量的社会福利办公室，社会福利办公室的工作受到地方政治委员会的监督，社会救助的申请人主要和社会工作者打交道。申请人需提供有关家庭结构、各种收入来源、资产、住房支出以及其他方面的支出情况，申请的过程为1个月。经过约见后，社会工作者评估申请、核对申请人提供的相关信息并用计算机进行计算。评估后做出决定，并在申请批准后几天通知申请人，可支配收入低于规定的收入线且无法通过其他途径谋生的人，有机会获得社会救助。

在美国获得社会救助，申请者需进行资格认定，资格认定包括两大类：一是经济类，比如联邦贫困线、特定受益数额、中等收入、需求分析、较低生活标准收入和资产资金等；二是非经济类，包括类型、行为条件，比如特定的目标群体、工作要求等。其中，美国的贫困线一直采用绝对贫困线，是西方发达国家中唯一不与经济发展水平挂钩的国家，收入低于贫困线的个人或家庭，有机会获得社会救助。美国社会救助体系的核心是贫困家庭临时救助项目（Temporary Assistance for Needy Families，TANF），是一个现金救助项目，在TANF项目下，各州拥有广泛的自由裁量权来决定受助资格和标准，各州针对不同的TANF计划和扶助项目可以设置不同的资格标准，但都要达到该项目的四个目标：照顾儿童、帮助单亲贫困家庭、为他们提供现金补助和医疗帮助，因此一般家中有需要被抚养的孩子，或者有孕妇，同时申请人家庭总资产不超过一定金额的人员都可以申请该计划②。

日本的社会救助建立在全民皆保的制度体系上，是对社会保险的一种补充，通过对一小部分因各种原因没有社会保险，或者社会保险收入扣除必要开支后收不抵支的弱势群体进行救助③。在救助之前需要进行"自立调查"④，对当事人目前所拥有的财产进行评估。日本在社会救助方面的立法较为完善，其中《生活保护法》规定，资格审查内容包括家庭关系、资产及工作能力的充分利用。首先，民法及其他法律规定的家属抚养义务要优先于生活保护法，虽然生活保护法不能强制抚养人履行抚养义务，但救助机构有对救助对象进行救助后向救助对象的抚养人追讨部分或全部救助费用的权利；其次，对财产的审查包括银行资产、储蓄、养老金与其他津贴、不动产、车、抚养人收入等各个方面，原则上救助者应该先变卖用于居住且不具有极大变卖价值的不动产、车，以及变现存款；最后，

---

① 比约恩·古斯塔夫森著，江树革摘译：《瑞典的社会救助制度》，载于《国外社会科学前沿》2005年第1期。

② 徐驰：《美国TANF项目及其对我国的启示》，载于《胜利油田党校学报》2014年第9期。

③ 秦俭：《国外社会救助实践模式及其启示》，载于《湘潮》2015年第1期。

④ 吕学静：《日本社会救助制度的最新改革及对中国的启示》，载于《苏州大学学报》2016年第3期。

将基于三点对是否完全利用了工作能力进行判定：是否具有工作能力、是否有工作意愿、是否能获得一份工作，具有工作能力且能获得工作但没有工作意愿的人不能获得社会救助，而具有工作能力且有工作意愿但无法获得工作的人则在社会救助的保护范围之内。

上述国家对社会救助对象的认定见表 12 – 5。

表 12 –5   社会救助对象申请核查

国家	社会救助对象的认定
瑞典	资格审查：家庭结构、收入来源、资产、住房支出； 社工评估、核对信息；互联网查询复核
美国	个人申请，政府核查；低于绝对贫困线
日本	"自立调查"；家庭关系、资产、工作能力的利用

二、社会救助的不同管理机构

瑞典中央政府的社会事务部负责有关社会救助的立法，社会事务部下设国家社会委员会，负责对全国范围内的社会救助实施情况行使基本监督权。社会救助的直接实施机构是地方政府有关部门，主要针对城市、市镇与农村社区[①]。在资金筹集方面，中央政府承担主要的职责，对地方政府进行综合性的财政资助。中央政府把资金总数交给地方政府，由地方政府根据不同的项目对财政资金进行分配。在资金筹集和管理运作方面，瑞典的中央政府与地方政府进行了明确的责任承担和合理分工，不仅提高了社会救助的效率，也促进了瑞典各地社会经济与社会保障事业的协调发展。

1935 年，美国颁布《社会保障法》，规定联邦政府要直接参与社会救助，其后，由联邦引导的社会救助体系在全国逐步建立。同其他国家相比，美国社会救助管理很严，主要表现在三个方面：一是救助对象认定程序严。美国社会救助对象的认定多通过家计调查，当事人向所在地相关机构提出申请；经办机构提供指导，为申请人举办培训班，讲解救助政策和申请方法；申请人与经办人会面；少数地方如纽约市要求实施入户调查。二是家计调查重视原始凭证和财产收入比对。证明材料是美国社会救助管理中最重要的内容。从各地情况来看，证明材料包括身份证明和收入财产证明。就工资来说，证明文件包括雇主的工资单、社会保障津贴通知书等；就家庭财产来说，包括银行证明、股票和债券、人寿保险、

---

① 汪朝霞：《瑞典的社会救助制度》，载于《苏州科技学院学报》2005 年第 4 期。

车辆证明等；另外，还需要生活费用证明，如住房费用、水电气费用、医药费等证明。此外，从 20 世纪 80 年代开始，美国就使用互联网进行信息比对，使之成为最有效的家计核查手段之一。社会救助经办机构与相关部门联网，获取信息资料，如劳动力就业注册系统可提供劳动力就业情况，社会保障部信息系统可提供私人养老金情况等，再与申请救助者的申请信息进行比对，核实其真实性。三是重视项目考核和监督，最为典型的是食品券项目的质量控制。由于食品券项目资金全由联邦政府负担、州政府执行，质量控制由联邦政府制定办法。质量控制主要指标是总差错率，包括错保率和漏保率两项指标。如果一个州总差错率超过全国平均水平就会被罚款，如果差错率低于 6% 就会得到奖励资金作为管理费。美国的补充性保障收入（SSI）是由联邦政府社会保障局管理、监督、执行的一种收入援助计划，所需费用由联邦政府承担，并实行全国统一的资格认定标准，但项目的执行则由州政府和地方政府负责实施[①]。

与美国类似，日本在社会救助方面的立法较为完善，日本内阁于 2013 年 5 月 17 日通过了《生活保护法》修正案，并于 2014 年 4 月开始实施。在接受社会救助之前必须经过严格的收入调查和财产调查，原则上只有当倾尽所有资产、劳动能力和亲戚资源后，仍然不能维持最低生活水准，才能申请生活保护。日本社会救助的管理和实施机构，在中央层面是厚生劳动省社会援助局，基层机构是社会福祉事务所。在监管方面，对于虚假申请或以不正当手段自行或帮助他人接受了社会救助的人，不仅要收回已支付的保护费用，更会对其处以三年以下徒刑或 30 万日元以下的罚金。日本规定了接受社会救助的家庭有主动向有关部门告知家庭收入变动状况的义务，对于不报告或进行虚伪报告者，日本将处以 30 万元以下的罚金。日本还试图在最新的《生活保护法》修订案中将惩罚金额从 30 万日元提高到 100 万日元，并赋予工作人员更大的调查权。

上述国家社会救助管理机构的比较见表 12-6。

随着《社会救助暂行办法》的颁布，我国社会救助的管理愈加规范。国务院民政部门统筹全国社会救助体系建设。《社会救助暂行办法》规定了社会救助的监督管理，县级以上人民政府及其社会救助管理部门应当加强对社会救助工作的监督检查，完善相关监督管理制度。县级以上人民政府社会救助管理部门和乡镇人民政府、街道办事处在履行社会救助职责过程中，可以查阅、记录、复制与社会救助事项有关的资料，询问与社会救助事项有关的单位、个人，要求其对相关情况做出说明，提供相关证明材料，有关单位、个人应当如实提供。

---

① 李卫东：《美国社会救助的几个特点》，载于《中国民政》2017 年第 14 期。

表 12－6　　　　　　　　社会救助不同管理机构的比较

国家	立法机构	监督机构	实施机构
瑞典	中央政府社会事务部	国家社会委员会	地方政府部门
美国	国会	州政府、地方法院	社会保障局
日本	内阁	厚生劳动省社会援助局	社会福祉事务所

三、部分国家的社会救助动态管理机制对中国的启示

首先，在社会救助对象的申请核查上，每个国家具备了较为完善的核查体系，只是认定标准各有不同。在瑞典，在社工对申请人进行家庭结构、收入来源、资产以及住房支出等项目的核查通过后，对于符合申请标准的救助对象进行救助；而美国作为一个社会救助标准与其经济发展状况不匹配的国家，一直以绝对贫困线作为标准对申请人进行救助，不过美国的救助分为经济类和非经济类；日本的社会救助主要采用"自立调查"的方式，社工对申请人的家庭关系、资产和工作能力的利用进行调查，符合标准后方可申请救助。

其次，在不同国家的社会救助管理部门方面，主要分为立法、监督和实施三个机构，不同的机构承担着不同的职责。在瑞典，中央政府社会事务部主要负责资金的筹措和分配，在管理上中央政府和地方共同合作，提高管理效率；美国的社会救助质量监管主要分为错保率和漏保率两项，当总差错率超过全国的平均水平就会被罚款；日本则十分关注被救助对象的家庭动态变化，对于家庭状况发生变化却不报告者会进行处罚。

最后，救助对象的动态管理过程是与国家的人口基数以及经济发展水平息息相关的，三个国家的经验为我国的社会救助动态管理提供了很好的借鉴思路，如政府对社会工作者的重视和使用，社会工作者的专业性在社会救助中的体现，以及对于不同的社会救助项目可以分类进行施救，如学业救助、住房救助和医疗救助的专项申请，这样有效提高了救助的瞄准作用，避免了资源的盲目投入和浪费。

第三节　社会救助就业激励机制的比较研究

为防止福利依赖现象的产生，鼓励更多的受助者通过就业回归社会的方式自

力更生，各个国家和地区都十分重视社会救助制度中对受助者进行就业激励，根据各国福利水平的差异和特征，对不同国家的社会救助就业激励机制进行描述和比较，以期对我国的社会救助制度就业激励机制的构建有所启示和借鉴。

为了促进就业、帮助受救助者自力更生，瑞典采用托底的社会救助和积极的就业扶持政策相结合的方式。有研究发现，社会救助津贴替代水平和普通产业工人平均工资的替代率较高时，受助者更倾向于不去工作，替代率较低时，则会有更多受助者选择就业①。针对激励就业的措施，主要是指从 20 世纪 90 年代开始施行的积极劳动力市场政策（ALMPs），包括三大方面，分别是劳动力市场培训、各种形式的补贴就业计划和工作实践计划。首先劳动力市场培训就包括了"假期培训、针对移民的计划、计算机活动中心和 IT 项目"四个类别，项目的培训时间一般为六个月，在参与培训的同时，参与者可以获得和失业补偿等值的培训补贴。这是针对失业者的职业能力培训，除此之外，瑞典政府规定全体瑞典公民都有享受公费在职培训的权利，不仅能够在培训中提高职业技能，更能获得相应的津贴补助。其次，各种形式的补贴就业计划包括最早的"以工代赈"项目（即政府发放给雇用失业者的雇主相应的补贴，雇主多为公共部门，极少数为私人部门），和 1998 年后代替"以工代赈"的"工作体验"项目（即由非营利组织安排工作，防止了对常规就业的挤出效应，更加有效促进就业）。此外，为了鼓励失业者自主创业，从资金和技术、能力方面更好地为失业者的创业提供各方面的支持和帮助，政府设立了创业补贴，为其创业提供资金的支持，同时邀请企业家对他们进行培训，提高他们各方面的能力。最后是工作实践计划，有针对性地为 25 岁以下人群的年轻人项目、移民计划和大学毕业生计划提供扶持。但在 1995 年这三项计划被工作替代计划所取代。而在 1997 年，政府又引入资源工作计划来提高雇主雇佣失业者的积极性，即提供相应的补贴给短期雇佣失业者的雇主。到目前为止，以上较多具有时代特色的计划都已被相继取消，当前仍旧在行的项目仅有创业补贴和劳动力市场培训。在 2000 年，瑞典政府颁布了《主动导引》计划，重点关注了长期失业或者具有长期失业潜在风险的群体，参与该计划的人可以参与其中各种全日制项目，一直到找到工作或者登记常规教育为止②。实证研究发现，ALMPs 对其参与者产生了"锁定效应"，也即受助者更愿意待在 ALMPs 体系内，而不愿积极地寻找工作。与之相比，不参加 ALMPs 的公开失业者会花费更多的时间和心思在寻找工作上③。由此可见，瑞典政府施行的积极劳动力市场政策显然没有达到其预期的效果，甚至出现了略有偏颇的后果。与此同

①③　曹清华：《瑞典现代社会救助制度反贫困效应研究》，载于《社会主义研究》2008 年第 2 期。

②　夏洛特·托尔著，郗庆华译：《社会救助学》，生活·读书·新知三联书店 1992 年版，第 178～184 页。

时，ALMPs 的施行还给常规就业带来了"挤出效应"，即在同等条件下，雇主更愿意雇佣有政府补贴的失业者，而放弃雇佣正常应聘的公民，有研究指出这使得总体的失业率甚至可能有所上升。总而言之，瑞典政府所施行的 ALMPs 政策有了一定的效果，但并不算特别理想，在如何促进受助者的就业上还有待进一步的探索和研究。

与瑞典政府不同，美国政府从很早开始就意识到福利依赖的问题，对社会救助制度进行不断的调整和改革，将福利领取和就业结合起来。为了增加个人的工作意愿，减少对于福利政策的依赖，提升个人对社会的责任感，1996 年克林顿总统签署的《个人责任与就业机会调整法案》对现存的福利制度进行了改革，标志着联邦政府在贫困问题上的调控政策发生了重大变化[1]。《个人责任与就业机会调整法案》提出了 TANF 项目，用来替代 AFDC 项目。在 TANF 项目中，就业受助者领取福利的时间最高不得超过两年，在两年期间只要准备好了就要工作；各州对于"工作"的定义可以有不同的制定标准，而对于不配合"工作"要求的救济金领取者，州政府有权力做出减少或是终止其福利的决定；对于那些需要照顾一岁以下儿童的单亲母亲、未成年父母为户主的人，可以免除其参与工作，但同时，他们需要履行的替代义务是接受由相关政府部门主办的学校教育以及参加与就业相关的教育；在工作时间上，同样做出了限定，要求成年的救济金领取家庭每周的工作时间从 1997 年的 20 个小时提高到 2000 年的 35 个小时，针对单亲家庭，则为 30 个小时，但此项规定不适用于有 6 岁以下子女的单身母亲。由此可以看出，与瑞典相比，美国更关注福利依赖的问题，对社会救助领取者的条件限制也相对更多一些，但对特殊群体也不乏人文关怀，如对需要照顾 6 岁以下子女的单身母亲群体免除工作时间的限定，这就充分考虑到了这一群体的特殊性。而 2002 年出台的《为自立而工作的法案》对《个人责任与就业机会调整法案》进行了进一步的深化改革，加强了工作要求。工作参与要求的提出旨在减少有需要家庭对政府福利的依赖，减少贫困，通过促进工作准备和就业帮助这些家庭得到长期的收入保障，这一措施在某种程度上对健康的婚姻家庭关系起到了强化作用。《为自立而工作的法案》要求受助者每周至少工作 40 小时，其中 24 个小时必须用来做实际工作，包括无补助金的工作、有补贴的私营或公共部门工作、在职培训、监督工作经验或者社区服务；剩下的 16 小时工作要求可以由各州具体制定，具体包括教育和培训。为了确保就业政策的执行，联邦政府规定救助者参加工作收入的 50% 不计入家庭收入[2]。除了对受助者具体工作时间的要求

---

[1]　徐再荣：《当代美国的福利困境与福利改革》，载于《史学月刊》2001 年第 6 期。

[2]　孙计红、金艾裙：《美国社会救助经验及其启示》，载于《长江大学学报》（社会科学版）2012 年第 8 期。

来促进就业以外，该法案还实行了就业绩效奖励制度。这个措施设立了年度1亿美元的奖金在州层面上激励就业。在这个计划下，每个州都将有一个年度数值目标，每年都会与前一年的就业人数做比较。一旦达到所确立的标准，所有州都有可能获得额外奖励。就业绩效奖励制度的施行让具体执行方案的各州政府大大提高了工作积极性，不断创新工作方式，更好地为受助者提供主动有效的服务，帮助他们增强就业技能，尽快投入劳动力市场，实现自力更生。

同美国和瑞典相比，日本的社会救助制度起步相对较晚。日本在社会救助制度的发展史上，主要有1874年颁布的《恤救规则》（该法的救济对象主要为缺乏邻里友情和家族扶养的无依无靠的独身贫困者）、1929年日本政府制定的《救护法》（救护对象为从事劳动有困难者，同时将有劳动意愿且劳动能力没有任何妨碍的劳动者排除在外）、1946年颁布的《生活保护法》即旧生活保护法和现行的新生活保护法（1950年）四部法律。2013年5月通过的《生活保护法》修正案，于2014年4月正式开始实施，这是《生活保护法》法案的最新修订案。1950年开始施行的新生活保护法中，明确提出了帮助自立的理念，由国家对所有生活贫困的国民进行救助，根据其贫困的程度进行必要的救援，在保障其最低限度生活的同时，以促进其自立能力为目的[1]。由此可知，《生活保护法》的最主要目的，首先是满足生活穷困者的物质和经济需求，这是最基本的生活保护目的；而提出"帮助自立"则是在保障其最低生活的同时，积极地帮助实现自立，这与生存权保障的实现是不可分割的，也是生存权所要达到的另一个目的[2]。此后，日本政府在帮助受助者自立方面提出了更多有针对性的措施，如相关的就业激励措施、收入认定中的相关规定等。日本收入认定的具体内容很多都涉及了鼓励被保护者自力更生，对于想通过个人努力脱贫的群体有很多相应的保护措施，如在工作收入中的劳动收入是扣除了社保和所得税等之后的实际收入，如若为农业生产则规定为扣除成本后的纯收入等，以及在收入认定除外对象中，充分考虑了出去工作所产生的一些其他成本，包括交通费、社交费甚至孩子的看顾费用等。这些微小细节的考虑，使得依靠自己工作生存并不会比依靠政府来得不好，因此也在某种程度上鼓励了更多的被保护者依靠个人能力努力脱贫，而不是一直依赖政府和社会的救助，让他们毫无后顾之忧地外出工作，实现自力更生。日本新生活保护法中，将就业扶助纳入了八项基本救助内容中，其中第17条规定，就业扶助指对无法维持最低限度生活者，或者有无法维持最低限度生活之虞者，提供必要的就业资金、器具或资料、技能培训费、就业必要准备费，以达到增加

---

① 孟薇：《浅析战后日本"生活保护法"及社会保障制度》，载于《现代日本经济》1994年第5期。
② 韩君玲：《日本生活保护制度中收入认定的现状与问题》，载于《比较法研究》2011年第4期。

收入，帮助自立的目的。而其中以金钱给付为主，也可在为了实现保护目的时，进行实物给付①。日本的《生活保护法》规定，在领受政府生活保护费期间，如果领受者参加工作，并且获得收入的情况下，将减少其领取的保护费，也即实行差额补助的形式。而在《生活保护法》修正案（即 2014 年 4 月开始实施的最新修改版本）中提及，为了提高领受者的劳动积极性，现在规定由地方自治体来保管受助者减少的生活保护费，当受助者摆脱了领取生活保护费的困难时，这些保护费就作为政府的发放金奖励给保护费领受者。由于新增的贫困人口中，有不少是具有劳动能力的年轻群体，据此，日本政府采取了相应措施，即从 2005 年开始，为了实现帮助生活贫困者自立的目的，启动了"自立援助项目"。2009 年以后，日本政府更是进一步强化了与自立相关的举措，首先将已有的"自立援助项目"与社会福利措施以及新制定的职业安定所等项目相结合，共同搭建起了生活保护受助者早期的就业促进平台。其次更是将生活保护的相关内容同职业技能培训、再就业培训以及在接受培训和寻找工作过程中的生活费救助、住宅救助相互结合，并进一步整合利用民间各类资源，如职业介绍所、民间非营利组织等多方力量，充分调动政府和非政府的力量，为受助者早日就业，进而自力更生提供更为全面的支援。2013 年 5 月日本政府出台的《生活穷困者自立支援法》通过，2015 年 5 月后开始实施，这意味着在社会救助的就业激励机制和让受助者早日自立上，有了更为明确的法律支持，在今后也会更受关注和重视。对于自立方面的专门立法，这一做法值得其他尚未制定完善社会救助制度的国家进行借鉴，比如像我国在社会救助制度完善过程中就可以更多地借鉴日本的相关经验。

上述国家社会救助就业激励机制的比较见表 12 - 7。

表 12 - 7　　　　　　　　社会救助就业激励机制的比较

国家	社会救助就业激励机制
瑞典	积极劳动力市场政策（ALMPs）： 劳动力市场培训；各种形式的补贴就业计划；工作实践计划
美国	TANF 项目： 工作参与要求；就业绩效奖励制度
日本	就业扶助： 提供就业所需的金钱和实物支持；差额补助金奖励 自立援助项目

① 韩君玲：《日本最低生活保障法研究》，商务印书馆 2007 年版，第 158～159 页。

为避免福利依赖现象的产生，三个国家都采取了就业激励机制对受助者进行帮助。如瑞典的积极劳动力市场政策就免费为受助者提供劳动力市场培训以及各种形式的就业津贴计划等，但是该政策也使在体系内的受助者更缺乏就业的意愿，而公司也更倾向于雇用受助者，而非普通公民；美国为了防止福利依赖的现象的发生，对受助者的受助年限以及在受助期间的工作时间做了硬性规定，除特殊群体，如孕期女性或单身母亲等之外，这样有效地避免了福利依赖的现象；日本的自立援助项目，除了在最大限度上整合了社会的就业资源以提供给受助者外，在受助者找到工作、脱离救助后，将受助金以奖励金的形式发放给受助者，这样就提升了受助者的就业意愿。

第四节　社会救助退出机制的比较研究

传统福利依赖理论认为，福利政策鼓励了福利依赖的产生，不仅不能够减缓贫困，甚至有可能创造贫困，而"时间依赖论"则认为受助者接受救助的时间越长，就业自立的可能性越低，越不可能主动、自觉退出救助。事实上，真的是福利政策导致的福利依赖吗？有实证研究发现，救助金水平较高的国家，其受助者的救助依赖期更短，反而是救助金水平低的国家和地区，其受助者对于福利政策的依赖性更强，更难以退出救助系统。与此同时，积极有效的就业激励机制也对降低福利依赖的发生率有显著的效果，有针对性的职业能力培训和劳动力市场的扩大都能够有效地预防福利依赖的产生，让受助者早日自立，退出社会救助机制。因而，简单地降低救助标准或者对救助期限的限制，并不能有效或者从根本上解决福利依赖的问题，甚至有可能加剧受助者的贫困问题，只有更加完善的社会救助机制的建立才能够从根源上解决问题[①]。

瑞典、美国、日本对社会救助退出均无设立时间限制。瑞典的社会救助退出机制与准入机制挂钩，认为当受助者的就业和生活水平得到了明显的改善，并且不再符合救助标准时，也即实现就业或是生活水平有了明显改善，才会退出社会救助机制，否则政府则会根据受助人具体情况的变化，调整相应的救助方案。可支配收入低于政府规定的收入线并且无法通过其他方式谋生的个体可以获得社会救助。社会救助具体金额在规定中详细做了列举，可以用于弥补申请人的可支配收入与政府规定的收入线之间的差额。为获得新一个月的社会救助，家庭成员将

---

① 肖萌、李飞跃：《城市低保对象缘何退保难——中国式"福利依赖"的社会政策解读》，载于《社会保障研究》2016年第2期。

会重新提交一份新的申请，申请的过程是与之前相同。一个家庭在享有社会救助的期限上也同样没有做出时间的限制。

美国的社会救助项目有明确的救助年限。例如：在 TANF 项目中，《为自立而工作的法案》对领取救助金年限做了比较明确的规定，所以一旦达到领取年限，受助者会被要求退出 TANF 项目的救助体系。在领取救济的过程中，如果没有严格遵照受助条件寻找工作，也会强制被退出救助体系。美国的社会救助体系每年都会进行重新评定，每年都会对受助者重新进行经济调查、评定和调整，不符合救助标准的人就会退出社会救助体系。

按照日本的新生活保护法，领取社会救助的人定期接受相关负责单位的审查，如若发现其收入认定或其他方面不再符合救助标准，则予以退出。值得说明的是，日本新生活保护法中的申请保护原则，提出了国民对于生活保护具有申请权和争讼权，即日本本国国民有权利对政府机构做出的决议提出异议，甚至申请诉讼。被保护者能够依法对自己认为不公正的遭遇进行法律权利的维护，这也进一步体现了日本《生活保护法》中对被保护者的尊重以及对公民权利的肯定和保护。

上述国家社会救助退出时间限制比较见表 12 - 8。

表 12 - 8　　　　　　　　　　社会救助退出时间限制比较

国家	社会救助退出机制
瑞典	无时间限制，不符合救助标准时退出救助机制
美国	救助金领取年限有明确规定，每年对受助者进行重新评定
日本	无时间限制，不符合救助标准时退出

对于部分国家的社会救助退出机制，发现对于受助者的退出评定是非常严格和系统的，以上三个国家在退出机制上没有特别大的差异，在不满足其所制定的救助标准后，就会做出退出救助机制的处理。不同国家在救助的时间限制上有所差异，如瑞典政府就对救助时间没有做出任何限制，而美国政府则对最高领取年限做出了规定，日本实行每半年或一年进行一次核查的措施，对于在审核中不再符合标准的受助者则要求其退出社会救助机制。相较于其他的国家和地区，日本的申请保护原则体现了对受助者的尊重和公民权利的肯定，当受助者被退出社会救助后，如果当事人对该决定不满可提交保护申请和诉讼申请，体现了"以人为本"的原则。美国退出机制的制定则更为明确和严格，达到救助年限就会被清退出救助体系，在领取救助期间，如未按受助条件寻求就业机会也会被清退。相较

于其他国家，美国的救助主要起过渡作用，最终的目的是为了使受助者可以自立，在社会上获得独立生存的能力。

第五节　社会救助监督机制的比较研究

社会救助制度的监督机制关乎社会救助制度的成效，尤其在受助者申请救助后的事中和事后监督十分重要。监督机制主要包含对受助者申请成功后的受助资格和受助金发放情况的事实监督以及对社会救助管理部门及工作人员的职权监督，以此来保护受助者的利益。不同国家和地区救助制度的监督内容、侧重点和监管对象也有所差异，了解其他国家地区的监督管理制度有助于完善我国的监管制度。因此，对瑞典、美国、日本的社会救助监督机制进行描述和对比，以期对我们的社会救助政策完善有一定的启发和借鉴作用。

一、社会救助监督机制的比较

瑞典社会保障制度的监督机制与瑞典的社会保险制度相关，因为瑞典最早建立的社会保险制度对领取是有要求的，必须在具体领取资格后，才能领取该项津贴，且参加者会因为未达到缴费标准而不再具备此资格，因此，瑞典建立了社会保障制度，目的是为给社会保险制度的参加者提供补充补贴，为没有参加社会保险制度的人提供社会保障。相较于社会保险制度（救济性的制度），社会保障制度更具有普惠性。而后，瑞典社会保险组织发生了演变，两次世界大战之间，瑞典政府对互助保险团体进行财政资助，互助保险组织演变成了国家财政支持下的社会保险组织，因此，瑞典的社会保障管理体系由国家和社会保险组织共同管理。

相较于瑞典中央—地方合作监督机制，美国社会救助监督机制的主要特点是统一管理和分工管理相结合、专业管理与顾问参与相结合；此外，美国《社会保障法》起到了有效的监管作用。美国社会救助法规监督体系主要是：议会监督：议会负责法律、法规的制定和修改；政府专门机构监督：州政府的社会救助部门中，都设有专门的执法监督机构，负责执法检查，监督救助法规的落实；司法机构监督：地方法院对救助机构执法情况进行司法监督。

日本的社会救助监督体系也是由国家—地方各级部门和负责人组成的，日本的社会救济被称为"公的扶助"，通过政府的转移支付来实现"公助"的制度。

235

因为该救济是依据"生活保护法"建立的社会救济制度，也称为"生活保护制度"。在《生活保护法》中，将生活保护的责任人明确规定为国家，其具体行政责任主体为厚生劳动省大臣，具体事务由社会·援护局承担，而具体事务实施则下放到地方公共团体。日本救助制度的监督机制主要是以法律上的约束为主。为了使申请保护者及相关单位等履行其法定义务，日本的《生活保护法》第 85 条和第 86 条对通过不正当手段获得保护的相关个人和单位做出了最高予以刑事处罚的规定，保障了行政机关调查工作的真实性和有效性[①]。在日本各个都道府县以及指定都市、特别区都按区域划分福利地区并在每个区域内设置福利事务所，福利事务所除所长外还有"现业员"以及对"现业员"进行专业性监督、检查、指导的"指导员"和"事务职员"。现业员也是第一线工作人员，类似于社会工作者，从事家访、面谈、资产调查等工作。除此之外，日本的社会救助监督还需要辅助机构和协助机构，除直接设置社会福利事务所的设施机构外，社会福利事务所的町村以及社会福利事务所的社会福利主事被称为辅助机构，此外，民间无报酬的福利工作人员"民生委员"作为协助组织来帮助完成各项工作。

上述各国社会救助制度的监督机构情况见表 12 – 9。

表 12 – 9 　　　　　　　　　　社会救助制度的监督机构

国家	监督机构
瑞典	国家—地方的合作监督机制
美国	多元化监督机制；法制监督体系；第三方监督责任
日本	国家—地方合作监督机制；法制监督体系；"现业员"监督机制

相较于其他国家，美国的社会救助监督依赖第三方的参与，这利于将社会救助机构的活动置于社会公众监督之下，防止社会救助机构的权力滥用和工作人员的腐败现象，避免行政偏私，维护救助对象的合法权益；有利于提高被救助者对社会救助机构权力行使的认同感，进而增进信任与合作；有助于从制度上保障社会救助立法宗旨的实现。

---

① 韩君玲：《日本生活保护制度中收入认定的现状与问题》，载于《比较法研究》2011 年第 4 期。

第四篇

完善社会救助制度的

政策建议篇

第十三章

社会救助制度发展的基本遵循及其目标定位

社会救助对因故无法满足基本生活需求的个人和家庭给予帮助，给予帮助的主体包括政府、社会组织或群众互助，受助范围逐渐覆盖到老弱病残、失业者、受灾群众、贫困者等弱势群体，救助形式主要有资金支持、物质提供和服务关照。根据其包含的救助内容，又可以划分为生活、住房、医疗、教育、生产、法律、就业以及意外援助等。整体来看，现代社会救助制度体系存在着内涵确定、外延开放、内容综合、分类有别的特点[①]。学界对于社会救助本身内涵的界定基本达成共识，其外延则随着社会环境的变化和社会物质基础的不同有所差别。救助内容涉及个人及家庭成员多种多样的需求，包括物质层面和精神层面。我国各地基于中央确定的基本社会救助制度来制定符合本地情况的救助标准和实施办法，社会救助成为各地社会保障体系中的基础性保障制度，是社会的"稳压阀"和"平衡器"。我国社会救助的制度化发展，体现了国家对切实保障公民依法享有生存权等基本权利的重视，但因我国仍然处于社会主义初级阶段，社会生产力还不足，人口众多，这决定了我国的社会救助制度目前仍是一种补救型制度[②]，国家作为社会救助的责任主体，对我国全体公民的生活进行兜底保障。当前，我国正处于社会保障领域深化改革和在关键环节上实现突破的重要时期，面对着更加复杂的国内外经济社会发展形势，以及贫困问题的新变化，弱势群体的

---

① 时正新、廖鸿：《中国社会救助体系研究》，中国社会科学出版社 2002 年版，第 13 页。
② 胡务：《社会救助概论》，北京大学出版社 2010 年版，第 3 页。

新需求，社会救助制度亟须做出调整，迫切需要构建符合我国国情和发展新形势的社会救助制度体系。

第一节　社会救助制度建设的基本遵循

一、救助责任主体是国家，鼓励社会力量参与

我国是社会主义国家，当社会成员出现生活困难，甚至无法满足基本生存需求时，国家是为其提供帮助的最强有力的后盾。在《社会救助暂行办法》中，强调了国家在最低生活保障、特困人员供养、受灾人员救助、教育救助、医疗救助、就业救助、临时救助、社会力量参与、监督管理中，关于政策制定、资金提供、监管责任上的主体地位。社会主义市场经济蓬勃发展，改革开放取得巨大成就，党的十九大报告明确提出，我国社会的主要矛盾不再是人民日益增长的物质需求与落后的生产力之间的矛盾，而是"人民日益增长的美好生活需要和不平衡不充分的发展之间的矛盾"。社会救助关注弱势群体的物质和精神需要，帮助有劳动力的贫困人群实现再就业，基本保障受教育权利的平等性，提升国民基本文化水平，提升劳动者的素养，有利于缩小贫富差距，在一定程度上平衡社会阶层间的利益关系，保持社会的良好秩序。因此，社会救助不仅是人民的切实需求，也是党和政府实现社会治理的必要手段。

社会救助的主要资金来源是中央财政拨款和地方政府财政拨款。无论是中央还是地方，政府财政收入均来源于税收，且一部分用于经济投资，另一部分用于社会福利。在履行政府职责的前提下，国家也鼓励社会力量参与社会救助事业，呼吁企业的社会责任意识，激活社会组织在社会治理中的活力，鼓励群众互助，这样能有效利用社会资源，营造互助、友善的和谐社会氛围，发扬我国互帮互助的优良传统。如在汶川地震后，"一方有难，八方支援"，很多社会组织自发前往灾区，在灾民救援、物资捐赠、灾后重建过程中都发挥了巨大作用，掀起了我国社会组织参与灾害救助的一波高潮。

二、社会救助对象涵括所有城乡居民

我国社会救助制度以城乡最低生活保障制度为基础，低保是核心。一般而

言，我国享受低保政策的人员或家庭可分为三类：第一类是无劳动能力、无生活来源又无法定赡养、扶养、抚养义务人的"三无人员"；第二类是因特殊情况临时失去维持基本生活能力的困难群体，如失业、患病和突然遭受身体创伤；第三类是客观原因致贫者，致贫原因包括自然生态环境恶劣、资源匮乏等。以往的研究发现，我国城市低保受助对象主要是失业者①，农村低保受助群体主要是因收入来源单一、自身能力弱、地区资源限制所导致的贫困。在低保制度运行的过程中，出现低保退出难的很大一部分原因就在于低保附带福利，贫困家庭抵御社会风险的能力较弱，一旦退出低保就会失去其享受教育、医疗等关联救助，可能会导致他们重新返贫。对于一些特殊贫困群体而言，如"三无"老年人、贫困残疾人和贫困未成年人，实行特困供养。除了低保救助，还为贫困人口提供医疗、教育、就业、住房、法律等救助。另外，鼓励社会力量参与社会救助，这能对政府提供的救助进行补充，关注到因条件限制而无法涉及的救助领域。总的来看，我国社会救助制度要覆盖全体公民，以人为本，保障每一个公民在遇到困难时能公平、及时地获得救助。

三、社会救助标准的差异化和兜底保障性

社会救助的标准制定要视社会经济发展水平而定，其标准过高，会增加财政负担，影响人民群众的劳动积极性；标准过低，会使受助对象不能满足基本生活需要，不能发挥社会救助制度的反贫困和兜底保障作用。我国幅员辽阔，地区间经济社会发展水平不相同，人民生活水平、文化风俗差异大，城乡二元结构突出，拟定一个全国通用的社会救助标准不切实际。因此，当前我国社会救助实行属地管理，由省、自治区、直辖市或设区的市级人民政府依据当地人民生活必需费用确定，公布救助标准，并由基层民政部门具体执行，社会救助标准还会根据当地、当年经济发展水平及物价变动进行适当调整。这种地区间救助标准的差异在政策层面具有极大合理性。社会救助标准的差异性主要体现在区域上和时间上，其共同点则体现在其标准线制定的原则。《社会救助暂行办法》中指出我国社会救助制度要坚持"托底线、救急难、可持续"的原则，社会救助首要目标是保证受助者享有维持生命所需的基本物质资料，随着社会物质财富的积累，逐步增加其精神生活所需的基本社会支持。公民获得国家对其生存提供的"兜底性"保障，想追求更高的生活水平还需通过自己的努力，也依赖于社会网络的支持和

---

① 乔世东：《城市低保退出机制中存在的问题及对策研究——以济南市为例》，载于《东岳论丛》2009 年第 10 期。

国家其他政策的配套。

四、社会救助相关部门权责分工明确

社会救助制度的正常运转需要一个层级清晰、分工明确、监管到位的现代化行政组织。我国社会救助管理部门是由各级地方政府、各个分管部门协调工作的总体。民政部是社会救助管理部门中的最高领导机关，统筹规划建设全国社会救助体系。民政、卫健、教育、住建、人社等中央部委，按各自职责，管理相应的社会救助工作。省、自治区、直辖市，以及设区的市、县级以上地方人民政府的民政、卫健、教育、住建、人社等部门，按各自职责，管理开展本行政区域内相应的社会救助工作，按行政等级分层进行向下监管和向上负责，制定地方社会救助标准，管辖地方救助事务。街道办事处或乡镇人民政府负责受理、调查和审核社会救助申请，社会救助经办机构或者经办人员承担具体执行工作。除此之外，群众自治组织，包括城市社区居民委员会和农村村民委员会则协助基层政府工作人员和经办人员，有效开展有关社会救助工作。

涉及社会救助工作的相关部门各自在自身业务范围内开展工作，如当发生自然灾害时，住建部门迅速开展住房救助工作，解决受灾群众临时安置问题，对灾后重建工作进行规划，对特困人员提供住房集中或分散供养；卫健部门做好灾区防疫工作，对受灾群众提供伤病救治和心理咨询辅导等医疗救助；教育部门保障灾区适龄儿童的受教育权利，如异地入学、提供助学金等；社会组织可捐赠物资，在获得有关部门批准的前提下，有序进入灾区参与救援重建工作。人力资源和社会保障部门则对就业困难的人员提供就业、上岗培训的机会。总的来看，社会救助工作的重点在基层，基层工作人员能否公正、公开、公平地执行各项救助政策，包括审核救助对象资格、监督救助对象合理使用资源、发放救助资源等，这些具体事务性工作是保证社会救助制度落地，切实保障贫困人口基本生活的关键所在。开展好社会救助工作，不仅需要基层工作人员自身的责任感和使命感，还需要设立追责制度，让相关工作人员意识到有法必依、违法必究。除了约束基层工作人员，社会救助体系还规定了对通过伪造、隐瞒等手段非法骗取社会救助资源的公民进行处罚。

五、社会救助资金专款专用

社会救助实行"属地管理"，这不仅意味着地方标准自拟，工作开展相对独立，还意味着社会救助资金纳入地方财政预算，地方财政需拨款设立社会救助的专门资金，以及筹建物料储备库。地方政府根据当地财政筹集能力，及贫困规模，确定当年的社会救助财政拨款，社会救助资金属于专门款项，专款专用。专款专用能保证有相当数量的资金用于社会救助，避免出现地方政府把社会救助资金挪作他用。但一般而言，越是贫困地区，需要救助的贫困对象越多，但当地政府往往财政筹集和给付能力远远不足。中央为解决这一困境，加大了对贫困地区的社会救助资金转移支付力度，专项支持贫困地区开展社会救助工作。总体而言，各地社会救助水平的高低，深受当地财政给付能力的影响。为保证社会救助资金的合理使用，县级以上人民政府的财政部门、审计机关依法对社会救助财物的筹集、管理、分配和使用等进行监督。与此同时，除了财政资金，国家还鼓励社会组织或个人捐献、设置帮扶项目，共同参与社会救助事业，为有需要的贫困群体和贫困地区提供人财物的帮扶。

第二节　我国社会救助制度的发展目标与重点建设内容

随着我国贫困形势的转变，适应人民对美好生活的追求需要，党和国家、人民对当前我国社会救助制度改革与完善提出了新的期待与要求，进一步明确了社会救助制度是确保困难群众共享发展成果、兜底保障民生的重要保障，是治理贫困与保障人民生存权、发展权的基础性制度安排。

一、我国社会救助制度的发展目标

我国早期的社会救助制度建设目标主要包括：社会照顾的目标、社会规制的目标、社会公平的目标和社会融合的目标[1]。这跟当时社会救助制度建设的经济社会发展背景密切相关，20 世纪 90 年代初期，我国的经济发展、人民生活还处于较低水平，当时建立起来的低保制度定位于保障贫困对象基本生存需要，社会救助主要体现为一种"生存型"保障制度，其基本任务是构筑基本生活的保障网，以此满足贫困群体获得基本生存保障的需求，后来救助需求逐步扩大到了教育、医疗和住房等其他方面[2]。到了 21 世纪的现阶段，经过四十余年改革开放，

---

[1]　洪大用：《社会救助的目标与我国现阶段社会救助的评估》，载于《甘肃社会科学》2007 年第 4 期。

[2]　关信平：《论现阶段中国社会救助制度目标提升的基础与意义》，载于《社会保障评论》2017 年第 4 期。

我国经济社会发展水平已经得到巨大提升。党的十九大报告明确提到，中国特色社会主义进入了新时代，突出强调了"永远把人民对美好生活的向往作为奋斗目标""坚持在发展中保障和改善民生"，明确了"坚持以人民为中心的发展思想，不断促进人的全面发展、全体人民共同富裕"。其中，"以人民为中心的发展思想"对社会救助体系的建设有十分深刻的影响。这些论述深刻表明国家发展必须从人民利益出发，以促进人的全面发展、全体人民共同富裕为追求目标[①]。

（一）社会救助制度应定位于消除绝对贫困，并注重化解相对贫困

进入 21 世纪以来，经济建设在带来物质财富的同时，也导致了经济社会发展失衡和区域差距扩大。社会救助制度作为一种反贫困的重要制度安排，必须在扶危济困、保障公平等领域发挥更加重要的作用。反贫困是新时代社会救助制度发展的重要目标，通过对贫困人口进行现金、物资或其他方面的援助与支持，促使其摆脱困境。但随着当前我国贫困形势逐步从"绝对贫困为主"向"相对贫困为主"转变，社会救助反贫困的目标要求也需要进行调整，原来致力于消除绝对贫困的制度定位，在一定程度上也需要提升发展目标，向共同消除"绝对贫困"和"相对贫困"转变。在 2020 年打赢脱贫攻坚战和全面建成小康社会之后，相对贫困问题成为反贫困的最主要问题，社会救助同样需要致力于化解好城乡相对贫困问题。

（二）社会救助制度定位于从基本生活救助转向发展型救助

通过对以往社会救助的反贫困功能发挥情况来看，其主要致力于解决绝对贫困问题，即主要化解那些单纯依靠个人和家庭的力量无法满足维持最低生存需求的贫困状况。社会救助制度的这一定位，具有明显的补救性和兜底性，并且这种兜底水平比较低，可以"缓贫"但并不能帮助贫困对象较好地摆脱贫困。随着城乡低保、特困人员供养、受灾人员救助等专项社会救助制度和综合社会救助网络的建立，社会救助制度发挥的反贫困作用使得我国绝对贫困人口不断减少，绝对贫困问题基本得到解决，但相对贫困问题逐渐凸显。要在 2020 年全面建成小康社会，提升反贫困的针对性，就需要社会救助制度提升发展目标，更好地解决"相对贫困问题"。相对贫困问题是国民收入达到更高水准，消除绝对贫困之后，因收入分配不公导致某些阶级、群体和区域出现的贫困现象[②]。处于"相对贫

---

① 郑功成：《全面理解党的十九大报告与中国特色社会保障体系建设》，载于《国家行政学院学报》2017 年第 6 期。
② 江治强：《经济新常态下社会救助政策的改革思路》，载于《西部论坛》2015 年第 4 期。

困"阶段的贫困群体，其能够维持基本生存，但是不能达到广泛认可的生活标准，并且无法维持基本尊严、参与和发展能力的生活状况。尤其是对于中低收入的家庭或社会成员，往往由于医疗、教育支出或其他重大意外事故导致入不敷出，从而引发"支出型贫困"。从《社会救助暂行办法》确定的社会救助制度体系也可以看出，新型社会救助体系将医疗、教育支出等内容纳入救助范围，也在某种程度上要求社会救助制度解决贫困对象的专门性困难，更好地解决相对贫困问题。因此，新时期我国社会救助制度的建设目标就在于，从基本生活救助转向发展型救助，从消极救助转向积极救助，从单一性救助转向多元化救助，从补救型救助转向预防型救助，从救助管理转向救助服务。

（三）社会救助制度应切实做好"兜底"保障，确保底线公平

实现最低生活保障，是困难群众基本生活权益的底线。"兜底线"是社会救助制度建设的首要目标和基础性目标，必须做好满足贫困对象基本生活需要。其中，低保和特困人员救助发挥着兜底保障功能，低保是以最低生活保障标准线为依据，以家计调查为基础，对陷入生活困难的贫困群体给予兜底保障，保障其最基本的生存权。社会救助制度在实施过程中要保证底线公平，确保"应保尽保"，稳步提升保障标准，进一步提升基层低保的规范性。特困人员救助，是对城乡"三无人员"进行的兜底性保障，进一步整合了以往的五保供养制度，基于城乡统筹、政策衔接、运行规范与经济社会发展水平相适应的建设目标，对符合条件的救助人员，做到应救尽救、应养尽养。

（四）社会救助制度应全面实现"织密网、可持续"的综合扶持作用

通过各项制度的配合，发挥社会救助制度贫困治理功能，帮助贫困群体更好地摆脱贫困。适应反贫困新形势的需要，当前的社会救助制度体系需要转变救助理念，建立更加积极的救助体系，进一步完善各类专项救助制度，充分发挥专项救助制度解决贫困群体专门性、个性化的救助需要。针对不同贫困对象的实际需求，综合运用社会救助保障体系，发挥各自制度优势对症施救，推进生活救助、教育救助、就业救助、医疗救助等专项救助的同步落实①。由此，新型社会救助制度体系通过各个专项制度的互相配合，才能更好地治理相对贫困现象，应对新时代的贫困问题。与此同时，推行积极型的社会救助理念，实现助人自助，尤其

---

① 贾玉梅：《勇担新时代民政事业"新使命"展现社会救助工作"新作为"》，载于《中国社会报》2017年11月10日。

是对有一定劳动能力的受助者，提升其自我发展能力，受助者通过社会救助不仅能解决基本生存问题，还要督促其通过自我努力和自我提升，从根本上脱离相对贫困过上有尊严的生活，实现精神上的价值追求①。因此，新时代的社会救助制度建设目标，致力于解决好绝对贫困问题和相对贫困问题，发挥制度间的相互配合扶持作用，落实积极救助理念，努力推动有劳动能力的受助者提升发展能力。

二、我国社会救助制度的重点建设内容

我国社会的基本矛盾已经从人民日益增长的物质文化需要同落后的社会生产之间的矛盾，转化为人民日益增长的美好生活需要和不平衡不充分的发展之间的矛盾。在新时代的背景下，应从人民群众的需求层面去进行社会救助制度的改革。因此，在综合考虑社会救助体系和人民群众的利益之后，新时代我国社会救助制度的重点建设内容主要体现在以下领域。

（一）不同层级政府和不同部门之间社会救助制度设计与执行

重点在两方面实现突破：一是中央、省市政府及相关附属部门在各项社会救助制度中承担的责任与分工，如何更好地实现社会救助制度的顶层设计、制度改革与完善，在"大部制"改革思想的指导下，建设好"大社会救助"格局。二是基层政府在各项社会救助制度建设中的职责与分工，如区（县）、街道（乡镇）与社区（村），以及各层级内参与救助的部门，细化职责和分工，该整合的就需要整合，该分工的就需要分工。

（二）社会救助对象的"精准"瞄准与救助制度的"精准"使用

"精准"不仅是指救助对象的认定上，还包括各项救助制度的使用上，需要做到各司其职，对不同条件、不同状况的贫困者，给予有针对性的救助制度或项目，实现及时、有效的救助。一是在资格认定方式上，深化对贫困的认识，探究从单一的收入型贫困认定向多维度贫困认定转变，实现救助对象的"精准"认定。二是在技术平台上，利用信息化技术和数据"精准"认定救助对象，实现对贫困对象的"事前预防"与"事后保障"。三是在救助标准上，合理确定、动态调整救助标准，重点研究救助标准与各地生活成本、消费支出、收入水平、个人发展等之间的关系。四是实现各项救助制度的"精准"使用，尤其是专项救助也

---

① 尹乃春：《走向发展型救助：社会救助的制度转型与目标选择》，载于《广西社会科学》2012 年第1 期。

要实现救助对象的"精准"认定与制度的"精准"使用，改变过去有些地方专项救助制度简单与低保资格进行捆绑的现象，充分发挥各项专项救助制度的作用，明确各项救助制度的功能、救助范围与目标，"精准"确定救助对象，实现针对性救助。

（三）社会救助制度的城乡统筹、制度衔接与部门协调机制

对于救助制度的城乡统筹问题，现行以低保为基础的社会救助制度呈现出明显的城乡二元发展趋势，需要推动社会救助制度的城乡一体化和城乡统筹，更好发挥社会救助制度在脱贫攻坚中的兜底保障、贫困治理作用，从资源配置、管理体制、运行机制，以及救助标准与水平、救助范围与操作方式等方面入手，构建城乡一体化的社会救助制度体系。构建社会救助制度衔接与部门协调机制，主要需要解决两方面的问题：一是社会救助制度的"外部衔接"，即救助制度与其他社会保障制度，如社会保险、社会福利等的衔接配合，使得社会救助与社会保险、社会福利等制度协调，建设成为保障民生、防控风险、提升福利水平的重要社会保障制度体系；二是社会救助制度的"内部衔接"，当前我国已经初步形成了包括最低生活保障、特困人员供养、受灾人员救助、医疗救助、教育救助、住房救助、就业救助、临时救助等在内的"8＋1"救助格局，并且这些救助制度分属不同的部门管理。对此，需要构建各项救助制度的衔接机制与各部门的协调机制，发挥各项救助制度的综合扶持效用，协调不同部门下的救助制度运行与管理，构建畅通有效的沟通协调机制，从而充分提高救助制度效能。

（四）社会救助制度的动态管理、制度激励与治理"相对贫困"

社会救助在做好"应保尽保"的同时，还需加强对救助对象的动态管理，促进受助者尽快脱贫致富，建立"应退尽退"的畅通退出机制。发挥救助制度的激励作用，提升救助对象脱贫能力：一是加强过程管理，实现救助对象"准入"畅通，"退出"有序，在救助过程中实现救助效率最大化，发挥救助资源对帮助受助对象脱贫的功能。二是针对有劳动能力、有一定发展潜能的受助对象，加强就业激励和能力提升，如推行收入豁免与就业渐退的就业激励机制，推行多元救助方式，改变以往单一的现金救助，变"输血"为"造血"，实现资金、物质与服务救助的有机统一，强化贫困者的能力建设，通过社会救助制度有效干预，解决"相对贫困"问题，实现受助对象的脱贫致富与可持续发展。

（五）市场机制下社会力量参与社会救助

《社会救助暂行办法》明确提出了鼓励社会力量参与社会救助。市场机制下

社会组织、企业、个人等社会力量参与社会救助，可以发挥其提供多样化、专业化帮扶的优势，弥补政府物质救助的不足。一是找准当前社会力量参与社会救助所面临的困境与存在的问题，如慈善理念、管理体制机制、政策制度结构等；二是可以借鉴发达国家或地区慈善力量、社会组织参与社会福利建设的成功做法与有益经验，如立法、分工、资源共享等；三是提升社会资源广泛参与社会救助的积极性，形成政府主导、部门协作、社会组织和公众全方位参与的救助体系。

第三节　我国社会救助制度的内容体系及其功能定位

一、我国社会救助制度的内容体系

按照新时代社会救助制度建设目标和任务，根据国务院颁布的《社会救助暂行办法》确定了"8 + 1"的社会救助新格局，其中的"8"就是指 8 项基本救助和专项救助制度，包括最低生活保障、特困人员供养、受灾人员救助、医疗救助、教育救助、住房救助、就业救助、临时救助；另外的"1"，就是社会力量参与。这种新型的社会救助制度体系格局，可以为贫困群体构建兜底性的"安全防护网"，让贫困群众求助更快捷和有效。社会救助制度体系内的各项救助项目都有自身独特的功能、保障对象与范围，应该厘清和充分发挥各救助项目的优势与特点。按照《社会救助暂行办法》确定的"8 + 1"救助格局，准确定位各项专项救助制度。

（一）最低生活保障制度

最低生活保障制度是国家和社会为生活在最低生活保障线之下的社会成员提供满足最低生活需要的物质帮助的一种社会救助制度安排，运用国家财力帮助那些低于当地最低生活保障线且符合当地最低生活保障家庭财产状况规定的贫困人口摆脱生活困境，使其达到最基本的生活水平。低保制度是新型社会救助体系中的基础性制度，兜底保障贫困人口的基本生存问题，主要通过现金或物质救助来保障困难群体的基本生活。

（二）特困人员供养

特困人员供养是指国家对无劳动能力、无生活来源且无法定赡养、抚养、扶养义务人，或者其法定赡养、抚养、扶养义务人无赡养、抚养、扶养能力的老年人、残疾人以及未满 16 周岁的未成年人，给予特困人员供养。特困人员供养制度即指原来的农村"五保供养制度"，后来向城市演化。该专项救助制度主要用于救助传统意义上的"三无人员"，保障他们的基本生活，在城乡地区统称为"特困人员供养"。

（三）受灾人员救助

受灾人员救助是指当社会成员遭受自然灾害而造成生活困难时，由国家和社会紧急提供援助的一种社会救助，目的在于帮助社会成员摆脱灾害发生带来的生活困境。受灾人员的救助主要针对遭受重大自然灾害的困难群体，给予包括生活、住房、医疗等在内的紧急救助，确保他们渡过生活难关，救助方式包括现金救助、实物救助以及以工代赈等。

（四）教育救助

教育救助是指国家和社会团体为了保障适龄人口能获得接受教育的机会，从物质上对贫困学生在不同受教育阶段提供援助的一种社会救助项目。从某种程度上说，它是对教育投入不足的一种补充，也是对有受教育困难的贫困家庭子女进行特别帮扶、支持的一种补救性举措。政府和社会力量都是教育救助的支持主体。国家通过财政拨款的方式，对贫困地区和贫困家庭在教育方面给予特定的补贴。包括社会组织、企业、个人等社会力量，通过捐资助学的方式对贫困学生进行教育支持。教育救助主要针对就业困难的贫困青少年，对九年义务教育阶段的贫困儿童给予全额教育救助，确保他们能完成和实现最基本的受教育年限；对其他教育阶段的贫困者，如高中教育、大学教育，同样也需要加大支持力度，无论是否属于低保救助家庭、特困家庭，只要家庭经济条件不足以保障教育支出的低收入家庭，就应加大对贫困子女的教育救助，确保下一代接受较高水平的教育，从而实现贫困的"代际阻断"。

（五）医疗救助

医疗救助是社会救助的主要形式之一，它是指由政府从财政、政策和技术上为贫困人群中的疾病患者，因医疗支出特别巨大，提供一定的资金补助性支持，或者提供一定量的医疗健康服务，以改善贫困人群健康状况及保障基本生活的一种社会救助项目。主要针对就医困难或医疗支出巨大，在获得医疗保险报销后，支付相应医疗费用后仍存在较大困难、家庭基本生活难以维持的家庭。政府给予及时的医疗救助，以及其他相应的生活救助。

（六）住房救助

住房救助是指政府向低收入家庭和其他需要保障的贫困家庭提供住房租金补贴，或以低廉租金配租住房的一种社会救助。其实质就是由政府承担住房市场费用与居民支付能力之间的差额，解决部分居民因住房支付能力不足而居无定所的问题。住房救助主要针对无住房保障的低收入家庭，按条件给予配租公共租赁住房、发放住房租赁补贴、农村危房改造等方式的支持。

（七）就业救助

就业救助是指国家和社会对最低生活保障家庭中有劳动能力并处于失业状态的成员，通过贷款贴息、社会保险补贴、培训补贴、费用减免、公益性岗位安置等办法，给予就业救助。就业救助主要针对就业困难的适龄就业、有劳动能力者，目标在于通过就业培训、技能提升等提升就业困难者的就业能力，帮助他们实现再就业。以往的就业救助仅把低保家庭作为主要的救助对象，而现在就业救助有待进一步拓展救助范围，把就业困难的其他低收入群体也纳入救助范围。

（八）临时救助

临时救助是指为解决社会成员临时的生活困难，在时间上没有连续性，或者救助时间比较短的社会救助。这种救助的条件往往是短期或者临时的，因此当救助条件消失之后，救助的必要性也就不复存在。临时救助主要针对因病、因教、因意外事件等导致的暂时性、紧急性生活困难家庭，用以解决突发性困难，主要包括临时生活救助、灾后救助等，其特征是短期性和非连续性。

（九）社会力量参与

社会力量参与是指国家鼓励单位和个人等社会力量通过捐赠、设立帮扶项目、创办服务机构、提供支援服务等方式，参与社会救助。国家通过对社会力量给予财政补贴、税收优惠和费用减免等政策来鼓励企事业单位、社会组织和个人等力量参与社会救助，帮助贫困群体解决个性化突出困难。社会团体、基金会和民办非企业单位是我国社会组织的三大类别，涉及了包含科技研究、教育、卫生、社会服务、文化等在内的诸多领域。这些组织中有很大一部分从事的是社会救助类和帮扶类工作。伴随着我国经济的发展、社会的进步和各种制度的完善，社会组织数量也开始持续上升，队伍开始逐步壮大。据民政部《2018 年民政事

业发展统计公报》的数据显示，截至 2018 年底，全国共有社会组织 81.7 万个，
社区志愿服务组织（团体）12.9 万个，共有经常性社会捐赠工作站、点和慈善
超市 1.2 万个，其中慈善超市 3 464 个，全年社会组织捐赠收入达 919.7 亿元，
全年共有 1 072.0 万人次在民政领域提供了 2 388.7 万小时的志愿服务。这些社
会组织、慈善力量的壮大，及个人参与程度的提升，成为参与社会救助的重要
力量。

二、各项社会救助制度的功能定位

确定各专项救助制度的救助范围与功能，明确资格认定方式及程序，规范化
推行各项专项救助制度。从社会救助制度的内容体系和分工来看，各项救助制度
具有自身特色的功能定位。结合新时代社会救助制度发展趋势和改革完善的要
求，分别对不同的救助制度进行功能定位，从而实现更好地发挥各项救助制度在
扶危济困、脱贫攻坚等领域的作用。

（一）解决基本生活贫困问题

最低生活保障制度、特困人员救助定位于"解决基本生活贫困问题"，实现
"兜底保障"的制度目标。低保制度针对陷入生活困境的贫困群体，特困人员救
助针对城乡"三无"人员。习近平总书记提出的"社会保障兜底一批"，要求
"对贫困人口中完全或部分丧失劳动能力的人，由社会保障来兜底，统筹协调农
村扶贫标准和农村低保标准，加大其他形式的社会救助力度"，其中，低保救助
承担着主要的兜底保障功能。自低保制度建立以来，其在"惠民生、解民忧、保
稳定、促和谐、兜底线"等方面，发挥了十分重要的作用，有效保障了贫困群体
的基本生活。因此，新时代低保制度的改革完善，确保把所有符合条件的困难群
众全部纳入最低生活保障范围，实现"应保尽保"的政策目标，稳步提升救助水
平，把保障困难群众基本生活放在新时代民生建设更加突出的位置。

《社会救助暂行办法》将城乡"三无"人员保障制度统一为特困人员供养制
度，由此也表明我国城乡特困人员保障工作进入新的发展阶段。《国务院关于进
一步健全特困人员救助供养制度的意见》进一步提出，坚持政府主导，发挥社会
力量作用，在全国建立起城乡统筹、政策衔接、运行规范与经济社会发展水平相
适应的特困人员救助供养制度，将符合条件的特困人员全部纳入救助供养范围，
为他们提供基本生活条件、提供疾病治疗、对生活不能自理的给予照料、办理丧
葬事宜。文件还规定："对符合规定标准的住房困难的分散供养特困人员，通过
配租公共租赁住房、发放住房租赁补贴、农村危房改造等方式给予住房救助。

对在义务教育阶段就学的特困人员，给予教育救助；对在高中教育（含中等职业教育）、普通高等教育阶段就学的特困人员，根据实际情况给予适当教育救助"。

（二）解决专门性贫困问题

贫困对象除了收入贫困之外，往往还包括人力资本贫困、健康贫困、发展机会丧失等，意味着贫困对象并不能顺畅、公平地获得接受教育、就业、健康、社会保障，以及其他发展机会和条件。在低保和特困人员救助解决贫困群体基本生存问题之后，还有很多贫困对象面临着专门性和个性化的贫困问题，如人力资本不足、健康状况不佳、发展机会匮乏、社会排斥等。因此，医疗救助、教育救助、就业救助、住房救助、受灾人员救助就定位于解决贫困对象专门性贫困问题，按照针对性、有效性原则，根据每个个体的困难，推行精准救助。

一是新时代的医疗救助，针对贫困人口因病致贫，实施恢复健康、维持基本生存能力的救助，坚持"多方筹资，量力而行"，"分类纳入，分类救助"，救助标准适应经济发展水平，与城乡居民医疗保险、大病医疗保险等统筹推进、衔接配套。

二是教育救助，确保所有适龄人口获得接受教育的机会，为贫困青少年接受教育提供物质和资金援助，以提升贫困人口的人力资本，通过减免学杂费、资助生活等方式帮助贫困人口完成相关阶段的学习，以提高其文化技能，为阻断"代际贫困传递"奠定基础。

三是就业救助，针对就业困难或失业的贫困对象，通过直接推荐就业和就业能力提升等举措，推动贫困对象实现就业，做到"出现一个发现一个，发现一个帮扶一个，帮扶一个解决一个"，从而推动贫困家庭通过就业增加收入，从根本上摆脱贫困。

四是住房救助，针对最低收入家庭和其他需要保障的特殊家庭，提供租金补贴或以低廉租金配租，或者提供危房改造补贴或政府建设集中安置点等形式，确保"住有所居"，解决贫困对象的住房困难。

（三）解决突发性贫困问题

临时救助致力于解决贫困群体突发性的贫困问题，对遭遇意外事故、重大疾病或其他紧急性原因，导致基本生活难以为继，同时其他社会救助制度无法在短时期内提供救助的，或者经其他救助之后基本生活仍然十分困难的贫困群体，给予相应的应急性、过渡性救助支持。2014 年 10 月 25 日国务院印发的《关于全面建立临时救助制度的通知》进一步提出，"全面建立临时救助制度，发挥社会救助托底线、救急难的作用，解决城乡困难群众突发性、紧迫性、临时性生活困难"。坚持做到兜底线、救急难，做到快速反应、及时救助，救助方式更加灵活多样，这对推动我国社会救助网络织得更牢、网底变得更宽具有十分重要的意义。另外，解决突发性贫困问题的救助制度还有受灾人员救助，针对基本生活受到自然灾害严重影响的人员，提供过渡性的生活救助，根据受灾情况及时疏散、转移、安置受灾人员，并及时为受灾人员提供必要的食品、饮用水、衣被、取暖、临时住所、医疗防疫等应急救助。

（四）解决个性化突出的贫困问题

慈善、社会组织、志愿者等社会力量参与，主要用于帮助解决个性化突出的贫困问题，作为政府社会救助的重要补充。社会力量的参与是社会救助制度实现可持续发展、更好实现救助目标的重要资源。作为一项长期复杂的系统工程，社会救助制度各项功能的发挥，需要进一步调配社会资源广泛参与，如企事业单位、慈善机构、社会组织、个人（专业社工、志愿者）等，其参与社会救助的形式灵活，既包括现金、实物捐赠等物质帮扶，也包括面向贫困对象提供养老服务、精神慰藉、心理疏导、技能培训等专业化服务，从而形成政府主导、部门协作、社会组织和民众全方位参与、有效合力的救助体系。

在确定了各专项救助制度的功能、救助范围后，就应该分门别类地根据申请对象的实际情况进行资格认定，切忌简单地把专项救助与低保制度进行叠加，更不能以低保资格作为申请或获得其他专项救助制度的前提条件。每项救助制度都应有自身的资格认定标准、条件和范围，应严格规范化、制度化运行各项救助制度的申请、审核、公示、救助方式、救助过程管理、退出、效果评估等。根据申请对象的实际需求，给予相应的帮扶项目，让不同需要层次的贫困群体能享有相应的救助资源和扶持，这样才能最大限度发挥各项救助制度的作用，也可以规避过度依赖低保救助，解决救助依赖问题。只有这样，各项救助制度各司其职，相互补充，相互配合，才能发挥社会救助制度体系的综合扶持效用，提升社会救助制度的反贫困效能。

第十四章

我国社会救助制度的法治建设

截至 2020 年，我国已实现全面建成小康社会的奋斗目标和完成脱贫攻坚任务，绝对贫困已全面消除。现行标准以下农村贫困人口全部实现稳定脱贫，脱贫攻坚战取得实质性胜利。社会救助制度对于贫困人群来说，一直发挥着满足其基本生存需要的兜底保障功能。随着国家经济实力和社会福利水平的提升，我国社会的主要矛盾已转变成"人民日益增长的美好生活需要和不平衡不充分的发展之间的矛盾"，近 5 年来，全国社会救助人口数已减少 2 433.3 万人，2019 年政府在最低生活保障、特困人员供养、临时性救助等领域救助资金合计投入达 2 170.8 亿元，较上一年度减少 71.7 亿元[①]。随着时代的发展与变迁，社会救助制度的内容在新时期、新阶段被赋予新内涵和新定义，社会救助制度朝着体系化、制度化、法治化的方向发展。

党的十九大报告中指出要实现在发展中保障和改善民生，增进民生福祉的目标，就必须补齐民生短板，促进社会公平正义，在弱有所扶上取得新进展。

2014 年 2 月 21 日，我国颁发了第一部社会救助的行政法规——《社会救助暂行办法》，该办法整合了社会救助的基本项目，形成了"8 + 1"多方面的社会救助范围体系，消除了城乡二元结构的法律制度性藩篱，促进了城乡一体化的社会救助进程。同时该办法也提出应实施发展性救助的措施，倡导为受助者进行就业救助、就业信息拓展、就业技能培训等辅助性措施，促进社会救助制度的观念

---

① 中华人民共和国民政部：《2019 年民政事业发展统计公报》，http：//www.mca.gov.cn/article/sj/tjgb/202009/20200900005382.shtml。

完善社会救助制度研究

转变。2020 年 9 月 7 日，由民政部和财政部共同起草的《中华人民共和国社会救助法（草案征集意见稿)》（以下简称《草案征集意见稿》)，《草案征集意见稿》主要分为八章，共计 80 条，完善了《社会救助暂行办法》（以下简称《办法》)的笼统、粗线条式的细则要求，详细列举了总则、社会救助对象、社会救助内容、社会救助程序、社会力量参与、监督管理、法律责任、附则等具体内容。虽然《办法》《草案征集意见稿》搭建起了社会救助的基本法律框架，社会救助相关制度正在逐步实施，但面对我国绝对贫困已历史性消除的基本国情，巩固脱贫攻坚的发展成效，乡村振兴背景下的村民富裕、乡村发展等众多实际问题，需要进一步用法律的文本将改革发展成果和脱贫稳定效果明确化和法治化。立足我国当前的发展与改革现状，明确社会救助对象的具体界限、厘清社会救助的服务范围、深化社会救助机构的责任主体意识、优化社会救助方法与手段的多样性已经成为社会救助制度法治化的核心问题。

　　社会学界、法学界以及法社会学领域的专家学者认为我国出台《社会救助法》将能够进一步改善人民的物质水平，增强人民生活的幸福感和满足感。林闽钢提出新时期我国社会救助制度的立法问题应秉持着"弱有所扶"的立法理念，从立法定位、政府间的纵向与横向的规范关系、重构社会救助的立法体系等方面进行整体而又深刻的分析，从而推进社会救助法的制定与实施[1]；张秀兰、朱勋克对社会救助法的基本特征和定位进行了阐述，认为《社会救助法》是社会救助领域的基本法、救助对象权利的保障法、救助机构权力的控制法、救助服务监管程序的规范法[2]；王健从法社会学的角度论述"强制工作"措施在社会救助立法中的合理性以及精细化过程，通过强制工作措施能够增强求助者的人格自尊，培养自我负责和独立自主的性格特质[3]。鉴于学界对于社会救助的立法模式问题缺少系统化的研究，本研究者试图对社会救助制度的法治化模式进行深刻探讨与分析，希望加快《社会救助法》的立法进程，完善社会救助制度的法治化研究。

第一节　社会救助制度法治化的演进过程

　　社会救助制度的法治化不仅局限于要促进社会救助相关法律条文的出台，更

---

[1]　林闽钢：《新时期我国社会救助立法的主要问题研究》，载于《中国行政管理》2018 年第 6 期。
[2]　张秀兰、朱勋克：《对〈中华人民共和国社会救助法（征求意见稿)〉的修改建议——兼论社会救助法的基本特征及定位》，载于《社会保障研究》2009 年第 1 期。
[3]　王健：《我国社会救助制度中强制工作措施的法律问题及立法建议》，载于《西北民族大学学报》（哲学社会科学版）2020 年第 2 期。

重要的是增强社会救助行为的合法性和合理性，使社会救助理念、社会救助性质、社会救助体系朝着法治化的方向迈进。

一、救助理念的"去封建化"：从慈善施恩到人权至上

社会救助的原型可追溯到原始社会时期以人道恻隐和宗教施恩为特点的慈善事业。社会救助制度脱产于 17 世纪西方发达国家的济贫制度，国家通过立法，全面组织、接管、救济贫困的居民，满足其基本的生活需求。因此，它也称为社会救济、社会互助、社会援助。1601 年英国《济贫法》的出台与颁布，代表着社会救助制度的基本确立，开启了国家立法促进社会救助事业的先河。《济贫法》中规定：成立教区济贫委员会和设置济贫监督官，设置贫民救济院，专门收养和救济无家可归的老人、盲人、残疾等失去劳动能力的人，还提供院舍照顾和院外救济，通过征收济贫税的形式来筹集济贫资金[①]。

同样，我国贫困救济的思想与实践最早发端于春秋战国时期，受儒家思想的熏陶，政府通过开仓放粮、主张民间互相救济，开展施恩救济、对老弱病残幼等特殊群体进行照顾的慈善救济事业。作为一个以农业文明为根基的大国，古代社会济贫思想呈现出以丰补歉、储粮度荒为特点的"恩宠说"[②]，封建社会时期帝王拥有至高无上的权力，是国家的主人，而平民百姓被看作是臣服的子民，不具备现代法中真正意义上拥有权利与义务的国家公民，通常统治者将贫困的原因归结为个人，贫困救济理念是建立在一种施舍、赏赐、恩宠等不公平的权力关系之上。例如，汉朝的"常平仓"、隋代的"义仓"、南宋时期的"社仓"、宋朝初期的"义田"和"粥局"等救济形式是封建统治阶级对被统治阶级的随意施舍，忽视了被救助者自身的能力。

"天赋人权"是欧洲文艺复兴时期的产物，它强调人民主权是上天自然赋予的，受此思想的影响，1834 年英国在《济贫法修正案》中规定："除救济的贫民和流浪汉外，其他公民必须通过市场化的劳动来获得生存的权利，如果享受政府的恩惠救济，意味着主动丧失了公民资格"这一规定虽然加剧了贫困阶层的固化，但也彰显了政府对公民权利的重视。公民合法性权利的提升是一个国家文明进步的标志。马歇尔（Marshall）曾提出"公民权利"理论，该理论认为公民一方面依法享有法律赋予的政治权利、社会权利、人民主权和平等自由等权利；另

---

① 杨思斌：《社会救助立法：国际比较视野与本土构建思路》，载于《社会保障评论》2019 年第 3 期。
② 林艳琴：《论和谐社会下的社会救助制度之完善》，载于《东南学术》2011 年第 3 期。

一方面国家通过制度机制保障公民权利的实现①。这种人权理念最早出现在民国时期的《社会救济法》中，它强调应加强政府的责任管理，重视贫民的自主权，摒弃施舍理念和放任随意的立法态度，表现为"去封建化"的特点。之后又相继出台了一系列的法律条文，如《监督慈善团体法》《内政部组织法》《修正赈济委员会组织法》《救济院规则》，这些相关的社会救济立法奠定了我国近代社会救助法制现代化的基础。

随着公民社会权利理念的深化，逐渐地内嵌与融合到制度的顶层设计中，推动着社会救助制度的法治化。1948 年 12 月 10 日联合国颁布的《世界人权宣言》中第 25 条指出："人人有权享受为维持他本人和家属的健康和福利所需的生活水准，包括食物、衣着、住房、医疗和必要的社会服务；在遭到失业、疾病、残废、守寡、衰老或在其他不能控制的情况下丧失谋生能力时，有权享受保障。"《中华人民共和国宪法》（以下简称《宪法》）（1982）中规定："中华人民共和国公民在年老、疾病或者丧失劳动能力的情况下有从国家和社会获得物质救助的权利。" 2004 年宪法修正案又明确规定："国家尊重和保障人权"、国家建立健全同经济发展水平相适应的社会保障体系。从中可见，国外及国内通过立法明确保障贫困人群的基本人权，突出人民当家作主的主体地位，为贫困弱势群体社会救助权利的实现提供了制度依据和政策保障。我国社会救助制度受西方福利国家理念的影响，社会救助制度的立法理念变迁也呈现出传统化—去封建化—法治化的特点。

二、救助性质的"去传统化"：从物质性救济到发展性救助

传统的社会救助制度是应对资本主义危机、生产与生活风险以及社会不确定性境遇的主要产物。社会救助作为一种救济手段，最初是指因人们遭遇到自然风险和社会风险而陷入贫困的境遇，自身没有能力去恢复现状，政府有关部门通过给予物质和资金的形式去保障贫困群体的最低生活水平，满足基本生存需要的一种形式，物质救济与资金补贴是传统型社会救助制度的主要举措，更是一种"输血型"的社会福利形式。相关数字统计显示，新中国成立到社会主义建设时期，政府已解决 1 000 多万人的基本生计问题，用于社会救助的资金费用达 1 亿多元，较好地发挥了社会救助制度的"安全阀"和"减震器"的功能。

目前，我国多数的社会救助法律制度也是将物质和资金救助作为主要的救助模式。例如，《城市生活最低生活保障条例》（1999 年）规定：政府为人均收入

① T. H. Marshall, Tom Bottomore. *Citizenship and social class* [M]. London: Pluto Press, 1992: 8.

低于当地城市居民最低生活保障标准的非农业户口的城市居民提供基本的生活物质资金保障；2003 年运行的《城市生活无着的流浪乞讨人员救助管理办法》中指出：为受助者提供食品食物，安排生活住所，提供返回居住地的必要交通费用及乘车凭证；《农村五保户供养工作条例》（2009 年）明确表示为有困难的村民提供吃、穿、住、行、医、葬等方面的物质保障和资金支持，其中包括生活必需的米面粮油、服装被褥和零用钱、提供医疗救助和生活照料等；2000 年由民政部颁布并实施的《救灾捐赠管理暂行办法》规定发生自然灾害后，政府有关部门和公益性福利组织可向灾区困难群体捐赠财产，救灾捐赠款物的主要范围包括衣、食、住、行、医等生活困难，该办法主要致力于灾区善款的筹集，解决的是社会救济的物质支持问题。

随着我国社会的发展变迁，市场经济的快速发展，福利水平的提升，我国的贫困特点也由"绝对标准"转变为"相对标准"[1]。贫困群体不再满足单一的物质性救济，呈现出多样化的发展性需求。然而，面对当前的社会境况，我国的社会救助制度也应从生存性取向的补缺型向发展性取向的普惠型转变。在社会救助制度的法治化过程中，将发展性理念与服务型内容与我国具体的贫困特征相结合，使我国的社会救助制度具有强大的生机与活力[2]。

发展性理念最早来源于发展型社会福利政策（developmental social policy），在 20 世纪 90 年代，发展主义作为一种积极的社会福利模式被广泛提倡，并产生出与传统补救型完全不同的发展型社会政策，它的核心目标是在经济发展的动态过程中实现积极的社会福利[3]。发展型取向的社会福利政策是一项兼具经济与社会协同发展的包容性政策，核心目标是在经济发展过程中实现个人社会福利的最大化，注重社会资本的投资建设，尤其是人力资本的培育，突出社会政策的经济产出功效[4]。这种发展性的福利价值取向更早地出现在西方发达国家的社会救助体系中，如英国 1601 年的《济贫法》注重提升贫困者的就业能力并提供合适的就业机会；蒂特马斯（Titmuss R.）肯定了社会服务方式的优越性，认为社会服务是一种积极的社会投资行为[5]；社会民主主义[6]和凯恩斯主义都强调通过就业

① 《习近平在决战决胜脱贫攻坚座谈会上的讲话》，载于《人民日报》2020 年 3 月 7 日。

② 徐丽敏：《服务型救助："服务"嵌入社会救助立法分析》，载于《社会工作与管理》2021 年第 1 期。

③ Midgley, J. & Tang, K. L. Social Policy, Economic Growth and Development Welfare [J]. *International Journal of Social Welfare*, 2001, 10 (4): 244–252.

④ Midgley, J. Growth, Redistribution, and Welfare: Toward Social Investment [J]. *Social Service Review*, 1999, 73 (1): 3–21.

⑤ Titmuss R., *Essays on the Welfare State* [M]. London: Allen & Unwin, 1958: 2.

⑥ [英]《约翰·凯恩斯．就业、利息与货币通论》，上海译文出版社 2020 年版。

是减少贫困的重要举措①；发展性的社会救助制度更多地侧重于恢复困难群体的自身能力，通过提升就业技能和介绍就业机会使其达到自救并摆脱贫困的一种政策机制。

为改善传统社会救助方式的不足，我国政府也通过出台一些规定和办法去探索积极的社会救助形式和内容。《中华人民共和国就业促进法》（2007）在第六章中规定为就业困难人群提供就业援助机会，将"鼓励劳动自救"作为基本的原则，同时规定政府等相关部门设置公益性救助岗位，实施就业、创业等优惠政策，为需要的贫困人员提供就业指导和就业技能培训等方式促进就业和社会融入。《办法》（2014）第八章第四十四条中提到免费为就业困难群体提供就业信息，拓宽就业渠道；第十章第五十五条中提出动员社会力量广泛参与社会救助，注重贫困群体的心理健康和培育积极的社会心态，提供受助者精神慰藉服务和注重贫困群体的自我赋权。2021年7月6日江西省民政厅等联合其他部门共同发布了《关于巩固拓展兜底脱贫成果进一步做好困难群众基本生活保障工作的通知》，表示在新时期要积极推广"物质＋服务"的新型社会救助方式，注重社会服务的质量和多样化，提升贫困群体的获得感和满足感②；上海市人民政府于2021年7月5日发布了《关于改革完善社会救助制度的意见》，意见中指出要健全新型社会救助体系，发展多元社会救助方法，夯实物质救助，推进服务救助和心理救助，引导支持社会工作服务机构和社会工作者为救助对象提供心理疏导、资源链接、能力提升、社会融入等服务③。

三、救助体制的"去类型化"：从单项分类到整体统筹

社会救助体系突出强调的是政府责任和救助义务，更体现着福利政策制度安排的连贯性和统一性。埃斯平·安德森（Gosta Esping-Anderson）对于现代国家的社会救助形式上提出了福利国家体制（welfare regime）的概念，来强调国家在社会福利产品供给上的制度性安排④，福利体制主要包括福利组合、福利结果和福利效果三个方面，体现着国家、政府、市场和家庭在福利体系上的产出、输送

① Cole G. D. H., *Fabian Socialism* [M]. Australia：Allen & Unwin, 1943：78.
② 江西省民政厅：《关于巩固拓展兜底脱贫成果进一步做好困难群众基本生活保障工作的通知》，http：//www. jiangxi. gov. cn/art/2021/7/6/art_5061_3471855. html。
③ 上海市人民政府：《关于改革完善社会救助制度的意见》，https：//www. shanghai. gov. cn/nw12344/20210705/dba460fe010d41a5900306d0eb6af5d3. html。
④ Esping-Andersen G. *The Incomplete Revolution：Adapting to Women's New Roles* [M]. Gambridge：Polity Press, 2009：26.

和成效①。威伦斯基（Wilensky）和莱博克斯（Lebeaux）提出了"补缺型"和"制度型"的二维社会福利制度类型②，"补缺型"是以个体和家庭作为保障的基本单位，国家和政府是参与者的角色，在某一特殊领域发挥着积极作用；"制度型"则突出政府和国家在社会救助及保障中的主要责任，通过整合一系列的法规政策来维护困难群体的基本权益。

"补缺型"的社会救助制度在我国近现代社会经济发展过程中一直发挥着维护社会稳定的"安全网"功能。在计划经济时期，农业合作社作为基层的经济生产组织，为满足农民的基本生存需要和促进农村农业发展奠定了物质基础。作为农村集体福利制度的《高级农业生产合作社示范章程》（1956）对那些不具备生产能力或处于弱势的农村群体（老、弱、孤、寡、残）给予必要的生产辅助和生活照料；在此基础上，1997 年民政部出台了《农村敬老院管理暂行办法》，该办法以农村五保户为主要供养对象，为农村孤寡老人提供照料与赡养服务，促使农村五保户供养制度逐步向法治化和规范化的方向发展。2006 年国务院修订出台了《农村五保户供养条例》（以下简称《条例》），《条例》中细化了农村五保户救助对象的范围，申请与审核程序、救助资金的来源和监管、救助标准与救助形式等具体内容，明确了农村基层组织的基本救助责任，强化了基层组织的主体意识，标志着农村社会救助制度从集体供养向国家保障的根本性转变。1992 年伴随着市场经济体制建立，国有企业改革，"下岗潮"席卷全国，造成了大量城市职工的就业困难和生活困境，社会陷入了失范状态。为了改善城市职工的基本生活水平，1997 年国务院实施了《关于在全国建立城市居民最低生活保障制度的通知》，城市居民的最低生活制度开始在全国范围运行。1999 年国务院颁布了《城市居民最低生活保障条例》，标志着城市居民的社会救助制度正式确立，为城市居民社会救助制度的法治化奠定坚实基础。随着城市居民最低生活保障制度的发展与完善，国家为了打破城乡二元体制壁垒和统筹城乡一体化，于 2007 年 7月国务院下发了《关于在全国建立农村最低生活保障制度的通知》，该通知对目前农村村民的最低生活保障起到了规范性作用。

为了满足贫困群体多层次的需求和解决复杂性的社会问题，我国政府在医疗、教育、住房、司法、灾害救助等领域进行分类管理及制定了单项法规。例如，灾害救助领域有《传染病防治法》（1989）、《防震减灾法》（1998）、《防洪法》（1998）、《国家自然灾害救助应急预案》（2006）等法制文件，这些法规在

---

① Gough, I. Global Capital, *Human Needs and Social Policies* [M]. Basingstoke：Palgrave MacMillan, 2000.

② Harold L. Wilensky, Charles N. Lebeaux. *Industrial Society and Social Welfare* [M]. The Free Press, 1958.

灾害防治上都起到了积极作用，是政府和国家解决灾害贫困的法律保障；在临时性救助方面，国务院 2003 年颁布的《城市生活无着的流浪乞讨人员救助管理办法》和民政部颁发的《城市生活无着的流浪乞讨人员救助管理办法实施细则》秉持着自愿救助和无偿救助的基本原则，促进了我国收容制度的发展；民政部分别在 2003 年和 2005 年颁布了《关于实施农村医疗救助的意见》和《关于建立城市医疗救助试点工作的意见》的法规，目的是保障农民和城市居民在医疗领域的生命健康权；《关于进一步做好城乡特殊困难未成年子女教育救助通知》（2004）和 2005 年颁布的《国家奖学助学金管理办法》通过减免或补助教材费、伙食费、交通费等形式去帮助家境困难的学生顺利完成学业；《城镇最低收入家庭廉租住房管理办法》（2003）、《城镇最低收入家庭廉租住房申请、审核及退出管理办法》（2005）、《廉租住房保障办法》（2007）等法规政策以补贴住房基金或者提供廉租住房等救助形式满足了贫困群体的住房需求。

我国社会救助制度经历了初创期（1949～1978 年）、探索期（1978～1999 年）、发展期（2000～2011 年）、规范期（2012 年至今）四个阶段，前三个时期的社会救助制度属于"补缺型"。随着《办法》（2014）的实施和《草案征求意见稿》（2020）发布，标志着我国社会救助制度进入制度型和法制型的新阶段。《办法》共十三章，包含七十条细则，该办法的社会救助体系主体分为政府救助和社会力量支持，涵盖了最低生活保障、特困人员供养、受灾人员救助、医疗救助、教育救助、住房救助、就业救助、临时救助等受助领域。具体包括社会救助对象的范围界定、救助方式、救助标准、申请与审核程序等主要内容。该办法整合了分散性的单项社会救助制度体系，重点关注贫困群体的基本生活问题、突发性问题、专项问题和个性化突出问题[1]，促成了目前我国在社会救助领域的"制度型"法规政策。

检索以及回顾我国社会救助制度的演进变化过程可以发现：社会救助制度在救助理念、救助性质、救助体制上呈现出"去封建化"——从施恩救济到人权至上、"去传统化"——从物质救济到发展性救助、"去类型化"——从单项分类到整体统筹等发展趋势，基于此，本书梳理了中国社会救助制度的相关法规政策（见表 14 - 1）。从中可以发现，中国社会救助制度在顶层设计上是由"补缺型"向"制度型"转变，政府的救助主体责任逐渐扩大；救助体系也从缺失、单一向确立、综合的方向发展，使得民生兜底保障安全网密实可靠；救助制度的条款实施细则从笼统性和宽泛性逐渐向精细化保障过渡；救助制度的覆盖层次表现为从城乡分立到城乡统筹的变化特点，《关于改革完善社会救助制度的意见》中明确

---

① 林闽钢：《论我国社会救助立法的定位、框架和重点》，载于《社会科学辑刊》2019 年第 4 期。

提出，到 2035 年，实现社会救助事业高质量发展，改革发展成果更多更公平惠及困难群众，健全分层分类、城乡统筹的中国特色社会救助体系目标。诚然，社会救助立法进程缓慢，目前国内的社会救助法领域处于空白状态，而且《办法》中，救助对象的确定具有"捆绑性"，会造成福利叠加和福利悬崖效应，加深救助对象的福利依赖心理。细则条款更是一种"搭积木"的拼接和堆积，是救助项目的汇聚，缺少救助结构的主体性法律编排①。依法治国是健全国家治理现代化制度和社会治理体系的重要基石，实现社会救助的法治化目标，一方面，要贯彻落实"有法可依、有法必依"的法治理念，不断优化社会救助立法程序，增强社会救助制度的法治化水平；另一方面，要根植于中国社会救助的法治化实践，总结现行法规政策的经验、办法，拟定社会救助立法的核心架构，以此来实现全民共享国家发展成果的法治保障和新型社会救助的美好愿景。

我国社会救助制度的法治化演进过程见表 14 – 1。

表 14 – 1   **我国社会救助制度的法治化演进**

	初创期 （1949 ～ 1978 年）	探索期 （1978 ～ 1999 年）	发展期 （2000 ～ 2013 年）	规范期 （2014 年至今）
根本法		《宪法》（1982）第四十五条	《宪法》（2004）修正案	
法律		《中华人民共和国传染病防治法》（1989）； 《中华人民共和国劳动法》（1994）； 《中华人民共和国老年人权益保障法》（1996）； 《中华人民共和国防震减灾法》（1998）； 《中华人民共和国防洪法》（1998）	《中华人民共和国妇女权益保护法》（2005）； 《中华人民共和国就业促进法》（2007）； 《中华人民共和国残疾人保障法》（2008）	

---

① 杨立雄：《"一揽子"打包，还是单项分类推进？——社会救助立法的路径选择》，载于《社会保障评论》2020 年第 2 期。

续表

	初创期 （1949～ 1978年）	探索期 （1978～1999年）	发展期 （2000～2013年）	规范期 （2014年至今）
法规		《农村敬老院管理暂行办法》（1997）；《城市生活最低生活保障条例》（1999）	《救灾捐赠管理暂行办法》（2000）；《城市生活无着的流浪乞讨人员救助管理办法》（2003）；《城市生活无着的流浪乞讨人员救助管理办法实施细则》（2003）；《城镇最低收入家庭廉租住房管理办法》（2003）；《城镇最低收入家庭廉租住房申请、审核及退出管理办法》（2005）；《国家奖学助学金管理办法》（2005）；《农村五保户供养工作条例》（2006）；《廉租住房保障办法》（2007）	《社会救助暂行办法》（2014）
规章	《高级农业生产合作社示范章程》（1956）	《关于在全国建立城市居民最低生活保障制度的通知》（1997）	《关于实施农村医疗救助的意见》（2003）；《关于进一步做好城乡特殊困难未成年子女教育救助通知》（2004）；《关于进一步做好城乡特殊困难未成年人教育救助工作的通知》（2004）；《关于建立城市医疗救助试点工作的意见》（2005）；《国家自然灾害救助应急预案》（2006）；《关于在全国建立农村最低生活保障制度的通知》（2007）	《关于进一步完善医疗救助制度全面开展重特大疾病医疗救助工作的意见》（2015）；《中华人民共和国社会救助法（草案征求意见稿）》（2020）；《关于改革完善社会救助制度的意见》（2021）

第二节　社会救助权的法治化分析框架：
　　　　基本权利和国家义务

社会救助制度的法治化实质上就是将社会救助权从法律权利向基本权利转化的过程。基本权利只有经过宪法的确认与审核，才具有更广泛民主的性质，能够给予公民更大范围的保护空间和保护力度①。在社会法领域中，公民具有的基本社会救助权利能够决定法律权利，通过规范分析法能够更好地确认社会救助权的基本属性，在立法实践中为《社会救助法》的出台提供法理支撑和优化方案②。国家义务是社会救助权的重要保障载体，它为保障公民的基本生活、促进社会的公平正义及社会救助权的实现提供了制度化支持③。《宪法》第十四条的第三款和第四款中指出："赋予国家机关建立社会保障制度的义务"，由此可以推出，在社会救助权利的保障上，国家具有规定的法律义务。因此，从基本权利和国家义务的两个维度去分析社会救助权的法治化框架具有直接的法律依据。

一、作为"基本权利"的社会救助

社会救助制度的法治化过程以及今后将要出台的《社会救助法》都要将公民的社会救助权作为立法基础，还要打破以往法规政策中受助群体的制度性困境，明确受助群体的权利意识，重塑受助群体的主体地位，实现弱势群体向权利主体的转变④。社会救助权作为一种普惠性的权利，为全体公民所共有。罗纳德·德沃金（Ronald Dworkin）在《认真对待权利》一书中曾提出："以权利为基础的理论关心个人独立，而不是个人行为的服从性"⑤；路易斯·亨金（Louis Henkin）认为："社会救助权是根据一些可适用的规范，按照某种秩序赋予所有人的

---

① 蒋德海：《基本权利与法律权利关系之探讨——以基本权利的性质为切入点》，载于《政法论坛》2009 年第 2 期。

② 李燕林：《社会救助权的规范构造》，载于《河北法学》2021 年第 4 期。

③ 王理万：《制度性权利：论宪法总纲与基本权利的交互模式》，载于《浙江社会科学》2019 年第 1 期。

④ 何平：《我国受救助者主体地位之反思与重塑——从弱势群体到权利主体》，载于《东方法学》2012 年第 6 期。

⑤ ［美］罗纳德·德沃金著，信春鹰、吴玉章译：《认真对待权利》，中国大百科全书出版社 1998 年版，第 228 页。

权利"[1]; 托马斯·潘恩也在《人权论》中明确表示: "社会救助权不是一种恩赐和优待, 不具备施舍性质, 是一种权利"[2], 从国外的法律文书中可见, 社会救助权已具备主体性权利地位。《草案征集意见稿》第五条明确规定中华人民共和国公民依照本法享有申请和获得社会救助的权利, 标志着我国公民社会救助权主体地位的确立。

二、作为"国家义务"的社会救助

将社会救助作为"国家义务"的可视化路径, 不仅可以防止社会救助在行政法学意义上的权力滥用, 还可以规避其作为政治责任的救助风险。作为"国家义务"的社会救助主要有两个方面的制度优势: 一是突出强调社会救助是基于国家公权力对公民生存权的尊重义务; 二是避免社会救助国家义务中的给付义务产生的僵硬性和单方性[3]。从社会救助国家义务的规范体系上来看, 主要包括三个层次: (1) 尊重义务: 是指政府对公民的社会救助权不得进行任意干涉; (2) 保护的义务: 要求政府对公民的社会救助权进行全方位的保护, 防止受到侵害; (3) 实现的义务: 也称给付义务, 指的是国家和政府通过正当性制度手段和权力机关向符合条件的公民事实救助义务[4]。社会救助的国家义务在德国宪法实践中被认为是一种"客观价值秩序", 分为制度性保障、组织与程序保障和狭义的保护义务等[5]。基本权利背后折射出国家义务的多面性, 构成了社会救助国家义务的法制体系。

三、社会救助权的法治化分析模型构建

作为基本权利的社会救助权在权利属性上具有主观权利和客观权利的双重面向, 在法治化过程中, 传统的积极与消极二维划分方法已无法满足社会救助立法中对基本权利的复合性需要[6], 应当从法社会学的规范构造视角出发, 对社会救

---

① [美] 路易斯·亨金著, 信春鹰等译: 《权利的时代》, 知识出版社 1997 年版, 第 3 页。

② [美] 托马斯·潘恩著, 马清槐译: 《潘恩选集》, 商务印书馆 1981 年版, 第 308 页。

③ 黄锴: 《论作为国家义务的社会救助——源于社会救助制度规范起点的思考》, 载于《河北法学》2018 年第 10 期。

④ 刘海年: 《〈经济、社会和文化权利国际公约〉研究》, 中国法制出版社 2000 年版, 第 226 页。

⑤ 韩敬: 《国家保护义务视域中环境权之宪法保障》, 载于《河北法学》2018 年第 8 期。

⑥ 陈云良: 《健康权的规范构造》, 载于《中国法学》2019 年第 5 期。

助权采用"功能体系"的分析方法来深化社会救助法治化过程的理论分析①。社会救助权的功能体系方法具有双重意涵，主观性表现为防御权功能和受益权功能的积极取向，客观性则蕴含物质救助权和生存权的消极特征②。本书直接从基本权利和国家义务两个维度入手，依据基本权利的双重面向，建构出"基本权利——国家义务"的四种社会救助制度的法治化模型框架（见图 14 - 1），明确社会救助权在立法过程中的解释范围，构筑政府的国家义务场域。

第一类："受益权——给付义务"，这一类型中社会救助的基本权利是积极取向的受益权，对应的国家义务是积极取向的给付义务。社会救助权中的受益权功能是指公民可以请求国家采取积极的行动措施来保障公民自身合法性权利的实现③，公民还可以通过受益权功能向国家和政府部门请求物质性帮助和服务。《草案征求意见稿》第三条中明确指出："国家建立和完善社会救助制度，保障公民在依靠自身努力难以维持基本生活的情况下，依法从国家和社会获得物质帮助和服务"，表示社会救助权的主观性受益权功能得到法律程序的确认。国家给付义务指的是国家为有需要的公民提供物质和资金上的给付，除此之外，还包括精神性服务给付和法律程序给付。

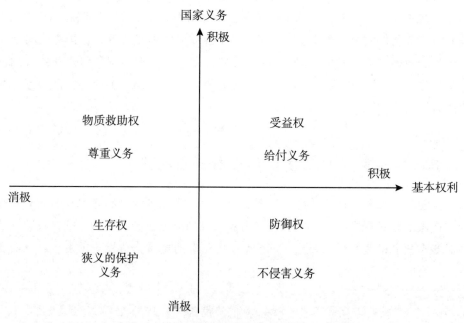

图 14 - 1　社会救助权的法治化分析框架

---

①②　张翔：《基本权利的规范建构》，法律出版社 2017 年版，第 68 ~ 70 页。
③　曾康繁：《比较宪法》（第三版），台湾三民书局 1978 年版，第 119 页。

国家义务的给付义务需要行政机关、立法机关及司法机关共同来完成。行政机关是给付义务的实施主体，国家义务的实现需要在行政机关与受助者的积极互动关系中得以实现①。立法机关则是出台相关立法来和财政资金的分配来促进国家义务的达成。例如，我国《社会救助法》的立法进程以及救助资金的补贴形式是最好的例证。

第二类："物质救助权——尊重义务"，该类型中社会救助权的基本权利是消极取向的物质帮助权，与其相对应的国家义务是积极取向的尊重义务。作为社会救助权客观性功能的物质救助权，在《宪法》第四十五条第一款中有明确定义："中华人民共和国公民在年老、疾病或者丧失劳动能力的情况下，有从国家和社会获得物质帮助的权利。"由此，可以得知物质帮助权的权利主体并非全体公民所共有，而是侧重于老年人、丧失劳动能力的人、残疾人和其他需要优抚照料的残疾人等，受众群体的权利标准是封闭性和静态性的，权利的实现还必须依靠国家的制度设计②。从基本权利的主体特征上区分，物质帮助权由于享有主体的局限性和对国家制度的依赖性从而表现为一种客观性的消极功能。

尊重义务作为国家义务中的最基本一环，它指的是要全力排除国家公权力对公民基本权利的侵害，是不被国家公权力限制的一种高度自由空间③。在具体立法实践中，该义务包括两种内涵：一是表现为尊重公民的物质帮助权，不干涉公民获得权利的可能；二是限制行政权力，将行政机关的权力严格限制在社会救助的合理范围之内，确保社会救助的程序公平。

第三类："生存权——狭义的保护义务"，此类型中社会救助权的基本权利与国家义务构造表现为消极取向的生存权和狭义的保护义务。这里的生存权本质上既是一种客观性消极取向的基本权利，也是一种形式上的基本权利。它被定义为："当公民陷入极度贫困时，为了维持基本生活可向国家及社会获取物质救济的一项正当性权利。"这一权利包括两个必备要素：贫困的程度和最低生活标准。生存权的权利主体具有开放性和动态性的特点，主要目标是保护生活中的贫困者和经济条件上的弱势群体④。狭义的保护义务的承担主体是立法机关，一方面强调立法机关的程序公平，即要对救助对象进行仔细的资格审查；另一方面保证救助对象的结果公平，立法机关通过制定相应的惩罚性措施，保证其他救助对象依法获得社会救助的公平性，防止社会救助中违法行为的发生。

---

① 黄锴：《论作为国家义务的社会救助——源于社会救助制度规范起点的思考》，载于《河北法学》2018 年第 10 期。

② 谢立斌：《宪法解释》，中国政法大学出版社 2014 年版，第 145 页。

③ ［德］施密特著，刘锋译：《宪法学说》，上海人民出版社 2005 年版，第 185～190 页。

④ ［日］大须贺明著，林浩译：《生存权论》，法律出版社 2001 年版，第 5～20 页。

第四类："防御权——不侵害义务"，它是由积极取向的防御权和消极取向的不侵害义务所构成的社会救助权利义务类型。作为主观性权利的防御权，它实际上是赋予公民的一项自由选择权，公民可以按照自身意愿决定是否需要国家救助，接受哪种救助的自我决定权①，不受任何组织和个人的干扰。国家和其他组织也不得代替公民行使选择权。若公民社会救助的基本权利受到国家侵害，公民具有排除侵害的权利。消极的不侵害义务指的是国家立法机关不得对社会救助权进行任意的干涉限制。

所谓的消极取向表现为公民社会救助的基本权利与国家不侵害义务之间存在着制度性矛盾。由于社会救助的制度性设置漏洞，导致人人花钱办低保、争当"贫困户"的救助乱象②和加深了救助对象的福利依赖心理③，不利于社会救助制度的可持续发展。我国当前的法律条款中缺少对社会救助权滥用的明确限制性规定，只是在《宪法》第五十一条中提出对公民权利限制的概括性约束。不侵害义务还表现为国家行政机关"一刀切"的社会救助权的限制不当，主要是对那些违法犯罪人员的家属取消社会救助的资格，违反了社会救助法的"法律保留"原则。

第三节　构建中国特色社会救助的立法模式

党的十九大报告中明确了中国特色社会主义进入了新时代，要坚持以人民为中心的中国特色社会主义发展战略思想，同时提出了："坚持在发展中保障和改善民生，增进民生福祉是发展的根本目的，用制度体系保证人民当家作主，朝着实现全体人民共同富裕不断迈进"等的目标论述④，这为推进社会救助立法进程和构建中国特色的社会救助法治化体系提供了强大思想指引。全面依法治国，建设法治化国家是社会发展的必然要求，法治建设是确保社会保障体系稳定、健康运行的重要保障⑤，社会救助法在社会保障法律体系中处于优先地位。完善社会救助法治化体系，加快社会救助立法进程是增强我国国家现代治理能力的重

① 谢晖：《论规范分析方法》，载于《中国法学》2009 年第 2 期。
② 龙晟：《社会国的宪法意义》，载于《环球法律评论》2010 年第 3 期。
③ 韩克庆、郭瑜：《"福利依赖"是否存在？——中国城市低保制度的一个实证研究》，载于《社会学研究》2012 年第 2 期。
④ 习近平：《决胜全面建成小康社会，夺取新时代中国特色社会主义伟大胜利——在中国共产党第十九次全国代表大会上的报告》，人民出版社 2017 年版，第 10 页。
⑤ 王延中：《习近平新时代我国社会保障体系的改革方向》，载于《社会保障评论》2018 年第 1 期。

要抉择。

2020 年我国实现了贫困人口全部脱贫的发展目标，随着社会基本矛盾的转变，更应关注相对贫困人口的生活境遇，相比较发达国家的立法经验，我国的《社会救助法》缺失，成为明显的"短板"。这些发展机遇和条件为社会救助法的出台提供了良好的契机。因此，为了满足人民日益增长的美好生活需要，实现全体人民共同富裕的奋斗目标，需要在《办法》和《草案征集意见稿》的实践法规政策基础上，尽快出台一部综合性、统一性的《社会救助法》，从社会救助对象、社会救助范围、社会救助机构、社会救助方式、社会救助资金及法律后果等方面明确社会救助的立法模式（见图 14 – 2）。

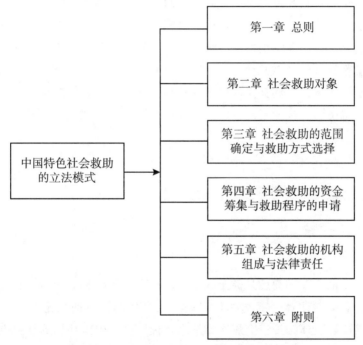

图 14 – 2　中国特色社会救助的立法模式

一、社会救助对象

《社会救助法》中需要确定社会救助对象的范围，即社会救助的目标对象都包括哪些种类的人群？社会救助的成员资格是什么？公民具备什么条件下才可以享受国家社会救助的权利，这样才能保证社会救助权的"基本权利——国家义务"的关系框架生成。曹明睿在《社会救助法律制度研究》中指出："从时间维度上区分，社会救助对象包括长期接受社会救助的公民和短期需要接受社会救助的公民"①；有学者认为，只有穷人才能享有社会救助的权利，因此，社会救助的目标群体为穷人②。这里的穷人指的是一种被剥夺感知的"参照群体"，具有相对意义和流动性。回顾我国社会救助制度的实践经验，《办法》中没有统一的救助主体界定，只是根据不同的救助范围来确定救助对象，抑或是全部按照最低保障的成员资格作为救助的审核标准。同样，在《草案征集意见稿》中，对于社会救助对象的定义也没有清晰地界定，只是概括出了"最低生活保障家庭、低收入家庭、支出型贫困家庭、特困人员、受灾人员、生活无着的流浪乞讨人员、临时遇困家庭或者人员、需要急救，但身份不明或者无力支付费用的人员、省、自治区、直辖市人民政府确定的其他特殊困难家庭或者人员"九种类别的救助对象，虽逐渐扩大社会救助对象的外延，但缺少内部的实质性表达。

综上所述，中国特色社会救助的立法模式中对于社会救助对象的界定应该采用客观的量化标准而非主观的人为裁定，应对社会救助对象的群体制定一个明确的定义，确保社会救助对象范围的全覆盖。因此，我国立法机关通过实地调研，制定符合全国人民根本利益需求的客观性较强的贫困线，依照贫困线尺度去衡量贫困人口的范围，这种相对确定的量化标准可以使得社会救助制度更具有公信力和说服力。

二、救助范围与救助方式

（一）救助范围

救助范围的广度和深度是健全社会救助体系的重要影响因素，它也影响着中国特色社会救助立法体系的选择与定位。社会救助范围的划定主要分为目标维度、时间维度和主体维度三个层次：依据目标维度，中国特色的社会救助范围体系包括基本生活救助、特殊贫困群体的扶贫救助和专项救助（医疗救助、教育救助、住房救助、就业救助）；从时间维度上看，主要有长期救助、紧急救助和临时性救助；在主体维度上，包括以政府力量为主导，多种社会组织、资源协同调配的形式复合体③。从《办法》和《草案征集意见稿》的内容上来看，基本生活救助、临时性救助、专项救助是中国目前社会救助体系的三大支柱。鉴于此，本

---

① 曹明睿：《社会救助法律制度研究》，厦门大学出版社 2005 年版，第 228 页。
② 世界银行编：《2000/2001 年世界发展报告：与贫困作斗争》，中国财政经济出版社 2001 年版，第 1 页。
③ 乐章、许立志：《新型社会救助的制度逻辑与立法建议》，载于《中州学刊》2020 年第 3 期。

文主要详细介绍以上三类救助内容。

1. 基本生活救助

基本生活救助又称为"生活救助"和"贫困线"制度。它是指国家相关部门对申请对象进行家计调查，确认其家庭成员人均收入低于最低生活保障标准和"相对贫困线"的一种"补缺型"社会救助制度。基本生活救助制度具有以下几个特点：从救助对象上来看，救助对象及家庭一般呈现出较长时期和较稳定的贫困状态，短时期内无法摆脱贫困境遇的特殊人群；从实施主体上来看，基本生活救助制度的责任主体是国家和政府部门，通过制度措施来保障贫困对象的基本生活。基本生活救助制度主要包括城市与农村的最低生活保障制度、特困人员供养制度、农村五保户制度等范畴。近年来，随着人口老龄化速度的增快，第七次全国人口普查数据显示，截至 2020 年底，我国大陆地区 60 岁以上的老年人为 2.64 亿人，占全国总人口数的 18.7%①。面对庞大的老年人群体，我国特色的社会救助体系应增加护理救助制度，满足老年人群体的基本生活照料、精神慰藉与关怀的迫切需求，把中国特色的社会救助"安全网"织密、织牢。

2. 专项救助

专项救助是指我国在医疗、教育、司法、住房和就业等领域开展的基本社会福利保障措施。在社会救助体系中，专项救助起到积极的辅助性作用，也称"辅助性"救助。尤其在当下我国主要的社会救助对象为相对贫困人口时，健全专项救助体系，保障贫困人群的多元化需求具有重要意义。专项救助主要包括以下五个方面的内容：（1）"医疗救助"是指当贫困人口或特殊人群生病或受伤时，在政府指定的医疗机构就医，或因治病造成收入低于当地生活标准时享有减免医疗费用的帮助。完善医疗救助体系的同时，还要注意与医疗保险救助和医疗公共服务制度的有效衔接，避免出现社会救助对象"因病返贫"和"因病致贫"的现象。（2）"教育救助"是针对收入低于当地生活标准的家庭和他们的子女而提供的帮助，可以在教材费、学校伙食费、上学交通费等方面予以减免或补助。通过教育救助去打破资本对受教育权利的区隔，维持基本的教育公平，促进教育阶层的流动，培育受助对象的文化资本。（3）"住房救助"是由政府向低收入家庭或特殊人群提供的房屋租金补贴或房屋修理费补贴或以低廉租金配租的方式提供住房。该项救助主要是用来满足农村低收入群体的住房需求，保障其住房安全，应探索与建立低收入群体的长效住房保障机制，优化"廉租房"的申请与审核程序，使其安居乐业，提升幸福感。（4）"就业救助"立足于促使受救济者自立，

---

① 国家统计局：《全国第七次人口普查数据》，http://www.stats.gov.cn/tjsj/sjjd/202105/t20210512_1817336.html。

由国家提供政策、资金、物资、技术、信息等方面的扶助，使受救济者逐渐摆脱贫困。就业救助体现了"积极社会福利"的价值理念，为救助对象提供公益性服务岗位，设立劳动补助津贴，转变消极的福利救济思想，促进救助对象的人格自立。（5）"司法救助"是指在国家设立的法律援助机构的指导和协调下，律师、公证员、基层法律工作者等法律服务人员为经济困难或其他特定案件下当事人给予减免收费提供法律服务的制度。司法救助在一定程度上维护了救助群体的法律公平和程序公正，实行司法救助，是保护弱势群体基本人权的重要措施，对于保障公民的基本人权、维护社会正义发挥了重要作用。

3. 临时性救助

我国古代的"赈灾救济"是现代社会救助体系中临时性救助的前身。临时性救助突出强调时间的紧急性和迫切性，是指救助对象在短时间内遭遇重大变故，急需国家和政府部门物质资金救助来维持基本生存需要的社会救助制度。临时性救助可分为灾害救助和急难救助两种。灾害救助指的是为那些遭受自然灾害（如地震、海啸、洪水、泥石流、非典、新冠疫情等）受到严重影响的灾民所提供生活救助的一项基本社会救助制度，其目的是帮助受灾群众解决生活需要，摆脱生存危机，恢复灾区正常秩序，促进社会良性运转。我国近年来也一直遭受着灾害侵袭，例如"2002年的SARS非典病毒""5.12汶川地震""8.7舟曲特大泥石流""2020年的新冠疫情"等都造成了严重的人员伤亡和经济损失。急难救助更侧重个体的临时性贫困，由于外部环境的激荡改变，或者家庭内部遭受急剧变迁导致个体短时间陷入贫困困境，国家对贫困者实施救助的一项制度类型。这类群体具有临时性、小范围性和可判断性的特点，呈现出个体化的特征，有时其权利诉求可能会遭到忽视，国家无法及时给予关注，基本权利和国家义务的法律框架将会成为一纸"空头支票"。构建中国特色的临时性救助体系，应不断扩大社会救助范围，将自然灾害、家庭疾病变故、交通意外事故、重大疫情等突发性公共事件都列为临时性救助的范围之内，救助主体也应从个体扩展到家庭，注重临时性救助制度的体系化、常态化、法治化建设，促进积极的兜底保障功能。

（二）救助方式

救助对象是通过社会救助方式这一传递媒介来实现社会救助的基本权益。社会救助方式是指国家和政府机关进行资金和利益分配的一种形式，这一法律制度的规范设计影响着救助对象的权利享有与支配。社会救助方式从给付形式上可分为物质资金救助、服务救助、物质＋服务救助三种形式；从救助性质上可分为积极性救助和消极性救助。物质与资金救助作为社会救助方式中最为基本的一种社会救助方式，在中国乃至世界其他国家都是一种普遍的救助手段。实物救助是给予救助对象必备的生活用品，如米、面、油、水等产品，与之相似的是美国的食品券制度；还包括住房的实体物资，如中国实行的廉租房制度等。资金救助是直接向困难群体发放救助津贴，如我国的最低生活保障制度（以下简称"低保制度"）、城市与农村的医疗保障制度等。现金救助的方式得到多数群体的一致性认同，因为贫困者通过自由支配救助津贴去满足自身的消费需求。夏洛特·托尔在《社会救助学》一书中曾说："受救济者获得非限制性的货币救济，是法律赋予他们自由支配金钱的自由和权利。"[①] 物质资金救助被看作一种相对消极的社会救助方式，即"输血式"救助，降低了国家与公民的双向互动积极性，弱化了救助对象的社会参与感。

构建中国特色社会救助的立法模式，救助方式应由传统的、单一的、消极的、输血式救助向现代的、多元的、积极的、造血式救助转变。中国特色的社会救助立法目标不仅是要发挥救助制度的兜底保障原则，而且还应该坚持发展性的理念，使社会救助立法具有反弹功能[②]，即促进有能力就业的贫困者重回劳动力市场的助推力。这种积极的社会救助方式理念，能够促进社会立法朝着成熟的体系迈进。今后的立法框架中应坚持"物质＋服务"和促进就业的"造血式"救助方式，"物质＋服务"的形式可以既满足贫困群体的基础性需要，还可以提升获得发展性需求的机会，打破传统救助方式的机会结构。大力提倡造血式的救助手段，赋予有意愿就业人群的自我发展权利，拓展就业信息渠道和增加就业技能培训，最大限度地实现社会救助方式的积极转变。

三、救助资金筹集与救助程序申请

（一）资金筹集

救助资金的筹集与分配体现着国家在社会救助立法制度安排上的救助责任。前文中提到，国家要对社会救助对象履行给付义务，给付义务直接指向救助资金的获得。社会救助资金筹集制度影响着救助对象的利益分配，决定着社会救助立法的结果公平。《办法》和《草案征集意见稿》中明确规定，社会救助资金靠国家财政预算给付。

---

① ［美］夏洛特·托尔著，郗庆华译：《社会救助学》，生活·读书·新知三联书店1992年版，第3～4页。

② 贾玉娇：《中国特色社会主义实践进程中的反贫困及未来攻坚展望》，载于《社会保障评论》2018年第1期。

政府是社会救助资金筹集的重要经费来源，各级政府的财政分担是社会救助资金持续性的核心①。虽然在《办法》和《草案征集意见稿》中对资金的责任分担没有明确的规定，但我国不同地区呈现出了多样化的特点。北京市城市居民的最低生活保障救助资金主要依靠各市区（县）政府的财政支持；上海市将全市用于社会救助的资金列入本年度的财政预算，采用市、区（县）分级负担的方式；像西北内陆省份的甘肃省，则主要依靠国家财政支持和少部分的省级预算保障；黑龙江省则是分类管理，国家规定的救助项目由国家财政负担，省级自主救助的项目经费由省政府和各级政府分级负担。在中国特色社会救助的立法框架中，要明确各主体的责任分担机制，合理细化中央政府和地方各级政府的分担比例，夯实社会救助资金的来源保障。持续性加强中央财政预算支持的同时，还要保证地方财政资金的衔接与跟进，不断提高社会救助水平，通过社会救助立法确立法治化的资金筹集机制，去解决社会救助的不充分和不均衡的问题。

（二）申请程序

社会救助法的实质是社会救助实体法与程序法的有机融合②。社会救助立法过程中的"程序正义"具有双重意涵，它不仅可以限制政府权力的扩张，预防权力异化的风险，保障社会救助程序的有效实施；还可以维护受助群体的基本社会救助权利，实现社会救助的最优目标③。因此，确保程序公平是构建中国特色社会救助立法的核心要义。程序公平在社会救助立法框架中体现为救助申领程序制度，在具体实践运行中主要包括申请、审核、家计调查、监督、公民参与、救助实施和退出等程序机制。救助申领制度分为两种形式：一种是受助者的主动申请；另一种是国家政府的主动发现。前者代表了贫困者主动维护自身的权利诉求，后者体现为国家积极的义务供给。促进两种申请机制的互相配合，才能扩大受助群体的救助范围，提升公民获得社会救助的概率。

然而，早期的社会救助法规制度具有"重实体、轻程序"的法律传统，造成社会救助申领程序制度的缺失，使得社会救助程序方面缺少法律保障，公民的社会救助权无法顺利实现。《办法》和《草案征集意见稿》中只是规定了各项救助项目的行政性申请流程，并非社会救助申领程序制度安排。所以，中国特色的社会救助立法框架中应注重救助申领程序的制度性设计，明确申请制度、家计调查制度和动态监督制度，规范救助程序，依法履行责任与义务，促进社会救助程

---

① 林闽钢：《论社会救助多主体责任的定位、关系及实现》，载于《社会科学研究》2020年第3期。
② 杨思斌：《中国社会救助立法研究》，中国工人出版社2009年版，第274页。
③ 蒋悟真：《社会救助立法的机遇、模式与难点》，载于《社会科学战线》2015年第7期。

序在阳光透明的环境下开展。申请制度是受助当事人的一种积极权利，他们通过向当地主管部门提交申请书，负责审查的机构开始进行资格的审核，审核通过可以进行后续的救助实施阶段。审核阶段是对申请人进行家计调查，确定申请者是否符合申领社会救助的标准。家计调查是使社会救助津贴可以真正用于贫困人口的主要机制。加强社会救助的动态监管，是中国特色社会救助立法的内在要求。社会救助管理部门通过查阅、复核、走访等形式，及时掌握救助对象及家庭的财产状况，对那些脱离贫困的群体及时实施退出程序。完善社会救助的投诉举报机制，规范投诉监督流程，确保社会救助程序的公开化、透明化和法治化。

四、救助机构与法律责任

（一）社会救助机构

西方福利国家体制的发展经验揭示了过分强调国家与市场任何一方的绝对性力量都可能造成严重的经济发展和社会问题，重视"福利多元化""第三条道路"的发展理念，注重国家、市场、社会组织机构的多主体合作是应对社会问题的一剂良方。促进社会机构的良性运转对于维护贫困群体的基本生活需要和社会救助立法的实施效果至关重要。社会救助机构是指社会上的非营利性组织，培育非营利性组织参与社会救助，可以减轻政府的财政压力，帮助政府解决社会性难题。当前的法规条例虽提及非营利性组织可通过捐赠、设立帮扶项目、提供志愿性服务和与政府合作的"购买服务"等形式参与社会救助，但是缺少立法保护，导致社会救助机构拥有较小的实际操作空间。

非营利性组织参与社会救助的法治化路径主要面临着法律层级低、条文之间存在着漏洞与冲突以及组织定位的管理而非促进等问题[①]。组织定位上，非营利性组织参与社会救助不具备合法性身份，立法性定位是管理而非促进，主要受到政府部门的限制性管控，无法为救助对象提供多元化的服务；法律层级低指的是对于非营利性组织的法律条文散见于行政法规中，缺少真正法律的保护；条文的冲突与漏洞是指没有明确非营利性组织在社会救助中的责任分担，条文笼统且空洞，救助实施难度大。构建中国特色的社会救助立法模式，需要赋予救助机构的法律地位，改善社会救助机构与政府机关的合作形式，完善社会机构参与社会救

---

① 高媛：《非营利组织参与社会救助：德国模式的立法借鉴》，载于《中共福建省委党校学报》2016年第8期。

助的合理化途径，探讨与制定政府购买社会服务的新方案，让渡部分社会救助的责任与功能给予社会组织，继续发挥政府的托底救助功能，努力营造政府机关、社会救助机构相互配合、互相协作的合作氛围。

（二）社会救助的法律责任

社会救助立法中的法律责任制度是对救助程序中提供者、受助者、协助者等关系的法律管控，无论哪一方触碰法律的底线，都必须承担相应的后果。救助关系中的不同主体承担着不同的法律责任。管理方是指专门负责社会救助事物的国家行政机关，例如，民政部，各省份的民政厅、局等。管理方具体的法律责任包括：截留、挤占、挪用、私分社会救助资金物资责任、出具虚假证明材料责任、骗取社会救助法律责任、非法占有救助资金或者物资法律责任、干扰社会救助责任、刑事责任等。管理方的违法行为导致后果极其严重的，应交由司法机关追究其部门和个人的法律责任。社会救助法中管理方责任的制定可以促进政府行政部门人员恪尽职守，严格履行社会救助的法定义务，认真贯彻社会救助立法的程序和要求。

社会救助制度的基本目标是保障与改善民生，而民生问题又是社会经济不断变化升级的时代产物。党的十九大报告中明确强调："按照兜底线、织密网、建机制的要求，全面建成可持续多层次的社会保障体系。"社会救助制度作为社会保障体系的重要一环，发挥着积极的救助功能。要巩固消除贫困、共同富裕，人人共享改革发展的美好成果，走中国特色社会救助的法治化道路是一种可行性路径。通过社会救助立法来保障公民社会救助权的获得，是全面建成"以人民为中心、以问题为导向、以需求为重点"的中国特色社会救助体系的内在要求。

构建中国特色社会救助的立法模式，重点是要解决好社会救助的基本权利与国家义务的制度性张力，保障公民的生存权和发展权。明确立法过程中的主体责任关系，是现代社会救助的立法理念与顶层制度设计所参照的核心判断。联系社会学、法社会学、社会保障等相关研究领域可以发现，中国社会救助制度的法治化研究具有现实意义。社会救助法保障的是全体公民的权利，《社会救助法》的出台，有助于打破城乡二元体制结构，统筹城乡一体化发展，实现区域的制度性平衡。中国的社会救助立法图景正是基于国家的自然状态、人民的生活方式、政治体制的自由度、法律的客观位阶秩序相契合，才具有了现实性和可操作性[1]。走中国特色的社会救助法治化道路，结合中国现实的法律语境，实现社会救助制度的现代化。

---

① 赵大华：《社会救助权保障下的社会救助立法之完善——兼评〈社会救助暂行办法〉》，载于《法学》2016 年第 3 期。

第十五章

我国社会救助目标瞄准
与过程管理的优化路径

第一节 健全社会救助的目标瞄准机制

目标瞄准及资格认定是社会救助制度实施中的首要任务也是难点问题，虽然自低保和各专项救助制度实施以来，不断在根据国情及实施过程中所遇到的问题进行政策改善和调整，但仍存在许多不尽如人意之处，需要继续健全和完善，以应对新的贫困问题，适应新时代社会发展和人民需求，避免新的社会不公正现象产生，以更好地保障困难群体利益。

一、农村社会救助的目标瞄准

（一）引入行为瞄准方法精确救助受益者范围

行为瞄准是指根据所瞄准目标对象的行为，将目标对象分为几类，然后根据分类规范审核对象是否符合救助准入条件，确定其是否能够享有救助资格。在实际工作中，农村社会救助制度的受益者不仅包括因无劳动力或丧失劳动力而无力摆脱贫困的群体，还包括因老、因病、因子女教育等致贫的群体。将行为瞄准机

277

制引入农村救助制度的瞄准过程中，把救助对象按照行为规范进行分类，再具体分析目标对象是否有资格享受救助，可以在一定程度上帮助高效划分受益者范围，使社会救助的资源分流现象得到一定改善，以实现更加精准地救助。如可以将农村救助对象进行以下行为规范的分类：第一类，就业行为规范。当有劳动能力的目标对象积极就业时，可按照有关制度规定发放基本生存补助；当目标对象有劳动力但拒不工作，对救助形成依赖，只想着领取救助金时，主管部门可按规定减少或者停止发放救助金。第二类，申请资格规范。如果发现谎报、虚报灾情和家庭状况等骗取救助的行为，经主管部门审核，核查情况属实后根据情况停发或者减发救助金。引入行为瞄准法，能够有效地解决福利依赖问题，提高救助对象瞄准的准确率和效率。

（二）引入生计资产调查识别救助对象

生计资产调查法是指不单单从收入或者某一特定的方面来反映考察对象的家庭情况，而是采取多维度、综合的方法来考虑目标对象的贫困程度（Chambers，1992）[①]。生计就是谋生的方式，需要有一定的资产和能力，并且能达到这些基础水平之上。英国国际发展署（The UK's Department for International Development，DFID）曾指出，生计的范畴还包括人力、自然、金融、物质及社会资本的拥有程度。在我国农村，贫困对象的生计包括人力资产、自然资产、物质资产、社会资产以及金融资产五个指标。其中人力资产包括以家庭成员为单位的家庭整体劳动能力、受教育程度以及参加专业技能培训的次数；自然资产包括农村家庭人均拥有的耕地面积以及实际的耕地面积；物质资产包括住房、财产及金融资产（家庭人均年收入）；社会资产包括是否参加商业保险、家庭中是否有村级以上干部群体、困难时能否得到政府或者社会组织帮助。引入生计资产调查识别救助对象，不仅要准确掌握申请对象的经济收入、家庭财产等基本资料，还需要更加详细地考察贫困的不同成因，了解申请对象在人力资本、社会资本、物质资本与金融资本上的主要概况，寻求家庭贫困的综合影响因素，精准地区分各类救助对象并根据他们不同的状况予以精准帮扶。

（三）使用类别瞄准和财产瞄准测算低收入家庭贫困状况

贫困户的金融资产包括家庭人均现金收入和家庭能获得借款的机会。其中，家庭人均现金收入是目标瞄准的一项重要指标，但是其不容易被测量出来。类别

---

① Chambers, Conwayg. Sustainable livelihoods: Practical Concepts for the 21st Century ［C］. IDS Discussion. Papers. 1992：296.

瞄准是根据研究目标的健康指标和耕地质量指标来确定节点，而财产瞄准则是根据类别瞄准得到的结果再定义具体的节点。具体操作是：首先，以受助者及其家人的健康指数与劳动指数为参照指标，将受助者分为 A、B、C 三类来测算。A类是没办法满足基本生活需要的残障者；B 类是无法满足基本生活需要且其监护人没有抚养能力的老龄人口；除去 A 类、B 类人群，其余的都属于 C 类救助人群。A 类、B 类人群是需要优先救助的群体，在测算家庭财产状况时，假设是在同样状态下，A 类和 B 类人群的收入要低于 C 类，那么 A 类、B 类人群获得的救助金就比 C 类高。其次，根据耕地质量的指标将人群分为 A 类和 B 类，A 类是耕地质量好的，就算发生自然灾害也能保证其收入；其余分为 B 类。最后，按照指标分类进行回归分析，将低保户按照救助优先程度进行排序，以更加精准地接受有针对性的救助项目。

（四）健全社会救助对象目标瞄准的评议与审查监督机制

规范化民主评议及公示制度，加强对评议人的宣传教育，强化其对民主评议工作重要性的认识，增强评议人行使评议权利、履行评议人责任的意识，进一步规范民主评议工作。民主评议人可能因不了解评议对象的相关情况，导致做出的评议决策主观随性，加上群体决策的压力，评议结果未能客观反映评议对象的真实情况和评议人的真实态度。因此，需要进一步规范民主评议对象的信息披露工作，让评议人充分了解评议对象的情况；同时，引进匿名投票制度，减少群体评议决策的压力，可根据实际情况采取个别谈话的方式，充分了解评议人对评议对象家庭经济情况的看法，并对谈话内容保密。另外，构建农村社会救助定期审查机制，以严格的审查监督制度防范救助工作的以公谋私，出现人情保、关系保、虚假评估、瞒报错填、审查不严格等违规现象。对救助资金的使用去向加强审查，确保专款专用，主管部门要严格把关，不定期核查，防止出现违规操作。提高对救助对象的资格审查质量，保证审查过程和程序的公平性和公开性。

二、城市社会救助的目标瞄准

（一）完善家庭经济状况目标瞄准信息系统

一般而言，社会救助领域关于家庭经济状况的目标瞄准系统主要有四种方法：入户调查、邻里访问、信函索证和信息系统核对。但是由于各地经济发展水平不平衡，对申请对象的收入和家庭财产审查方式也存在较大差异。在欠发达地区，主要采用入户调查和邻里访问的方式，而发达地区往往已经建立起较为完善的信息审查核对系统，其能比较全面、准确地反映救助对象各方面的情况。因此，应充分利用现代信息和大数据技术，推广建立惠及面更广、信息统筹能力更强的目标瞄准信息系统。该系统有助于及时掌握贫困人口的经济社会等各方面信息，也有助于主动发现贫困人口。协同社会救助部门、扶贫机构、慈善组织、社工机构、志愿者组织等部门及机构提供救助对象信息，共同建立大救助信息平台，做到信息互通和共享，提升救助效率及实现"应保尽保"。

（二）构建目标对象多元化瞄准指标体系

仅以收入作为目标瞄准的指标在实践时容易产生偏差，应加快构建多元化救助目标对象瞄准指标体系。收入和资产仅仅是衡量贫困程度的因素之一，社会资本、人力资本等因素也是导致贫困的重要因素。另外，资产审查者的主观因素会在整个资产核查过程中影响核查的客观性和科学性，各个地区应科学制定财产标准，以提高核查的准确度。采用生计资产量化分析法可以更准确地评估低收入家庭面临的贫困风险，根据家庭生计资产量化指标体系、对目标对象的各项指标进行测算，用定量的方法分析单个家庭的生计资产状况，并按照生计资产总值进行排序，确定城市救助制度的目标对象，这样不仅可以提高瞄准效率，还有利于实现对救助对象的公平给付。

（三）扩大救助范围并简化申请审核程序

随着人口迁移的加剧，异地定居、人户分离现象增多，农村进入城市务工的农民工群体，已经成为很多城市的重要劳动力资源，他们为城市发展和建设作出非常重要的贡献。城市地区应把流动人口、务工人员等纳入救助范围，对在本地就业，但无本地户籍的外来务工困难人群，加强人文关怀和社会救助。适当简化城市社会救助资格认定相关程序和材料，大力提倡网络办公，实现线上信息核查，避免过多的纸质材料复查，这样做既能节省大量工作成本，积极响应当前节能环保的政策要求，又能减少申请人员及工作人员工作量，同时也能极大地提升工作效率及审核准确性。出台和完善专项救助制度实施细则，明确功能定位，建立健全救助对象、程序及退出等规定，规范专项救助制度的资格认定工作，避免把低保与专项救助进行简单捆绑，推进专项救助制度的规范化运行。

第二节 加强社会救助制度实施的过程管理

社会救助的过程管理，即指从申请对象确定救助资格开始算起，通过帮扶实现脱贫，或其他原因不再符合救助资格，甚至退出救助后仍在关注受助家庭生活情况，直至最后实现完全脱贫，对整个阶段的救助工作及救助对象加强管理。改变当前仅简单地对救助对象发放款物、忽视救助对象生活变化及多元救助诉求，而应从动态管理、能力提升等视角加强过程管理。

一、深入完善分类救助机制

按照救助对象及其家庭成员的基本情况，进行分类救助，以减少不必要的核查与审查工作，提升救助工作效率。根据救助家庭的经济收入（包括法定赡养、抚养能力）、身体健康状况及劳动力等情况，将受助对象分为三类：第 I 类是长期重点保障户（或个人），主要包含无依无靠又没有生活来源，家庭主要劳动力伤亡（患重病或重残），其他人员无劳动能力的贫困家庭或个人；第 II 类是一般长期保障户，家庭主要成员伤亡（重病或重残），其他家庭成员具有一定劳动能力，但能力不高，生活状况在短时间内不会发生太大变化的贫困家庭；第 III 类是短期保障户，因突发性灾害、意外事故等造成生活困难，或有一定收入和生活来源，但因家庭成员患病，或未成年子女就学导致阶段性经济负担巨大，以致难以维持基本生活的贫困家庭。对救助对象进行分类管理，在救助标准和救助资源给付上实现精准救助，减少不必要的工作量。如对第 I 类长期重点保障户（或个人），需确保兜底保障，并根据生活成本、物价水平变化调整救助标准，给予受助者最基本的生活保障，并可简化救助申请程序，减少周期审查、审核频次，可每年进行一次审查。对第 II 类一般长期保障户，要及时关注家庭经济条件变化情况，从影响脱贫关键因子入手，如何提高家庭人力资本、教育资本等，在保障基本生活的同时，给予更多针对性救助资源，从长计议帮助该类家庭脱贫。对第 III 类短期保障户，需根据实际情况加大专项救助力度，使其渡过生活难关，并给予更多就业、社会参与等机会，帮助其回归正常生活轨道。

二、运用信息化手段加强动态管理

当下，信息化建设与大数据时代的到来，为社会救助工作的突破提供技术支撑，推进互联网、智能技术与社会救助工作的紧密融合，将有助于实现救助管理工作的动态化更新与跨部门信息共享；家庭收入与财产构成日益复杂，人口迁移日益频繁，仅依靠手工和人力开展入户调查审核，难以满足社会救助工作的精确要求，亟须运用现代信息技术加强动态管理。一是完善大救助信息网络平台建设，实现社会救助的跨部门联动，推动公安、工商、税务、房产、社会保障和银行等相关部门和机构的衔接配合，实现数据互通共享，形成包括家庭成员、收入、财产等一系列信息的大数据库。动态信息管理平台的作用不仅可以用于准确记录救助信息，还可以用于主动发现和监管救助工作。通过核查将漏保的贫困家庭纳入救助，将错保户排除；信息数据的网络化，可以让救助对象基本信息、家庭变化和救助标准等都变得透明化，监管部门可动态监管救助对象的生活变化情况。二是建立低收入家庭贫困综合评定与动态管理机制，建立主动申报和定期报告制度。在以往的救助资格认定工作中申请者多处于被动接受调查的地位，由基层民政工作人员入户核查家庭财产和收入情况，而建立主动申报和定期报告制度，有助于实现家庭收入及财产的申报变被动为主动，由救助对象定期提供家庭收入与财产变化情况，同时主动申报制度体现了对居民的充分信任，由居民自我监督，可以有效地提升社会诚信水平。主动申报制度也有效地解决了异地就业家庭经济评定与审核困难的问题，避免申请者及工作人员奔波往复的辛劳，有效减轻后期核查工作量，同时应辅以一定力度的抽查和监管，对申请对象家庭情况的变化进行追踪调查。

三、注重受助者及其家庭成员的能力提升

就业与发展机会是最有效的脱贫途径，获得高质量的就业机会是实现收入可持续增长的重要条件。救助对象往往受教育程度较低，专业技能不足，大多从事非正规、不稳定的工作，难以获得稳定收入，但低水平、非稳定的就业，并不能让受助家庭摆脱困境，仅仅强调"工作第一"很难达到真正稳定脱贫的结果，反而可能带来贫困的反复，因此提升受助者及家庭成员发展能力，促进高质量就业，是帮助救助家庭可持续发展的关键因素，也是加强救助动态管理的要领，更是解决相对贫困问题的有效手段。在强调就业脱贫的同时，需要更加注重人力资本的提升，重视劳动力市场的直接介入和工作培训。对于有劳动能力的受助者，

应通过多种方式引导、技能提升，支持其实现高质量就业。

在提升受助者及其家庭成员发展能力时需注意以下两个方面的问题：一是能力提升的实用性，即提供的技能培训、文化知识提升等内容是否是受助者就业、创业或改善生产所需，应充分考虑受助对象的基本能力和就业需求，确保能力提升的针对性、实用性和有效性。二是能力提升的科学性，需充分考虑受助者基本特征，如文化程度、接受能力、学习偏好等，采用理论与实践相结合、"用中学"和"做中学"的能力提升方式，避免纯理论知识讲解，超出受助者学习能力。同时，要避免"有用无效"的技能培训，虽然技能提升内容对于增加受助者能力来说有效用，但从实际应用角度来看，却很难在实际生产、就业中使用，或缺乏使用条件，如演讲技能、电脑编程等项目，虽然有利于受助者知识的积累和能力提升，但缺乏实际效用。因此，推行"从福利到工作"，需以经济发展和就业创造为前提，提供稳定充分的就业机会。能力提升需将贫困人口能力建设嵌入系统性扶贫工程，技能培训要符合所嵌入的社会经济环境，培训内容、类型、方式应与产业扶贫项目结合，避免碎片化就业培训方式，注重培训的效果和实用性。另外，有用的培训知识不等于有效（扶贫效果），贫困户能不能将所学知识技能应用到生产实践中，转化成有效的脱贫工具，更是需要重点关注的问题。在能力提升中同时需要关注受助者的学习能力和意愿，同时适度考虑辅以最低工资和失业保险等收入保障措施，提高救助对象的参与积极性。

四、制订面向救助家庭的可持续发展计划

贫困不是家庭中某一个体的问题，而往往是家庭系统出现问题。因此，仅通过就业促进家庭收入增长难以达到稳定可持续脱贫，家庭中出现的疾病、养老、就学问题都可能使家庭再次返贫，新时代的社会救助制度应更加关注脱贫家庭的返贫风险。因此，将收入增长、能力提升与健康促进结合，面向救助家庭制订可持续发展计划，特别是针对家庭中的主要劳动力、儿童，应制定针对性干预措施。贫困家庭可持续发展，主要表现在家庭主要成年成员知识文化水平的提升、生产生活技能的提升、身体健康状况的提升，掌握社会资源能力的增强，以及子女受教育水平的显著提升，意味着家庭在应对各种疾病、意外遭遇等风险能力的提升，在战胜生活困难和挑战的信心以及能力的显著提升。针对家庭中的主要劳动力，为其提供更多的受教育机会和技能提升机会，努力提升知识文化水平、专业技术能力和综合素质，确保主要劳动力能够拥有一技之长；针对未成年子女，关注受教育机会和身心健康问题，推进子女健康成长和接受更多的教育。针对家庭中的疾病、长期慢性病患者，需要从医疗保障、健康照料方面予以相应救助保

障。针对老人，提供健康促进与养老保障补贴，面向贫困老人提供包括日常照料、常规体检、居家养老等服务，减轻家庭照料负担。

五、加强社会救助制度规范化监督与管理

完善社会救助制度实施中的监督管理工作，是增强救助制度透明性和约束力，以及推进公正公平救助、落实责任追究制度、维护群众合法权益的重要手段。一是加大对社会救助工作的考评力度，每年将救助制度落实情况、规范化管理情况、投诉情况等纳入目标绩效评估，在年终进行汇总和公示，对工作表现好的工作部门给予奖励，对不达标的部门进行问责和扣减工作绩效。二是加强专项督查，定期开展社会救助专项治理行动，对涉及办理程序、家计调查、评议公示、资金发放等进行自查，督查虚报、瞒报、错报等渎职失职行为。三是加强社会救助制度监管相关法治建设，加强基层民政干部自律，对基层社会救助违规现象、资金挪用及渎职失职、滥用职权等情况进行严厉惩处，进一步推进监督管理体制机制和法律法规建设，实现有法可依、违法必究。四是完善群众监督机制，增强群众监督效能，设立救助投诉热线，接受社会监督，及时受理举报材料，组织有关人员核查举报情况，并将查处结果及时反馈给举报人。

第三节 改革完善社会救助的退出机制

改革完善社会救助的退出机制，是实现应保尽保、应退尽退的目标要求，有助于盘活有限救助资源，提高救助资金的使用效益。但救助退出应特别关注以下两个方面的问题：一是受助者是否具备条件实现脱贫，满足脱贫条件的受助家庭在经过评估和认定后，应退出救助。二是受助者是否有能力获得持续性的收入，即退出后能够维持目前的收入水平甚至实现稳定增长，并保障在较长时间内不返贫，实现真正脱贫。

一、保障满足脱贫条件者有序退出

（一）明确退出标准，基于多维贫困合理确定脱贫条件

在制定救助退出标准时，注重多维贫困问题对受助对象的生活影响，目前以

收入为主的资格认定方式忽视了贫困的多维性，对于支出型贫困如因教、因病致贫以及其他高风险贫困家庭并未作区分。"脱贫具有长期性，不应仅用贫困线指标来衡量退出标准，还应更多应用人力资本指标，衡量家庭的健康状况和收入能力"①。因特殊原因导致贫困的受助家庭在退出救助时，要对其进行更为细致的调研考察，对高风险脆弱家庭，需进行退出风险评估。因此，制定退出标准时，不应仅以收入作为标准，还应充分考虑贫困户退出后的可持续发展能力，从解决多维贫困出发，避免"一刀切"的退出标准。另外，低保退出标准与准入标准应有一定差别，通常退出时的收入水平应比准入资格线高一些。

（二）遵循受助者资格认定的差异化原则，推行分类退出政策

对于长期贫困与短期贫困、收入型贫困与支出型贫困，以及因病、因教、因学致贫等不同贫困类型的受助家庭，其抵御风险能力及退出后的可持续收入获得能力存在较大差异。在评估退出资格时，应充分考虑受助者及其家庭的差异性，制定差异化退出标准。如有儿童的贫困家庭则应考虑儿童教育与营养的可持续保障；因病致贫的家庭，需根据疾病类型、后续治疗方案以及相应支出预估，在退出标准上也需有所差异。实施家庭结构、贫困类型的差异化退出资格认定，实施分类退出政策，允许对家庭特殊人员的"免退"计划，如重病重残者。

（三）完善动态管理机制，确保救助有进有出、可进可出

根据动态管理原则，达到退出标准的受助者应退出救助。但退出救助并不意味着政策关注的忽视。退出救助者往往仍处于贫困边缘，是高返贫风险群体，有极大可能再次返贫。动态管理机制下救助制度应具有一定机动性，保持双向渠道畅通，返贫风险高的群体若再次陷入贫困，应启动快速应对机制，防止临时贫困向长期深度贫困转变，实现救助制度有进有出、可进可出。

（四）理顺退出程序，引入第三方评估，保障民主协商机制

受助者达到脱贫条件，应经过严格的审核评估和民主协商后，予以公示退出。为保障程序的公平公正和有效性，应引入第三方，对拟退出救助家庭的经济状况、风险控制、可持续发展能力等进行评估。特别是后两者，需要第三方专业评估力量借助科学工具和手段，制定准确可行的评估量表等评估方法，进行包括

---

① 房连泉：《国际扶贫中的退出机制——有条件现金转移支付计划在发展中国家的实践》，载于《国际经济评论》2016 年第 6 期。

基准效果评估、绩效评估在内的综合评估。充分发挥民主协商机制的作用，以评估结果为依据，组成民主评议小组，对救助退出家庭的总体状况进行讨论、评议，通过后，履行相关手续，进行公示后退出。

二、加强救助退出机制宣传和正向激励引导

通过线上线下等传播渠道加强社会救助退出制度的宣传和普及，提高救助信息的公开性、时效性和全面性。在宣传过程中树立积极正确的舆论导向，努力改变群众固有观念，强调救助制度的兜底性和救急难等特性；强调勤劳勇敢和自强不息的传统美德，要求受助群体积极参与就业，实现自力更生，不符合救助资格时应主动退出救助。宣传过程中还应引导媒体及社会舆论大力赞扬和传播积极主动工作或创业，自主脱贫并主动退出救助的典型事迹，大力倡导自立自强的优良品质和精神，对陷入福利依赖，拥有"坐等靠"等不良懒惰思想的群体予以严厉批评和谴责，引导生活情况和条件得到改善的救助家庭积极主动退出。

实行正向激励引导与责任追究机制并行，一方面应坚持正向激励引导，鼓励受助者充分发挥自身主观能动作用，寻找脱贫出路。对于在受助期内创业的受助者给予税收减免、技术支持等优惠政策；对于积极就业者给予就业信息、岗位推荐、培训补贴等支持。另一方面，对于达到条件后隐瞒收入的不退出者，应进行责任追究，予以取消受助资格、追缴部分救助款、增加下次申请限制条件、取消或削减部分专项救助等处罚。但也应注意，责任追究的同时应保障其基本权利。

三、建构渐进性退出机制

受助者达到脱贫条件后，能否稳定维持现状并在此基础上实现生活的改善，需要一定时期检验，要避免救助退出的"一刀切"、一退全退，推行渐进式退出，以确定受助者脱贫状态的稳定性和收入获得的可持续性。渐进式退出机制为潜在退出者提供一定缓冲期，巩固脱贫效果，防止退出后出现收入"断崖式"下跌和返贫。在制度设计上应体现多样性，包括期限的延续、待遇递减、政策替代等。具体来说，如在达到脱贫条件后，为受助者提供 3 ~ 6 个月的缓冲期，在缓冲期内，仍提供一定标准的救助，只是逐月减少救助金额；缓冲期内，增加家庭经济社会条件评估，通过多渠道全面跟进了解脱贫和经济收入的稳定性，并对可能的风险因素进行重点评估。若缓冲期内，状态稳定且有继续改善趋势，可在缓冲期

结束后正式终止救助。若缓冲期内发现高风险因素或贫困状态的反复，则可进一步延长 3~6 个月观察期，以决定是否达到脱贫条件退出救助。低保退出的同时，根据实际情况，仍可保留其他专项救助项目。

四、做好帮扶替代与救助服务保障

受助者在退出救助后，救助收入和相关保障会有所减少，往往容易再次陷入贫困，因此受助者退出救助时应加强做好帮扶替代、服务保障及与其他保障政策的衔接，确保退出救助后受助家庭不处于制度保障的真空状态。一是在帮扶政策替代上，若已经不符合某项救助政策，可给予诸如培训津贴、就业补助等新的帮扶政策，或相关的基本服务救助，使得受助者退出救助后生活平稳。二是在制度衔接上，应做好养老保障、医疗保障、教育扶持、社区照料等方面保障，阻断高风险致贫因素。三是引入社会力量参与，提供救助退出后的相关服务保障。社会力量是贫困治理的重要主体，社会救助制度的顺利实施，需要社会力量为贫困救助对象提供丰富多彩、针对性强的社会服务，如职业培训、家庭照料、养老服务、健康维护等方面的服务。在职业培训领域，政府购买，相关社会服务机构承接、提供培训，能够为有就业意向的受助者提供更具有针对性的培训内容；在家庭照料、养老服务领域，通过政府购买和第三方服务机构供给，为受助家庭提供护理、照料、养育以及家务支持等服务，减轻退出后的经济压力和照料压力；在健康维护领域，可引入医疗机构，提供常规体检、医疗服务，增进救助对象健康人力资本。同时，引入社会力量可以加强舆论监督和社会监管，监督制止不规范的操作行为出现。

五、提升基层救助工作队伍能力和管理水平

基层社会救助工作的执行主体是街道（乡镇）、社区（村）负责民政工作的干部，他们的素质能力、工作效率在很大程度上影响着社会救助制度的实施效果，因此亟须进一步提升基层社会救助工作队伍建设。一是配齐加强基层社会救助经办人员队伍，推行网格化管理模式，健全网格员网络管理体系，依托网格员"第一时间"发现贫困群体，确保社会救助工作的全覆盖。二是应当建立科学完善的社会救助工作人员绩效薪酬体系以及增长机制，明确其职业发展方向，形成引得进、走得出、顶得上、用得好的人才流动机制，增加基层民族工作人员挂职锻炼或交流提拔重用的机会。三是完善社会救助工作人员的工作培训机制，围绕基层工作队伍素质提高，有针对性地开展业务能力提升培训、学习观摩，不断提

287

高基层社会救助从业者的工作能力。四是充分调动基层队伍的工作积极性和群众参与主动性，对基层聘用的社会救助工作助理员、网格员等实务工作者落实一定的工作补贴，给予办公场所、机构运转等基本办公经费保障。五是尝试由政府购买第三方机构服务，辅助进行对救助对象进行家庭收入调查等工作，减轻基层社会救助干部工作压力，明确社会救助专员职责范围，使其把更多精力服务于受助群众。

第十六章

我国社会救助制度综合评估指标体系构建

第一节　我国社会救助制度综合评估指标选择

一、指标完善的指导思想

构建我国社会救助制度的综合评估指标体系需满足以下要求：首先，从社会救助制度出发，对该制度本身进行评估。制度设计的评估是起点评估，它需要符合"三性"：合目的性、规律性和规范性。主要评估社会救助制度是否与其体现出的平等价值观、目标、功能、公平权等一致。其次，对社会救助的实施过程和结果进行评估，即应用和绩效评估。本部分基于对制度层面全方位评估，致力于构建一个完整的、具有可操作性的社会救助制度的综合评估指标体系和评估方法。最后，综合考虑指标的全面性、科学性、合理性和可行性，对理论指标体系进行调整，以期为理论指标体系各分指标构建合理的量化指标，初步提出我国社会救助制度综合评价指标体系。

社会救助评价指标体系的应用需要立足实际，指导实践。首先，基于社会救助制度综合评价指标体系，采用既有数据与案例，对收集的可能指标进行检验。其次，采用抽样调查数据，对指标进行验证。依据检验结果对指标体系修正，最终提出科学、合理的社会救助综合评估指标体系。最后，运用社会救助评估指标对我国社会救助制度的实施状况进行测度并排序。综合评估的目的是对我国社会救助制度的运行现状进行细致全面考察并做出区域性比较，促进比较中的发展。根据社会救助水平及经济发达程度，选取若干城市和农村进行测度。

二、构建社会救助制度综合评估指标体系的理论框架

指标是一种可以评估发展、确认挑战和需求、监督实施和评估结果的有效工具。借助指标，可以了解与某个重要目标或动机相联系的某种事物的发展情况，也可以了解总体现象的特定概念和具体数值，评估指标是监测经济社会发展的重要量化手段。而一系列指标组合构成了评估指标体系。建立低保救助制度的综合评估指标体系，主要需要解答如何构建该体系，即用来反映一定时空内低保救助对象、规模、效益等方面变化情况的系列统计指标。据此，提出我国低保救助制度综合评估指标体系构建的理论模型。

按照救助程序，分成三个环节来构建评估指标体系：一是社会救助实施前对救助对象的确定；二是社会救助金的具体发放过程；三是救助实施后的成效。系统模型被用来帮助理解服务项目的运作过程，其核心包括输入、过程、输出和反馈。

输入指一个系统或项目为达到目标所使用的任何资源。如资金、人力和设施等。

过程指输入被消耗和转化的过程。

输出指一个系统或项目的任何产出。

反馈指有关系统或项目信息作为输入重新放入系统中。

依据系统模型与 CIPP 模型原理，并结合项目所设立的宗旨等，确立如下的服务评估指标体系（见图 16-1）。

输入评估：（1）人力：直接参与服务的人数，间接参与服务的人数；（2）物力：服务筹备与耗费的物资；（3）时间：服务的时间；（4）经费：服务所花经费。

输出评估：（1）服务单元与总量；（2）服务完成量；（3）能力建设。

效果和影响评估：（1）对个人的影响；（2）对社会的影响。

满意度评估：（1）主观评价；（2）客观评价。

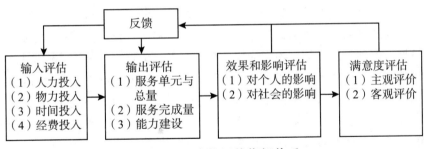

图 16 - 1　绩效评估指标体系

　　低保救助绩效评估的目标是通过对社会救助绩效评估的研究，推进社会救助绩效评估体系的建立与不断健全，从而检验社会救助制度执行的公平性、效率性和效果性，进一步监督、规范社会救助工作。在推进公平、公正、共享等核心理念的基础上，及时发现问题，改正问题，促进救助实施主体提高救助效果，提高资金使用效率和救助精准性、针对性，使社会救助制度实现高效运行。按照社会救助各个阶段需要实现的目标和作用，社会救助制度绩效评估指标体系构建需要遵循以下原则：注重表现社会救助绩效评估指标的描述和反映功能、评价功能、指导功能等，同时需遵循可比性原则、科学性原则、差异性原则、可操作性原则与全面性原则①。

　　需要关注的是，根据当前我国低保救助水平和现状，低保救助的绩效评估指标设定也需要遵循以下原则：（1）目标一致性原则，即评估指标体系与被评估对象的目标、绩效评估目的三者一致；（2）可行性原则，评估指标应有明确的定义和内涵，做到容易理解和收集，评估指标测算可以从公开的统计资料、报表中获取数据；（3）可比性原则，选取具有共性的指标，并保持口径的统一；（4）分区、分类的原则，考虑到我国经济社会发展水平在东部、中部和西部存在较大差异，同时也考虑到城乡发展存在较大差异，采取分区、分类设置指标的不同评估方法。

三、选取的指标与指标赋权方法

（一）选取的低保救助指标体系

　　低保救助制度综合评估指标体系构建的基本步骤包括：一是通过文献研究，

---

　　①　魏珊珊：《社会救助绩效评估指标初探》，载于《内蒙古农业大学学报》（社会科学版）2010年第1期。

对之前学者提出的低保救助制度评估指标体系进行分析和选取，构成初步的指标体系；二是依据实证调研数据进行因子分析，对初步选取的指标体系进行重新整理。根据目前学者已经创建的指标体系基础之上，依据系统模型，依据归纳总结出最终的评估指标体系。在充分考虑全面性和可得性的基础上，通过对社会救助评估的研究，对已有研究所列指标进行筛选和完善。本书将绩效评估的三阶段，即制度设计、制度实施、制度效果作为低保救助绩效评估体系的 3 个一级指标（见图 16 -2），具体的指标解释如下。

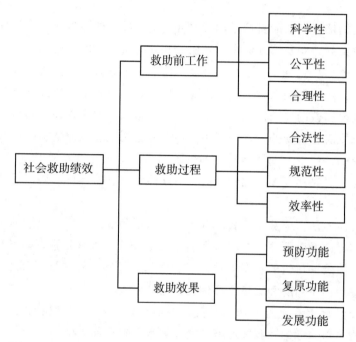

图 16 -2　低保救助绩效评估的 3 个一级指标操作化框架

（1）制度设计评估，主要关注社会救助制度实施前救助对象的瞄准、救助标准的确定，这涉及低保救助水平、救助标准调整、财政投入等。

（2）制度实施评估，对政策的应用操作过程即实施过程进行评估，关注政策传递给救助对象的手段和方式。评估的第一个方面是监察日常工作。这是对社会救助制度实施的工作人员行为和工作状况进行评估，即对低保救助的申请、审核、发放、动态管理、能力建设等方面的工作绩效；这一评估主要对工作情况、过程管理、程序合理性检验等方面进行评估，目的是发现工作中的问题并确保正确执行政策。评估的第二个方面就是低保救助对象作为这一过程的直接接受者，对救助工作的直接反馈与满意程度进行评估，该评估更加注重于对政策参与者的关注，往往涉及主观评价问题。

（3）制度结果评估，也叫作影响评估，是对救助实施后的成效进行评估。首先，结果评估关注的是在多大程度上实现和满足目标，即低保救助的政策目标是否得到实现。其次，考虑低保救助制度实施所带来的个人效应和社会效应。个人效应主要体现为低保救助后个体产生的变化，如济贫效果；社会效应指低保救助的减负效果，如恩格尔系数的变化。最后，低保制度实施后具有长期效应的延展性结果，即对贫困阻断效应的评估。

鉴于各地低保救助政策、标准等的差别，考察不同区域低保救助现状，选取城乡贫困居民调查样本中的低保救助数据进行分析研究。依据以上对低保救助绩效评估体系的 3 个评估维度，综合考察城乡低保实施情况，选取综合评估指标，设立 8 个一级指标、24 个二级指标，以及问卷中可以反映指标的选项、变量，计算方法和指标赋值情况，具体如表 16 - 1 所示。

表 16 - 1　　　　城乡低保救助制度综合评估指标体系

	一级指标	二级指标	操作化问题和变量计算方法、指标赋值
制度设计	救助水平	城乡低保家庭人均名义月低保标准	目前您家庭获得低保救助的人数有____人？上个月您家庭获得的低保金额是____元？计算：家庭月低保金额÷家庭救助人数
	救助标准调整	城乡低保标准的调整趋势	您家庭领取的低保金额是否有过调整？{1 = 降低；2 = 没有调整；3 = 提高}
	反依赖机制	申请低保的工作要求	申请低保时，政府/社区有没有要求您必须先找工作？{1 = 无或不清楚；2 = 有；3 = 老人或残疾人，不适用}
制度实施	低保申请	低保申请方式	您（或家人）通过什么方式申请低保救助？{1 = 自己独立提交申请；2 = 亲友帮忙；3 = 干部协助；4 = 干部主动提供帮助}
		低保申请次数	您家庭总共申请过____次低保？
		申请到成功获取低保间隔的天数	从申请到最终确定是否获得救助资格平均需要____天？
		低保申请程序是否合理	您觉得低保申请程序是否合理？{1 = 不合理；2 = 合理}
		申请中是否遭遇不合理对待	您在申请救助过程中是否遭遇过不合理对待？{1 = 遭遇过；2 = 没有遭遇过}

续表

	一级指标	二级指标	操作化问题和变量计算方法、指标赋值
制度实施	信息核对和动态管理	有无定期追踪审查	在申请成功后，相关部门有无定期追踪审查？{1 = 无；2 = 有}
		审查周期	大约____月审查一次？
	居民对低保实施工作的主观评价	对低保办工作人员态度的满意度	您对低保办工作人员的态度满意吗？{1 = 非常不满意；2 = 不满意；3 = 满意；4 = 非常满意}
		对低保公示的满意度	您对低保公示满意吗？{1 = 非常不满意；2 = 不满意；3 = 满意；4 = 非常满意}
制度效果	家庭减贫效应	低保救助对家庭收支的减负效果	低保金额占家庭收入比重：去年您家庭的总收入是多少元？算法：家庭获取年低保金额 ÷ 家庭年总收入
			低保金额占家庭支出比重：去年您家庭的总支出是多少元？算法：家庭获取年低保金额 ÷ 家庭年总支出
			低保金额占家庭食品支出比重：去年您家庭的食品支出是多少元？算法：家庭获取年低保金额 ÷ 家庭年食品支出
			目前低保家庭的恩格尔系数：去年您家庭的食品支出是多少元？去年您家庭的总支出是多少元？算法：家庭年食品支出 ÷ 家庭年总支出
		对救助效果的主观满意度评价	对低保金额的满意度：您对低保救助金额满意吗？{1 = 非常不满意；2 = 不满意；3 = 满意；4 = 非常满意}
			低保是否能满足基本生活：您是否同意"低保能保障我家庭基本的生活"？{1 = 很不同意；2 = 不大同意；3 = 比较同意；4 = 很同意}
			低保救助实际效果的满意度：您对低保救助的实际效用满意吗？{1 = 非常不满意；2 = 不满意；3 = 满意；4 = 非常满意}

	一级指标	二级指标	操作化问题和变量计算方法、指标赋值
制度效果	社会效应		
	低保救助的就业激励效应	就业培训	是否享受过就业培训？ {1 = 否；2 = 是}
		工作推介	政府/社区有没有给您介绍过工作？ {1 = 否；2 = 是}
		低保期间公益服务劳动情况	您（或家人）在低保受保期间，社区是否组织过公益性服务/劳动？ {1 = 没有；2 = 有}
	贫困阻断情况	大病专项救助	近一年来您家庭是否获得医疗救助？ {1 = 否；2 = 是}
		教育专项救助	近一年来您家庭是否获得教育救助？ {1 = 否；2 = 是}

（二）指标权重的确定方法——熵值赋权法

一般而言，构建指标权重的方法主要有两种，一种是主观评价法，也称专家赋权法，通过综合各位专家评分确定权重，然后对标准化处理的数据进行综合。该方法可以较好地体现主观评价者的偏好，但每个人的主观价值判断标准存在差异，因而构建的权重不具有稳定性。另一种是客观赋权法，这种方法的判断结果不依赖人的主观判断，而是根据原始数据之间的相关关系或变异程度来确定权重，如主成分分析法、因子分析法、熵值法等。相对而言，这类方法受到主观影响较小；缺点在于权数的分配会受到样本数据随机性影响，不同的样本即使使用相同的方法也会得出不同的权数。

本书选取熵值法确定指标权重。熵值法的优点是能够充分利用指标数据的原始信息，客观地对各指标进行赋权，这提高了评价结果的可靠性和准确性。具体而言，各个指标权重系数的大小应根据各个方案中该指标属性值的大小来确定，指标观测值差异越大，则该指标的权重系数越大，反之越小。熵是信息论中测定不确定性的量。一个系统有序程度越高，则熵就越小，所含信息量就越大；反之，无序程度越高，则熵就越大，信息含量就越低。信息量和熵是互补的，信息量是负熵。熵值法就是用指标熵值来确定权重的，具体计算模型见后文方法部分。

第二节　社会救助制度综合评估指标
体系的实证数据检验

一、数据选取与分析方法、模型构建

（一）数据选取

低保救助综合评估指标体系构建完成后，需要进一步进行操作化问卷设计，调研收集实证数据，利用实证调研数据和访谈材料进行验证和分析，利用低保救助综合评估实例，对低保救助制度设计及其转化应用所实际产生的社会综合效应进行评估，对低保救助制度绩效的评价指标体系进行验证和分析，分析现有低保救助制度的实施现状和不足，对完善低保救助政策提出建设性的意见，并对低保救助综合评估指标体系和评估方法做出进一步改进和探讨。基于中国社会救助水平具有较大区域差异性的特点，在操作中划分为 3 个抽样框实行立意抽样，最后选取中部地区的武汉市、黄冈市等地，东北地区的朝阳市，东部地区的深圳市等地，从总数据库 1 503 个样本中，剔除数据缺失、极端值和奇异值等样本后，经筛选共有有效样本 1 386 个，其中农村样本 587 个，城市样本 799 个。主要采用 SPSS 20.0 和 MATLAB 2012 统计分析软件进行数据处理。

（二）方法选取与模型构建

评估低保救助制度的实施成效时往往面临众多指标，有的指标反映制度设计的科学性，如救助标准、申请程序等；有的指标反映制度实施绩效，如低保减负效果、受保对象主观满意度等；有的指标反映低保制度的社会效应，如低保制度的社会激励情况、教育与医疗等专项救助等。依据单一指标进行评估会产生显著差异，有必要设计一种能够反映低保救助制度绩效的综合性指标。设计综合指标时，需要对每个具体指标（如申请周期、低保金额满意度等）赋予对应的权重。为保证指标设计的科学性与准确性，权重不能主观设定，而需依据数据本身的统计规律和特征，因此本书采用熵值法实现这一目标。关于如何应用熵值法为各项指标赋权，具体步骤如下。

假设存在 n 个样本，每个样本包括 m 个指标。

第一步，对指标进行归一化处理，消除量纲差异。若第 i 项指标 x_i 为"正"向指标，即取值越大，结果越有利，则依据式（16.1）进行归一化，若第 i 项指标 x_i 为"负"向指标，即取值越小，结果越有利，则依据式（16.2）进行归一化。

$$\tilde{x}_i = \frac{x_i - \min(x_i)}{\max(x_i) - \min(x_i)}; \quad i = 1, \cdots, m \qquad (16.1)$$

$$\tilde{x}_i = \frac{\max(x_i) - x_i}{\max(x_i) - \min(x_i)}; \quad i = 1, \cdots, m \qquad (16.2)$$

第二步，计算熵值时，需要确定概率分布，然而现实情况的复杂性，难以确定各项指标的总体分布，往往采用经验分布替代。具体如式（16.3）所示：

$$p_{ij} = \frac{\tilde{x}_{ij}}{\sum_{i=1}^{n} \tilde{x}_{ij}}; \quad i = 1, \cdots, n \quad j = 1, \cdots, m \qquad (16.3)$$

第三步，依据经验分布概率，测算各项指标的熵值：

$$e_j = -k \sum_{i=1}^{n} p_{ij} \log(p_{ij}) \qquad (16.4)$$

其中，$k = 1/\log(n)$，$j = 1, \cdots, m$。

第四步，依据熵值对各项指标赋予权重，显然某项指标的熵值越大，在编制综合指标时，该项指标被赋予的权重越小。

$$W_j = \frac{d_i}{\sum_{j=1}^{m} d_j} \qquad (16.5)$$

其中，$d_j = 1 - e_j$，$j = 1, \cdots, m$。

依据上述式（16.1）～式（16.5）对各项低保指标赋权后，依据式（16.6）对每个样本的 m 项指标进行加权平均后得到该样本的综合得分，取值越大，则低保制度在该样本上的执行情况越好。

$$S_i = \sum_{j=1}^{m} W_j \tilde{x}_{ij} \qquad (16.6)$$

二、各评估指标的描述性统计分析

为了对低保救助制度设计、制度实施、制度效果的基本情况进行总体了解，对涉及的各指标变量进行统计分析。目前，考虑到城乡低保救助差异性较大，因此基于城乡分类比较的视角进行统计。

表 16-2 统计了城乡低保救助"制度设计"层面的主要变量信息。首先从救助水平来看，农村低保家庭月人均名义标准大部分集中在"200 元以下"的组别，占比达 71.2%；其次是"201~400 元"，占比达 18.9%；救助金在"400 元以上"的占比较少。城市低保家庭月人均名义标准大部分集中在"201~600 元"，占比共计 72.6%，救助金在"200 元以下"和"600 元以上"的受助者占比较小。从全部样本看，低保家庭月人均名义标准大部分集中在"200 元以下"的组别，占比 40.3%；"201~400 元"的组别样本占比 33.4%，其次是"401~600 元"，占比 18.2%，"600 元以上"的样本占比较小。可以看出，农村低保名义标准呈现出"倒三角"形的分布形态，救助水平较低。城市低保名义标准则呈现"橄榄球"形的分布形态，大部分集中在中度水平。全部样本看，更趋近于农村样本显现的"倒三角"形态，低保救助整体水平偏低分布。

表 16-2　城乡低保救助"制度设计"层面变量统计分析　单位：%

操作化指标	变量名称	变量分组	农村	城镇	全部样本
制度设计	城乡低保家庭人均名义月低保标准	1~200 元	71.2	17.6	40.3
		201~400 元	18.9	44.1	33.4
		401~600 元	4.1	28.5	18.2
		600 元以上	5.8	9.8	8.1
	城乡低保标准的调整情况	降低	1.0	4.0	2.7
		未调整	18.1	9.3	13.0
		提高	80.9	86.7	84.3
	申请低保时是否有工作要求	没有	47.9	52.7	50.6
		有	1.2	13.5	8.3
		不适用	50.9	33.8	41.1
合计		频数	587	799	1 386
		百分比	100	100	100

注：操作化指标列中"救助水平"对应第一组变量名称，"救助标准调整"对应第二组变量名称，"反依赖机制"对应第三组变量名称。

从低保救助标准的调整趋势来看，无论是城镇还是农村，都有 80% 以上的受助者表示调高了救助标准，只有少部分出现降低。在调整的原因分析中，大部分原因是救助标准变化导致标准提高。这说明随着经济不断发展，为了让贫困人群享受到经济发展带来的红利，我国城乡低保救助标准逐步提升。值得注意的是，仍然有 18% 的农村低保标准没有任何调整，这说明农村低保标准动态调整机制仍待完善。

从低保救助制度设计的反依赖机制来看，除了老年救助对象、残疾人、因病等丧失劳动力的不适用对象，城镇低保救助中有13.5%的受助者表示社区要求救助对象在申请低保时要先工作。农村低保救助制度几乎没有这项制度设计。这说明，城市低保救助开始注重就业激励。但总体来看，低保救助秉持"政府责任"，基本呈现对贫困家庭实施无条件救助的特点，无附加限制条件。

表16-3统计了城乡低保救助"制度实施"主要变量的信息。首先，从低保申请环节来看，对于低保申请方式，有51.1%的农村家庭由村干部主动提供帮助，其次有31.9%的家庭自己独立提交申请。而在城镇样本中，有58.1%的样本家庭是自己独立提交申请，27.7%的家庭依靠社区干部主动提供帮助。可能的解释是：一方面，因农村居民在受教育水平上往往低于城镇居民，复杂的申请程序与证明材料使得困境人群无法依靠自身力量完成申请，因此更需要获取村干部帮助；另一方面，相比农村，城镇社区利用微信公众号、宣传手册、网站等方式进行低保政策宣传，让城镇居民能够及时获悉相关信息；但是，这样的宣传方法对贫困家庭残疾对象、无手机无电脑的贫困户、网络覆盖不到的农村贫困家庭而言，却难以实施。在农村地区，村干部掌握低保救助的相关信息资源，信息不对称导致农村大部分困难家庭只能依靠村干部帮助申请低保。数据也从侧面反映农村地区对低保制度的申请程序、流程和需要交纳的审核材料等宣传普及还不到位，政策的上传下达工作有待进一步深入。

表16-3　　城乡低保救助"制度实施"层面变量统计分析　　单位：%

操作化指标	变量名称	变量分组	农村	城镇	全样本
制度实施	低保申请	自己独立提交申请	31.9	58.1	47.0
		亲朋好友帮忙	4.6	8.1	6.6
		要求基层干部协助申请	12.4	6.1	8.8
		干部主动提供帮助	51.1	27.7	37.6
		低保申请次数 1次	83.8	79.2	81.2
		2次及以上	16.2	20.8	18.8
		申请到成功获取低保间隔的天数 一个月以内	27.9	48.2	39.6
		一个月以上两个月以内	20.2	26.7	25.2
		两个月以上三个月以内	27.9	15.3	20.6
		三个月以上	21.0	9.9	14.6
		低保申请程序是否合理 不合理	8.2	6.5	7.2
		合理	91.8	93.5	92.8
		申请中是否遭遇不合理对待 遭遇过	0.5	2.1	1.4
		没有遭遇过	99.5	97.9	98.6

续表

操作化指标		变量名称	变量分组	农村	城镇	全样本
制度实施	信息核对和动态管理	有无定期追踪审查	没有	6.1	3.4	4.5
			有	93.9	96.6	95.5
		审查周期	一个季度以内	16.0	29.7	23.9
			一个季度以上半年以内	32.9	30.5	31.5
			半年以上一年以内	49.6	39.8	43.9
			一年以上	1.5	0	0.6
	居民对低保实施工作的主观评价	对低保办工作人员态度的满意度	非常不满意	0	0.3	0.1
			不满意	2.6	2.3	2.4
			满意	80.6	67.1	72.8
			非常满意	16.9	30.4	24.7
		对低保公示的满意度	非常不满意	0.2	0.4	0.3
			不满意	2.7	4.1	3.5
			满意	86.0	80.1	82.6
			非常满意	11.1	15.4	13.6
	合计		频数	587	799	1 386
			百分比	100	100	100

从低保申请次数和审核周期来看，80%以上的城乡贫困家庭均在1次申请后就能成功领取低保金。但是从申请到成功获取低保所需时间来看，48.2%的城镇家庭能够在一个月内获取低保金，90%以上的城镇家庭在制度规定的三个月以内获取低保金。农村地区有27.9%的家庭能够在一个月内获取低保，有80%的家庭在三个月内获取到低保救助。可见，城乡低保申请的工作效率较高。但是，仍有一部分家庭需要经过较长的审核时间才能获得低保救助。总体而言，农村家庭申请低保的周期更长，城乡低保申请过程的工作效率呈现差异。可能的解释是：城乡低保救助申请流程不一样，由于区域交通、信息通畅性等差异，农村家庭入户核查和经济审查所耗时间更长、成本更高。其次，从低保申请程序来看，由个人准备材料提交给村（居）委会，基层工作人员再将材料上交至户籍所在的乡镇人民政府或街道办事处，等待审核意见。然后将符合条件的申请人材料递交到县民政局或区民政局，进行复核，做出审批决定。对符合条件的，批准享受低保待遇，发放低保证，建立档案。对不符合条件的，及时退回并书面说明理由。面对这种层层提交材料又反馈的申请程序，使得申请时间长度被拉长。这说明，目前

的低保申请程序比较烦琐和复杂，如何进一步改进和优化低保救助申请程序，是提高低保救助申请工作效率的必然要求。

从"低保申请程序是否合理"和申请中"是否遭遇不合理对待"的调查发现，无论是城镇还是农村，92%以上的贫困家庭认为低保申请程序合理，98%以上的家庭在申请中没有遭遇不合理对待。这说明城乡低保救助工作人员特别是基层低保专干严格按照低保政策的规定，按照规定流程规范实施，使低保救助制度真正做到上通下达，惠及广大困难群众。

从低保的信息核对和动态管理来看，城乡低保94%以上都有定期追踪审查。从审查周期来看，城乡低保制度呈现差异，其中有50%的农村受助者大约半年到一年审核一次；城镇地区有60%的家庭大约半年以内被审核一次，其中每个季度审核一次的样本占30%。这说明，城镇低保动态管理工作绩效强于农村低保，这是因为农村地域更加广泛，低保对象分散，审查工作比较困难；而城镇地区实现网格化管理，通过加强对单元网格的管理和事件巡查，使得社区能够主动发现，及时处理。农村地区还远未实现管理的信息化，信息动态管理和审核的周期自然较长。如何实现"数字化、信息化"的乡村管理模式，提高审查工作效率也成为基层低保亟待解决的问题。

从居民对低保实施工作的主观评价来看，无论是城市还是农村，均有95%以上的居民对低保办工作人员态度、对低保公示等表示满意。说明基层低保工作得到居民的广泛认可，工作绩效较高。从受助者的直观反馈中可以知道，低保工作人员以为民服务为宗旨，耐心、细致和专业地对待每一位救助对象的申请要求，救助服务工作表现较好。

表16-4统计了城乡低保救助制度"实施效果"的主要变量信息。从低保对贫困家庭的减贫效应来看，通过计算城乡低保家庭人均低保金额占低保家庭人均收入、人均消费支出、人均食品支出以及恩格尔系数等，综合反映低保救助对家庭收支的减负效果。数据表明，受经济发展水平和人民生活水平等城乡差异性因素影响，就低保补差占家庭总收入、总支出和食品支出的比例而言，城市地区明显高于农村地区，城市低保给付水平明显高于农村低保。值得注意的是，低保救助金额低于低保家庭食品支出水平，二者比例大于1。食品支出反映的是困难群体基本生存所需要的必须支出，以恩格尔系数（Engel's Coefficient）计算家庭食品支出占消费总支出的比重（根据联合国粮农组织提出的标准，恩格尔系数在59%以上为贫困，50%~59%为温饱，40%~50%为小康，30%~40%为富裕，低于30%为最富裕）。表16-4数据显示，城市低保家庭恩格尔系数比农村低保家庭更大，数值（均值）为0.5，仅能维持温饱，说明城镇低保家庭生活更加困难。

表 16 - 4　　　城乡低保救助"制度效果"层面变量统计分析　　　单位：%

操作化指标			变量名称	变量分组	农村	城镇	全样本
制度效果	家庭减贫效应	低保救助对家庭收支的减负效果	低保占家庭收入比重	均值	0.39	0.56	0.49
			低保占家庭支出比重	均值	0.33	0.49	0.42
			低保占家庭食品支出比重	均值	1.17	1.19	1.18
			低保家庭恩格尔系数	均值	0.41	0.50	0.46
		对救助效果的主观满意度评价	对低保金额的满意度	很不满意	2.6	8.3	5.8
				不满意	31.7	39.2	36.0
				满意	62.5	48.7	54.5
				非常满意	3.2	3.9	3.6
			低保是否能满足基本生活	很不同意	3.7	13.9	9.6
				不大同意	40.5	38.7	39.5
				比较同意	49.1	39.8	43.7
				很同意	6.6	7.6	7.2
			低保救助实际效果的满意度	非常不满意	0	1.1	0.6
				不满意	8.3	13.0	11.0
				满意	80.6	73.0	76.2
				非常满意	11.1	12.9	12.1
	社会效应	低保救助的就业激励效应	是否参与就业培训	没有	99.8	95.6	97.4
				有	0.2	4.4	2.6
			是否接受过政府部门工作推介	没有	99.5	82.0	89.4
				有	0.5	18.0	10.6
			是否参与过低保期间公益服务劳动	从未组织过	91.7	18.3	91.7
				很少组织	1.5	6.4	4.3
				经常组织	6.8	75.3	46.3
		贫困阻断情况	是否享受过大病专项救助	没有	89.8	88.1	88.8
				有	10.2	11.9	11.2
			是否享受过教育专项救助	没有	96.1	89.1	92.1
				有	3.9	10.9	7.9
合计				频数	587	799	1 386
				百分比	100	100	100

从低保对象对救助效果的主观满意度评价来看，分别有 47.5% 和 34.3% 的城市低保对象和农村低保对象对"低保金额"不满意。有 44.2% 的农村低保对象和 52.6% 城镇低保对象不认为"低保金额能保障家庭基本生活"。分别有 91.7% 和 85.9% 的城市和农村低保对象对低保救助实际效用表示满意。在调研过程中问及原因时，大部分低保对象表示："这点低保金肯定不够用，但是国家政策好，关心穷人生活"；某些低保对象认为"我们不看重这点钱（低保金），主要是拿了低保可以报销医疗费用"。由此可见，对于那些无生活来源的贫困家庭而言，指着低保金过日子"不现实"；而低保的附加福利给低保对象带来可预见的"好处"，低保的福利"捆绑效应"致使获取低保成为规避家庭风险的一大"良方"。

从低保制度的社会效应来看，用是否参与就业培训、是否接受过政府部门工作推介、是否参与过低保期间公益服务劳动等来反映低保救助的就业激励效应。数据显示，95% 以上的城乡低保对象没有参加过工作培训。18% 的城镇低保对象被政府部门介绍过工作，而这一数据在农村几乎为 0。从组织公益劳动来看，有 75.3% 的城镇社区经常组织公益劳动。91.7% 的农村没有组织过。数据说明，城镇低保的就业激励优于农村地区。

从专项救助制度的实施情况来看，数据显示，无论是城镇还是农村，均有 88% 和 90% 以上的低保对象没有享受到医疗救助和教育救助。但是仍然有 10% 的城镇低保对象享受到医疗救助和教育救助，这一比例远远高于农村低保对象获得专项救助的比例。这说明城镇专项救助资源更多。

从以上数据分析看，目前城乡低保制度设计呈现一定差异，救助工作有序展开，但对低保对象的动态管理还需加强，扎实推进分类管理和信息化管理是有效途径。从低保救助效果来看，低保救助金额还不能满足受助者基本生活需要。以上分析只是从三个方面简单描述了样本指标的基本情况，为了对低保救助绩效进行系统性评估，要将所有指标整合起来进行系统性检验评估。

三、综合绩效评估的模型数据分析结果

本书利用熵值法确定各评估指标权，利用课题组收集的问卷调查数据进行分析，根据以上计算权重值的步骤得出各层次指标权重，具体如表 16-5 所示。

表 16 – 5　　　　　　　　城乡低保救助制度综合评估指标权重

一级指标	二级指标	三级指标	权重	排序
制度设计	救助水平	低保家庭人均名义月低保标准	0.019321958	11
	救助标准调整	城乡低保标准的调整趋势	0.003960626	16
	反依赖机制	申请低保的工作要求	0.048107895	5
制度实施	低保申请	低保申请方式	0.044745792	7
		低保申请次数	0.001241886	23
		申请到成功获取低保间隔天数	0.001016055	24
		低保申请程序是否合理	0.005720488	15
		申请中是否遭遇不合理对待	0.001833847	22
	信息核对和动态管理	有无定期追踪审查	0.00389334	17
		审查周期	0.003335023	18
	居民对低保实施工作的主观评价	对低保办工作人员态度满意度	0.002422268	20
		对低保公示的满意度	0.002259193	21
制度效果	家庭减贫效应	低保金额占家庭收入比重	0.023643059	10
	低保救助对家庭收支的减负效果	低保金额占家庭支出比重	0.025016722	9
		低保金额占家庭食品支出比重	0.042355601	8
		目前低保家庭的恩格尔系数	0.008402599	14
	对救助效果的主观满意度评价	对低保金额的满意度	0.008485858	13
		低保是否能满足基本生活	0.012054088	12
		低保救助实际效果的满意度	0.003279279	19
	社会效应	就业培训	0.238248032	1
	低保救助的就业激励效应	工作推介	0.146511925	3
		低保期间公益服务劳动情况	0.045676658	6
	贫困阻断情况	大病专项救助	0.143059098	4
		教育专项救助	0.165408711	2

　　通过对权重系数的对比可以发现，最终形成的指标体系与理论分析基本一致。"制度效果"指标的权重系数远高于其他指标，可以看出对于低保制度的绩效评估而言，"制度效果"指标的重要程度最高。在二级指标中，低保制度效果中的"社会效应"和"家庭减贫效应"是权重系数最大的指标，"制度设计"指标中的"低保名义标准"与"制度实施"中的"低保申请方式""申请程序"处于第二位和第三位。这三个方面分别体现了低保制度的救助标准、救助实施过

程和救助效果。在低保制度绩效综合评估指标体系中，低保"制度效果"占据了较大的比重。那是因为，首先，"制度效果"是验证低保制度实施在多大程度上达到了制度目标，进行绩效评估的最终目的在于评价现有制度的运行结果。其次，对于社会救助制度而言，"救助标准"是其最核心的设计与安排，因此低保制度的评估和改进都应重视救助标准的设置与调整，使其与整个经济社会发展水平相适应。最后，"制度实施"过程是连接"制度设计"与"制度效果"之间的直接通道。良好的"制度实施"可以使"制度设计"落到实处，从而实现应有的"制度效果"。因此，对"制度实施"工作的绩效评估，也尤为重要。

可以看出，根据各指标权重计算样本指标最后评估值，加权计算综合评估指数，最后得到低保制度绩效的综合得分。按照区域进行划分，各地方低保制度绩效评估指数如表 16－6 所示。

表 16－6　　　　样本地低保制度绩效评估综合得分

城市名	总体得分		城市样本		农村样本	
	得分值	排名	得分值	排名	得分值	排名
朝阳市	6.3601	4	6.2838	4	6.5853	2
黄冈市	4.0854	6	5.8151	5	3.4989	5
武汉市	9.0339	3	10.0796	3	5.6671	3
深圳市	13.3846	1	13.3846	1	—	—
九江市	4.1093	5	—	—	4.1093	4
宁波市	11.1539	2	10.3738	2	11.2557	1
运城市	2.7905	7	—	—	2.7905	6
总计	7.0279		8.4982		5.0265	

以上对各调查城市低保制度绩效评估分析结果可知，东部地区的深圳市最低生活保障"制度绩效"评估总得分最高，为 13.3846，在我国最低生活保障制度的实施上起着表率作用。其次是宁波市，低保"制度绩效"评估得分排名第二，得分为 11.1539。然后是中部地区的武汉市，总体得分为 9.0339，其低保"制度绩效"评估较为良好。分城乡区域来看，城市低保制度绩效评估得分最高的仍然是深圳市、宁波市、武汉市。但是，农村低保制度绩效评估得分最高的是宁波市，然后是朝阳市，接着是武汉市。说明，深圳市、宁波市分别在城市、农村低保"制度绩效"上得分较高，有许多成功经验值得借鉴。

为了剖析具体是哪一类一级指标对绩效评估水平的贡献最大，进而找到各地低保制度绩效评估中的优势，进一步分析分指标的绩效评估水平，具体结果如表 16 - 7 所示。

表 16 - 7　　　　　　　各市分指标的低保制度绩效评估综合得分

城市名	制度设计		制度实施		制度效果	
	得分值	排名	得分值	排名	得分值	排名
朝阳市	7.5234	4	3.3907	6	1.1519	4
黄冈市	4.2239	5	4.3969	2	1.0219	7
武汉市	11.6192	3	3.8449	4	1.1601	3
深圳市	17.4135	1	3.4526	5	1.3207	1
九江市	4.1660	6	4.4635	1	1.1040	6
宁波市	14.3391	2	3.9285	3	1.1855	2
运城市	2.3204	7	3.3124	7	1.1356	5
总计	9.1564		3.7305		1.1550	

根据以上结果可以看出，各样本市在一级指标之间的评估结果相比，在"制度设计"上，深圳市低保制度评估得分最高，由此可以看出，深圳市城乡低保制度更加完善，对制度整体绩效提升的积极影响较为显著。具体而言，低保标准及其调整程度对绩效水平提升起到的推动作用最为明显，这在一定程度上肯定了深圳市在根据实际需要调整救助标准方面做出的努力。但是，低保标准及其增长幅度与各地区经济发展水平相关，如果要考察各地低保救助水平及其调整幅度与经济发展水平的适应性，评估低保标准涉及是否让贫困群体享受到经济发展水平带来的"红利"，还需要考察政府在政策制定的过程中，是否切实考虑到物价上涨和支出上升对贫困群体生活带来的影响，并积极调整救助标准以适应这一变化，这还需进一步分析。

在"制度实施"方面，可以发现，处于东部地区的九江市和黄冈市的"制度实施"绩效得分最高；另外结果显示，"制度实施"对制度整体绩效的提升做出的贡献较小，贡献率不及"制度设计"。从政策文本梳理可以看出，由于低保制度从中央到地方，形成了较为完备的制度体系，基本已经建立了较为全面的实施流程和审核机制。随着制度的不断发展和完善，低保制度在维持社会有序发展方面的作用日益突出。对于怎样提升"制度实施"绩效，如进一步完善审核机制、目标瞄准机制，提升动态管理效率等，还需进一步贴近现实深入探析，以期促进低保制度绩效的整体提升。

在"制度效果"方面，从各样本市来看，处于东部地区的深圳市、宁波市的"制度效果"绩效水平最高。"制度效果"包括"家庭减贫效果"和"低保制度带来的社会效应"。制度评估最重要的要看制度结果是否满足制度目标，整体来看，低保"制度效果"对制度整体绩效的提升做出的贡献最小。从描述性分析结果来看，低保制度具有一定的家庭减贫效果，但是社会激励效应和贫困阻断效应稍弱。目前，低保主要以家庭收入为主实施差额救助。随着对支出型贫困地区更多关注，应进一步评估低保救助对家庭刚性支出如教育、医疗支出的减贫效应，进而提升低保在反贫困领域的成效。

第三节　评估总结与政策建议

一、主要评估结论与讨论

本章提出我国社会救助制度综合评估的三级指标体系，并以实证调查为数据分析对象，测度低保制度实施绩效。通过熵值法对指标赋权，得到指标标准值，将指标标准值与各自的权重相乘得到样本在该指标上的得分。然后将样本的所有指标得分相加，最后的总和即为该样本的综合得分。然后结合分析数据，综合评估低保制度的"制度设计""制度实施"和"制度效果"。具体结论如下。

（1）运用政策绩效理论"3E"评估理念构建低保制度绩效评估框架，构建城乡低保制度绩效评估指标体系。运用熵值法确定指标权重，避免人为赋予权重值的随意性和主观性。

（2）通过对深圳、宁波、武汉等样本市的问卷调查数据，进行低保制度综合评估指标体系的实证检验。实证结果显示，深圳市、宁波市、武汉市的低保制度绩效评估得分较高，在低保政策实践中有较好的借鉴意义。从各评估指标得分看，"制度设计"和"制度效果"方面，深圳市都具有引领作用，但是低保标准的科学制定和评估有待深入分析；在"制度实施"方面，九江市、武汉市等地区表现较好，但如何进一步完善低保资格审查和提升动态管理水平，加强低保制度对支出型贫困的减贫效应，加快提升低保制度实施成效，还需进一步深入探究。

二、评估中的问题改进与政策反思

（一）进一步完善贫困认定办法，更加关注支出型贫困家庭

将刚性支出纳入低保救助的审核范畴，对贫困家庭的经济评估需要结合收入与支出，应考虑家庭教育、医疗等刚性支出，综合评估家庭贫困状况，并在核算收入计算救助金额时，将刚性支出在收入核算时予以扣减。如 2017 年武汉市出台低收入家庭认定办法，对医疗支出、特殊群体、子女教育等刚性支出在认定家庭可支配收入时，根据支出系数，予以扣减；再如内蒙古自治区赤峰市同样依据综合因素确定家庭成员劳动力系数，将支出性贫困情况与收入认定相结合。[①] 这种收入核算中适当扣除刚性支出的做法，可更准确地认定家庭贫困状况。

（二）分类施保并加强动态管理，提高社会救助专业化管理水平

城乡低保救助工作有序展开，但对低保对象的动态管理工作还需要进一步加强，实行分类管理是有效的途径。具体而言就是对符合条件申请对象，则针对其致贫原因、经济收入和困难程度，进行分类管理。一类对象为无劳动能力、无经济来源和无赡（抚、抚）养人或赡（抚、抚）养人无赡（抚、抚）养能力的"三无人员"，属于特困家庭。这类低保对象靠政府永久供养，基本没有可变因素，每半年或一年入户复查一次，主要了解低保对象生活状况以及有无新增困难情况等。二类对象为家庭主要劳动力痴呆傻残、无劳动能力且子女未成年、患重大疾病、年老体衰的人员，属于生活特别困难的家庭。这部分人纳入低保后，变动因素较小，可以每季度复查一次。三类对象为因灾、因病（暂时性或可治愈性疾病、意外事故致伤等）等原因导致家庭主要劳动力死亡或暂时丧失劳动力，以及因为失业、下岗而导致生活困难的低保对象，包括其他类型的低保人员。这类救助对象变动因素较大，每月或每两个月复查一次，主要审核家庭是否走出困境以及面临的新问题等。通过分类施保和分类管理的工作方法，帮助提高低保管理效率，提升低保救助工作成效。

---

① 吴可心：《我市全力推进低保精准认定》，载于《赤峰日报》2017 年 4 月 6 日。

（三）将家庭多元化需求与救助资源进行匹配，提高救助制度综合帮扶成效

从低保制度的救助效果来看，低保救助金额还不能满足贫困对象的基本生活需要，救助效果还没有达到其政策目标。贫困群体最常见的"致困"原因是因病致贫、因学致贫、因无劳力致贫。对低保对象要从生活救助、生产帮扶、就业帮助等多方面入手，实行全方位、多层次的社会救助；不仅关注低保对象本人，更要关注其家庭系统，提升"家庭"脱贫能力，建立多层次的救助网络。加强低保救助和其他专项救助资源之间的衔接和配合，构建综合高效的救助资源分配办法。如上海市在救助资源的衔接和配置上，综合统筹各类救助资源，针对家庭的个性化需求，实行"保基本、可叠加、多组合"的救助套餐[1]，充分发挥救助制度体系的综合扶贫效应，使救助资源得到高效配置。

三、完善评估与后续性研究

首先，指标选取方面，低保制度实施在各地具有较大差异性，低保制度的综合绩效评估研究尚处于不断发展和完善阶段，使得并不完善的制度绩效评估指标体系无法涵盖现实中所有的地区性差异。对指标选择的衡量具有较大的主观偏好，目前学术界还没有形成广泛统一的指标体系。因此，即使尽力将现有的指标整理，还是无法确保所列出的指标包括了救助制度绩效评估的所有重点，因此，对于指标筛选还需进一步探究。其次，为追求研究方法的科学性，选取了熵值法建构指标体系和权重设定，在一定程度上规避了指标权重的主观性问题。尽量削减误差，确保研究的专业性和科学性。但是，熵值法具有一定的局限性，一是熵值法对研究样本量具有要求，不同的样本量可能会导致不一样的结果，导致预测结果的偏差。二是在加权计算绩效评估指数过程中，受到变量赋值的大小影响，其对总体评估指数有较大影响。应从以下几方面进行深入研究。

（一）进一步完善社会救助制度绩效评估指标体系

绩效评估的关键是如何构建一个完善的指标体系。在进一步研究中，需要结合实际情况进行修正，使指标体系的构成更加全面和科学，既能涵盖制度绩效水平衡量的各个方面，又具有实际可操作性。

---

[1] 徐大慰、梁德阔：《上海市对"支出型"贫困群体的综合帮扶研究》，载于《西北人口》2012年第3期。

（二）构建动态评估监控体系

目前，社会救助制度的实施本身处于不断的发展变化中，因此，绩效评估需要关注动态变化过程。着重考察一段时期内的制度绩效变化方向（提高或降低）及主要的影响因素，而不是停留在某一年的绩效运行情况。进行绩效评估的目的在于评价政策的运行状况和运行结果，找出制度绩效评估存在的薄弱环节和发现救助制度实施中存在的问题，进一步寻求解决方法。因此，在一定时空范畴内的对比分析，可以比较出评估数据的变化，这对现实性制度改进更加具有指导意义。

第十七章

新时代我国社会救助制度
优化与改革创新

第一节 社会救助制度完善"以人为本"

党的十九大报告提出，"要坚持以人民为中心的发展思想，不断促进人的全面发展、全体人民共同富裕"。在一步步改善民生的道路上，不断满足人民日益增长的美好生活需要，聚焦人民生活中的困难，切实保障人民利益最大化。陷入困境的群体，有权力获得社会救助，以保证基本生活，但从当前我国社会救助制度的实施情况来看，社会救助基本实现了保障贫困人口的基本生活，让有需要的人及时获得救助，但也发现在执行过程中还存在一些问题，如城乡社会救助水平拉大，进城务工的农民工难以获得社会救助。从救助理念和救助方式来看，当前的社会救助以物质、现金救助为主导的单一性救助方式，无法使救助对象实现摆脱精神上贫困的状态，以及推行的事后救助模式，难以防范贫困。部分受助群体受到歧视或被污名化，部分工作未关注贫困受助者的尊严。这些要求我们必须加快构建"以人为本"的"友好型"新型社会救助制度体系，始终坚持"以人为本、为民解困、为民服务"的宗旨，不断提升救助服务水平。

一、"以人为本"救助制度体系的建构

歧视是指对具有某一人种、种族、性别、年龄、性取向、残疾和其他外形或行为特征的人进行不公平、不平等的对待[①]。它是一种负面行为，主要表现形式有行为的排斥、言语的轻视或轻蔑、人格的侮辱、权利或资源的剥夺[②]。社会救助的目标是帮助贫困群体，要求社会救助首先要落实"反歧视"理念，建构"以人为本"的社会救助制度体系。一是救助对象上的"反歧视"，实现对救助对象的一视同仁。要求社会救助更加关注特殊群体，如农民工、失地农民，在社会救助上给予他们更多帮助，助其摆脱贫困和融入社会。二是救助标准上的"反歧视"，实行救助标准的相对公平和统一，推进城乡和区域救助标准的动态统一和相对平等，虽然各地经济社会发展水平和财政支付能力不一，但应加强救助转移支付力度，对落后地区、农村地区给予更多转移资金。三是救助过程的"反歧视"。避免把救助视为一种施舍，简单地以发放款项为救助目标，要建立积极救助理念，深刻理解受助对象的贫困和生活，基于贫困群体的救助需求，做到"以人为本"地开展各项救助工作。加强对贫困群体的扶贫扶志，从精神层面给予更多救助支持，鼓励贫困者发挥自身潜能以摆脱贫困。

(一) 建构"友好型"社会救助制度

人们一提到"穷人"，就会与"蓬头垢面""不修边幅""懒汉"等贬义词语联系在一起。人们总是觉得贫困者之所以"穷"是因为太懒了。事实上，受助者并不等同于懒汉，有的人努力摆脱贫穷，但因受限于文化水平；也有一些人因为生理或心理上的不健全，难以走出困境；还有一些人因为遭遇意外变故，在短时间内陷入了贫困。社会对贫困群体长期以来的污名化，使得底层贫困容易被社会排斥，强加在贫困人口身上的污名化标签，不利于社会更深入地了解贫困群体，也容易导致受助者对自身作出较低评价，对接受救助形成耻辱感。反"污名化"成为构建"友好型"社会救助制度的必然要求。

1. 加快立法，落实公民救助权

第一，政府要加快立法，强化贫困人口的受救助权。首先，加快健全社会救助方面的法律法规，将公民的社会救助权操作化和具体化，使得社会救助工作和

---

① Lewis R. Aiken 著，何清华、雷霖、陈浪译：《态度与行为：理论、测量与研究》，中国轻工业出版社 2008 年版。

② 左斌：《社会心理学》，高等教育出版社 2009 年版。

贫困群体接受救助有法可依。同时，保障受助者权益不受侵犯，严厉惩戒对贫困群体进行污名化的行为。其次，简化救助程序，避免对救助对象贴标签。对救助对象做到充分信任，在规范和严格审查的基础上简化申请环节，避免以"特困户"等歧视称呼标签化受助者身份。

第二，大众媒体要增强专业敏感性，有效保护受助者隐私。传媒工作者必须增强自身专业敏感性，切实意识到专业使命、职责的伦理要求，在向公众传递信息的过程中更要审慎，既要保证内容的真实性，又要注重保护信息提供者的隐私，尤其是要做到对贫困家庭未成年人信息的保护。因此，大众媒体要最大限度减少对受助者的曝光，做好对个人重要信息的保护性和模糊化处理，最大限度减少对受助者，尤其是未成年人的"二次伤害"。

2. 受助者自立自强，提高权利意识

弱势群体在接受物质帮助的同时，也应积极学习和提升自我技能，增强自身的"造血"能力。政府和社会组织有责任也有义务为贫困救助对象提供更多发展机会，既保证弱势群体及时获取所需救助资源，又不损害其自立发展的积极性。受助者自身应积极采取行动，首先，做到自立自强，对于政府和社会给予的帮助和支持，积极对待，抓住机遇，而不是消极接受，通过自身的努力学习和工作，以积极向上的姿态应对各种困境，消除"污名化"对个人成长和发展的负面影响。其次，受助者要提高权利意识，行使自身的姓名权、肖像权和隐私权等人身权利，意识到面临困难时有权利获得社会救助，任何人不能剥夺该项正当权利，因此不需要因接受社会救助而产生"羞耻感"。

（二）落实"助人自助"，加强社会救助制度正向引导作用

1. 发挥教育救助的推动功能

教育救助的目标不仅仅是要给予受助学生物质上的帮助，还要推动受助者努力积极进取，推动受助家庭形成积极向上的态度和对教育的支持。从法律的高度确定教育救助地位，规范具体的救助行为，引导社会力量帮扶贫困家庭子女获得更多教育和技能。加强受助者的感恩教育，引导受助学生树立拼搏和奋斗精神，通过努力学习来报答社会，从而帮助家庭摆脱困境。

2. 强化就业救助的激励作用

鼓励有劳动能力的受助者通过提升就业技能来实现自力更生，充分发挥社会救助制度"助人自助"的功能。完善就业激励机制，坚持权责统一的救助理念，让受助对象意识到在接受救助的同时，有责任和义务提升自身技能，积极参加工作。从重视"收入贫困"转向重视"能力贫困"，以教育和技能培训为重点，支持贫困救助对象接受更多的职业技术教育，形成以政府为主导、社会培训机构为

313

补充的贫困人口技能培训机制。

3. 加强自立文化和互助文化建设

避免受助者依赖社会救助，加强自立自强的文化建设，引导社会崇尚自立精神，弘扬自强文化。树立尊重劳动、尊重知识的文化氛围。如现在很多学校推出的"自强之星"评比就能对社会起到较好的正向引导作用，形成劳动光荣、自强自豪的观念。加大宣传力度，使社会公众广泛认识社会救助，出台激励措施，鼓励和引导具有专业能力的社会组织和机构参与社会救助，形成全社会互帮互助的良好氛围。

二、脱贫之后相对贫困的精准救助

为改变过去粗放式和漫灌式的扶贫方式，中央提出了精准扶贫，对不同贫困区域环境、不同贫困农户状况，实施"精确识别、精确帮扶、精确管理"，并相继提出了六个"精准"和"五个一批"工程。这体现了我国精准扶贫的指导思想、整体要求和整体目标，成为我国反贫困工作遵循的基本原则和评价标准，也提供了一种新的反贫困思路，使得扶贫工作日渐成熟、扶贫政策日益完善，经过几年的精准扶贫和脱贫攻坚，在农村减贫领域取得巨大的成绩。尤其是对于如何扶贫的问题，习近平主席在 2015 年减贫与发展高层论坛上提出"五个一批"的脱贫措施，随后"五个一批"被写入《中共中央　国务院关于打赢脱贫攻坚战的决定》。其中，提出的"社会保障兜底一批"，要求对"对贫困人口中完全或部分丧失劳动能力的人，由社会保障来兜底"。社会保障成为精准扶贫中的兜底措施，而社会救助作为社会保障的一项重要制度安排，在深入贯彻和实施精准扶贫的理念和思想的同时，也在保障公民基本权利、消除贫困、维持社会稳定方面起着重要作用。社会救助工作要在"精准扶贫"的大背景下，以"精准扶贫"理念中最为精华的"精准"思想和内涵作为指导思想，实行社会救助的精准化，进一步提高我国社会救助制度反贫困效果。社会救助制度是一项综合性、系统性很强的保障制度，在实施过程中，社会救助应该在对象识别、主体参与、资金使用、管理机制、项目安排、退出机制等方面实现精准化。

（一）综合评定贫困状况，精准识别救助对象

社会救助的目标定位是有关救助对象的界定问题，因而是社会救助制度的核心问题，影响到社会救助制度实施的绩效，也直接决定了社会救助制度的发

展方向①。而在精准扶贫视域下的救助目标定位，主要包括两个方面的内容：一是目标定位群体的界定方式和手段，救助对象要定位于"最需要的人"，通过详细规定和严格审查程序来进行识别；二是如何将社会救助中有限的资源使用于救助对象，让其行使应有的权利，获得应有的发展机会。

从目前很多地方社会救助对象识别情况来看，还存在不精准的问题，尤其是随着脱贫攻坚战即将完成，贫困形势已经逐步由绝对贫困向相对贫困转变，或绝对贫困与相对贫困混合的现实情况，城乡社会救助资格认定标准并未发生太大的改变，容易造成忽视部分贫困群体。如城乡低保将受助对象界定为家庭人均收入低于当地最低生活保障线的人，这只是把救助群体限定为陷入绝对贫困的人，而随着社会经济的发展，大部分人已经从绝对贫困改变为相对贫困，如果单纯地只以收入作为界定社会救助对象的范围则有失偏颇，这就导致诸多因学致贫、因病致贫等支出型贫困勤快无法获得救助；加之收入型贫困并不能真正反映贫困，影响收入的因素很多，难以真实反映救助对象在收入、社会网络、发展机会等方面的匮乏，可能造成"应保未保"的现象。社会救助最基本的目标就是帮助困难群众，保障其基本生活需要，作为一种选择性的社会保障制度，社会救助坚持"特殊社会关照"的原则，也容易出现识别目标群体出现错误的问题。

因此，社会救助精准化第一步就是要综合评定贫困标准，精准识别救助对象。在充分考虑贫困家庭人口结构、环境因素、生活成本、物价水平等多种因素的基础上制定社会救助对象认定标准。放弃单一的经济标准转而采用多维标准来识别救助对象，加入医疗、教育支出等多项刚性支出指标。同时，在进行救助对象的识别过程中，要把支出性贫困家庭以及流动人口家庭等纳入社会救助范围，逐步扩大社会救助的覆盖面。在规则层面也要实现精准识别，通过利用党建扶贫、驻村扶贫等工作机制的识别、瞄准及核查中的参与和监督作用，保障救助对象识别与瞄准过程中的公平、公正与公开。

（二）加强救助需求评定，精准落实救助项目

当前把社会救助的主要目标定位于保障贫困者的最低生活需求，"在救助形式和救助内容上都呈现出明显的济贫性、补缺性和消极性特征"②，仅发挥了社会救助"输血"的功能。当前的社会救助也是一种事后救助模式，只有当救助对象陷入贫困、无法保障基本生活时，才能按照要求进行申请，经过核定后给予救

---

① 林闽钢：《城市贫困救助的目标定位问题——以中国城市居民最低生活保障制度为例》，载于《东岳论丛》2011 年第 5 期。

② 谢勇才、丁建定：《从生存型救助到发展型救助：我国社会救助制度的发展困境与完善路径》，载于《中国软科学》2015 年第 11 期。

助，这是一种自上而下的单向过程，救助对象只能被动接受给予，无法发挥主观能动性，但实际上防范贫困比救助贫困更重要，事后救助将大大提升救助成本，以及削弱救助效果。因此，事后救助总是等贫困发生后才给予救助，提供的多为实物或现金救助，这无法真正使救助对象脱离贫困，只能减缓救助对象的贫困程度。

因此，新时代的社会救助制度，亟须加强救助需求评定，注重事前救助和防范贫困，精准落实救助项目。一是精准评估准受助群体的贫困状况及需求，以多维需求评估替代简单的收入评估，注重多维贫困对贫困群体的影响，如基本生活、教育发展、就业促进、医疗保健、心理治疗、人力资本与社会网络等方面的需求。通过多维精准评估，建立贫困群体救助需求档案。二是针对不同需求，给予针对性救助和帮扶，尤其要加强服务型项目的救助资源供给，致力于减少或者消除那些使人们陷入贫困的各种诱因，积极探索社会救助的服务功能，精准回应救助对象的各项需求。提供救助服务，主要用来弥补市场及其他途径无法提供的公共服务内容，为困难群体提供更加全面的帮扶和救助。通过社会服务的开展，提升个体应对社会风险和经济波动的能力，协助个体重返劳动力市场，通过自身努力摆脱困境，从而构建以物质保障和服务帮扶为主导的系统性、持续性社会救助体系，增强社会救助的精准性。

（三）科学确定救助标准，精准使用救助资金

由于我国城乡、地区发展不平衡，各地社会救助标准不一，以及确定救助标准的方式也存在差别。就以城市最低生活保障来说，主要有三种救助标准的制定方式：一是基于地区经济发展水平、生活成本和财政承担能力，通过合理计算和精细调查分析确定救助标准；二是以按照第一类方式制定最低生活保障标准的城市为借鉴，同时结合自身财政收入和支出水平来确定救助标准；三是主要基于自身财政能力，参照生活成本等因素，确定本地最低生活保障标准。同时分析的方法包括基本生活费用支出法、消费支出比例法和恩格尔系数法[1]。考虑到各地经济社会发展水平、财政投入、生活成本等因素的差异性，各地自行确定救助标准是可行的，也是合理的，但也发现很多地方救助标准的确定较随意，有时完全根据财政能力主管确定救助标准，且很难实现救助标准随物价、经济发展水平的变化而变化。

在精准扶贫的视角下，应科学合理确定救助标准，并落实资金使用精准。推

---

[1]　丛春霞、闫伟：《精准扶贫视角下中日社会救助制度比较》，载于《东北财经大学学报》2016年第4期。

完善社会救助制度研究

广科学的救助标准确定办法和动态调整办法，考虑地区财政给付和经济发展水平、生活成本等差异，可自由选择使用绝对贫困线和发展贫困线。绝对贫困线是较低水平的贫困线，根据 20% 的最低收入人口及其消费结构维持基本生活营养和生存所需的各种食物量总和，以货币计算相应的价值。同时考虑到生存所需的基本服务，也可以把维持人们基本生存所必需商务服务最低费用加入其中，形成绝对贫困线。发展贫困线是在超越生存贫困观念的基础上，充分考虑解决多维贫困的需求，不仅包括为了保证最低的营养所需要的购买食品和服务支出，还包括用于发展所需的教育、医疗、就业等基本支持的所需费用，扶持贫困人口增强自我发展能力，从而最终摆脱贫困。因此救助标准的确定，应充分结合绝对贫困线和发展贫困线，考虑多方面因素综合确定，以实现救助帮扶效果的最大化。

实行精细化的救助标准，要求包括低保和专项救助在内的各项救助制度，都应根据实际情况确定标准。如帮扶贫困人口提升就业能力，那么就需要考虑给予哪些支持，支持方式和标准分别是什么，并要把救助标准、方式和效果紧密结合起来，规避单一的物质和现金救助，必须充分考虑不同救助制度的特点。在救助资金的筹措方面，一是要优化政府财政支出结构，适当加强专项救助资金供给；二是要建立各级政府社会救助资金分担机制，各地根据经济发展水平、财政收入支出水平等合理确定各级政府社会救助资金分担比例；三是加强中央和发达地区对欠发达地区社会救助资金的财政转移支付，建构合理的帮扶和转移支付机制，如继续推进经济发展水平较高的地区对口支援贫困地区。

（四）推进救助规范管理，精准管理救助过程

为了保证困难群体能获得应有的救助保障，防范错保、漏保等现象，亟须实现精准化动态管理，实现以对象渐退、调整变更和对象迁移为主要内容的良性管理机制[1]。首先，成立救助管理工作委员会，统筹同级救助部门管理工作，协调沟通跨级救助资源，实现社会救助各部门、各层级之间的有效衔接。救助管理工作委员会既然统筹相关救助部门资源，还能协调扶贫部门与救助部门的管理工作，推进条块风格的反贫困资源实现大整合。其次，推进社会救助精准规范管理，减少不必要的重复管理。简化救助审核审批程序，严格规范"申请—审核—审批—公示公开"流程，确保救助对象获救及时且渠道畅通；建立内部监督和外部监督相协调的监督检查长效机制，通过监督和自律来对社会救助进行规范化管理，尤其是做好家计调查的监督审查。最后，建立分类退出机制，对于不同需

---

① 丛春霞、闫伟：《精准扶贫视角下中日社会救助制度比较》，载于《东北财经大学学报》2016 年第 4 期。

求、不同贫困程度的家庭或个人采用不同的退出手段，如家庭人口中多数人口能实现脱贫，但有一两个家庭成员因病或因学，或丧失劳动能力，可以给予单独救助或有针对性的救助项目。

（五）鼓励多方力量参与，精准整合救助主体

政府是社会救助中最重要的责任主体，但这并不代表着政府是进行社会救助的唯一主体。政府由于承担着国家行政、维护国家安全等责任，在资源和能力方面也有限，在为社会救助提供人力、物力、财力等诸多支持时都会受到财政投入与人力限制。正如很多学者指出的，"社会救助制度责任主体的单一化不仅无法解除受助者的生活困境，也不利于制度的可持续性发展"[1]。社会救助暂行办法提出了积极鼓励社会力量参与社会救助，并为社会力量参与社会救助创造条件、提供便利。但从社会力量参与的现实情况来看，虽然以法规形式确定了社会力量参与社会救助，但对社会力量参与社会救助应有的行为规范、责任规范均未明确规定。同时，我国社会性救助组织仍然存在很高的准入门槛，而且由于社会组织自身认定的复杂性，出现了社会力量的参与性和能动性还不高的局面。

社会组织、企事业单位、个人等社会力量具有整合资源、灵活、创新等多方面的优势，应积极探索多方社会力量参与社会救助，进行制度创新和合作实践。因此，建立一个以政府为主导、多方社会力量参与实施的救助互动机制，加快整合参与主体，推进社会救助更好更快发展。一是要加强社会组织参与社会救助，从法律法规层面完善社会组织参与社会救助的行为范围、规范细则以及责任规范，简化社会组织参与社会救助的准入程序。同时，也应该为社会组织参与社会救助提供一定的政策、资金、人才和技术支持。二是要求社会组织加强内部管理，提升工作能力，保证其服务质量和服务效能。同时，也要加强对社会组织参与社会救助的监督，防止变成行政力量的扩张，导致"道德悖逆"和"精英捕获"等问题更加严重[2]。三是积极鼓励和支持企业和企业家参与社会救助事业，培养参与社会救助的意识，引导企业和企业家实施社会救助营销，为贫困群体和贫困地区贡献力量。企业参与社会救助的形式多样，既可以通过直接的经济给予，帮助救助对象提升生活水平，也可以通过提升人力资本、促进就业、提供发展机会，以及赋予资本要素、提升能力，从而从根本上促进贫困人口摆脱困境。四是推进社会个体以多种形式参与社会救助，如以志愿者身份为贫困救助对象提

① 王思斌：《转型中的中国社会救助制度之发展》，载于《文史哲》2007年第1期。
② 左停、杨雨鑫、钟玲：《精准扶贫：技术靶向、理论解析和现实挑战》，载于《贵州社会科学》2015年第8期。

供救助服务，以个体身份捐款捐物。对于一些专业型救助，鼓励专业型人才参与其中，链接专业技术人才与救助对象的需求。通过以上路径，加快推进社会救助主体精准整合，构建以政府为主导，社会组织、企事业单位及社会个体等多元主体参与社会救助的格局，形成救助主体多元、资源使用到位、全民广泛参与的社会支持网络体系。

三、社会工作介入社会救助的制度建设

专业社会工作综合运用专业知识、方法与技巧，坚持"助人自助"的价值观，帮助有困难、有需要的人[①]，遵循"解决危机—满足需求—提升能力"的要求，不仅帮助贫困人口解决紧急困难，还要帮助他们获得应对困难的方法，增强发展潜能，获得资源和创建社会支持系统。因此，在社会工作引导下的社会救助制度，在理念上不仅注重"救"，还非常重视"助"，进一步激发贫困受助者的主观能动性与自助、自立、自强，让他们从消极的受助者成为积极的"自我救助者"，能够极大提高社会救助的有效性并利于提升救助效果的持续性。因此，社会工作介入社会救助，将进一步助推社会救助从注重物质救助转向更加关注服务救助，从而提升救助理念和救助模式的深刻转变。

（一）融入社会工作专业理念，转变社会救助思路

社会工作的核心理念是"助人自助"，强调尊重和平等对待每一个受助者，帮助受助者需求的满足和达成，提升自身应对困境的能力，将这些专业理念融入社会救助，有助于实现社会救助思路的转变。社会救助一直沿袭自上而下的行政性力量推动，政府履行社会救助责任，整合资源，救助过程往往更强调政策的落实程度，但因多方面原因导致容易忽略救助对象的个性需求和救助对象应对困境能力的提升需要，即当前社会救助实施中只关注是否做到了"助人"，而非社会工作所倡导的"助人自助"。用社会工作理念引导社会救助，让社会救助不仅是"同情的驱使和被动的职责"，而且是出于主动的责任承担和价值追求。推动将社会工作专业理念融入社会救助各项工作中，需要从救助人员、救助制度以及社会氛围三个方面入手。

1. 促使救助人员内化专业理念

深化基层社会救助从业人员对于社会工作专业理念的认识和学习，内化社会工作专业理念，并以此来指引自己的工作，推进社会救助工作的管理者和实施者

---

① 王思斌：《社会工作导论》（第 2 版），北京大学出版社 2011 年版。

从根本上转变工作思路。一是对社会救助工作人员开展长期的、系统的关于社会工作专业理念的培训与教育，尤其加强对扶贫社会工作、发展性社会工作等知识与理论的培训，在培训中注重培养基层民政工作人员"平等、同理、接纳、尊重"等观念。二是出台相应激励政策，鼓励基层民政工作人员加强自我学习，提升职业技能水平，鼓励参加全国社会工作师职业水平考试，对于通过职业资格测试的工作人员，给予物质和精神奖励。三是开展社会工作实践训练，提升社会救助从业者综合运用社会工作专业方法和技巧的能力，注重培养敏锐觉察救助对象内心感受的能力，传递乐意提供帮助的关怀之心，建立并维持与贫困救助对象的助人关系，创造出有利于救助对象改变的气氛。四是鼓励社会救助从业者参与社会工作服务项目，深入感受、理解社会工作的专业理念。救助人员通过对社会工作专业理念的学习，转变救助理念，改变过去对于救助对象的认知偏差，更加关注救助对象的个性需求、资源获取和能力提升的必要。

2. 推动专业理念融入救助制度

专业理念融入社会救助制度，需要从多个层面进行努力。一是在相关法律法规和政策文件中融入社会工作专业理念，注重发挥社会救助专业优势、理念优势，提升社会工作专业价值认知度，让社会工作专业方法与技术充分嵌入和延伸到社会救助的各个领域。二是将专业理念融入社会救助的具体实施办法中，在人员配置、工作方法和观念等层面，要求社会救助从业人员落实和遵照执行。三是将专业理念和专业技能融入基层社会救助经办机构的执行规范中，并在操作规范、工作流程和相关配置等作出细致和具体要求，加强典型案例推广，推进基层社会救助工作从业者在潜移默化的实务中践行社会工作专业理念，提升专业素养。支持基层社会救助工作人员全程参与社会工作服务项目，深度学习社会工作专业对于救助对象的工作态度，学习沟通、支持和评估等工作技巧，学习如何链接资源，提升基层民政工作者的服务能力。

3. 加强专业理念的宣传引导

鉴于目前社会工作的社会认可度和认知度还不高的情形，有必要加强社会工作专业理念、方法与技术的宣传，引导基层民政工作者更新工作理念和方法。一是充分利用微信、微博等自媒体，以及互联网等新兴媒体对社会工作专业理念、典型助人案例的宣传，建好用好公众号等传播平台，传播"奉献、友爱、互助、进步"等时代正能量。二是发挥政府、慈善组织的宣传引导作用，将社会工作专业理念融入行业宣传，围绕"社工让社区更美好"等系列主题，聚焦社会救助领域养老、助贫等群众关心的问题，广泛宣传社会工作专业理念和工作成效。三是组织社会工作与志愿者服务队伍积极开展社区慰问、服务、走访活动，注重服务成效，让基层群众充分认识和了解社会工作。

（二）采用社会工作方法与技巧，实现受助者可持续发展

1. "精准识别"与需求评估

社会工作运用专业方法和技巧介入社会救助的作用在于：首先，帮助精准识别救助对象，评估对象需求，助力"精准救助"的准备阶段。通过建立"社会救助工作人员＋社会工作者"的工作队伍，深入群众一线掌握和了解贫困家庭经济社会发展状况，通过社区会议、专题小组、问卷调查、深入访谈等形式深度了解贫困群体的各层次救助需求，如规范性需求、感受性需求及相对性需求等。其次，社会工作者发挥专业优势，在社会救助的资格审查与需求评估工作中主动介入，以专业化的态度和方法客观真实地掌握和了解申请者的现实情况、价值观、所关心和面临的问题及期待，评估救助对象的困难程度和真正的需求，这有助于科学判断服务对象是否符合救助条件，提升救助准确性。

2. 方案设计与"精准介入"

针对不同服务对象的需求设计个性化的救助方案，如针对孤寡老人开展日常生活照料计划，针对外来务工群体开展社区社会融入计划，针对困境未成年人和留守儿童开展关爱成长计划，针对失独家庭开展社会关怀计划等。社会工作方法中的个案工作介入"精准救助"项目的实施具有无与伦比的优势，其强调因人而异，因材施教，因服务对象的致贫原因不同，问题不同，需求也不一样，所采取的方案也要有针对性。一是设计符合救助对象需要的救助方案，包括给予什么样的救助项目、自我发展能力如何提升、救助时长预测以及救助退出后生活出路等，基于个别化和家庭能力提升来设计救助方案。二是方案设计后，在实施救助的过程中，社会工作者可以通过链接社会资源给予救助对象更多有针对性的帮扶，例如对接企业资源，对"低保""空巢"老人、留守儿童等给予物质帮扶、就业促进等精准帮扶。三是个案社会工作者可以通过对服务对象的心理安慰和支持，激发其内生动力和潜能，帮助其恢复社会功能。

3. 注重救助过程管理与防范返贫风险

救助工作的难点在于如何防范救助对象的困境重演，再次陷入生活窘境。社会工作者介入精准救助的专业优势体现在救助过程各个时期，以及对救助对象的不间断关注和评估。通过综合运用调查、回访等专业手段，社会工作者能够了解救助对象在物质和精神状态上的变化，根据变化及时调整救助方案和给予帮扶资源。通过对救助过程的精准掌握和专业评估，社会工作者可以敏锐发现救助对象面临的新问题，及时调动资源给予解决，从而巩固和加强帮扶效果，有效降低救助对象返贫风险的发生。持续关注低收入家庭经济生活，重点关注患病、就学、家庭发生重大变故等导致的返贫，并及时、妥善处理，提供发展生产、促进就

业、链接市场等服务，提升内生动力，增强受助者谋生本领，推进受助对象脱贫后生产生活可持续发展。

（三）扩大社工机构参与力度，社会工作全面介入社会救助

1. 社工人才和机构参与社会救助

支持社会工作服务机构参与社会救助，最直接的办法就是壮大社会工作者队伍以及社会工作服务机构力量，推进社会工作行业蓬勃发展。首先，在基层社会救助经办机构中增设专业社会工作岗位，或者招聘社会工作专业人才到相应工作岗位，促进高校社会工作专业人才就业，实现基层社会工作人才队伍的壮大，通过社会工作人才的力量，将社会工作专业理念和方法、技巧应用推广到基层救助工作中。其次，加快培育社会工作服务机构，提升社会工作机构服务水平。简化社工机构注册程序，加大政策扶持和优惠力度，为社工机构的发展提供良好的政策环境；加快建立社会工作机构的孵化基地，从注册、运行、管理等方面给予全面的指导和监督，为社工机构的持续良性运行提供技术上的支持。同时，加强对流动人口、农村留守人员、困难群体、特殊人群等救助领域的政府购买服务，健全政府购买服务体系，扶持发展社会工作服务机构。

2. 社会工作服务机构承接政府项目

在当前社会需求呈现多样化、多层次的形势下，政府部门的人力、物力、精力有限，全权承担社会救助的责任与实施工作显得力不从心，加强政府购买社会服务是解决以上困境的重要方式。通过设置多样化、个性化、具有明确目标的项目，委托专业社工机构提供服务，利用社工机构所具有的专业优势，所能提供和链接的人力、物力、财力等资源，以更好地推进社会救助服务。社工机构承接政府购买服务，有助于激发社工机构积极参与社会救助工作的主观能动性，进一步壮大社会救助供给，尤其是提升了社会救助服务的供给力度；同时，社工机构利用自身优势为救助对象提供更为专业化和高质量的服务，提升了社会救助成效。首先，社会救助管理部门与社工机构建立平等的合作关系，建立健全信息共享机制，社会工作服务机构在救助管理部门的要求下开展各项工作，救助管理部门确定服务目标和成效评估方案，加强监督管理和过程评估。其次，要健全政府购买社工服务的相关制度，完善委托、承包、采购等具体流程以及财政保障机制，建立社工机构介入社会救助的评价激励机制，提升参与积极性，提升服务供给水平。

3. 以服务特色拓展救助参与空间

社会工作服务机构要发展壮大，扩大社会影响力，需清晰认识自身资源优势，以特色服务拓展社会救助参与空间。一是社会工作服务机构要具备系统化思

维，借助社会多方面力量，加强与政府部门、慈善机构、高校的合作，形成自身服务特色，以特色拓展社会救助服务空间。如规模较大、资源较丰富的社工机构可以通过直接提供就业岗位、开展技能教育与培训等方式开展社会救助服务；也可以通过联合民政、公安、司法、交通管理等，促成跨部门衔接配合：高校提供专业知识和专门人才，民政部门提供相应资源，社会组织提供经验和服务人员。二是社工机构不能盲目追求服务范围、内容的广泛性以及服务对象全覆盖，要明确所能服务的区域，所能服务群体的特点以及自身的优势和不足，扬长避短，结合服务对象的需求以及自身优势，提供有针对性且高质量的社会工作专业服务。三是社工机构要注重加强内部的组织建设，注重团队文化建设，增强内部凝聚力，提升机构团队服务能力。

（四）提高社工反贫困能力，提升社会救助效率

1. 专业知识和能力的储备

提高社会工作者的职业能力和专业水平，是社会工作介入社会救助的内在要求。首先，社会工作者要加强知识储备，及时更新知识结构，注重理论与本土化实践相结合，加强对于社会工作专业理论与反贫困理论的深入学习，如深度理解和践行增权理论、优势视角理论、社会资本理论等。其次，社会工作者要注重社会责任感和事业使命感的形成和提升，在学习专业知识的过程中内化社会工作价值观和专业理念，认识到解决贫困群体困境、提升贫困群体能力的重要意义，提升自我介入反贫困的主动性和积极性。再次，社会工作者要提高实践能力，重点培养实务技能和理论应用能力，在救助服务的开展过程中，注重系统化、专业化的教育培训。最后，社工机构和高校、科研机构之间要建立长期合作关系，将教育、研究、实践紧密结合。高校可以为社工机构输送专业人才，注入新鲜血液，同时也可以为社工机构的在职人员提供再教育和培训机会；对于高校毕业的社会工作专业人才，社工机构所开展的社会救助项目又为他们提供了很好的实践锻炼平台。通过人才培养水平的提升，从而为社会工作介入社会救助领域奠定人才基础，促进社会工作理论和实践在社会救助领域的嵌入和延伸。

2. 跨文化工作能力的提升

反贫困工作区别于其他的社会工作项目之处，就在于"进入贫困地区，参与反贫困项目，可能就意味着要进行跨文化工作"[1]。首先，一线社会工作者要有在贫困地区、基层开展社会救助工作的坚强毅力和远大目标，踏实肯干，要有一

---

[1] 王思斌：《社会工作要增强参与反贫困的能力》，载于《中国社会工作》2017 年第 28 期。

颗为贫困群体服务、为社会救助事业奋斗的恒心。其次，社会工作者要融入基层工作环境，尊重理解当地文化和风俗习惯。最后，农村反贫困体系和基层社会救助有自身的工作方式和流程，也有难点和困境，社会工作者要提升跨文化适应能力，注重工作技巧，结合现实环境推进社会工作理念与专业方法的本土化，锻炼在"非专业化"环境中开展专业社会工作服务的能力。通过社会工作服务能力和跨文化适应能力的提升，从而提供更好的社会救助服务，提升基层救助工作开展成效。

第二节　城乡一体化社会救助制度的持续完善

在过去的很长一段时间里，伴随着我国经济体制改革的加快和社会的急剧转型，以及城市化步伐的不断加快，城市地区发展速度远远快于农村地区，加之管理体制的影响，我国城乡经济社会逐步形成了二元体制。在此背景下，我国社会救助制度也明显呈现出城乡二元结构特点，条块化、碎片化特征与城乡差异显著，城市社会救助制度的健全程度和发展水平要明显高于农村。具体来说：首先，城乡社会救助制度的保障内容存在很大差异。相比之下，城市社会救助体系的内容更加完善，涵盖生活救助、专项救助、临时救助等，发展水平更高，建设时间更长。其次，城乡二元社会管理体制以及户籍管理制度在客观上导致了城乡社会救助制度在运行过程中存在较大差异，城市社会救助制度运行更加规范。再次，城乡人均占有社会救助资源不一，城市救助水平明显高于农村。最后，当前我国处于快速城市化进程中，大量农村剩余劳动力流入城市，很多地方并未把流动人口纳入当地救助范围，他们无法获得与城市居民均等的社会救助资源。城乡二元社会救助管理体制加剧了将"流动人口"这样的特殊群体纳入城乡救助体系的难度。因此，解决社会救助制度城乡二元化所带来的问题，显得极为重要。党的十九大报告指出，在民生方面，我国存在脱贫攻坚任务艰巨、城乡区域发展不平衡、城乡收入分配差距大等问题，群众在就业、教育、医疗、居住、养老五个方面都面临着困难。应对贫困新形势，提出"兜底线、织密网、建机制"的要求，全面建成覆盖全民、城乡统筹、权责清晰、保障适度、可持续的多层次社会保障体系，完善统一的城乡居民基本医疗保险制度和大病保险制度，统筹城乡社会救助体系。因此，亟须构建城乡一体化的社会救助制度，以解决社会救助城乡二元化所带来的问题。

一、明确社会救助城乡统筹内涵，研判"一体化"基本要求

（一）明确社会救助"城乡一体化"的深刻内涵

社会救助是国家和社会对因各种原因而陷入生存困境的公民，给予财物接济和生活扶助，以保障其最低生活需要的制度，是保障社会成员生存权利的"最后一道防线"。社会救助暂行办法出台以后，对我国社会救助工作原则、救助范围和程序、救助渠道建设、监督管理等内容进行了比较全面的规范，现代化的社会救助制度框架已经基本建立。但社会救助制度受城乡二元分割的社会结构影响，在制度建设运行上存在诸多问题。要解决这些问题，从统筹城乡的视角来看，应该按照统一救助政策、整合救助资源、协调救助行动、城乡互助互促的要求，建立均衡的社会救助制度，赋予城乡主体平等的权利，实现对城乡主体平等保护的管理体系[1]。从具体内容来看，城乡一体化的社会救助体系是以最低生活保障制度为基础，以医疗救助、教育救助、就业救助等专项救助制度为辅助，基础救助与专项救助相结合，政府和社会力量协同参与相结合的社会救助制度体系。在统筹城乡理念下的社会救助制度体系，主要体现为城乡居民在社会救助中的机会公平、过程公平以及效果公平。但同样需要说明的是，城乡一体化的社会救助体系，并不要求"绝对平等"，而是保持一种"相对平等"，允许在基本社会救助权利平等的前提下根据城乡差异或者个体差异，实行针对性救助，如对特殊困难群体倾向性的社会救助是被允许的，从而实现社会救助统筹城乡的实质平等，城乡救助的合理性差别是社会救助城乡一体化和实现实质平等的必然要求，也是充分要求。

（二）研判社会救助制度"城乡一体化"的基本要求

1. 救助内容与救助对象全面覆盖

社会救助制度的城乡一体化要求覆盖全体城乡居民，保障他们在陷入生活困境时能有同等机会享受社会救助，这种全面覆盖包括两个层面的含义：一是救助内容的全覆盖，满足贫困人口不同的救助需求。这就要求在城乡地区进一步充实和完善社会救助项目，城市地区要逐步扩大医疗救助的覆盖范围，农村地区则要

---

[1] 蒋悟真、杨博文：《我国社会救助城乡一体化保障机制探究》，载于《江西财经大学学报》2016年第5期。

健全县、乡、村三级救助网，完善农村低保，健全兜底救助和专项救助，推行分类救助并加强动态管理，强化社会互助力量在救助中的功能和作用，形成完整、有效的农村社会救助网络体系。二是救助对象的全覆盖，实现"应救尽救"。对于一部分特殊人群，如流动务工人员，当生活陷入困境之时，因户籍限制，没有资格申请城市社会救助，也难以获得农村社会救助。因此，针对这部分特殊群体——数量庞大的进城农民工，其社会救助权利应得到平等保障。另外，现有的社会救助制度也忽视了这一特殊群体在接受教育救助、住房救助等方面出现的一些新兴问题。在救助资格认定上，很多专项救助对象资格认定往往简单地以低保身份为基准，只要获得低保救助，就可以顺带获得其他专项救助或享受其他优惠政策，这就导致出现"收入一元之差则待遇天壤之别"（即家庭收入高于低保标准一元，就无法进入低保救助范围，也无法享受相配套的社会救助政策）的不公平现象，在受助人口与非受助人口之间形成救助资源的"悬崖效应"①。

2. 救助标准力求公平

由于城乡、地区经济发展不平衡，各地经济发展、财政状况等方面存在较大差异，加之社会救助属于资源再分配的范畴，这就需要政府提供大量的资金支持和补贴，来维持社会救助的有效运转，也导致了城乡、地区之间社会救助存在严重失衡，尤其在城乡之间，这种失衡现象非常明显。因此，社会救助城乡一体化要加强救助的公平性，首要就是救助标准的公平性，保证城乡之间救助标准的公平，应当减少因经济发展水平的差异所形成的城乡标准差别过大的情况，虽然允许城市社会救助补差水平高于农村，但也要把两者的差距控制在一个合理的范围以内。

3. 救助保障基本生活

社会救助的根本原则就是要保障城乡低收入人群尤其是城乡贫困人口的基本生存权，在其陷入生存危机之时给予现金或实物的救助②。但保障水平应当如何确定，是解决温饱问题，保障"基本生存"，还是保障具有一定水平的"基本生活"，已成为新时代社会救助制度城乡一体化需要解决的问题。很显然，随着我国经济社会发展水平的不断提升，2020 年全面建成小康社会的步伐日益临近，社会矛盾发生深刻变化，因此仅仅解决救助对象的温饱问题，并不能从根本上满足救助对象的救助需求。随着贫困形势由绝对贫困为主向相对贫困为主转变，社会救助如果仅仅定位于解决绝对贫困问题，并不能很好地践行社会救助"助人自

---

① 兰剑、慈勤英：《社会救助政策的"负激励"风险及其防范》，载于《西北农林科技大学学报》（社会科学版）2016 年第 3 期。

② 骆勇：《发展型社会政策下社会救助城乡一体化路径分析》，载于《中共合肥市委党校学报》2012 年第 2 期。

助"的理念，也无法真正解决救助对象的贫困问题。因此，社会救助的城乡一体化要注重解决救助对象的相对贫困和绝对贫困，保障他们的基本生活需要。

4. 实施综合救助

美国心理学家马斯洛曾提出需要层次理论，从低到高、从简单到复杂，分为五个层次，分别为生理的需要、安全的需要、社交的需要、尊重的需要、自我实现的需要。虽然这五个需要并不是绝对的，但这也体现了绝大部分人的一般需求规律。社会救助的城乡一体化在满足救助对象基本需求的基础上，通过最低生活保障和其他社会救助来解决基本的吃、穿等问题时，也必须在此基础上解决一定的安全需要和自我发展需要。社会救助的城乡一体化要调整基本救助理念和救助目标，把单纯的物质救助向多元救助转变。在保障贫困人口者基本生活的同时，注重人的发展需要，变"输血"为"造血"①。就就业救助而言，通过就业救助让救助对象有稳定的工作和收入来源，摆脱贫困，但是在救助过程中，也要注重被救助对象职业技能的提升和就业安全的认定，否则救助对象很容易因为疾病、失业等风险而返贫。总体而言，当前我国社会救助政策在激励救助对象就业、扶持发展等方面还有所欠缺，如何通过就业培训提高救助对象的就业能力和就业适应性，如何强化救助对象的就业动力，摆脱对社会救助的依赖，降低"返贫"风险，是社会救助城乡一体化的基本要求之一。

二、强化公平公正，促进城乡社会救助立法一体化

我国城乡社会救助制度的完善经历了艰难的立法过程，早在1994年，民政部就开始组织力量筹划起草社会救助法；2007年12月，民政部完成社会救助法草案送审稿；国务院法制办及时征求了中央有关部门和地方人民政府的意见，并于2008年8月发布《中华人民共和国社会救助法（征求意见稿）》向社会公开征求意见；2010年11月16日，国务院常务会议第二次审议了社会救助法草案。2014年《社会救助暂行办法》颁布，确定了"8+1"的社会救助制度体系。但是以当前我国社会救助的法治现状，总体上还比较薄弱。如今，各种单项社会救助制度的制定与实施，仍然多以国务院、各部委的通知、意见、各部门单独或联合发布的部委规章，以及各地方政府对通知、意见和规章等规范性文件进行细化的政策文件形式出现。总体而言，社会救助各项制度的贯彻落实，多以规范性文件出现，在具体实施和落实层面面临着缺乏相应法律保障的尴尬局面。

①　周沛、陈静：《新型社会救助体系研究》，载于《南京大学学报》（哲学社会科学版）2010年第4期。

加快构建一个科学、合理、完整、协调、公平的社会救助体系，是我国社会救助立法需要解决的基础性问题和关键性问题①。一是提高社会救助立法层次，建议在《社会救助暂行办法》的基础上通过全国人大制定《社会救助法》，促进城乡、地区立法一体化，形成以《社会救助法》为总领，其他专项救助法律法规为辅助的完整统一法律体系。二是进一步完善和统一城乡社会救助程序。城乡之间由于在经济发展水平、信息流通程度等方面存在巨大差异，救助程序也存在差异，因此从法律层面规范城乡社会救助程序，一方面是家计调查程序要实现公平公开；另一方面是社会救助信息管理程序要实现公平公开，完善全国统一的救助信息管理系统，规范信息公示，保护受助对象隐私。

三、建立城乡一体化救助监管机制

城乡二元分割体制以及户籍管理制度严重制约着社会救助制度的实施，属地化管理虽然可以较好地落实各项救助举措，但在当前城乡人口流动速度、频率都越发加快的情况下，城乡二元分割的救助体系将导致部分流动人口难以及时获得救助。从涉及救助工作的各个部门来看，民政部门统筹社会救助工作，卫计、住建、人力资源、教育、应急等职能部门分别负责自身职权范围的救助事项，这种多头管理的救助方式，也容易导致社会救助资源分散，不利于社会救助工作的开展。因此，亟须打破城乡二元结构体制，构建城乡一体化的监督管理机制。

首先，理顺管理分工体制，构建各部门协同、衔接机制，避免各自为政，遵循"政府主导、民政主管、部门协作、社会参与"的管理原则，将之前分散的各部门通过协作机制实现较好配合衔接。打破城乡地域限制，坚持"谁接待、谁负责、谁办理"的原则，当居民向救助管理部门申请救助时，只要符合救助条件，无论是辖区内常住居民还是暂住居民，都应该由该地区的救助管理部门负责办理。为避免重复救助或管理混乱，需加快建构全国统一的救助信息管理系统，某人在某处申请救助，或曾经获得过救助，目前是否正在接受救助，都可以通过该系统获得相应信息。另外，对于基层社会救助工作任务重、工作人员队伍较薄弱的问题，需合理安排社会救助机构和人员，增强基层救助工作力量。

其次，城乡社会救助一体化还需要进一步理顺监管责任，完善司法监督力度，同时发挥社会力量、人民群众的外部监督。加强行政部门内部监督管理，社会救助资金使用、救助效果等工作接受纪检、监察部门的监督，也要发挥审计部门、司法机关、人大代表对社会救助工作的监督作用。完善社会救助部门的信访

---

① 杨思斌：《中国社会救助立法研究》，中国工人出版社 2009 年版，第 124～128 页。

制度、听证制度，促进城乡社会救助工作更加公开、透明，为完善社会救助制度体系和做好各项社会救助工作奠定基础。

四、加强政策研究，统筹推进一体化救助制度的深入融合、推广

近些年来，国内许多地区率先进行了社会救助城乡一体化的实践，尤其是在一些沿海发达地区，城乡经济协同发展力度较强，农村发展速度较快，城乡界限越来越模糊，因此很多地区已经对社会救助城乡一体化的工作进行了有益探索。如浙江省人民政府早在 1997 年就已经确立"建立城乡一体、标准有别的最低生活保障制度"的目标，并制定了"城乡联动、整体推进"的工作战略；2005 年又在全省范围内提出社会救助城乡一体化的发展战略，并成为全国第一个实现社会救助城乡一体化目标的地区；2017 年重新修订《浙江省最低生活保障办法》，统一城乡低保申请、认定、待遇和监督管理等，实现低保标准城乡一体化。江苏省太仓市规定，所有符合条件的城乡居民都能享受到最低生活保障，并且城乡标准差距较小。在中西部一些发达城市，也对社会救助的城乡一体化工作进行了探索，如成都市自 2003 年以来，深入实施城乡统筹发展战略，2005 年成都市委、市政府联合出台《关于构建城乡一体化社会救助体系的意见》，在社会救助人群覆盖方面建立了城乡一体化社会救助体系，对城乡困难群众实行门诊医疗救助、临时救助等专项救助，当时成都市在城乡统一确定了 11 项救助内容，形成了以最低生活保障为核心，以帮困助学、帮困助医、帮困建房三大救助为配套，其他专项救助、临时性救助和社会帮扶为补充的一系列救助制度[1]，实现救助范围、救助方式和救助标准上的统一。在社会救助城乡待遇上，成都市也实行城乡低保标准同步变化，低保和专项救助并行发展，城乡低保对象享受同等、同质的社会救助。在社会救助管理体制方面，成都市在 2011 年建立了社会救助处，统筹全市城乡范围的社会救助工作。

由此可以看出，社会救助的城乡一体化在全国很多地方已经得到试验和探索，为我国社会救助城乡一体化建设提供了重要的经验。对于这些实践经验，亟须学术界加强研究，总结有益的成功做法，以试点作为制度建设的载体，从而加快我国城乡社会救助体系一体化进程。

---

[1] 赵小维：《成都市城乡一体化社会救助体系建设的探索与思考》，载于《中国民政》2007 年第 1 期。

第三节 "大民政"下的社会救助
制度的整合与衔接配套

早在 2009 年，北京市民政局就在创新民政理念和模式的基础上率先提出了"大民政"理念①，也可以说是从政策探索层面正式提出了"大民政格局"（以下简称"大民政"）。近些年来，"大民政"理念的倡导和实践不仅受到中央及地方各级领导的重视，也受到社会各界的广泛好评。"大民政"理念的本质就在于"民生为重，造福于民"，而"大民政"的实践就是探索如何贯彻"民生为重，造福于民"这一本质的体制机制创新过程②。"大民政"的"大"体现在统筹经济社会发展，统筹城乡一体发展，扩大服务对象，兼顾制度、服务和价值创新。在新时代，"大民政"对社会救助制度建设提出了新要求，"大民政"理念的贯彻实施需要优化配置社会资源，更好发挥社会救助制度的作用。为了实现社会救助制度的转型，改变当前社会救助制度"条块分割""各自为政"的痼疾，亟须加快构建社会救助制度整合和衔接配套机制。不仅要从社会救助内部运行的各项制度、各个部门的衔接配合入手，还要加快推动社会救助制度与其之外的制度，包括精准扶贫制度、社会保险、慈善救助制度之间的统合，构建以社会救助制度为基础的整体系统，从而发挥各项制度的综合扶持作用。

一、社会救助制度内部项目与管理部门的无缝衔接

（一）社会救助体系内各项制度：从简单叠加到功能互补

从当前社会救助各项制度的实施来看，很多地方将医疗、教育、住房等专项救助制度与低保制度进行简单叠加、捆绑。一方面，救助资源的简单对接直接导致低保家庭的收入高于经济条件略好于低保人员的"边缘群体"，这一部分群体无法获得救助和保障；还可能造成退出救助后，出现被救助对象脱贫后的实际生活水平比脱贫前还低的情形。另一方面，多项优惠政策与低保制度直接挂钩，这

---

① 宗焕平：《北京引导社会力量，共推"大民政"》，新华每日电讯，2009 年 4 月 10 日。
② 郑杭生：《民生为重、造福于民的体制创新探索——从社会学视角解读"大民政"的本质和重大意义》，载于《新视野》2011 年第 6 期。

种简单对接，浪费了救助资源，无法实现社会资源的优化配置。一言以蔽之，简单叠加式的救助模式减弱了社会救助制度的综合救助效能。因此，在继续确保城乡最低生活保障制度处于社会救助制度体系中基础地位的同时，随着反贫困形势的转变，需要逐步地将低收入家庭纳入救助范围，将救助对象的涵盖范围从绝对贫困群体扩大到相对贫困群体。此外，施行分类施救，按需给予社会救助，即将简单叠加在低保制度之上的其他专项救助剥离出来，充分发挥各专项救助制度的功能，重新确定各项救助制度的保障范围、功能，以及申请程序，实现针对性救助。对于那些不是低保户的贫困家庭，当他们在教育、医疗、住房等方面存在困难时，也能有机会申请相应救助。

因而，各项制度之间应实现有机的无缝衔接，对功能不同的制度来说，要注意功效的互补性，发挥专项救助制度的功能，在互相协调的基础上寻求功效的优化组合。尤其是要加强低保制度和其他专项救助制度之间的协调，例如，医疗救助和低保救助、教育救助和低保救助、就业救助与低保救助，两两所面向的救助对象均是不同的，救助目标也是不一样的。低保救助制度是解决最困难群体的最低生存需要。专项救助制度是解决低保边缘群体的某方面特殊困难。对此，政府不仅不能让各项制度互相排斥，而且应该发挥制度之间的互补融合功能。如对于得到医疗救助或灾害救助的五保户或低保户对象，可以再根据受助者接受医疗救助后的实际情况，如符合低保申请条件，就应按程序给予低保救助，充分发挥社会救助最后一道安全网的作用。

（二）涉及救助的各个部门：从条块分割到同构互促

因社会救助资源分属不同部门、不同机构掌控，当前社会救助制度在运行中存在着各个部门各自为政、条块分割的现象。社会救助资金的预支安排和使用监督由财政部门负责，城乡低保、医疗救助、临时救助由民政部门负责，就业救助由劳动保障部门负责，医疗救助由卫生部门负责，教育救助由教育部门负责。对同一项救助而言，社会救助的负责部门存在叠加重复之处，如"在医疗救助方面，由民政部门主管，卫生部门负责具体实施"[1]，而劳动保障部门还要对企业的某些困难职工实施医疗救助。这样对于同一个社会救助项目，多个部门叠加不利于各个部门之间的协调配合，不能有效利用社会救助所能调动的资源，并且增加了社会救助的运行和管理成本。对此，需要理顺部门职责，加快部门协作，推动社会救助管理一体化。不同部门的职能作用相互融合、同构互促，使其原有的

---

① 林闽钢：《底层公众现实利益的制度化保障——新型社会救助体系的目标和发展路径》，载于《人民论坛·学术前沿》2013 年第 21 期。

功能得到进一步加强和充分发挥。

首先，自中央到地方，逐级设立负责社会救助的工作委员会。按照"决策、执行、监督"的程序设想，民政部负责全国社会救助资源的调配和监管，各省区市社会救助工作委员会具体负责辖区社会救助事宜，其他民政相关部门设立专业化的经办机构，配合社会救助工作委员会的工作，并提供相应指导和服务。

其次，整合行政资源，实现统一的社会救助信息管理平台。加强上下级部门之间、同级不同部门之间以及城乡社会救助管理部门之间的信息沟通和交流，尤其是加快农村社会救助管理信息化，建立健全信息共享机制，高效迅捷收集贫困群体的信息，提高社会救助管理效率。如卫生部门将接受医疗救助的救助对象信息与民政部门共享，有助于各地区以及相关部门及时掌握贫困地区就医情况及贫困人口的因病致贫、医疗支出情况，这也将进一步提升救助效率和救助精准性。

二、加强社会救助制度与扶贫制度的整合衔接

在贫困治理的过程中，社会救助制度与扶贫制度在目标、路径和治理逻辑等方面存在交叉之处，尤其是农村低保与扶贫开发受益群体存在很多重合之处。社会救助制度与扶贫制度通过在标准、对象、部门、政策、信息这五个方面实现有效的衔接和整合，不仅有助于发挥各自反贫困的优势，并且能够相互补充，多管齐下，集中火力消灭绝对贫困。

（一）标准衔接

要做到社会救助制度与扶贫制度的整合，首先就要落实两者之间标准的衔接。具体而言，各省份先以国家贫困线为基础，根据本地实际消费水平和结构，调整省级贫困线。接着，省级民政部门、扶贫部门再依据省级贫困线来规定本地的低保标准，推动低保线与扶贫线的底线统一。在部分贫困地区，这种做法已经开始实施并且取得了一定成效。其中需要尤为注重的是量化和操作化农村社会救助标准，建立健全农村低保和特困供养标准的动态调整机制，保证困难群众不因物价上涨影响其基本生活。在推进两者标准走向统一的过程中，救助面过窄的问题能够慢慢得以克服，从而逐步达到贫困线覆盖相对贫困人群的目标。

（二）对象衔接

"在对象认定上，将农村低保对象的按标施保与扶贫对象的精准识别同部署、

同安排"①。如湖北省宜昌市在两项政策的对象衔接上，将低保户的动态信息调整与精准脱贫的建档立卡环节进行衔接，扩大了两者覆盖对象的重合范围。要做到低保对象和扶贫对象的同步安排，就需要将建档立卡中因为部分或完全丧失劳动能力而难以脱贫、无法维持基本生活水平的扶贫对象纳入农村低保的范围内，从而在重合的程度上相互补充，实现救助对象全覆盖。同时，进一步健全民众监督制度，持续规范低保的申请、审核、公示和资金发放流程，严格按照"应保尽保、应退尽退"的要求，不断提升救助对象精准率，以精准救助助力扶贫开发。

（三）部门衔接

加强扶贫开发领导小组与社会救助联席会议跨部门协调，突破部门之间的狭隘利益，实现政策执行部门的通力协作。在具体执行上，进一步落实简政放权，简化审核程序，将民政部门的"一站式服务"推广到农村区域以及整个扶贫领域。更加注重双方部门之间的统筹与合作，一方面，做好进一步动态统筹，如因就医、就学产生超出家庭可支付费用的建档立卡户按程序纳入社会救助范围，进行医疗、住房及教育等专项救助；另一方面，对有适龄劳动者的农村低保家庭，领取补助金后应该受到精准脱贫政策帮扶，要进行建档立卡，从而在政策执行层面做到统筹衔接。

（四）信息衔接

救助部门和扶贫部门要将现有精准扶贫信息系统和农村社会救助信息系统互联互通，逐步完善农村低保和扶贫开发数据库，实现低保信息与扶贫信息共享，进一步联通政府部门和非政府部门的信息审核机制，不断提高低保、扶贫工作信息化程度。共建网络数据库，建立起中央、省、市、县、乡、镇、村、户逐层贯通的认证数据库系统。通过建立统一的信息比对系统，将有助于畅通推进农村社会救助和建档立卡贫困家庭经济状况核查机制，及时掌握贫困群体动态，更好地实现兜底与助贫。

三、社会救助制度与社会保障其他制度的整合衔接

"社会救助与社会保险、社会福利三个子系统共同构成了我国的社会保障

---

① 黄燕：《宜昌市从五方面加强社会救助与精准扶贫有效衔接》，载于《中国社会报》2017 年 5 月 18 日。

体系"①，这三大系统相辅相成，不可偏废。加强社会救助制度与其他多种社会保险制度、福利及慈善制度的有效衔接，实现社会保障体系内部各项制度统筹发展。

（一）社会救助与社会保险相衔接

社会救助与社会保险虽担负着不同的保障任务，却能相互协调发生作用。一方面，当人们面临年老、失业、工伤、疾病等情况时，社会保险的给付资金可以让受益者降低损失，或者给予一定的收入保障。如养老保险，当人们到了退休年龄时，之前缴纳的养老保险将以退休金的形式反馈缴纳者。另一方面，社会救助也可以帮扶贫困者缴纳较低水平的医疗保险、养老保险等基础险种，当贫困对象面临医疗、年老等问题时，可以通过社会保险获得一定的资助，从而降低陷入贫困的风险。社会救助和社会保险相辅相成。首先，社会救助要实现兜底保障贫困救助对象缴纳基础性的社会保险，如很多地方已经出台政策帮扶低保受助者缴纳医疗保险，以及较低水平的养老保险金。其次，社会保险要加大对贫困救助对象的支持力度，如很多地方给予低保受助者更高的医疗保险报销额度，降低贫困人口因病致贫的风险。最后，加强部分社会保险对困境人群的帮扶与救助，加强失业保险与就业救助的衔接配合，当贫困对象失业时，一方面需要人力资源部门加大就业支持力度，另一方面失业保险应根据实际情况给予一定的失业救助金，帮助失业贫困者渡过难关。

（二）社会救助与社会福利相协调

社会福利是社会保障制度体系里较高层次的制度安排，用于提高人民生活水平和发展型需求。社会救助制度的发展，应与社会福利制度相协调和配合。如针对残疾人的低保救助制度和福利给付方面，应发挥低保、医疗救助和社会福利的综合扶持作用，对于无劳动能力的残疾人，其在获得低保、医疗救助等社会救助的同时，应该获得相应的康复训练、文化娱乐等社会福利，满足其精神娱乐和健康发展需求；对于有劳动能力的残疾人，通过就业救助为其安排合适的工作岗位或提供就业机会，促进残疾人福利和社会救助的双重可持续发展。在具体实施中，社会救助管理部门和社会福利部门应做好统筹协调工作，规避各自为政的"福利叠加"现象，也有助于为社会救助衔接到社会福利提供接口，从补救型社会福利过渡到普惠型社会福利。

---

① 蒋悟真、李其成：《社会救助"救急难"机制构建问题探讨》，载于《广东社会科学》2016年第6期。

（三） 社会救助与慈善救助衔接配合

政府承担了社会救助的主要责任，但因政府掌握的资源和投入有限，难以满足贫困人口个性化和特殊化需求。作为志愿帮助贫困群体的慈善救助，其与社会救助均以济贫帮困、促进社会正义为宗旨，发挥着弥补政府救助人力、物力不足的作用[1]。积极动员各类慈善资源用于社会救助事业，加强慈善救助与社会救助衔接配合。首先，坚持推进"政府部门主导、慈善组织补充、多方主体参与"的救助理念，政府要积极引导慈善组织参与社会救助，发挥慈善组织在项目、人员、专业等方面的优势。多方参与的前提是"政府与慈善组织、官办慈善组织与民间慈善组织平等协商沟通，加强联系，形成政府与慈善组织之间相互独立、相互合作的新型关系"[2]。其次，建立健全信息共享机制，政府部门主动向慈善部门提供救助信息，合作建立救助信息需求受理和提供制度。建立救助需求信息搜集机制，将不同救助需求进行分类，政府与慈善组织通过功能互补、分工合作回应贫困群体差异化的社会救助需求。

第四节　我国社会救助保障机制的完善

一、谋划新时代社会救助保障机制的体系构成

改革完善社会救助制度，使贫困人群更好享受到经济社会发展成果，是促进经济与社会多层面协调发展、促进城乡及区域间协调发展的重要手段，是有效满足和解决困难群众的需求和问题，建设社会主义和谐社会的内在要求。社会救助制度的实施，依赖于构建完善的保障机制体系，根据当前我国社会救助事业发展特点及存在的问题，提出新时代社会救助保障机制的体系构成，主要包括以下几个方面。

（一） 立法保障：国家层面出台《社会救助法》

社会救助作为社会保障的重要组成部分，其在解决贫困问题上发挥着关键作

---

① 江治强：《慈善救助与社会救助的异同及衔接机制建设》，载于《中国发展观察》2015 年第 5 期。
② 孙远太：《政府救助与慈善救助衔接机制构建研究——基于整体性治理视角》，载于《中国行政管理》2015 年第 8 期。

用，从国家法律层面确认社会救助制度的地位和角色功能，是我国改革完善社会救助制度、建立健全社会保障体系、维护社会稳定的当务之急。就当前我国关于社会救助制度层面的立法而言，还存在着立法层次低、法律不完善和系统、缺乏整体规划等诸多问题①。因此，提升社会救助制度的立法层次，推行强制性和规范性相结合的社会救助制度，使其成为保障我国公民基本权利的一项重要制度十分必要。出台国家层面的《社会救助法》，明确社会救助的实施主体、对象、标准、条件、责任与义务等方面内容，不仅可以让社会救助工作有章可循、有法可依，也让社会救助得到规范运行，公民社会救助权力的实现才有法律基础。通过立法能够确立社会救助制度在整个社会保障体系中的重要地位，也有利于协调和明确社会救助中各个环节之间的关系，实现其良性有序的运转。

（二）财政保障：以法律法规确定财政预算与转移支付比例

资金问题一直是社会救助工作运行的核心问题，资金的断裂或者是管理不到位都可能导致整个社会救助体系面临困境。我国现行社会救助资金主要来源于中央政府，再根据各地经济发展和救助对象的情况来划分各级财政的筹资比例，形成了中央、省、市、区四级共同分担社会救助资金的模式②。作为社会救助的责任主体，各级政府的财政投入是救助资金的主要来源，政府每年应在财政预算中列入一定比例的救助经费，并确保与财政收入同步增长，以法规形式确定财政预算比例和增长率。完善社会救助资金的转移支付机制，健全对口支援机制。社会救助资金必须要求专款专用，实行专户管理，各相关部门要建立专账，严格审批发放程序，并定期接受上级和相关部门检查。

（三）监管保障：内部监管和外部监督相结合

有效的监督管理机制是社会救助制度体系持续稳定运行的重要保障。我国已经建立了自上而下的社会救助机构队伍，人员经费得到了一定程度的保障，建立了民政负责审核对象、财政负责资金筹集、银行负责资金发放的三方权力制约格局③。新时代我国社会救助制度的监管机制主要从两个方面着手：一是以纪检监察、审计及财政等各职能部门根据各自职责形成内部监督机制，对社会救助的整体工作情况进行定时、规范和严格监督检查；二是推进救助信息的公开化、透明

① 靳文辉：《"新财产权"理论视角下的社会救助权及法律保障机制》，载于《西南民族大学学报》（人文社会科学版）2014 年第 8 期。
② 江治强：《我国社会救助的财政问题与对策探析》，载于《山东社会科学》2008 年第 5 期。
③ 石绍斌：《论我国社会救助中的监督管理机制——基于"张海超事件"后续发展的思考》，载于《江汉大学学报》（社会科学版）2014 年第 6 期。

化，形成以人大、政协等正式单位和公众舆论等非正式单位组建的外部监督机制。监督力量的广泛参与、监督形式的层次多元、监督舆论的网络传播，将有效保障社会救助制度运行系统的开放与公平，能有效防止和及时惩处行政违法行为，保障行政机关正确管理救助工作，以及公民社会保障权利切实履行且不被侵犯滥用。

（四）可持续发展保障：资金供给多元和推进受助者实现可持续发展

对于如何保障我国社会救助的可持续运转，主要有三个方面的重要措施：一是确保资金的持续稳定供给，除政府财政拨款外，逐步引导形成社会互助机制，鼓励社会力量参与，建立捐资捐物、志愿服务的激励机制。二是对有劳动能力的困难群体，通过岗位援助、优先安排就业等方式鼓励帮助其就业，并为符合条件的困难群众优先落实社会保险补贴和岗位政策补贴等福利。在对救助对象进行救助的同时，充分挖掘劳动潜力并提供培训机会，做到"授人以鱼不如授人以渔"。三是对家庭经济情况的审核和信息及时更新，加强对困难救助对象的资格审核，及时掌握家庭经济生活状况，防范福利依赖，做到资源不浪费且不遗漏真正需要帮助的贫困群体。

（五）公平保障：城乡救助一体化与底线公平

社会救助的地位、目标以及性质决定了在救助体系中，必须确保公平理念落实到位，以保障每个公民的基本生存权利，同时要尽可能地避免效率损失，这是社会救助的最佳抉择[①]。现阶段我国的社会救助金确定方法，主要沿用凯恩斯主义者的差额补助方法，对救助者补以贫困线与低于贫困线的实际收入之间的差额，这种简单粗线条的方式可能直接导致一部分人放弃劳动而寄希望于救助金，从而在一定程度上损害社会救助效率、挫伤工作积极性，也没有促进社会公平。因此，一是需建立就业激励机制，完善救助金额确定方法，改变简单地以补差原则确定救助金；二是推进城乡社会救助的一体化，确保在救助标准、救助资源等领域实现公平公正；三是更加关注弱势群体、特殊群体的生存与发展，确保社会救助制度的底线公平。

---

① 李薇、丁建定：《结构整合：构建中国公平型社会救助制度》，载于《社会保障研究》2014 年第 5 期。

二、完善新时代社会救助制度保障机制的路径选择

现今我国社会救助制度的保障机制还存在较多问题，要保障新时代社会救助制度体系的高效运行和良性循环，亟须从现实层面和理论层面着手完善社会救助制度的保障机制。

(一) 完善社会救助立法，构建法律保障机制

提升社会救助立法层次，是我国社会救助事业发展和制度运行的正当性保障和法律性依据。在当前情况下，我国社会救助立法的完善应主要集中在以下几方面：一是提升社会救助立法层次，国家层面加快推进出台《社会救助法》，形成社会救助工作有法可依的法制环境，确立社会救助的法律地位[①]。二是各地制定社会救助的规章制度和政策文件要细致，明确责任和权利，包括救助对象的权责及施救部门的权责；明确奖惩措施；畅通反馈机制，让困难群众在遭遇困境时求助有门，以及在遭受到不公正时，有完善的申诉机制。

(二) 拓展救助资金来源，构建资金保障机制

救助资金的多寡决定着社会救助制度是否能够长期运转的关键所在。一是借鉴经验，对各地财政情况进行核算，根据各地具体经济发展状况来确定财政分摊比例并对此实行动态评估，同时还可以给予表现较好的部门加以财政奖励，调动工作积极性[②]。二是做好救助资金的"开源节流"。在开源方面，调动社会团体、企事业单位以及个人等社会力量参与，加快发展慈善救助事业；在节流方面，及时跟踪救助对象生活变化，严格执行"应退尽退、应保尽保"，简化行政机构，减少不必要的行政开支。

(三) 多元主体参与监督，构建监管机制

完善我国社会救助制度的监管保障机制主要从监督和管理两个方面入手：一是在监督机制上，要改革完善监督检查的程序和标准，保证监管有法可依，加强社会救助行政单位内部监督，发挥群众监督的作用，构建第三方评估机制，既要

---

① 赵大华：《社会救助权保障下的社会救助立法之完善——兼评〈社会救助暂行办法〉》，载于《法学》2016 年第 3 期。

② 任海霞：《中国社会救助财政支持研究》，中央财经大学博士学位论文，2016 年。

对社会救助工作人员和工作流程进行监督，也要对社会救助资金的使用情况和成效等进行审核评估。二是在社会救助制度运行的管理层面，成立救助事务管理委员会统筹协调各部门救助工作，构建大救助信息管理系统，积极推进社会救助系统的电子政务办公，提高管理和服务的信息化水平，从而完善社会救助的监督与管理。

（四）转变观念和加强理论研究，构建理论保障机制

思想观念对于行为起着导向作用，我国社会救助事业的发展，除了要解决现有各方面的保障问题、完善规章制度之外，更重要的是实现思想理念的转变。新时代我国社会救助制度运行的理论保障机制建设主要体现在以下三个方面：一是树立救助权利观念。应将社会救助视为每个公民的基本权利，也要让每个公民意识到自己享有这一项权利[1]。无论出于何种原因，依靠自身能力无法维持其最基本生存需求的公民，都有权利提出申请并获得救助。二是转变救助理念。改变政府单一主体参与的局面，注重发挥社会多元主体力量，建构以政府为主导、社会力量广泛参与的救助参与格局，从法律法规上完善社会力量参与社会救助的激励机制和社会支持体系；救助方式和救助理念要与贫困形势的转变相适应，推进物质、现金与服务为主导的多元救助方式，注重解决绝对贫困与相对贫困问题，更加关注社会救助制度在解决相对贫困问题上的作用。推行权责统一的救助理念，践行工作福利制，防范福利依赖。三是加强社会救助制度保障机制的理论体系构建，基于宏观、中观、微观的视角完善相关理论，从而使得社会救助制度运行更具保障，才能根据经济社会发展与贫困形势变化改革完善社会救助制度，从根本上提升社会救助制度的运行效率及功能作用。

---

[1] 肖艳辉：《社会救助国家责任模式比较研究》，湖南大学博士学位论文，2012年。

参 考 文 献

［1］阿玛蒂亚·森：《以自由看待发展》，中国人民大学出版社 2002 年版。

［2］埃斯平·安诺生著，郑秉文译：《福利资本主义的三个世界》，法律出版社 2003 年版。

［3］安德鲁·阿亨八姆：《社会保障：幻想与修正》，剑桥大学出版社 1986 年版。

［4］安东尼·海尔，詹姆斯·梅志里：《发展型社会政策》，社会科学文献出版社 2006 年版。

［5］安永军：《规则软化与农村低保政策目标偏移》，载于《北京社会科学》2018 年第 9 期。

［6］巴甫洛夫著，戈绍龙译：《大脑两半球机能讲义》，上海卫生出版社 1957 年版。

［7］白晨、顾昕：《中国农村医疗救助的目标定位与覆盖率研究》，载于《中国行政管理》2015 年第 9 期。

［8］毕金平：《论我国精准扶贫与社会救助制度的衔接和调适》，载于《学术界》2018 年第 7 期。

［9］曹立前：《社会救助与社会福利》，中国海洋大学出版社 2006 年版。

［10］曹清华：《瑞典现代社会救助制度反贫困效应研究》，载于《社会主义研究》2008 年第 2 期。

［11］曹清华：《詹克斯型教育券研究——兼论在我国教育救助中的应用》，载于《河南师范大学学报》（哲学社会科学版）2012 年第 5 期。

［12］陈成文、陈建平：《社会救助供给模式与新时代"弱有所扶"》，载于《甘肃社会科学》2019 年第 1 期。

［13］陈成文、肖卫宏：《美国社会福利制度及其对中国的启示》，载于《中南大学学报》2006 年第 5 期。

［14］陈翠玉：《有劳动能力城市低保人员"福利依赖"难题及其破解》，载

于《探索》2016 年第 2 期。

[15] 陈锋、朱梦圆：《技术治理下农村低保政策的实践异化——基于 H 市 M 区农村的实地调查》，载于《西南大学学报》（社会科学版）2019 年第 1 期。

[16] 陈良瑾：《社会救助与社会福利》，中国劳动社会保障出版社 2013 年版。

[17] 陈曦、黄东锋等：《广东省成人精神残疾主要致残原因和对策分析》，载于《中国康复医学杂志》2009 年第 10 期。

[18] 陈永生：《"社会福利"概念的探析及我国社会福利模式的选择》，载于《学术动态》2009 年第 1 期。

[19] 程斌、应亚珍：《提高农村居民重大疾病医疗保障水平策略探讨》，载于《中国农村卫生事业管理》2012 年第 6 期。

[20] 程学佳：《浅析临时救助制度问题》，载于《法制与社会》2011 年第 33 期。

[21] 慈勤英、兰剑：《"福利"与"反福利依赖"——基于城市低保群体的失业与再就业行为分析》，载于《武汉大学学报》（哲学社会科学版）2015 年第 4 期。

[22] 慈勤英：《社会进步与城市贫困概念的发展》，载于《湖北大学学报》（哲学社会科学版）1998 年第 5 期。

[23] 丛春霞、方群：《中美贫困群体社会支持机制的比较与借鉴》，载于《社会保障研究》2016 年第 1 期。

[24] 丛春霞、闫伟：《精准扶贫视角下中日社会救助制度比较》，载于《东北财经大学学报》2016 年第 4 期。

[25] 崔宝琛：《低保目标瞄准偏差的乡土逻辑》，载于《西北农林科技大学学报》（社会科学版）2019 年第 2 期。

[26] 崔凤、杜瑶：《城市最低生活保障"身份化"探析》，载于《江海学刊》2010 年第 6 期。

[27] 戴安娜·M.迪尼托著，杨伟民译：《社会福利：政治与公共政策》，中国人民大学出版社 2007 年版。

[28] 邓大松、杨晶：《中国社会救助制度的帮扶效果及其影响因素分析——基于贵州省贫困户调研数据》，载于《经济与管理评论》2019 年第 2 期。

[29] 邓大松：《美国社会保障制度研究》，武汉大学出版社 1999 年版。

[30] 丁建定、张巍：《关于我国社会救助法几个问题的思考》，载于《苏州大学学报》（哲学社会科学版）2011 年第 5 期。

[31] 丁建定：《构建我国新型城市社会救助制度的原则与途径》，载于《东

岳论丛》2009 年第 2 期。

　　[32] 丁建定：《社会福利思想》，华中科技大学出版社 2005 年版。

　　[33] 丁元竹：《我国现阶段基本社会保障均等化初步评估》，载于《国家行政学院学报》2009 年第 6 期。

　　[34] 段培新：《支出型贫困救助——一种新型社会救助模式的探索》，载于《社会保障研究》2016 年第 1 期。

　　[35] 方洁：《日本社会救助制度中的财政责任问题研究》，载于《群文天地》2012 年第 18 期。

　　[36] 方向明：《特朗普狂砍万亿社保预算——穷人日子不好过》，载于《第一财经报》2017 年 5 月 25 日。

　　[37] 房连泉：《国际扶贫中的退出机制——有条件现金转移支付计划在发展中国家的实践》，载于《国际经济评论》2016 年第 6 期。

　　[38] 封志武、黄忠敏、黄双：《脱贫攻坚新形势下贫困地区推进"救急难"工作的思考——以广西百色市为例》，载于《桂海论丛》2018 年第 2 期。

　　[39] 扶丽华：《构建农村社会救助体系的思考》，国防科学技术大学硕士学位论文，2005 年。

　　[40] 符宁、刘娟、张松江：《美国 NFP 项目及对我国生育救助及扶贫的启示》，载于《人口学刊》2016 年第 4 期。

　　[41] 高翔、李静雅、毕艺苇：《精准扶贫理念下农村低保对象的认定研究——以山东省某县为例》，载于《经济问题》2016 年第 5 期。

　　[42] 宫蒲光：《关于"救急难"工作中几个问题的思考》，载于《中国民政》2015 年第 12 期。

　　[43] 顾海娥：《中国社会救助制度的价值取向——以最低生活保障制度为例》，载于《甘肃社会科学》2017 年第 4 期。

　　[44] 顾晶：《"救急难"社会参与的主要类型及其问题分析》，载于《中国民政》2015 年第 18 期。

　　[45] 顾昕：《城市医疗救助体系建设的战略选择——从救济型向发展型模式过渡》，载于《学习与实践》2006 年第 8 期。

　　[46] 关信平、安妮、陈卫民、赵午、李铀：《城市贫困人群社会救助政策及其效果研究》，载于《中国卫生经济》2003 年第 5 期。

　　[47] 关信平：《朝向更加积极的社会救助制度——论新形势下我国社会救助制度的改革方向》，载于《中国行政管理》2014 年第 7 期。

　　[48] 关信平：《改革开放以来我国农村社会保障制度的重建与发展》，载于《民主》2009 年第 3 期。

[49] 关信平：《论建立农村居民最低生活保障制度的条件、原则及运行机制》，载于《文史哲》2007 年第 1 期。

[50] 关信平：《论现阶段中国社会救助制度目标提升的基础与意义》，载于《社会保障评论》2017 年第 4 期。

[51] 关信平：《完善我国综合性社会救助体系的基本原则和主要议题》，载于《中国人民大学学报》2010 年第 5 期。

[52] 关信平：《中国社会救助制度建构九大议题》，载于《中国社会保障》2009 年第 9 期。

[53] 郭健、邓大松：《新中国 60 年社会救助制度的演变与评估》，载于《改革与开放》2009 年第 12 期。

[54] 郭玲：《从国外教育救助谈中国教育救助的再发展》，载于《河南职业技术师范学院学报》（职业教育版）2008 年第 3 期。

[55] 郭涛：《论美国大学教育救助制度与镜鉴》，载于《郑州大学学报》（哲学社会科学版）2010 年第 4 期。

[56] 郭涛：《我国贫困大学生教育救助研究述评》，载于《河南社会科学》2011 年第 4 期。

[57] 郭文力：《辽宁朝阳市多种扶贫措施助推脱贫攻坚的启示》，载于《沈阳大学学报》（社会科学版）2017 年第 12 期。

[58] 郭岩、谢铮：《用一代人时间弥合差距——健康社会决定因素理论及其国际经验》，载于《北京大学学报》（医学版）2009 年第 2 期。

[59] 郭玉辉：《美国辍学青年教育救助项目及启示》，载于《中国成人教育》2010 年第 5 期。

[60] 国家发展和改革委员会社会发展研究所课题组：《我国社会救助制度的构成、存在问题与改进策略》，载于《经济纵横》2016 年第 6 期。

[61] 国务院：《城市居民最低生活保障条例》，1999 年 9 月 28 日。

[62] 国务院：《社会救助暂行办法》，2014 年 2 月 21 日。

[63] 韩华为、高琴：《中国城市低保救助的主观福利效应——基于中国家庭追踪调查数据的研究》，载于《社会保障评论》2018 年第 3 期。

[64] 韩君玲：《日本生活保护制度中收入认定的现状与问题》，载于《比较法研究》2011 年第 4 期。

[65] 韩君玲：《日本最低生活保障法研究》，商务印书馆 2007 年版。

[66] 韩君玲：《战后日本新生活保护法的特征》，载于《华东政法学院学报》2005 年第 2 期。

[67] 何涛：《我国城市居民最低生活保障制度研究》，四川大学硕士学位论

343

文，2004 年。

[68] 洪大用、刘仲翔：《我国城市居民最低生活保障制度的实践与反思》，载于《社会科学研究》2002 年第 2 期。

[69] 洪大用：《社会救助的目标与我国现阶段社会救助的评估》，载于《甘肃社会科学》2007 年第 4 期。

[70] 洪大用：《试论中国城市低保制度实践的延伸效果及其演进方向》，载于《社会》2005 年第 3 期。

[71] 洪秋妹：《健康冲击对农户贫困影响的分析》，南京农业大学博士学位论文，2010 年。

[72] 侯剑平、邱长溶：《健康公平理论研究综述》，载于《经济学动态》2006 年第 7 期。

[73] 胡鞍钢、王洪川：《中国人类发展奇迹（1950 – 2030）》，载于《清华大学学报》（哲学社会科学版）2017 年第 2 期。

[74] 中共中央文献研究室编：《改革开放三十年重要文献选编》，中央文献出版社 2008 年版。

[75] 胡位钧：《社会政策的"积极"转型：OECD 的经验及其启示》，载于《复旦学报》（社会科学版）2010 年第 6 期。

[76] 胡务：《社会救助概论》，北京大学出版社 2010 年版。

[77] 胡仙贵：《临时救助制度实施中的问题与对策》，载于《中国民政》2013 年第 3 期。

[78] 胡学勤、胡泊：《当代经济学流派》，清华大学出版社 2016 年版。

[79] 黄晨熹：《城市低保对象动态管理研究：基于"救助生涯"的视角》，载于《人口与发展》2009 年第 6 期。

[80] 黄燕：《宜昌市从五方面加强社会救助与精准扶贫有效衔接》，载于《中国社会报》2017 年 5 月 18 日。

[81] 吉登斯著，李惠斌、杨雪冬译：《超越左与右——激进政治的未来》，社会科学文献出版社 2000 年版。

[82] 吉登斯著，郑戈译：《第三条道路：社会民主主义的复兴》，北京大学出版社 2000 年版。

[83] 吉登斯著，周红云译：《失控的世界：全球化如何重塑我们的生活》，江西人民出版社 2001 年版。

[84] 吉尔伯特·C. 菲特、吉姆·E. 里斯：《美国经济史》，商务印书馆 1986 年版。

[85] 贾玉梅：《勇担新时代民政事业"新使命"展现社会救助工作"新作

为"》，载于《中国社会报》2017 年 11 月 10 日。

［86］江治强：《经济新常态下社会救助政策的改革思路》，载于《西部论坛》2015 年第 4 期。

［87］江治强：《我国社会救助的财政问题与对策探析》，载于《山东社会科学》2008 年第 5 期。

［88］姜宏青、李春稼：《我国农村低保制度减贫效果的实证检验》，载于《财会月刊》2018 年第 14 期。

［89］蒋悟真、李其成：《社会救助"救急难"机制构建问题探讨》，载于《广东社会科学》2016 年第 6 期。

［90］蒋悟真、杨博文：《我国社会救助城乡一体化保障机制探究》，载于《江西财经大学学报》2016 年第 5 期。

［91］焦克源、张焱：《连片特困区农村低保与扶贫开发衔接绩效影响因素分析——基于六盘山特困区两个县的数据》，载于《中国农业大学学报》（社会科学版）2018 年第 5 期。

［92］解玉喜：《社会救助制度的社会建构主义维度分析》，载于《黑龙江社会科学》2008 年第 6 期。

［93］金雁：《城市居民最低生活保障制度的实施效果分析》，载于《南京社会科学》2002 年第 1 期。

［94］靳生喜：《台湾社会救助制度的基本情况及启示》，载于《中国民政》2015 年第 17 期。

［95］靳文辉：《"新财产权"理论视角下的社会救助权及法律保障机制》，载于《西南民族大学学报》（人文社会科学版）2014 年第 8 期。

［96］景天魁、毕天云：《论底线公平福利模式》，载于《社会科学战线》2011 年第 5 期。

［97］景天魁：《底线公平福利模式》，中国社会科学出版社 2013 年版。

［98］景天魁：《底线公平概念和指标体系——关于社会保障基础理论的探讨》，载于《哈尔滨工业大学学报》（社会科学版）2013 年第 1 期。

［99］景天魁、彭华民等：《西方社会福利理论前沿》，中国社会出版社 2009 年版。

［100］剧宇宏：《我国转型时期社会救助制度的思考》，载于《学术论坛》2012 年第 3 期。

［101］匡亚林：《论精准治贫与社会救助的整合治理》，载于《华中科技大学学报》（社会科学版）2018 年第 1 期。

［102］兰剑、慈勤英：《促进就业抑或强化"福利依赖"？——基于城市低

保"反福利依赖政策"的实证分析》，载于《西南大学学报》（社会科学版）2016年第3期。

[103] 兰剑、慈勤英：《后脱贫攻坚时代农村社会救助反贫困的困境及政策调适》，载于《西北农林科技大学学报》（社会科学版）2019年第3期。

[104] 兰剑、慈勤英：《社会救助政策的"负激励"风险及其防范》，载于《西北农林科技大学学报》（社会科学版）2016年第3期。

[105] 兰剑、慈勤英：《现代风险社会与"急难"风险的应对——兼论社会救助救急难的常态化机制构建》，载于《青海社会科学》2015年第4期。

[106] 兰剑、慈勤英：《新时代社会救助政策运行的社会风险及其应对》，载于《青海社会科学》2018年第2期。

[107] 兰剑、慈勤英：《中国社会救助政策的演进、突出问题及其反贫困突破路向》，载于《云南社会科学》2018年第4期。

[108] 兰剑：《反贫困视域下社会救助依赖问题的解构及其治理》，科学出版社2018年版。

[109] 雷望红：《政策吸纳：理解农村低保政策执行偏差的新视角——基于黔西南M县Y乡的田野调查》，载于《西南大学学报》（社会科学版）2019年第1期。

[110] 黎民：《我国社会救助资源分配的公平性研究》，载于《福建论坛》（人文社会科学版）2008年第9期。

[111] 李春根、应丽：《指标代理法：农村低保对象瞄准新机制》，载于《社会保障研究》2014年第1期。

[112] 李东杰：《中国城市弱势群体社会救助研究》，山东大学硕士学位论文，2008年。

[113] 李家喻：《社会救助制度的国际比较研究——以英美德日等国家为例》，载于《中山大学研究生学刊》（人文社会科学版）2015年第3期。

[114] 李建永、赵晓明：《大民生大服务，构建现代大民政》，载于《中国社会报》2012年12月14日。

[115] 李鹏：《挤出还是促进——地方财政分权、市场化与低保救助水平差异》，载于《北京社会科学》2017年第3期。

[116] 李泉然：《精准扶贫视阈下社会救助政策的发展》，载于《中州学刊》2017年第1期。

[117] 李薇、丁建定：《结构整合：构建中国公平型社会救助制度》，载于《社会保障研究》2014年第5期。

[118] 李薇、丁建定：《主体整合：构建中国多元化社会救助制度》，载于

《社会保障研究》2013 年第 2 期。

[119] 李卫东：《发展中国家社会救助体系的现状、成效及挑战》，载于《行政管理改革》2018 年第 4 期。

[120] 李卫东：《美国社会救助的几个特点》，载于《中国民政》2017 年第 14 期。

[121] 李昕：《我国农村贫困代际传递的机制分析》，载于《郑州轻工业学院学报》（社会科学版）2011 年第 1 期。

[122] 李运华、叶璐：《我国社会救助立法评析》，载于《理论月刊》2016 年第 2 期。

[123] 李征：《论香港社会保障模式的形成原因及启示》，载于《理论探讨》2006 年第 6 期。

[124] 李志明：《城乡社会救助制度研究：权利界定、目标设计与政策建议》，载于《河南社会科学》2009 年第 6 期。

[125] 栗燕杰：《社会救助公众参与的原理与对策研究》，载于《云南行政学院学报》2011 年第 4 期。

[126] 栗燕杰：《社会救助领域的公众参与：原理、规范与实践》，载于《社会保障评论》2018 年第 3 期。

[127] 梁德阔、徐大慰：《上海支出型贫困家庭的救助模式分析》，载于《人口与发展》2012 年第 4 期。

[128] 梁祖彬、肖萌：《香港的失业问题与对策——"工利"视角》，载于《中国公共政策评论》2009 年第 3 期。

[129] 林德山：《论美国公共救助体制的演变》，载于《经济社会体制比较》2009 年第 6 期。

[130] 林闻钢：《城市贫困救助的目标定位问题——以中国城市居民最低生活保障制度为例》，载于《东岳论丛》2011 年第 5 期。

[131] 林闻钢：《底层公众现实利益的制度化保障——新型社会救助体系的目标和发展路径》，载于《人民论坛·学术前沿》2013 年第 21 期。

[132] 林闻钢：《我国社会救助体系发展四十年：回顾与前瞻》，载于《北京行政学院学报》2018 年第 5 期。

[133] 林闻钢：《中国社会福利发展战略：从消极走向积极》，载于《国家行政学院学报》2015 年第 2 期。

[134] 林艳琴：《论和谐社会下的社会救助制度之完善》，载于《东南学术》2011 年第 3 期。

[135] 刘宝臣、韩克庆：《中国反贫困政策的分裂与整合：对社会救助与扶

贫开发的思考》，载于《广东社会科学》2016 年第 6 期。

[136] 刘芳、李跃平：《从医疗救助的本质看医疗救助政策的设计》，载于《福建医科大学学报》（社会科学版）2009 年第 4 期。

[137] 刘继同：《欧美社会福利立法典范的制度演变与历史规律》，载于《甘肃政法学院学报》2017 年第 5 期。

[138] 刘嘉慧、黄黎若莲：《英、美两国及大中华地区社会救助制度发展的反思》，载于《社会保障研究》2010 年第 2 期。

[139] 刘璐婵、林闽钢：《"养懒汉"是否存在？——城市低保制度中"福利依赖"问题研究》，载于《东岳论丛》2015 年第 10 期。

[140] 刘敏：《香港的社会救助：经验与启示》，载于《特区经济》2011 年第 8 期。

[141] 刘牧：《当代中国农村扶贫开发战略研究》，吉林大学博士学位论文，2016 年。

[142] 刘权：《社会救助审核：价值、问题与对策》，载于《中国行政管理》2017 年第 8 期。

[143] 刘瑞叶：《揭阳市弱势群体社会救助管理效能提升对策研究》，华南理工大学硕士学位论文，2010 年。

[144] 刘嵩：《中国社会救助制度改革研究》，湖南师范大学硕士学位论文，2006 年。

[145] 刘苏荣：《人口较少民族聚居地区教育救助的完善策略》，载于《贵州民族研究》2017 年第 10 期。

[146] 刘喜堂：《建国 60 年来我国社会救助发展历程与制度变迁》，载于《华中师范大学学报》（人文社会科学版）2010 年第 4 期。

[147] 刘欣：《功能整合与发展转型：精准扶贫视阈下的农村社会救助研究——以贵州省社会救助兜底扶贫实践为例》，载于《贵州社会科学》2016 年第 10 期。

[148] 刘亚孔、方鹏骞、张霄艳：《健康贫困视角下医疗救助政策目标转型分析》，载于《中国卫生经济》2017 年第 10 期。

[149] 刘亚孔、李硕、袁立超：《积极福利理念下的中国医疗救助反思与重构》，载于《社科纵横》2015 年第 3 期。

[150] 鲁思来：《全球社会政策的兴起：以社会救助制度为例》，载于《社会保障研究》2009 年第 1 期。

[151] 陆彬：《论可行能力视野中的发展——阿玛蒂亚·森的发展思想探析》，载于《云南行政学院学报》2006 年第 5 期。

[152] 吕红平：《论我国社会转型期的城市贫困问题》，载于《人口学刊》2005 年第 1 期。

[153] 吕学静、康蕊：《社会救助中的政府责任探究——基于亚洲五地区的比较分析》，载于《领导科学》2014 年第 9 期。

[154] 吕学静：《日本社会救助制度的最新改革及对中国的启示》，载于《苏州大学学报》2016 年第 3 期。

[155] 吕学静：《社会保障国家比较》，华夏出版社 2007 年版。

[156] 栾树森、杨润清：《论社会救助体系建设的保障机制》，载于《商业经济》2010 年第 7 期。

[157] 罗文剑、王文：《城市低保的减贫效应分析——基于中国家庭追踪调查（CFPS）的实证研究》，载于《江西财经大学学报》2018 年第 5 期。

[158] 骆勇：《发展型社会政策下社会救助城乡一体化路径分析》，载于《中共合肥市委党校学报》2012 年第 2 期。

[159] 马尔萨斯、丁伟：《人口原理》，载于《商场现代化》，2012 年第 21 期。

[160] 马广博：《澳、德、法、卢四国社会救助制度特色对比及对我国的启示》，载于《现代经济探讨》2009 年第 4 期。

[161] 马克思、恩格斯：《马克思恩格斯全集》，人民出版社 1995 年版。

[162] 马媛：《论社会救助制度的公正价值取向》，载于《北方民族大学学报》2017 年第 4 期。

[163] 马宗文等：《"科技挺进大别山" 30 年科技扶贫经验——以湖北省英山县为例》，载于《湖北农业科学》2017 年第 4 期。

[164] 麦迪逊：《世界经济二百年回顾》，改革出版社 1996 年版。

[165] 毛立坡、张琳等：《重特大疾病医疗救助试点评析》，载于《中国医疗保险》2013 年第 8 期。

[166] 孟薇：《浅析战后日本 "生活保护法" 及社会保障制度》，载于《现代日本经济》1994 年第 5 期。

[167] 米勇生：《社会救助与贫困治理》，中国社会出版社 2012 年版。

[168] 米勇生：《我国农村社会救助事业的发展》，载于《行政管理改革》2010 年第 7 期。

[169] 莫纯轼：《构建四种养老模式，推进养老服务社会化》，载于《社会福利》2008 年第 11 期。

[170] 牛文光：《美国社会保障制度的发展》，中国劳动社会保障出版社 2004 年版。

［171］彭华民：《福利三角——一个社会政策分析的范式》，载于《社会学研究》2006 年第 4 期。

［172］彭华民：《西方社会福利理论前沿：论国家、社会、体制与政策》，中国社会出版社 2009 年版。

［173］彭华民：《中国社会救助政策创新的制度分析：范式嵌入、理念转型与福利提供》，载于《学术月刊》2015 年第 1 期。

［174］彭宅文：《最低生活保障制度与救助对象的劳动激励："中国式福利依赖"及其调整》，载于《社会保障研究》2009 年第 12 期。

［175］皮埃尔·萨内、刘亚秋：《贫困：人权斗争的新领域》，载于《国际社会科学杂志》2005 年第 2 期。

［176］钱宁：《从人道主义到公民权利：现代社会福利政治道德观念的历史演变》，载于《社会学研究》2004 年第 1 期。

［177］钱宁：《社会公正、公民权利和集体主义——论社会福利的政治与道德基础》，社会科学文献出版社 2007 年版。

［178］乔世东：《城市低保退出机制中存在的问题及对策研究——以济南市为例》，载于《东岳论丛》2009 年第 10 期。

［179］秦加加：《现行临时救助制度存在的问题及对策研究》，载于《内蒙古科技与经济》2015 年第 22 期。

［180］秦俭：《国外社会救助实践模式及其启示》，载于《湘潮》2015 年第 1 期。

［181］任海霞：《中国社会救助财政支持研究》，中央财经大学博士学位论文，2016 年。

［182］任洁琼、陈阳：《教育救助（上）》，载于《社会福利》2002 年第 12 期。

［183］任振兴、李树丛：《中国社会救助制度：概念、体系与变迁》，载于《中国公共政策评论》2008 年。

［184］沈惠平：《台湾社会救助制度分析》，载于《台湾研究》2012 年第 2 期。

［185］施晓慧：《富国要赚钱，穷国要活命》，载于《环球时报》2003 年 9 月 19 日。

［186］石绍斌：《论我国社会救助中的监督管理机制——基于"张海超事件"后续发展的思考》，载于《江汉大学学报》（社会科学版）2014 年第 6 期。

［187］时正新、廖鸿：《中国社会救助体系研究》，中国社会科学出版社 2002 年版。

［188］史晓娟、董恒：《家庭与未成年人犯罪的关系——基于 26 例未成年人犯罪分析》，载于《法制与社会》2018 年第 29 期。

［189］宋绪男：《美国贫困家庭临时救助制度研究》，载于《社会保障研究》2017 年第 6 期。

［190］宋扬、杨乃祺：《最低生活保障制度的瞄准效率与减贫效果分析——基于北京、河南、山西三地的调查》，载于《社会保障研究》2018 年第 4 期。

［191］孙计红、金艾裙：《美国社会救助经验及其启示》，载于《长江大学学报》（社会科学版）2012 年第 8 期。

［192］孙莹、周晓春：《我国城市贫困家庭子女的教育救助问题研究》，载于《中国青年政治学院学报》2004 年第 3 期。

［193］孙莹：《贫困的传递与遏制：城市低保家庭第二代问题研究》，社会科学文献出版社 2004 年版。

［194］孙远太：《政府救助与慈善救助衔接机制构建研究——基于整体性治理视角》，载于《中国行政管理》2015 年第 8 期。

［195］谭溪：《支出型贫困视角下农村社会救助扶贫效果研究》，载于《西南民族大学学报》（人文社科版）2018 年第 8 期。

［196］唐果、贺翔、敖丽红：《企业参与社会救助：影响因素与政策启示——基于浙江省 11 市的调查》，载于《中国行政管理》2017 年第 9 期。

［197］唐钧：《关于健康社会政策的理论思考》，载于《江苏社会科学》2008 年第 4 期。

［198］唐钧：《最后的安全网——中国城市居民最低生活保障制度的框架》，载于《中国社会科学》1998 年第 1 期。

［199］唐政洪：《美国社会的救助和福利政策》，载于《中国民政》2016 年第 10 期。

［200］陶四海、赵郁馨、万泉等：《灾难性卫生支出分析方法研究》，载于《中国卫生经济》2004 年第 4 期。

［201］田丽娜：《我国社会救助主体多元化问题研究》，延安大学硕士学位论文，2012 年。

［202］童翎、洪业应：《从"碎片化"困境看农村医疗救助扶贫的政策调整》，载于《山东社会科学》2017 年第 9 期。

［203］汪朝霞：《瑞典的社会救助制度》，载于《苏州科技学院学报》2005 年第 4 期。

［204］汪怀君、汝绪华：《社会救助与精准扶贫有效衔接的"瓶颈问题"及其治理——基于新时代精准扶贫思想的思考》，载于《河南大学学报》（社会科

学版）2018 年第 5 期。

[205] 汪三贵、刘未：《"六个精准"是精准扶贫的本质要求——习近平精准扶贫系列论述探析》，载于《毛泽东邓小平理论研究》2016 年第 1 期。

[206] 汪树民：《战后美国贫困问题研究》，复旦大学博士学位论文，2004 年。

[207] 汪婷、曹艳春：《城乡低保制度一体化指标体系的构建与评测》，载于《社会保障研究》2014 年第 1 期。

[208] 王爱华、陈彬：《低保福利侵占问题分析》，载于《辽宁经济》2008 年第 9 期。

[209] 王保真、李琦：《医疗救助在医疗保障体系中的地位和作用》，载于《中国卫生经济》2006 年第 1 期。

[210] 王朝明：《马克思主义贫困理论的创新与发展》，载于《当代经济研究》2008 年第 2 期。

[211] 王朝明：《中国农村 30 年开发式扶贫：政策实践与理论反思》，载于《贵州财经大学学报》2008 年第 6 期。

[212] 王锴：《"积极社会福利"理念下的中国社会保障发展启示》，载于《广西经济管理干部学院学报》2017 年第 1 期。

[213] 王磊、李晓南：《城市低保的目标重构与制度创新》，载于《理论探索》2011 年第 4 期。

[214] 王磊：《促进我国老年社会工作发展的路径选择》，载于《黑龙江工业学院学报》（综合版）2018 年第 7 期。

[215] 王磊：《社会救助制度中的城乡统筹问题——以辽宁省为例》，载于《理论探索》2010 年第 4 期。

[216] 王蒙：《扶贫开发与农村低保衔接的政策执行偏差及其矫正——基于复杂政策执行的"模糊—冲突"分析框架》，载于《中国农业大学学报》（社会科学版）2018 年第 5 期。

[217] 王庆安：《美国政府反贫困和社会保障制度建设的理念及其政策变迁——从约翰逊到克林顿政府》，载于《湘潭大学学报》（哲学社会科学版）2014 年第 2 期。

[218] 王燊成、刘宝臣：《构建更加积极的教育救助：社会投资理论的启示》，载于《社会保障研究》2019 年第 1 期。

[219] 王曙光、王琼慧：《论社会网络扶贫：内涵、理论基础与实践模式》，载于《农村经济》2018 年第 1 期。

[220] 王思斌：《社会工作导论》（第 2 版），北京大学出版社 2011 年版。

[221] 王思斌：《社会工作要增强参与反贫困的能力》，载于《中国社会工

作》2017 年第 28 期。

[222] 王思斌：《转型中的中国社会救助制度之发展》，载于《文史哲》2007 年第 1 期。

[223] 王卫平：《社会救助学》，群言出版社 2007 年版。

[224] 王晓东、高则一：《内蒙古城乡最低生活保障制度的现状评估与对策探讨》，载于《前沿》2010 年第 15 期。

[225] 王延中、王俊霞：《更好发挥社会救助制度反贫困兜底作用》，载于《国家行政学院学报》2015 年第 6 期。

[226] 王增文、Antoinette Hetzler：《"软政绩"评价体系下农村社会救助及配套资源效率评估》，载于《当代经济管理》2014 年第 12 期。

[227] 魏慧静：《困难家庭子女教育救助研究》，载于《中国国情国力》2018 年第 4 期。

[228] 魏珊珊：《社会救助绩效评估指标初探》，载于《内蒙古农业大学学报》（社会科学版）2010 年第 1 期。

[229] 温海红、文成：《西安市城乡社会救助制度现状分析及其对策建议》，载于《社会保障研究》2011 年第 3 期。

[230] 文燕媚：《广州：政府兜底，商业医疗保险再加一重保障》，载于《中国社会报》2014 年第 2 期。

[231] 吴桦：《我国教育救助制度完善探讨》，载于《西南农业大学学报》（社会科学版）2012 年第 5 期。

[232] 吴可心：《我市全力推进低保精准认定》，载于《赤峰日报》2017 年 4 月 6 日。

[233] 吴潇：《美国里根政府的社会救助政策改革探究》，山东师范大学硕士学位论文，2012 年。

[234] 伍仁华：《城乡社会救助体系建设研究》，国防科学技术大学硕士学位论文，2004 年。

[235] 夏洛特·托尔著，郗庆华、王慧荣译：《社会救助学》，生活·读书·新知三联书店 1992 年版。

[236] 向国春、陈运山等：《健康扶贫与医疗救助衔接的挑战及探索》，载于《卫生经济研究》2019 年第 4 期。

[237] 向国春、顾雪非等：《重特大疾病医疗救助模式选择及筹资测算研究》，载于《卫生经济研究》2014 年第 3 期。

[238] 向阳生：《扶贫开发与农村低保制度的有效衔接及评估与改革》，载于《贵州社会科学》2013 年第 12 期。

[239] 项贤国：《社会救助制度体系建构中的政府职能定位研究》，载于《四川行政学院学报》2014 年第 1 期。

[240] 萧茂盛：《新农村建设问题研究——以广东为例》，经济日报出版社 2015 年版。

[241] 肖萌、李飞跃：《城市低保对象缘何退保难——中国式"福利依赖"的社会政策解读》，载于《社会保障研究》2016 年第 2 期。

[242] 肖艳辉：《社会救助国家责任模式比较研究》，湖南大学博士学位论文，2012 年。

[243] 谢东梅：《农村低保制度瞄准执行与动态贫困减少的有效性检验——基于福建省 14 个县（市、区）28 个村庄的调研》，载于《东南学术》2016 年第 6 期。

[244] 谢宜彤：《我国农村社会救助体系建设成就与问题》，载于《当代经济》2010 年第 19 期。

[245] 谢勇才、丁建定：《从生存型救助到发展型救助：我国社会救助制度的发展困境与完善路径》，载于《中国软科学》2015 年第 11 期。

[246] 徐驰：《美国 TANF 项目及其对我国的启示》，载于《胜利油田党校学报》2014 年第 9 期。

[247] 徐大慰、梁德阔：《上海市对"支出型"贫困群体的综合帮扶研究》，载于《西北人口》2012 年第 3 期。

[248] 徐延辉、郭玉辉：《美国弱势青年的教育救助及其启示——以美国职业团为例》，载于《外国教育研究》2010 年第 7 期。

[249] 徐再荣：《当代美国的福利困境与福利改革》，载于《史学月刊》2001 年第 6 期。

[250] 薛君、赵晓歌：《社会救助的公平与效率分析》，载于《学理论》2009 年第 5 期。

[251] 乐章：《社会救助学》，北京大学出版社 2008 年版。

[252] 闫菊娥、郝妮娜、廖胜敏等：《新医改前后农村家庭灾难性卫生支出变化及影响因素——基于陕西省眉县的抽样调查》，载于《中国卫生政策研究》2013 年第 2 期。

[253] 闫西安：《完善低保政策 避免福利依赖》，载于《光明日报》2012 年 9 月 14 日。

[254] 严敏、朱春奎：《美国社会福利制度的历史发展与运营管理》，载于《南京社会科学》2014 年第 4 期。

[255] 杨得前、彭文栋、肖莹：《美国家庭援助计划研究及其对我国的启

示》，载于《中国行政管理》2017 年第 11 期。

[256] 杨刚：《中日社会救助制度的比较分析及其启示》，载于《中国民政》2015 年第 7 期。

[257] 杨红燕：《财政转移支付的公平增进效果研究——以城市低保制度为例》，载于《中央财经大学学报》2014 年第 9 期。

[258] 杨立雄：《"不情愿的福利国家"与金融危机——美国福利模式解析》，载于《当代世界与社会主义》2012 年第 5 期。

[259] 杨立雄：《贫困理论范式的转向与美国福利制度改革》，载于《美国研究》2006 年第 2 期。

[260] 杨玲：《美国、瑞典社会保障制度比较研究：美国瑞典社会保障制度比较研究》，武汉大学出版社 2006 年版。

[261] 杨荣：《社会工作介入社会救助：策略与方法》，载于《苏州大学学报》（哲学社会科学版）2014 年第 4 期。

[262] 杨爽：《国际比较视角下我国社会救助制度内容与体系研究》，载于《理论月刊》2018 年第 12 期。

[263] 杨思斌：《中国社会救助立法研究》，中国工人出版社 2009 年版。

[264] 杨穗、鲍传健：《改革开放 40 年中国社会救助减贫：实践、绩效与前瞻》，载于《改革》2018 年第 12 期。

[265] 姚建平：《中国城市低保瞄准困境：资格障碍、技术难题，还是政治影响?》，载于《社会科学》2018 年第 3 期。

[266] 姚强、谢佳、孙菊：《重特大疾病医疗救助因病致贫对象界定的理论与方法探析》，载于《中国卫生经济》2017 年第 3 期。

[267] 姚云云、刘金良、郑克岭：《我国农村反贫困进程中的社会政策创新——基于发展型社会政策的路径》，载于《河海大学学报》（哲学社会科学版）2012 年第 2 期。

[268] 尹航、林闽钢：《弱势群体医疗救助实施效果评估——基于"城乡困难家庭社会政策支持系统建设项目"调查数据的分析》，载于《社会保障研究》2017 年第 1 期。

[269] 尹乃春：《走向发展型救助：社会救助的制度转型与目标选择》，载于《广西社会科学》2012 年第 1 期。

[270] 印子：《农村低保政策"走样"及其整体性治理》，载于《西北农林科技大学学报》（社会科学版）2019 年第 2 期。

[271] 于秀丽：《日本生活保护制度的经验、困境及对我国的启示》，载于《东北亚论坛》2006 年第 4 期。

[272] 俞可平：《权利政治与公益政治》，社会科学文献出版社 2001 年版。

[273] 郁建兴、何子英：《走向社会政策时代：从发展主义到发展型社会政策体系建设》，载于《社会科学》2010 年第 7 期。

[274] 袁同成：《我国教育救助制度的变迁逻辑考察——代际流动与教育干预》，载于《学术界》2016 年第 9 期。

[275] 袁媛、薛德升、许学强：《转型时期我国城市贫困研究述评》，载于《人文地理》2006 年第 1 期。

[276] 苑晓美：《发展型社会救助的理念、实践及其启示》，载于《中州学刊》2018 年第 5 期。

[277] 岳经纶：《香港社会救助制度的发展及其对中国内地的借鉴》，载于《暨南学报》（哲学社会科学版）2017 年第 7 期。

[278] 曾崇碧：《政府民生保障职能与社会救助财政投入机制分析——以重庆市城乡社会救助为例》，载于《经济体制改革》2009 年第 4 期。

[279] 张世飞：《1978—1992 年中国社会保障事业的恢复和发展》，载于《党史研究与教学》2008 年第 4 期。

[280] 张世青：《城市贫困人口社会救助主体的救助责任研究》，山东大学博士学位论文，2016 年。

[281] 张铁锦：《美国总统档案》（第二卷），九州图书出版社 1999 年版。

[282] 张友琴、肖日葵：《人力资本投资的反贫困机理与途径》，载于《中共福建省委党校学报》2008 年第 11 期。

[283] 张妤婕：《论我国困境儿童临时救助制度的完善——以毕节儿童自杀事件为例》，载于《中国青年政治学院学报》2016 年第 3 期。

[284] 赵大华：《社会救助权保障下的社会救助立法之完善——兼评〈社会救助暂行办法〉》，载于《法学》2016 年第 3 期。

[285] 赵海林：《慈善组织参与社会救助的思考》，载于《人民论坛》2016 年第 34 期。

[286] 赵小维：《成都市城乡一体化社会救助体系建设的探索与思考》，载于《中国民政》2007 年第 1 期。

[287] 赵永生：《家族主义下的日本社会救助制度述评》，载于《日本学刊》2009 年第 5 期。

[288] 赵志远：《中国低保制度中审核问题的研究》，载于《法制与社会》2017 年第 4 期。

[289] 郑功成：《从高增长低福利到国民经济与国民福利同步发展——亚洲国家福利制度的历史与未来》，载于《天津社会科学》2010 年第 1 期。

完善社会救助制度研究

［290］郑功成：《全面理解党的十九大报告与中国特色社会保障体系建设》，载于《国家行政学院学报》2017 年第 6 期。

［291］郑功成：《社会保障学》，中国劳动社会保障出版社 2005 年版。

［292］郑功成：《中国社会保障 30 年》，人民出版社 2008 年版。

［293］郑功成：《中国社会保障发展报告 2016》，人民出版社 2016 年版。

［294］郑功成：《中国社会保障制度改革的新思考》，载于《山东社会科学》2007 年第 6 期。

［295］郑功成：《中国社会救助制度的合理定位与改革取向》，载于《国家行政学院学报》2015 年第 4 期。

［296］郑功成：《中国综合防灾减灾的国家战略思考——背景、目标与行动方案》，载于《教学与研究》2012 年第 6 期。

［297］郑杭生：《民生为重、造福于民的体制创新探索——从社会学视角解读“大民政”的本质和重大意义》，载于《新视野》2011 年第 6 期。

［298］郑志龙：《制度绩效评估标准及我国政府扶贫开发制度绩效分析》，载于《郑州大学学报》（哲学社会科学版）2009 年第 2 期。

［299］钟仁耀：《社会救助与社会福利》，上海财经大学出版社 2005 年版。

［300］钟玉英、司文晴、刘怡辰：《医疗救助有效率吗：中国省际医疗救助支出效率评估——基于考虑环境因素的三阶段 DEA 模型》，载于《学术研究》2016 年第 11 期。

［301］周冬霞：《城市低保目标瞄准政策的评估与完善》，武汉大学博士学位论文，2015 年。

［302］周凤华：《中国人贫穷救助观念的转变与思考》，载于《华中师范大学学报》（人文社会科学版）2013 年第 6 期。

［303］周沛、陈静：《新型社会救助体系研究》，载于《南京大学学报》（哲学社会科学版）2010 年第 4 期。

［304］周沛：《社会福利视野下的发展型社会救助体系及社会福利行政》，载于《南京大学学报》（哲学社会科学版）2012 年第 6 期。

［305］周永新：《社会福利的观念和制度》，香港中华书局 1998 年版。

［306］朱常柏：《改革开放以来我国城市社会救助事业的恢复和发展》，载于《党史研究与教学》2012 年第 6 期。

［307］朱未易：《基于权利视角的中国社会救助制度建构之法理》，载于《江海学刊》2009 年第 2 期。

［308］朱一丹：《社会救助制度的中外比较研究》，东北师范大学博士学位论文，2015 年。

［309］祝建华：《我国城市居民最低生活保障制度的政策效果评估》，载于《经济论坛》2009 年第 24 期。

［310］宗焕平：《北京引导社会力量，共推"大民政"》，新华每日电讯，2009 年 4 月 10 日。

［311］左斌：《社会心理学》，高等教育出版社 2009 年版。

［312］左停、杨雨鑫、钟玲：《精准扶贫：技术靶向、理论解析和现实挑战》，载于《贵州社会科学》2015 年第 8 期。

［313］Lewis R. Aiken：《态度与行为：理论、测量与研究》，中国轻工业出版社 2008 年版.

［314］Amber Gazso. Balancing expectations for employability and family responsibilities while on social assistance: Low income mothers' experiences in three Canadian Provinces [J]. *Family Relations*, 2007 (56): 454 - 466.

［315］Anderson W. H. L. Trickling down: the relationship between economic growth and the extent of poverty among American families [J]. *The Quarterly Journal of Economics*, 1964: 511 - 524.

［316］Anne Daguerre. US social policy in the 21st century: the difficulties of comprehensive social reform [J]. *Social Policy and Administration*, 2011, 45 (4): 389 - 407.

［317］Auletta K. *The underclass* [M]. Random House, 1982.

［318］Bauman Z. Work, *Consumerism and the New Poor* [M]. McGraw - Hill Education (UK), 2004.

［319］Bonoli G. Time Matters Postindustrialization, New Social Risks, and Welfare State Adaptation in Advanced Industrial Democracies [J]. *Comparative Political Studies*, 2007, 40 (5): 495 - 520.

［320］Bower P. , Gilbody S. , Richards D. , et al. Collaborative care for depression in primary care: Making sense of a complex intervention: Systematic review and meta-regression. The British Journal of Psychiatry [J]. *British Journal of Psychiatry*, 2007, 189 (6): 484 - 493.

［321］Chambers, Conwayg. *Sustainable livelihoods: Practical Concepts for the 21st Century* [C]. IDS Discussion. Papers, 1992: 296.

［322］Cindy Hanson and Lori Hanson. Unpaid work and social policy: Engaging research with mothers on social assistance [J]. *Action Research*, 2011 (9): 179 - 198.

［323］C. Bedos, A. Levine and J. M. Brodeur. How people on social assistance

perceive, experience and improve oral health [J]. *J Dent Res*, 2009, 88 (7): 653 –
657.

[324] Daniel Beland. The politics of social policy language [J]. *Social Policy and
Administration*, 2011, 45 (1): 1 – 18.

[325] Doyal L. , Gough I. *A Theory of Human Need* [M]. Palgrave Macmillan,
1991.

[326] Erdem Yoruk. Welfare Provision as Political Containment: The politics of
social assistance and the Kurdish conflict in Turkey [J]. *Politics and Society*, 2012, 40
(4): 517 – 547.

[327] Erik Snel, Fred Reelick, Nico Groenenboom. Time and poverty revisted:
A replication of leisering and leibfried [J]. *Journal of European Social Policy*, 2013
(23): 179 – 191.

[328] Gil D. G. *Unravelling Social Policy: Theory, Analysis, and Political Ac-
tion towards Social Equality* [M]. Schenkman Books, 1990.

[329] Greenstone J. D. Culture, rationality, and the underclass [J]. The Urban
Underclass, 1991: 399 – 408.

[330] Guy layard. Social Protection [J]. *Development in Practice*, 2007, 17
(4 – 5): 511 – 522.

[331] Hallerod B. , Ekbrand H. , Bengtsson M. In-work poverty and labour mar-
ket trajectories: Poverty risks among the working population in 22 European countries
[J]. *Journal of European Social Policy*, 2015, 25 (5).

[332] Henman P. Deconstructing welfare dependency: The case of Australian
welfare reform [J]. *Radical Statistics*, 2002, 79: 7 – 17.

[333] Henman, P. & Perry, J. Understanding the rise in income support recipi-
ents [J]. *Impact*, 2002 (10): 8 – 9.

[334] Huber M. , Lechner M. , Wunsch C. , et al. Do German Welfare-to –
Work Programmes Reduce Welfare Dependency and Increase Employment? [J]. *Ger-
man Economic Review*, 2011, 12 (2): 182 – 204.

[335] Ilaria Madama Beyond continuity? Italian social assistance policies between
institutional opportunities and agency [J]. *International Journal of Social Welfare*, 2013
(22): 58 – 68.

[336] James R. Elliot. Limits to social capital: comparing network assistance in
two New Orleans Neighborhoods devastated by hurricane Katrina [J]. *The Sociology
Quarterly*, 2010 (51): 624 – 648.

参考文献

[337] June M. Fisher. Healthcare and social assistance sector [J]. *Journal of Safety Research*, 2008 (39): 179 - 181.

[338] Kaplan J. Prevention of Welfare Dependency—An Overview. [J]. *Issue Notes*, 2001 (5): 14.

[339] Kenneth Nelson. Social assistance and minimum income benefits in old and new EU Democracies [J]. *International Journal of Social Welfare*, 2010 (19): 367 - 378.

[340] Kneebone R. D. , Gres M. Trends, Peaks, and Troughs: National and Regional Employment Cycles in Canada [J]. *Spp Research Papers*, 2013 (6).

[341] Lars Brann strom and Sten - Ake Stenberg. Does Social Assistance Recipiency Influence Unemployment? [J]. *Acata Sociologica*, 2007, 50 (4): 347 -362.

[342] Lee P. Housing and spatial deprivation: relocating the underclass and the new urban poor [J]. *Urban Studies*, 1994, 31 (7): 1191 -1209.

[343] Lepianka D. , Van Oorschot W. , Gelissen J. Popular explanations of poverty: A critical discussion of empirical research [J]. *Journal of Social Policy*, 2009, 38 (3): 421 -438.

[344] Lewis O. *La vida: a Puerto Rican family in the culture of poverty - San Juan and New York* [M]. New York: Random House, 1966.

[345] Liu W. T. , Kendig H. Critical Issues of Caregiving: East - West Dialogue [M]. *Who Should Care For The Elderly?: An East - West Value Divide.* 2000: 1 -23.

[346] Luana Pop. The decoupling of social policy reforms in Romania [J]. *Social Policy and Adminstration*, 2013, 47 (2): 161 -181.

[347] Macarov D. *Social welfare: Structure and practice* [M]. Sage Publications, 1995.

[348] Maleva T. M. , Grishina E. E. , Tsatsura E. A. Regional social assistance systems: Why and how targeting policy is introduced [J]. *Regional Research of Russia*, 2017, 7 (4): 363 -371.

[349] Marshall T. H. *Citizenship and Social Class* [M]. Cambridge University Press, 1950.

[350] Maslow A. H. , Frager R. , Cox R. *Motivation and Personality* [M]. New York: Harper & Row, 1970.

[351] Mead L. M. *Beyond Entitlement: The Social Obligations of Citizenship* [M]. NY: Basic Books, 1986.

[352] Mead L. The new politics of the new poverty [J]. *The Public Interest*,

1991 （103）： 3 – 20.

[353] Mishra R. *The Welfare State in Crisis*： *Social Thought and Social Change* [M]. Wheatsheaf Books, 1984.

[354] Murray C. A. *Losing Ground*： *American Social Policy*, 1950 – 1980 [M]. Basic books, 1984.

[355] Murray C. *Losing Ground*： *American Social Policy*, 1950 – 1980 [M]. Basic books, 2008.

[356] Naper S. O. All-cause and Cause-specific Mortality of Social Assistance Recipients in Norway： a Register-based Follow-up Study [J]. *Scand J Public Health*, 2009 （37）： 820 – 825.

[357] Ngwee, Oberg M. Poverty and Social Exclusion in Britain： The Millennium Survey [J]. *Health Sociology Review*, 2007, 16 （2）： 204 – 206.

[358] Notten G. How Poverty Indicators Confound Poverty Reduction Evaluations： The Targeting Performance of Income Transfers in Europe [J]. *Social Indicators Research*, 2016, 127 （3）： 1039 – 1056.

[359] Ocker R. , Zhang Y. , Hiltz S. R. , et al. *Determinants of Partially Distributed Team Performance*： *A Path Analysis of Socio – Emotional and Behavioral Factors* [J]. 2009.

[360] Okweh A. W. *Understanding Equality and Social – Economic and Cultural Rights* [M]. Lap Lambert Academic Publishing, 2013.

[361] Olof Backman and Ake Bergmark. Escaping welfare? Social assistance dynamics in Sweden [J]. *Journal of European Social Policy*, 2011 （21）： 486 – 500.

[362] Parker S. *Welfare Dependency and the Logic of Mutual Obligation* [D]. Victorian Council of Social Service, 2004： 28 – 31.

[363] Penman R. Psychosocial factors and intergenerational transmission of welfare dependency： a review of the literature [J]. *Australian Social Policy*, 2006： 85 – 107.

[364] Peter Achterberg, Mara Yerkes. One welfare state emerging? Convergence versus divergence in 16 western countries [J]. *Journal of Comparative Social Welfare*, 2009, 25 （3）： 189 – 201.

[365] Renate Minas. Social expenditures and public administration： are local social assistance costs in Sweden a matter of organization? [J]. *International Journal of Social Welfare*, 2010 （19）： 215 – 224.

[366] Roelen K. , Gassmann F. How effective can efficient be? Social assistance

in Kosovo and what it means for children [J]. *Journal of European Social Policy*, 2011, 21 (3): 238 – 252.

[367] Rubin L. Maximum Feasible Participation: The Origins, Implications, and Present Status [J]. *Annals of the American Academy of Political & Social Science*, 1969, 385 (6): 14 – 29.

[368] Sachweh P. *Social Justice and the Welfare State: Institutions, Outcomes, and Attitudes in Comparative Perspective* [M]. Handbook of Social Justice Theory and Research. Springer New York, 2016.

[369] Saunders P. *Reforming the Australian Welfare State* [M]. University of Sussex, 2000.

[370] Scott Harding, Kathryn Libal. Iraqi refugees and the humanitarian costs of the Iraq war: What role for social work? [J]. *International Journal of Social Welfare*, 2012 (21): 94 – 104.

[371] Scott J. *Poverty and wealth: Citizenship, deprivation and privilege* [M]. Addison – Wesley Longman Limited, 1994.

[372] Selbourne D. The Principle of Duty: An Essay on the Foundations of Civil Order [J]. *London: Sinclair – Stevenson*, 1994.

[373] Spicker P. *Social Policy: Themes and Approaches* [M]. Policy Press, 2008.

[374] Standing G. *Beyond the New Paternalism: Basic Security as Equality* [M]. Verso, 2002.

[375] Ulrich Beck. *Risk Society: Towards a New Modernity* [M]. London: Sage Publications, 1992.

[376] U. S. *Department of Labor. JOB CORPS Annual Report Program Year* 2003 [R]. Washington D. C. , 2004: 12 – 13.

[377] Van Gunsteren H. Four conceptions of citizenship [J]. *The Condition of Citizenship*, 1994: 36 – 48.

[378] Wilensky L. , Lebeaux N. *Industrial Society And Social Welfare* [M]. The Free Press, 1958.

[379] Wilson W. J. *The Truly Disadvantaged: The Inner City, the Underclass, and Public Policy* [M]. Chicago University Press, 1987.

[380] Yuebin Xu, Xiulan Zhang. *Pensions and Social Assistance: The Development of Income Security Policies for Old People in China* [M]. Springer US, 2012.

教育部哲学社會科學研究重大課題攻關項目
成果出版列表

序号	书　名	首席专家
1	《马克思主义基础理论若干重大问题研究》	陈先达
2	《马克思主义理论学科体系建构与建设研究》	张雷声
3	《马克思主义整体性研究》	逄锦聚
4	《改革开放以来马克思主义在中国的发展》	顾钰民
5	《新时期　新探索　新征程 ——当代资本主义国家共产党的理论与实践研究》	聂运麟
6	《坚持马克思主义在意识形态领域指导地位研究》	陈先达
7	《当代资本主义新变化的批判性解读》	唐正东
8	《当代中国人精神生活研究》	童世骏
9	《弘扬与培育民族精神研究》	杨叔子
10	《当代科学哲学的发展趋势》	郭贵春
11	《服务型政府建设规律研究》	朱光磊
12	《地方政府改革与深化行政管理体制改革研究》	沈荣华
13	《面向知识表示与推理的自然语言逻辑》	鞠实儿
14	《当代宗教冲突与对话研究》	张志刚
15	《马克思主义文艺理论中国化研究》	朱立元
16	《历史题材文学创作重大问题研究》	童庆炳
17	《现代中西高校公共艺术教育比较研究》	曾繁仁
18	《西方文论中国化与中国文论建设》	王一川
19	《中华民族音乐文化的国际传播与推广》	王耀华
20	《楚地出土戰國簡册［十四種］》	陈　伟
21	《近代中国的知识与制度转型》	桑　兵
22	《中国抗战在世界反法西斯战争中的历史地位》	胡德坤
23	《近代以来日本对华认识及其行动选择研究》	杨栋梁
24	《京津冀都市圈的崛起与中国经济发展》	周立群
25	《金融市场全球化下的中国监管体系研究》	曹凤岐
26	《中国市场经济发展研究》	刘　伟
27	《全球经济调整中的中国经济增长与宏观调控体系研究》	黄　达
28	《中国特大都市圈与世界制造业中心研究》	李廉水

序号	书　名	首席专家
91	《城市新移民问题及其对策研究》	周大鸣
92	《新农村建设与城镇化推进中农村教育布局调整研究》	史宁中
93	《农村公共产品供给与农村和谐社会建设》	王国华
94	《中国大城市户籍制度改革研究》	彭希哲
95	《国家惠农政策的成效评价与完善研究》	邓大才
96	《以民主促进和谐——和谐社会构建中的基层民主政治建设研究》	徐　勇
97	《城市文化与国家治理——当代中国城市建设理论内涵与发展模式建构》	皇甫晓涛
98	《中国边疆治理研究》	周　平
99	《边疆多民族地区构建社会主义和谐社会研究》	张先亮
100	《新疆民族文化、民族心理与社会长治久安》	高静文
101	《中国大众媒介的传播效果与公信力研究》	喻国明
102	《媒介素养：理念、认知、参与》	陆　晔
103	《创新型国家的知识信息服务体系研究》	胡昌平
104	《数字信息资源规划、管理与利用研究》	马费成
105	《新闻传媒发展与建构和谐社会关系研究》	罗以澄
106	《数字传播技术与媒体产业发展研究》	黄升民
107	《互联网等新媒体对社会舆论影响与利用研究》	谢新洲
108	《网络舆论监测与安全研究》	黄永林
109	《中国文化产业发展战略论》	胡惠林
110	《20世纪中国古代文化经典在域外的传播与影响研究》	张西平
111	《国际传播的理论、现状和发展趋势研究》	吴　飞
112	《教育投入、资源配置与人力资本收益》	闵维方
113	《创新人才与教育创新研究》	林崇德
114	《中国农村教育发展指标体系研究》	袁桂林
115	《高校思想政治理论课程建设研究》	顾海良
116	《网络思想政治教育研究》	张再兴
117	《高校招生考试制度改革研究》	刘海峰
118	《基础教育改革与中国教育学理论重建研究》	叶　澜
119	《我国研究生教育结构调整问题研究》	袁本涛 王传毅
120	《公共财政框架下公共教育财政制度研究》	王善迈

序号	书　名	首席专家
121	《农民工子女问题研究》	袁振国
122	《当代大学生诚信制度建设及加强大学生思想政治工作研究》	黄蓉生
123	《从失衡走向平衡：素质教育课程评价体系研究》	钟启泉 崔允漷
124	《构建城乡一体化的教育体制机制研究》	李　玲
125	《高校思想政治理论课教育教学质量监测体系研究》	张耀灿
126	《处境不利儿童的心理发展现状与教育对策研究》	申继亮
127	《学习过程与机制研究》	莫　雷
128	《青少年心理健康素质调查研究》	沈德立
129	《灾后中小学生心理疏导研究》	林崇德
130	《民族地区教育优先发展研究》	张诗亚
131	《WTO 主要成员贸易政策体系与对策研究》	张汉林
132	《中国和平发展的国际环境分析》	叶自成
133	《冷战时期美国重大外交政策案例研究》	沈志华
134	《新时期中非合作关系研究》	刘鸿武
135	《我国的地缘政治及其战略研究》	倪世雄
136	《中国海洋发展战略研究》	徐祥民
137	《深化医药卫生体制改革研究》	孟庆跃
138	《华侨华人在中国软实力建设中的作用研究》	黄　平
139	《我国地方法制建设理论与实践研究》	葛洪义
140	《城市化理论重构与城市化战略研究》	张鸿雁
141	《境外宗教渗透论》	段德智
142	《中部崛起过程中的新型工业化研究》	陈晓红
143	《农村社会保障制度研究》	赵　曼
144	《中国艺术学学科体系建设研究》	黄会林
145	《人工耳蜗术后儿童康复教育的原理与方法》	黄昭鸣
146	《我国少数民族音乐资源的保护与开发研究》	樊祖荫
147	《中国道德文化的传统理念与现代践行研究》	李建华
148	《低碳经济转型下的中国排放权交易体系》	齐绍洲
149	《中国东北亚战略与政策研究》	刘清才
150	《促进经济发展方式转变的地方财税体制改革研究》	钟晓敏
151	《中国—东盟区域经济一体化》	范祚军

序号	书 名	首席专家
152	《非传统安全合作与中俄关系》	冯绍雷
153	《外资并购与我国产业安全研究》	李善民
154	《近代汉字术语的生成演变与中西日文化互动研究》	冯天瑜
155	《新时期加强社会组织建设研究》	李友梅
156	《民办学校分类管理政策研究》	周海涛
157	《我国城市住房制度改革研究》	高 波
158	《新媒体环境下的危机传播及舆论引导研究》	喻国明
159	《法治国家建设中的司法判例制度研究》	何家弘
160	《中国女性高层次人才发展规律及发展对策研究》	佟 新
161	《国际金融中心法制环境研究》	周仲飞
162	《居民收入占国民收入比重统计指标体系研究》	刘 扬
163	《中国历代边疆治理研究》	程妮娜
164	《性别视角下的中国文学与文化》	乔以钢
165	《我国公共财政风险评估及其防范对策研究》	吴俊培
166	《中国历代民歌史论》	陈书录
167	《大学生村官成长成才机制研究》	马抗美
168	《完善学校突发事件应急管理机制研究》	马怀德
169	《秦简牍整理与研究》	陈 伟
170	《出土简帛与古史再建》	李学勤
171	《民间借贷与非法集资风险防范的法律机制研究》	岳彩申
172	《新时期社会治安防控体系建设研究》	宫志刚
173	《加快发展我国生产服务业研究》	李江帆
174	《基本公共服务均等化研究》	张贤明
175	《职业教育质量评价体系研究》	周志刚
176	《中国大学校长管理专业化研究》	宣 勇
177	《"两型社会"建设标准及指标体系研究》	陈晓红
178	《中国与中亚地区国家关系研究》	潘志平
179	《保障我国海上通道安全研究》	吕 靖
180	《世界主要国家安全体制机制研究》	刘胜湘
181	《中国流动人口的城市逐梦》	杨菊华
182	《建设人口均衡型社会研究》	刘渝琳
183	《农产品流通体系建设的机制创新与政策体系研究》	夏春玉

序号	书 名	首席专家
184	《区域经济一体化中府际合作的法律问题研究》	石佑启
185	《城乡劳动力平等就业研究》	姚先国
186	《20世纪朱子学研究精华集成——从学术思想史的视角》	乐爱国
187	《拔尖创新人才成长规律与培养模式研究》	林崇德
188	《生态文明制度建设研究》	陈晓红
189	《我国城镇住房保障体系及运行机制研究》	虞晓芬
190	《中国战略性新兴产业国际化战略研究》	汪 涛
191	《证据科学论纲》	张保生
192	《要素成本上升背景下我国外贸中长期发展趋势研究》	黄建忠
193	《中国历代长城研究》	段清波
194	《当代技术哲学的发展趋势研究》	吴国林
195	《20世纪中国社会思潮研究》	高瑞泉
196	《中国社会保障制度整合与体系完善重大问题研究》	丁建定
197	《民族地区特殊类型贫困与反贫困研究》	李俊杰
198	《扩大消费需求的长效机制研究》	臧旭恒
199	《我国土地出让制度改革及收益共享机制研究》	石晓平
200	《高等学校分类体系及其设置标准研究》	史秋衡
201	《全面加强学校德育体系建设研究》	杜时忠
202	《生态环境公益诉讼机制研究》	颜运秋
203	《科学研究与高等教育深度融合的知识创新体系建设研究》	杜德斌
204	《女性高层次人才成长规律与发展对策研究》	罗瑾琏
205	《岳麓秦简与秦代法律制度研究》	陈松长
206	《民办教育分类管理政策实施跟踪与评估研究》	周海涛
207	《建立城乡统一的建设用地市场研究》	张安录
208	《迈向高质量发展的经济结构转变研究》	郭熙保
209	《中国社会福利理论与制度构建——以适度普惠社会福利制度为例》	彭华民
210	《提高教育系统廉政文化建设实效性和针对性研究》	罗国振
211	《毒品成瘾及其复吸行为——心理学的研究视角》	沈模卫
212	《英语世界的中国文学译介与研究》	曹顺庆
213	《建立公开规范的住房公积金制度研究》	王先柱

序号	书 名	首席专家
214	《现代归纳逻辑理论及其应用研究》	何向东
215	《时代变迁、技术扩散与教育变革：信息化教育的理论与实践探索》	杨 浩
216	《城镇化进程中新生代农民工职业教育与社会融合问题研究》	褚宏启 薛二勇
217	《我国先进制造业发展战略研究》	唐晓华
218	《融合与修正：跨文化交流的逻辑与认知研究》	鞠实儿
219	《中国新生代农民工收入状况与消费行为研究》	金晓彤
220	《高校少数民族应用型人才培养模式综合改革研究》	张学敏
221	《中国的立法体制研究》	陈 俊
222	《教师社会经济地位问题：现实与选择》	劳凯声
223	《中国现代职业教育质量保障体系研究》	赵志群
224	《欧洲农村城镇化进程及其借鉴意义》	刘景华
225	《国际金融危机后全球需求结构变化及其对中国的影响》	陈万灵
226	《创新法治人才培养机制》	杜承铭
227	《法治中国建设背景下警察权研究》	余凌云
228	《高校财务管理创新与财务风险防范机制研究》	徐明稚
229	《义务教育学校布局问题研究》	雷万鹏
230	《高校党员领导干部清正、党政领导班子清廉的长效机制研究》	汪 曥
231	《二十国集团与全球经济治理研究》	黄茂兴
232	《高校内部权力运行制约与监督体系研究》	张德祥
233	《职业教育办学模式改革研究》	石伟平
234	《职业教育现代学徒制理论研究与实践探索》	徐国庆
235	《全球化背景下国际秩序重构与中国国家安全战略研究》	张汉林
236	《进一步扩大服务业开放的模式和路径研究》	申明浩
237	《自然资源管理体制研究》	宋马林
238	《高考改革试点方案跟踪与评估研究》	钟秉林
239	《全面提高党的建设科学化水平》	齐卫平
240	《"绿色化"的重大意义及实现途径研究》	张俊飚
241	《利率市场化背景下的金融风险研究》	田利辉
242	《经济全球化背景下中国反垄断战略研究》	王先林

序号	书 名	首席专家
243	《中华文化的跨文化阐释与对外传播研究》	李庆本
244	《世界一流大学和一流学科评价体系与推进战略》	王战军
245	《新常态下中国经济运行机制的变革与中国宏观调控模式重构研究》	袁晓玲
246	《推进21世纪海上丝绸之路建设研究》	梁 颖
247	《现代大学治理结构中的纪律建设、德治礼序和权力配置协调机制研究》	周作宇
248	《渐进式延迟退休政策的社会经济效应研究》	席 恒
249	《经济发展新常态下我国货币政策体系建设研究》	潘 敏
250	《推动智库建设健康发展研究》	李 刚
251	《农业转移人口市民化转型：理论与中国经验》	潘泽泉
252	《电子商务发展趋势及对国内外贸易发展的影响机制研究》	孙宝文
253	《创新专业学位研究生培养模式研究》	贺克斌
254	《医患信任关系建设的社会心理机制研究》	汪新建
255	《司法管理体制改革基础理论研究》	徐汉明
256	《建构立体形式反腐败体系研究》	徐玉生
257	《重大突发事件社会舆情演化规律及应对策略研究》	傅昌波
258	《中国社会需求变化与学位授予体系发展前瞻研究》	姚 云
259	《非营利性民办学校办学模式创新研究》	周海涛
260	《基于"零废弃"的城市生活垃圾管理政策研究》	褚祝杰
261	《城镇化背景下我国义务教育改革和发展机制研究》	邬志辉
262	《中国满族语言文字保护抢救口述史》	刘厚生
263	《构建公平合理的国际气候治理体系研究》	薄 燕
264	《新时代治国理政方略研究》	刘焕明
265	《新时代高校党的领导体制机制研究》	黄建军
266	《东亚国家语言中汉字词汇使用现状研究》	施建军
267	《中国传统道德文化的现代阐释和实践路径研究》	吴根友
268	《创新社会治理体制与社会和谐稳定长效机制研究》	金太军
269	《文艺评论价值体系的理论建设与实践研究》	刘俐俐
270	《新形势下弘扬爱国主义重大理论和现实问题研究》	王泽应